João Suassuna

TRANSPOSIÇÃO DO RIO SÃO FRANCISCO

na perspectiva do Brasil Real

Porto de Idéias EDITORA

São Paulo, 2010

TRANSPOSIÇÃO DO RIO SÃO FRANCISCO NA PERSPECTIVA DO BRASIL REAL

João Suassuna

Editor
Sebastião Haroldo de Freitas Corrêa Porto

Projeto Gráfico
Caroline Silva

Capa
Juliana Signal

Revisão
Silvana Pereira de Oliveira

Dados Internacionais de Catalogação na Publicação (CIP)
(Câmara Brasileira do Livro, SP, Brasil)

Suassuna, João
Transposição do Rio São Francisco na perspectiva do Brasil real / João Suassuna. -- São Paulo : Porto de Idéias, 2010.

ISBN 978-85-60434-75-6

1. Controle de qualidade da água - Brasil, Nordeste 2. Desvio de águas - Brasil, Nordeste 3. Recursos hídricos - Desenvolvimento - Brasil, Nordeste 4. Recursos hídricos - Desenvolvimento - São Francisco, Rio, Bacia 5. Regiões semi-áridas - Brasil, Nordeste I. Título.

10-04223 CDD-333.916209813

Índices para catálogo sistemático:

1. Brasil : Nordeste : Recursos hídricos : Desenvolvimento : Rio São Francisco : Transposição : Economia dos recursos naturais 333.916209813

EDITORA PORTO DE IDÉIAS LTDA.
Rua Pirapora, 287 – Vila Mariana
São Paulo – SP – 04008.060
Tel. (11) 3884-3814 Fax (11) 3884-5426
portodeideias@portodeideias.com.br
www.portodeideias.com.br
twitter.com/portodeideias

É como comparar a transposição das águas do São Francisco a uma empadinha de camarão servida em lanchonete de mercado público. Num primeiro lance de vista parece um apetitoso petisco, mas depois de saboreá-la, os seus efeitos são por vezes desastrosos.

João Suassuna

ÍNDICE

APRESENTAÇÃO

A realidade hídrica, principalmente nos aspectos atinentes à oferta e uso das águas, é tema que, historicamente, tem marcado o debate sobre o Semiárido. Essas preocupações têm sido enfocadas nos estudos da Fundação Joaquim Nabuco nos últimos anos e os esforços de seus pesquisadores vêm se concentrando na busca da compreensão da relação existente entre o solo, a água, os animais e as plantas, e sua importância para a população.

Após o agravamento da crise do abastecimento hídrico do Nordeste no ano de 1999, a transposição do Rio São Francisco passou a ser vista como a única alternativa de solução do problema. Atualmente, existem dois cenários bem definidos com relação ao tema. O primeiro é o cenário do imediatismo, caracterizado pela ânsia de fazer chegar água, a todo custo, nas torneiras da população (pensamento muito comum na classe política), sem haver, no entanto, a preocupação com as consequências impostas ao ambiente ao se adotar essa alternativa e o segundo é o cenário da ponderação, caracterizado por preocupações constantes (principalmente na classe técnica) com relação às limitações das fontes hídricas na condução do processo transpositório. O primeiro cenário diz respeito às questões do Brasil virtual e, o segundo, às questões do Brasil real.

O presente documento trata de uma coletânea, em ordem cronológica, dos textos sobre a Transposição do Rio São Francisco elaborados pelo pesquisador João Suassuna na última década, representando a sua contribuição à hidrologia nordestina, com a discussão do assunto através da fundamentação em fatos concretos, com alternativas e soluções em torno de questões que ainda se arrastam no esquecimento e, quiçá, na ignorância do povo, tudo no contexto do Brasil real.

Existindo o alerta às limitações do Rio São Francisco para o atendimento à navegação, geração de energia, irrigação e abastecimento das populações sedentas do Nordeste, torna-se evidente a necessidade da realização de um planejamento hidráulico em sua bacia hidrográfica, de forma a possibilitar as subtrações volumétricas pretendidas.

Finalmente, com a divulgação desse trabalho, a Fundação Joaquim Nabuco não poderá vir a ser acusada, no futuro, de ser omissa perante os problemas que por ventura venham a existir com a transposição do São Francisco nos moldes atualmente previstos. Esse assunto é considerado por todos como de extrema importância para os desígnios da região.

O Autor

TRANSPOSIÇÃO DO RIO SÃO FRANCISCO: possibilidades técnicas versus vontade política

1

A Sudene, nos seus 35 anos de existência, acumulou um acervo de informações técnicas sobre o Nordeste que reputamos como invejável. Como temos informações praticamente sobre tudo da região, chegamos ao ponto de acreditar que, para a solução de seus problemas, é necessário apenas vontade política e nada mais, uma vez que as informações já estão facilmente ao alcance das pessoas.

Esta assertiva nos parece até certo ponto verdadeira, mas é importante que se alerte aos políticos que esta vontade tem que necessariamente estar atrelada a informações técnicas confiáveis para que tragam os resultados desejados.

Recentemente, o nosso presidente veio ao Nordeste trazer recursos para um programa que chamou *Compromisso pela vida do Rio São Francisco* (matéria publicada nos principais jornais de Recife do dia 6 de junho de 1995). O presidente, junto a sua comitiva, foi à nascente do Rio, tomou um pouco de água e transmitiu sua mensagem de apoio à transposição de suas águas dizendo que "O Rio é generoso e não há de secar porque os estados nordestinos pegam um pouquinho aqui e ali".

Temos em nosso poder alguns documentos que atestam tecnicamente a inviabilidade da transposição. Um deles foi elaborado pela Gerência da Divisão de Planejamento da Geração Elétrica, da Companhia de Eletricidade da Bahia-Coelba. Nele, há uma perspectiva de redução significativa da oferta de energia elétrica nas regiões Norte e Nordeste do Brasil, caso se concretize a transposição. Segundo o documento, na primeira etapa do projeto, a retirada de uma vazão de 50 m^3/seg do leito do São Francisco e o bombeamento desse volume d'água, vencendo um desnível de 160 m (correspondente à diferença de nível entre a beira do rio, na cidade de Cabrobó (PE) e o ápice da Chapada do Araripe em Jatí (CE) até chegar aos rios a serem perenizados, provocarão uma redução na geração de energia nas usinas da Chesf a jusante de Sobradinho (Itaparica, Moxotó, Complexo Paulo Afonso e Xingó), da ordem de 218 Mw/ano (126 MW/ano que vão deixar de ser produzidos devido à redução da vazão do rio e 92 MW/ano que vão ser gastos no bombeamento da água).

Na segunda etapa do projeto, o montante da água a ser retirado passa de 50 para 260 m³/seg. Nesta situação, a redução de geração nas usinas da Chesf a jusante de Sobradinho passa para 655 MW/ano e a energia necessária para bombear a água chega a 478 MW/ano, totalizando uma redução na oferta de energia de 1133 MW/ano. Este valor, segundo o documento, supera em 23% a previsão do requisito da Coelba para o ano de 1995, que é de 920 MW/ano.

Para efeito comparativo, exemplifica o documento, os requisitos de energia previstos pelas empresas Cepisa (PI), Saelpa (PB), Ceal (AL) e Energipe (SE) para o corrente ano (1995) atingem, respectivamente, 146, 199, 188 e 185 MW/ano, portanto, inferiores ao impacto verificado na primeira etapa do projeto, de 218 MW/ano.

Com a recente entrada em operação da Usina de Xingó, o balanço de energia do sistema interligado N/NE, sem considerar a transposição, é positivo até o ano de 2001. Com o projeto de transposição, esse balanço já se torna negativo em 1998, indicando a necessidade imediata de antecipação das obras de geração de energia, com a construção das usinas Saco, Itapebi e Tucuruí II, que têm o custo orçado em US$ 2.747,5 milhões.

Outro documento a que fazemos referência é a carta n. 12 do Instituto Miguel Calmon - IMCI, tornada pública em maio de 1983, a qual faz um alerta sobre a possibilidade de faltar água no Rio São Francisco, caso o governo implemente o projeto de transposição de suas águas. Segundo este documento, uma vez regularizada a vazão do rio em 3.170 m³/s, o potencial de aproveitamento hidrelétrico, que pode ser utilizado para irrigação, é de apenas 30% deste volume, ou seja, 1.060 m³/s suficientes para irrigar um milhão de ha no Semi-árido. Os projetos de irrigação, em diversos estágios de execução implantados em suas margens, já àquela época, somavam uma área de aproximadamente 738.981 ha e comprometiam 74% do potencial de irrigação do Velho Chico existindo, além do mais, uma área potencial adicional de cerca de 517.000 ha com possibilidades técnicas de irrigação. Acrescentando os cerca de 739 mil ha, aos 517 mil ha com áreas potenciais, tem-se uma oferta equacionada de 1.255.981 ha de área irrigável, nos limites do razoável para garantir a segurança na seleção das melhores áreas a serem irrigadas no Nordeste. É o limite do volume d'água do rio. Mas neste contexto de abundância de ótimas áreas com potencial de irrigação, prossegue o documento, pensar em conduzir suas águas através de extensos e quilométricos canais (fala-se em 200 km até o Ceará) é, para ser delicado, uma grande estultice. Com as características de irrigação e o potencial do Vale do São Francisco, qualquer solução que reduza este potencial ignora o nível de conhecimentos e de estudos já havidos nesta direção.

O último documento a que fazemos referência diz respeito à posição do Comitê Executivo de Estudos Integrados da Bacia Hidrográfica do Rio São Francisco - Ceeivasf, reunido em Salvador em maio de 1994, e foi elaborado com a participação de integrantes de diversas instituições regionais afetas ao assunto. Neste documento, entre outras considerações, os participantes entenderam que, diante dos números apresentados pelo projeto de transposição, a retirada de 280 m^3/s a jusante de Sobradinho, continuamente, implicaria na redução de 2,6 MW médios por metro cúbico por segundo e que a energia necessária para recalcar cada metro cúbico a 160 m de altura, seria de 1,6 MW. O comprometimento total seria de 1.176 MW, o que é maior que a geração de Sobradinho (1.050 MW), maior que toda a energia comercializada pela Coelba ou ainda superior à energia requerida em 1995 pelos Estados de Sergipe, Alagoas, Ceará, Paraíba e Rio Grande do Norte, juntos. Prossegue o documento afirmando que o custo da energia necessária para conduzir a vazão contínua de 280 m^3/s seria de US$ 130 milhões por ano, (a custo da tarifa de maio de 1994), importância suficiente para colocar 13.000 ha em operação por irrigação pública na Bacia do São Francisco anualmente.

Somado a estes problemas, não se pode deixar de considerar o intenso potencial evaporimétrico da região, que pode chegar a 2.000 mm anuais, devido à grande quantidade de radiação solar existente (considerações nossas). Este fenômeno irá ter conseqüências diretas na evaporação exacerbada da água nas centenas de quilômetros de canais a céu aberto existentes no projeto, refletindo, igualmente, no agravamento dos problemas de geração e bombeamento da água.

Estas informações deveriam chegar ao presidente constantemente, para subsidiá-lo na tomada de suas decisões. Da forma como o assunto foi tratado em sua visita aqui no Nordeste, certamente elas não lhe estão chegando. Ficamos até com um pouco de curiosidade em saber o que é que o presidente entende por "pegar um pouquinho aqui e ali" quando se refere à generosidade do rio em termos de fornecimento de água. Para evitar interpretações dúbias seria mais interessante S. Exa. rever seus conhecimentos sobre esta realidade regional com base nas informações técnicas existentes acerca de um assunto tão polêmico nos dias atuais, e desprezar opiniões e interesses puramente pessoais. Se assim não for feito, ele poderá estar cometendo um erro grave e de conseqüências difíceis de serem avaliadas. É como comparar a transposição das águas do São Francisco a uma empadinha de camarão servida em lanchonete de mercado público. Num primeiro lance de vista parece um apetitoso petisco, mas depois de saboreá-la, os seus efeitos são por vezes desastrosos.

Recife, 6 de junho de 1995.

TRANSPOSIÇÃO DE ÁGUAS DO RIO SÃO FRANCISCO PARA O ABASTECIMENTO DO NORDESTE SEMI-ÁRIDO: solução ou problema?

2

Estamos às voltas com um novo ciclo seco no Nordeste. O El Niño está colocando suas "garras" de fora. As águas do Oceano Pacífico estão esquentando devido à ação dos ventos alísios que sopram de leste para oeste elevando o nível das águas quentes que normalmente se encontram na parte ocidental daquele oceano. Os ventos começam a mudar de direção (agora no sentido oeste para leste), levando a massa de água quente para a costa peruana, o que ocasiona fortes tempestades com a intensa evaporação ali existente. No litoral sul-americano, o mecanismo impede a subida das águas frias à superfície, enquanto os ventos desviam as chuvas e bloqueiam as frentes frias vindas da Antártica, causando inundações no Sul e seca no Nordeste brasileiros.

Esse fenômeno está mais uma vez presente no país (agosto/97), com várias cidades do Sul em estado de calamidade pública, devido à ação das fortes chuvas que provocam enchentes descabidas, esperando-se, em contrapartida, o pior para o Nordeste. A seca parece inevitável.

Diante desse fato, recrudesce, no meio político, a idéia da transposição das águas do Rio São Francisco, como a única solução para resolver o problema do abastecimento das cidades e mitigar a sede dos nordestinos. O quadro merece uma pausa para meditação.

Temos conosco um documento elaborado pela Secretaria de Ciência, Tecnologia e Meio Ambiente do Estado de Pernambuco intitulado *Relatório sobre a Transposição do Rio São Francisco e as Atuais Necessidades de Recursos Hídricos do Nordeste*, no qual fica clara a visão do governo com relação às vantagens de transpor as águas, tendo em vista o reforço dos recursos hídricos para os Rios Brígida e Pajeú, e os benefícios sócio-econômicos advindos.

No documento é feita uma descrição, em linhas gerais, das características do projeto de transposição transcritas, a seguir, na íntegra:

a) "a captação de água deve ser realizada perto de Cabrobó, na divisa entre Bahia e Pernambuco, numa altitude 50 m inferior à da Barragem de Sobradinho;

b) pretende-se desviar cerca de 280 m³/s, quando o projeto estiver todo implantado, sendo que na primeira etapa, a previsão é retirar 70 m³/s do São Francisco, que neste ponto tem *vazão firme* [grifo nosso] de 2065 m³/s, o que representa menos, provavelmente, que a margem de erro das medições hidrológicas;
c) na captação a água será bombeada para superar cerca de 30 m de elevação geométrica e segue em canais e reservatórios até Terra Nova, onde é elevada novamente em 50 m, prosseguindo em aquedutos e *leitos naturais* [grifo nosso] até Salgueiro, onde uma 3ª estação elevatória seria implantada para recalcar a água a 80 m de elevação. Desta forma, a água captada na cota de 315 metros, após ser recalcada 160 m, cruzaria o divisor na altitude de 475 metros, prosseguindo daí em diante para o Vale do Jaguaribe, por gravidade. A passagem no divisor é prevista em túnel de 1500 m, nos limites estaduais de Pernambuco e do Ceará;
d) a idéia é que, dos 2000 km percorridos pela água na adução até o mar, cerca de 200 km serão contemplados com obras. As demais distâncias serão percorridas em leito natural de rios e reservatórios;
e) depois de transposto o divisor, a água seguiria pelos Rios dos Porcos, Salgado e Jaguaribe, por onde atingiria o litoral;
f) na primeira etapa do projeto, as vazões decorrentes da transposição seriam divididas da seguinte forma: 25 m³/s para o Ceará, 15 m³/s para o Rio Grande do Norte, 15 m³/s para a Paraíba e 15 m³/s para Pernambuco."

O curioso é que, da forma como a questão é colocada, num contexto um tanto inconseqüente, pois nos dá a nítida impressão da magnitude dos custos do projeto, tanto os financeiros como os imputados ao meio ambiente, parece-nos que as pessoas perderam o censo crítico de analisar as coisas. É como se houvesse a proposta para a realização de um projeto de esfriamento das águas do Pacífico para minimizar os efeitos do El Niño, "laçando-se" um *iceberg* da Antártica e rebocando-o até o local do esquentamento, para amenizar a temperatura daquele pedaço do Oceano Pacífico que tem tanta importância para a vida dos nordestinos. No nosso modo de entender, a comparação tem a mesma magnitude.

A questão tem que ser tratada em bases mais científicas ao invés de decisões simplórias e descabidas, do tipo "vamos fazer, que depois os problemas surgidos serão resolvidos". Só que, dessa forma, os problemas podem não ter o remédio esperado e, mesmo que surjam algumas alternativas de solução, essas poderão ser inviáveis dado o custo elevado.

No nosso modo de entender, alguns pontos têm que ser levados em consideração quando o assunto é transposição das águas: o primeiro diz respeito à intensa evapotranspiração que existe no Nordeste semi-árido, que chega a alcançar patamares médios da ordem de 2.000 mm anuais. Isso é um dado espantoso, se imaginarmos uma lâmina de 2 metros de água a céu aberto, em leitos naturais conforme o explicitado no projeto, perdendo-se anualmente para a atmosfera sem o mínimo uso, numa região de déficit hídrico, onde a média pluviométrica gira em torno dos 600 mm anuais. O segundo diz respeito ao consumo de energia para recalcar o volume de água pretendido. De acordo com os dados do projeto, a energia necessária para esse fim é equivalente àquela gerada em Sobradinho (1.050 MW), ou seja, precisa-se ter uma Sobradinho inteira, funcionando 24 h por dia, para manter o sistema operando satisfatoriamente, numa região em que estão previstos problemas de geração de energia elétrica já no ano 2000. O terceiro, e talvez o mais importante, diz respeito à garantia de vazão do rio que assegure a geração de energia elétrica e a irrigação em suas áreas potenciais. O São Francisco é um rio que, no Nordeste semi-árido, corre inteiramente sobre o embasamento cristalino e, em decorrência disso, todos os seus afluentes têm regime temporário. Este aspecto traz, como conseqüência, uma diminuição gradativa de sua vazão ao longo do ano, dada a diminuição e até a interrupção das vazões dos afluentes que fazem parte de sua bacia, agravada, ainda, pelo uso consuntivo das águas na irrigação (águas utilizadas que não têm retorno ao rio).

Justamente na tentativa de solucionar o problema de vazão do rio, a Companhia Hidrelétrica do São Francisco - Chesf construiu a Represa de Sobradinho que manteve, de certa forma, a vazão do rio em patamares adequados para a geração de energia no Complexo de Paulo Afonso. Mesmo assim, dadas as secas periódicas que assolam a região, a referida represa tem operado, com certa freqüência, em níveis críticos, chegando a voltarem à tona as ruínas da cidade de Remanso no Estado da Bahia, que ficou submersa com a construção dessa represa e que foi reconstruída em uma cota mais alta, longe das águas. Ora, se a antiga Remanso volta a aparecer no período de seca, isso nos leva a crer que o leito do rio praticamente volta a ser o que era antes de ser represado e que as águas, antes acumuladas para resolver os problemas de geração de eletricidade e de irrigação, não atendem mais àquelas finalidades.

Com relação a esse ponto, no final do ano passado (1996) assistimos, na mídia televisiva, a uma entrevista do presidente da Chesf em que este se mostrava preocupado com a diminuição da vazão do rio, chegando a comentar que a Bacia do São Francisco estava no seu segundo ano de seca e que não poderia entrar no terceiro, sob pena de haver racionamento de energia elétrica. Nesse período, segundo informações colhidas por engenheiros da Chesf, a Represa de Sobradinho estava com um volume acumulado de água de apenas 13% de sua capacidade. Imaginem os senhores leitores se, uma vez instalado esse quadro de penúria hídrica, tivéssemos ainda que subtrair mais água do rio para atender ao abastecimento do Nordeste. Simplesmente não iríamos ter água suficiente para tudo isso (geração, irrigação e abastecimento). Ficamos até a imaginar as manchetes dos principais jornais nordestinos: "Chesf entra na justiça para assegurar geração de energia no Nordeste", ou mesmo, "O Rio São Francisco agoniza".

Diante do exposto, esperamos que as autoridades reflitam melhor sobre a transposição do Rio São Francisco, agregando a ela a questão do gerenciamento regional integrado dos recursos ambientais, aí incluindo o uso coerente de suas águas, como fator fundamental do desenvolvimento da região Nordeste. Para que isso se realize, é importante que sejam ouvidos todos os segmentos da sociedade, que precisam ser estimulados para apoiar essas ações, e conhecer quais são suas prioridades e como estas se inserem num plano de conjunto que se desdobra ao longo do tempo.

Recife, 30 de agosto de 1997.

TRANSPOSIÇÃO DO RIO SÃO FRANCISCO: um erro que poderá ser fatal

3

O ministro do Meio Ambiente, Gustavo Krause, declarou ao *Jornal do Brasil*, na edição do dia 14 de maio de 1999, que o governo federal investirá, até dezembro, mais de 1 bilhão de reais em projetos para ampliação da oferta de água e da área de culturas irrigadas no Nordeste. O ministro fez uma defesa veemente do projeto de Transposição das Águas do rio São Francisco, o que denominou de "uma obra de engenharia mais política do que hídrica", quando se referiu à oferta de água para a região.

Como técnico da área, gostaria de alertar o senhor ministro que a vontade de transpor as águas do Velho Chico poderá trazer conseqüências de proporções desastrosas.

Em primeiro lugar, como recifense, o ministro não poderia deixar de lembrar o desagradável racionamento de energia elétrica ocorrido na cidade do Recife, no final da década de oitenta, motivado por problemas de vazão do rio, o qual levou a população a participar de uma verdadeira maratona para cumprir as inatingíveis cotas de oferta de energia elétrica estipuladas pela Celpe. Aquilo doeu, e doeu muito, no bolso da população. Sem desconsiderar a seriedade e a capacidade de trabalho do nosso ministro, não posso concordar com suas declarações ao afirmar tratar-se de uma obra de "engenharia política", dando claros sinais de que o lado "técnico", no caso o da "engenharia hídrica", fica em um plano secundário. Ao ler a notícia, como cidadão brasileiro, entendi como mais uma alternativa política de convencimento da população para a reeleição do presidente Fernando Henrique Cardoso.

Em segundo lugar, o Rio São Francisco não irá suportar mais esta retirada de água, no volume pretendido – 50 a 60 metros cúbicos por segundo –, sem que haja conseqüências negativas na geração de energia elétrica no Complexo de Paulo Afonso. O Rio São Francisco, que teve prioridade inicial de geração e irrigação, corre inteiramente no Semi-árido sobre uma geologia cristalina, na qual seus afluentes têm caráter temporário. Este aspecto, por resultar numa constante diminuição de sua vazão ao longo do tempo, obrigou a Chesf a construir a Represa de Sobradinho para manter a sua vazão em patamares seguros ao processo de geração. Ocorre que a Represa de Sobradinho tem operado em regimes críticos – em janeiro de 98 ela apresentava um volume útil de geração de apenas 13% – nos levando a acreditar que praticamente o rio voltava a correr no seu leito como antes de ser represado. Não vamos ter água suficiente para gerar energia elétrica, irrigar e abastecer as cidades.

Se o problema é levar água ao Nordeste, por que não se pensar na interligação das Bacias Tocantins/São Francisco, através da falha tectônica existente no noroeste da Bahia (Lagoa de Varedão), onde, o custo para esta operação, segundo informações seguras de técnicos da Chesf, é da ordem US$ 116 milhões (referente, principalmente, às dragagens necessárias para aumento da oferta de vazão, para o São Francisco), em detrimento dos US$ 1,01 bilhões que é o verdadeiro custo da Transposição do Rio São Francisco? É uma alternativa que não deverá ser descartada.

Com tudo isso, fico surpreso com o silêncio da Chesf com relação a esta problemática. Acho que o momento é extremamente oportuno para a manifestação da instituição, que, no meu entender, é uma das principais responsáveis pelo desenvolvimento da região Nordeste, onde o fator água é a sua principal razão de ser.

Finalmente, gostaria de alertar o ministro, que o povo, aos pouquinhos, vai aprendendo as lições do dia-a-dia. Quando as alternativas políticas resultam em aperto monetário, e esta, fatalmente, será uma delas, a população costuma escolher aquela mais simples e consistente técnica e financeiramente. Outras eleições estão por vir e aconselho os políticos a não cometerem erros dessa natureza, sob pena de terem dificuldades de se eleger, até quando o pleito for para vereador.

Recife, 28 de maio de 1998.

VONTADE POLÍTICA É A VERDADEIRA SECA DO NORDESTE

4

Já é mais do que sabido que as secas do Nordeste são periódicas e, enquanto fenômeno natural, não há como combatê-las. Todavia, os seus efeitos podem ser enfrentados com tecnologias apropriadas, tornando possível a convivência do homem com o meio árido.

Quando tratamos de tecnologias agrícolas para o Semi-árido – entendidas aqui como aquelas fixadoras do homem no campo – temos que ter em mente um ponto que é fundamental: a exploração, e com muita competência, da capacidade de suporte da região. Neste aspecto somos otimistas.

O Nordeste brasileiro tem 1.600.000 Km^2 e apenas 2% dessa área são passíveis de irrigação. Apesar de restrita, devido a problemas de qualidade de solos, bem como de quantidade e qualidade de água, a região poderá vir a ser um dos maiores pólos de fruticultura do mundo. Estima-se o potencial irrigado do Vale do Rio São Francisco em aproximadamente 1 milhão de hectares. Como termo de comparação, o Chile, país com clima temperado, produziu no ano de 1997, em aproximadamente 200 mil hectares irrigados, algo em torno de 1,5 bilhões de dólares em frutas. Temos, seguramente, nas margens do São Francisco, a capacidade de produzir cinco vezes mais do que o Chile, com uma vantagem adicional: o nosso semiárido é o único no mundo localizado em uma região tropical, significando dizer que não temos a ocorrência de neve nos invernos. Este aspecto, aliado a intensa insolação – o Semi-árido tem aproximadamente 3.000 horas de sol por ano – e com técnicas avançadas de irrigação, possibilita até três colheitas por ano. A uva é um bom exemplo de produção nas margens do São Francisco.

Fala-se muito no extenso lençol de água no subsolo do Nordeste, e que sua exploração poderia ser a solução para resolver de vez os problemas hídricos da região. Não é bem assim. Nesse aspecto, temos que ter um pouco de cautela. Água de subsolo só existe quando a geologia assim o permite. As áreas sedimentares que possibilitam a acumulação de água no subsolo são muito esparsas na região. No Semi-árido, o Estado do Piauí é o que apresenta um maior percentual de áreas sedimentares (praticamente todo o Estado) e tem demonstrado exemplos de fartura hídrica, a exemplo dos poços jorrantes no município de Cristino Castro. Quando houver possibilidade de exploração das águas destas áreas no Semi-árido, vamos assim fazê-lo. O que não se pode é extrapolar o exemplo do Piauí para o Nordeste como um todo. Nos demais Estados, as áreas sedimentares são por demais esparsas não justificando aquela premissa inicial de exploração intensa das águas do subsolo. Para se ter uma idéia do problema, 70% do Semi-árido encontram-se sobre um embasamento cristalino, no qual as únicas possibilidades de acesso à água ocorrem através de fraturas nas rochas cristalinas e nos aluviões próximos a rios e riachos. Em geral, essas águas são poucas e extremamente salinas.

Paralelamente à questão da água do subsolo da região, fala-se muito, nos dias de hoje, na polêmica transposição das águas do Rio São Francisco como alternativa redentora para mitigar a sede dos nordestinos. Esta questão precisa ser tratada com cuidado. As prioridades iniciais do Rio São Francisco foram para gerar energia elétrica e irrigar. Isto deveria ser encarado como uma questão de segurança nacional. O rio, por ter o seu curso no Semi-árido inteiramente sobre regiões cristalinas, apresenta, como de regra, afluentes com caráter temporário. Esse aspecto traz, como conseqüência, uma redução de sua vazão no período de estiagem. Para solucionar este problema, a Companhia Hidrelétrica do São Francisco – Chesf – construiu a Represa de Sobradinho para manter a vazão do rio em patamares adequados à geração de energia elétrica no Complexo de Paulo Afonso. Sabemos, no entanto, que Sobradinho tem operado em regimes críticos – em janeiro de 1998 apresentava apenas 13% de sua capacidade de acumulação – voltando à tona as ruínas das cidades que foram submersas com o represamento de suas águas, significando dizer que o rio praticamente havia voltado ao leito normal como antes de ser represado. Somado a esse problema da vazão, é importante esclarecer que o uso da água do São Francisco na irrigação é consuntivo, ou seja, a água não retorna ao rio após ser levada até as culturas. Nesse quadro de penúria hídrica, querer-se subtrair mais água do rio para abastecimento das populações é, na melhor das hipóteses, uma ação inconseqüente. Certamente não teremos água para atender a tudo isso (geração, irrigação e abastecimento). Ação muito mais coerente, quanto a este aspecto, seria a de se propiciar um melhor gerenciamento no uso das águas das grandes represas do Nordeste. Orós, no Estado do Ceará, por exemplo, que possui 2 bilhões de m^3 de água, até hoje não justificou o porquê da sua construção. As águas estão lá evaporando e não se conhece um projeto de envergadura que justifique a sua condição de maior represa do Ceará. O Estado da Paraíba saiu na frente na campanha de um bom gerenciamento das águas de represas. Está para ser concluído o canal Redenção que irá transportar as águas dos Açudes Coremas/Mãe D'água para irrigação nas várzeas de Sousa. A Represa Ribeiro Gonçalves, no Rio Grande do Norte, que chega a ser até um pouco maior que Orós (possui 2,2 bilhões de m^3) está irrigando os municípios de Açu e Ipanguaçu e têm surgido vários pólos interessantes de fruticultura na região. O bom uso das águas das represas, ao nosso modo de entender, seria uma alternativa mais coerente na atual conjuntura em detrimento da alternativa de transposição das águas do São Francisco.

Outro aspecto importante e merecedor de atenção como alternativa produtiva no Semi-árido é o setor extrativista vegetal. Temos no Semi-árido uma riqueza enorme de plantas adaptadas ao ambiente seco que poderiam ser economicamente exploradas. Citamos alguns exemplos: como produtoras de óleos, Catolé, Faveleira, Marmeleiro e Oiticica; de látex, Pinhão, Maniçoba; de ceras, Carnaúba; de fibras, Bromeliáceas; medicinais, Babosa, Juazeiro; frutíferas, Imbuzeiro e as forrageiras de um modo geral. Temos um número de plantas enorme e praticamente não se conhece nada sobre elas. Ações de governo, nesse sentido, seriam importantíssimas.

A pecuária talvez seja a mais importante das alternativas para a região seca, principalmente por se tratar de uma região carente em proteína. Ações realizadas com sucesso no Cariri paraibano, especificamente no Município de Taperoá, têm demonstrado que o cultivo da palma e a fenação de forrageiras resistentes à seca, como é o caso do capim Buffel e do Urocloa, aliados a criação de um gado igualmente resistente e de dupla aptidão (carne e laticínios), a exemplo do Guzerá e do Sindi oriundos dos desertos da Índia e de pequenos ruminantes melhorados geneticamente (caprinos e ovinos), têm possibilitado a sobrevivência digna do homem na região. A piscicultura é outra alternativa que poderá ser desenvolvida através da utilização do potencial de açudes já instalados. Ações governamentais que dêem suporte aos produtores, sejam eles pequenos ou grandes, principalmente no setor creditício, são importantes e oportunas.

No que diz respeito à produção de grãos, entendemos que esta prática deveria ser banida dos limites do Polígono das Secas. A instabilidade climática da região é severa e torna a produção de grãos uma verdadeira loteria. Não podemos expor o homem nordestino a situações vexatórias.

Estudos da Embrapa atestam que as colheitas seguras, nos limites do Semi-árido, ocorrem em apenas 20% dos casos. Em 10 anos agrícolas, apenas 2 apresentam colheitas com sucesso. Este percentual é muito baixo se levarmos em consideração que a fome dos animais, aí incluído o homem, ocorre em 100% dos casos. Um animal que não se alimenta hoje, inexoravelmente amanhã estará com fome. Atualmente, basta a ocorrência de uma única chuva para levar os governos estaduais a abarrotarem o Semi-árido com sementes selecionadas, e acharem que esta prática é sinônimo de boa administração. O que ocorre, na maioria das vezes, é que outras chuvas demoram a ocorrer e todo o trabalho do nordestino no preparo do solo e plantio é desperdiçado, e o que é pior, ele normalmente não dispõe de outra alternativa que lhe garanta o sustento e a vida. Muitas vezes termina por se alimentar de palma – alimento que é fornecido aos animais – como única opção de alimento disponível, como se verificou recentemente aqui em Pernambuco. Como produzir grãos numa região com problemas climáticos tão sérios, se podemos produzir, e com competência, a proteína animal em termos de carne, leite e peixes e, a partir desses produtos, adquirir os grãos necessários à alimentação, produzidos em outras localidades do país, com condições mais propícias para assim fazê-lo? É uma questão de se adequar uma política agrícola, que efetivamente não temos, a uma realidade regional. Neste aspecto somos pessimistas.

Entendemos que os políticos, isso em regra geral, costumam fazer política com o sofrimento e a miséria do povo. As alternativas de produção existem e não são implementadas porque, na verdade, tem faltado aos administradores públicos a indispensável vontade política para definir ações estruturadoras no Semi-árido. E tem faltado porque concretizá-la significa contrariar interesses, muitas vezes situados na base de apoio parlamentar do governo. É exatamente aí onde está a nossa verdadeira seca.

Recife, 19 de maio de 1998.

ÁGUA NO SEMI-ÁRIDO NORDESTINO: contradição nas ações de uso

5

Temo-nos preocupado bastante, nos últimos anos, com a questão da água no Nordeste, notadamente da água da região semi-árida, preocupação essa que foi motivada não só por sua escassez, mas, principalmente, por sua qualidade química traduzida em termos de salinidade. Esse fato, aliás, tem sido tema de vários textos nossos que se tornaram públicos via internet, através do *site* da Fundação Joaquim Nabuco (www.fundaj.gov.br).

Sabidamente um bem natural escasso, a água se tornou um produto por demais cobiçado pela população que habita os limites do Semi-árido, não sendo exagero de nossa parte falar em "saques hídricos", quando o seu acesso se tornar mais problemático na ocorrência das secas. Nas secas atuais, os saques praticados pelos sertanejos têm ocorrido para obtenção de alimentos sólidos e são motivados pela fome. Futuramente, além da fome, teremos saques para obter água motivados pela sede. Essa é uma questão que certamente iremos vivenciar.

Nesse quadro extremamente preocupante, uma questão é passível de reflexão: a contradição que existe no uso das águas da região Nordeste, em especial da semi-árida, por parte de instituições responsáveis pelos recursos hídricos, tanto no âmbito federal quanto estadual.

Recentemente, sediamos na Fundação Joaquim Nabuco, no Recife, uma reunião promovida pela Secretaria de Ciência, Tecnologia e Meio Ambiente do Governo do Estado de Pernambuco, na qual foi apresentado, para discussão entre as instituições participantes, o Plano de Recursos Hídricos do Estado de Pernambuco, preconizado no Art. 15 da Lei 11.426 de 17/01/97, que estabeleceu a Política e o Sistema Estadual de Recursos Hídricos. Nessa reunião, foi tornada pública uma sinopse contendo cenários, atual e futuros, dentro de hipóteses prospectivas de desenvolvimento, subdivididos em dois outros tipos de cenários, tendencial e desejável, que contemplam o uso e o controle dos recursos hídricos no Estado de Pernambuco.

Ficou evidenciado, no desenrolar das discussões, que o Estado de Pernambuco é por demais carente em recursos hídricos. Essa problemática, em termos da capacidade de acumulação de água em grandes e pequenos açudes, equivale a um total de apenas 3,4 bilhões de m^3. Para se ter uma idéia do significado desse volume acumulado, um único açude no Ceará – o Orós – tem capacidade acumulatória de 2 bilhões de m^3, ou seja, todo o Estado de Pernambuco possui um potencial acumulado de, aproximadamente, um Orós e meio em seus açudes.

Nesse quadro de escassez, quando tratou-se da disponibilidade hídrica, em cenários atual e futuros, tornou-se cada vez mais evidente a necessidade de se importar águas de outras fontes hídricas do estado – incluídas aí, aquelas oriundas do Rio São Francisco – como a única possibilidade de garantia do precioso líquido para o desenvolvimento das regiões, principalmente daquelas próximas ou contíguas ao rio. Num quadro síntese das importações de água do São Francisco em um cenário atual, contido na referida sinopse, verificou-se que será subtraído desse rio um volume aproximado de 1,12 bilhões de m^3 de água por ano, dos quais 28 milhões de m^3 são previstos para o abastecimento urbano, 9 milhões de m^3 para as indústrias, 1,076 bilhão de m^3 para a irrigação e 9 milhões de m^3 para a aqüicultura.

Esse aspecto tem-nos preocupado sobremaneira, tendo em vista a problemática de redução da vazão do rio. O Rio São Francisco, hoje, possui uma vazão média em torno de 2.800 m^3 de água por segundo, com o comprometimento de 2.100 m^3 por segundo pela Chesf, para geração de energia elétrica, sobrando, por conseguinte, 700 m^3 por segundo de água, previstos para serem utilizados nos processos de irrigação. Isso corresponde a uma capacidade de irrigar aproximadamente 1.000.000 de ha nas margens do São Francisco, que é o potencial irrigável do vale. Outros usos das águas do São Francisco, como os acima comentados, implicariam na diminuição desse volume, pondo em risco todo o processo de irrigação praticado no vale, como também o de geração de energia elétrica ali existente. Esta espécie de "conta bancária" do uso das águas já nos parece operar no vermelho.

O assunto do uso da água torna-se contraditório quando passamos a comentar um mega-projeto que está sendo concebido pela Codevasf, noticiado na edição do *Diário de Pernambuco* do dia 27 de setembro de 98. Nele, comenta-se um aporte de recursos da ordem de R$ 18 bilhões para serem gastos em 30 anos, objetivando o aproveitamento das águas da chuva, com a construção de 620 reservatórios e de 3,7 mil km de canais para a irrigação de áreas que nem mesmo o tão falado projeto de transposição das águas do São Francisco seria capaz de alcançar.

O importante nesse mega-projeto é que, para a sua realização, há a preocupação de um incremento de 830 m^3 por segundo de água no Rio São Francisco. Esse volume viria dos excedentes das Bacias Hidrográficas do Rio Grande, em Minas Gerais; São Marcos, em Goiás; Tocantins, em Tocantins e Parnaíba, no Piauí. A esse respeito, existe um divisor d'água das Bacias do Tocantins e São Francisco – uma falha tectônica – onde se situa a Lagoa de Jalapão que faz a interligação natural das Bacias do Tocantins com o Rio São Francisco e o Parnaíba. Nessa mesma falha está também situada a Lagoa Varedão com triplo desaguadouro: para o Tocantins (por conseqüência para o Amazonas), pelos Rios Sono e Novo, e para o São Francisco, através do Rio Sapão e seu tributário, o Rio Preto. Devido à estrutura geológica do Tocantins – com bacia de 800 mil quilômetros quadrados e um débito médio de 11 mil m^3 por segundo – são lançados, em algumas épocas do ano, cerca de 110 m^3 por segundo de água para o São Francisco através das citadas lagoas. Um simples aprofundamento das lagoas supra mencionadas seria suficiente para aumentar a descarga para o rio em cerca de 260 m^3 por segundo, o que não afetaria em absoluto o Sistema Tocantins.

Com esse dois exemplos, fica clara a contradição de ações existente entre as duas instituições: de um lado, o governo do Estado de Pernambuco, que planeja o uso das águas importadas do São Francisco sem a preocupação com a sua vazão, ou com as conseqüências que poderão advir com esse procedimento e, de outro, a Codevasf colocando com clareza a importância de se cuidar primeiro da vazão do rio, para depois dar seqüência às obras planejadas.

Finalmente, para nós fica muito claro, com os exemplos aqui comentados, que está faltando resposta a algumas indagações:

- Quais as conseqüências de se trocar água para geração de eletricidade por água para fins de irrigação, abastecimento, consumo industrial e aqüicultura?
- Dos múltiplos usos que tem a água, qual o mais nobre?
- Que políticas devem ser utilizadas?
- A água deverá ter um custo?

Acerca dessas inquietações, está sendo elaborada uma tese de Doutorado no Departamento de Economia da Universidade Federal de Pernambuco, pelo Dr. Alexandre Stamford da Silva, que trata da questão do *trade off* água-energia no contexto do crescimento econômico. Nela, o doutorando, através de um modelo econômico de crescimento ótimo, pretende obter políticas e planejamentos para o gerenciamento de recursos energéticos e hídricos. Com esse trabalho espera-se que, de um lado, sejam dadas respostas às indagações feitas anteriormente e, de outro, que as ações das instituições, doravante, sejam mais coerentes para o efetivo desenvolvimento de toda a região Nordeste.

No entanto, já podemos afirmar que o uso alternativo da água não é pacífico, tendo limites objetivos. Por se tratar de um bem mensurável e limitado, devem ser definidas prioridades para o seu uso, a fim de não comprometer projetos já em andamento.

Deve-se lembrar que a hidreletricidade e a irrigação de terras adjacentes ao São Francisco foram opções tomadas que resultaram em pesados investimentos. Seu uso sub-ótimo é um desperdício que numa sociedade carente como a nordestina, não pode ser permitido. O planejamento e a racionalização do uso da água parece ter prioridade no Semi-árido.

Recife, 05 de outubro de 1998.

DE ADIVINHÃO A PROFETA 6

Não fiquei surpreso ao ler, na edição do *Diário de Pernambuco* do dia 18/03/99, a manchete: *O Nordeste vai ter que importar energia.*

Ao longo do meu trabalho como pesquisador da Fundação Joaquim Nabuco, tenho me dedicado às questões do Nordeste semi-árido e, em particular, à questão da água, tornando públicas na internet minhas idéias e, no acervo ali publicado, a questão da Transposição do São Francisco se faz presente de maneira marcante. No meu trabalho, tenho procurado, de certa forma, desmistificar a crença popular de que a água é o único elemento natural redentor da região seca brasileira elencando, na medida do possível, outras opções igualmente importantes, notadamente a pecuária e o cultivo de plantas xerófilas como promotoras do desenvolvimento da região.

Acerca da transposição das águas do São Francisco, passo a relatar algumas questões por mim levantadas, na relação de textos que se encontram disponíveis na internet, as quais atestam a inviabilidade técnica de se transpor suas águas, vindo a culminar no que já era previsto e prontamente divulgado pela mídia: a falência do Rio São Francisco como recurso natural gerador e supridor da demanda de energia elétrica.

Passo a comentar rapidamente, em ordem cronológica de publicação, as questões relativas à transposição do Rio São Francisco existentes em cada texto divulgado na internet (http://www.fundaj.gov.br/docs/text/textrop.html)

1) "Difusão de Tecnologia Agrícola: uma experiência no Nordeste brasileiro", texto publicado em 1994 no qual, dentre outras questões, tratei do pequeno potencial de áreas irrigáveis do Nordeste. Nesse aspecto, mencionei ser a transposição uma questão importante na atual conjuntura, tendo em vista as divulgações da mídia, referentes às ações de governo na sua efetivação, para a ampliação do potencial das referidas áreas do Semi-árido nordestino. Relatei alguns fatores importantes para a tomada desse tipo

de decisão, tais como: a salinidade das águas; a distância existente entre a tomada d'água, no Município de Cabrobó (PE) e o Município de Fortaleza (CE); as características dos solos das áreas a serem irrigadas, na maioria das vezes localizadas sobre o embasamento cristalino; o grande número de perímetros irrigados do Dnocs com áreas completamente abandonadas, não se justificando a criação de novas áreas irrigadas antes mesmo de se solucionar os problemas existentes nesses perímetros; a garantia de estabilidade do potencial instalado de geração de energia elétrica pela Chesf; a existência de políticas regionais que garantissem a participação do produtor de baixa renda na irrigação, através do crédito subsidiado, garantias de comercialização do produto gerado, acesso a novas tecnologias, bem como do uso comum da água para outros fins, como: abastecimento, saneamento, etc. Todos estes fatores tinham que ser muito bem articulados e com ampla participação da sociedade, para que ela se sentisse, também, responsável pela condução do processo.

2) "Transposição do Rio São Francisco: possibilidades técnicas versus vontade política", texto publicado em 1995, no qual faço um relato, com números expressos em megawatt/hora, das constatações feitas pela Companhia de Eletricidade da Bahia - Coelba, pelo Instituto Miguel Calmon – IMC – e pelo Comitê Executivo de Estudos Integrados da Bacia Hidrográfica do Rio São Francisco - Ceeivasf sobre os prejuízos que poderão ser causados na geração de energia elétrica no Nordeste, caso venha a ser concretizada a transposição do Rio São Francisco.

3) "Transposição das águas do Rio São Francisco para o abastecimento do Nordeste semi-árido: solução ou problema?", texto publicado em 1997, no qual mencionei um relatório elaborado pela Diretoria de Recursos Hídricos do governo do Estado de Pernambuco sobre a transposição do Rio São Francisco e as necessidades de recursos hídricos do Nordeste, objetivando proporcionar um reforço dos recursos hídricos para o estado e possibilitar maiores benefícios sócio-econômicos para a região. Com relação a esse assunto, fiz algumas ponderações técnicas sobre o ambiente no qual o rio corre no Semi-árido e chamei atenção para uma entrevista do presidente da

Chesf a que assistimos, na mídia televisiva, no final do ano de 1996, em que este se mostrava preocupado com a diminuição da vazão do rio, chegando a comentar que a Bacia do São Francisco estava no seu segundo ano de seca e que não poderia entrar no terceiro, sob pena de haver racionamento de energia elétrica. Nesse período, segundo informações colhidas por engenheiros da Chesf, a Represa de Sobradinho estava com um volume acumulado de água de apenas 13% de sua capacidade. Imaginem os senhores leitores se, uma vez instalado esse quadro de penúria hídrica, tivéssemos ainda que subtrair mais água do rio para atender ao abastecimento do Nordeste. Simplesmente não iríamos ter água suficiente para tudo isso (geração, irrigação e abastecimento).

4) "Vontade Política é a Verdadeira Seca do Nordeste", texto publicado em 1998, no qual procurei elencar alternativas tecnológicas viáveis que possibilitassem a convivência do homem com o meio árido nordestino. Nesse texto teci alguns comentários sobre a problemática da transposição do São Francisco, propondo outra ação mais coerente para o abastecimento das populações, através do uso racional das águas das represas públicas, em detrimento da alternativa de transposição das águas do rio. Foram levantados condicionantes ambientais que interferem diretamente na vazão do rio, como a geologia e o clima, bem como a justificativa da construção do reservatório de Sobradinho pela Chesf para manter a vazão do rio em patamares seguros para a geração de energia. Comentei o baixo volume de acumulação que a referida represa apresentava no início de 1998 (de apenas 13% de sua capacidade) e o perigo, dado o quadro de penúria hídrica apresentado, de se querer subtrair mais água do rio para abastecimento das populações. No meu depoimento naquela ocasião, comentei que não teríamos água suficiente para atender a geração de energia, a irrigação e o abastecimento das populações. Enfatizei que a transposição das águas era, na melhor das hipóteses, uma ação inconseqüente.

5) "Transposição do Rio São Francisco: um erro que poderá ser fatal", texto publicado em 1998, no qual comentei uma matéria publicada no *Jornal do Brasil* sobre os investimentos que o governo federal pretendia realizar no setor de recursos hídricos do

Nordeste, pelo então ministro do Meio Ambiente, Gustavo Krause, na qual o ponto forte era a transposição do Rio São Francisco. Nesse texto, voltei a comentar o problema de vazão do rio, lembrando o desagradável racionamento de energia elétrica ocorrido na cidade do Recife, no final da década de oitenta, motivado por problemas de vazão do rio, o qual levou a população a efetuar verdadeiros prodígios para cumprir as inatingíveis cotas de oferta de energia elétrica estipuladas pela Celpe. Levantei, também, a questão das perdas na geração de energia com a transposição e finalizei o texto propondo outras alternativas de investimentos, a exemplo da transposição das águas da Bacia do Rio Tocantins para o São Francisco.

6) "Água no Semi-árido nordestino: contradição nas ações de uso", texto publicado em 1998, no qual comentei formas distintas de tratamento dos parcos recursos hídricos existentes no Estado de Pernambuco, por duas instituições governamentais, sendo uma federal (a Codevasf) e outra estadual (a Secretaria de Recursos Hídricos). A primeira propunha um mega-projeto, orçado em R$ 18 bilhões, para serem aplicados em 30 anos no Nordeste, no qual entre outros aspectos, se previa o uso das águas do São Francisco para irrigação e abastecimento das populações, mas com um condicionante fundamental: o cuidado especial para com a vazão do rio. Era explicitada no projeto a garantia de sua vazão, mediante o aporte de águas oriundas de outras bacias, a exemplo do Tocantins. A segunda instituição propunha o uso das águas do São Francisco para abastecimento de algumas áreas do estado, sem ter a preocupação com a sua vazão, nem com as conseqüências que poderiam advir desse procedimento. Conclui o texto lembrando que a hidreletricidade e a irrigação de terras adjacentes ao São Francisco foram opções tomadas que resultaram em pesados investimentos. Seu uso sub-ótimo é um desperdício que numa sociedade carente como a nordestina, não pode ser permitido. O planejamento e a racionalização do uso da água têm prioridade no Semi-árido.

Com esse relato, quero chamar a atenção do leitor do quanto estou preocupado com a questão da transposição das águas do São Francisco e, em especial, com a problemática de geração de energia elétrica no Nordeste. Ao ler a matéria do *Diário de Pernambuco*, percebi que minhas idéias têm fundamento. Nela, o diretor de Operações da Chesf, Dr. Paulo de Tarso, fala da necessidade de o Nordeste ter que comprar, da Usina de Tucuruí (PA), cerca de 800 megawatt/hora de energia, o equivalente a 15% do consumo médio nordestino, devido a problemas de acumulação de água na Represa de Sobradinho.

Segundo informações fornecidas pela Chesf, Sobradinho acumulou, até fevereiro/99, apenas 43% de sua capacidade, que é de 34 bilhões de m^3 e, com as chuvas que caíram na região do São Francisco, nos primeiros quinze dias do mês de março/99, o reservatório alcançou, no máximo, 55%. Para se ter uma idéia da amplitude desse problema, no mesmo período do ano passado, Sobradinho estava com 98% de sua capacidade de armazenamento de água.

Lembro ao leitor que essa situação é real, está sendo vivida atualmente e, o que é pior, ainda sem a transposição das águas do São Francisco. Imaginem agora, uma situação na qual, mesmo havendo problemas de acumulação de água nos reservatórios, tivéssemos utilizando água para fins de abastecimento das populações. Seria uma situação insustentável e que poria em risco todo o sistema gerador de eletricidade do Nordeste.

Ao ler meus textos é possível que alguns leitores tenham pensado tratar-se de manobras de pura reflexão sobre um tema tão polêmico na atualidade, podendo chegar, até mesmo, a encontrar um certo grau de adivinhação nas minhas observações mas, após a leitura da matéria do *Diário de Pernambuco*, esses mesmos leitores, provavelmente, irão perceber um certo teor de profecia nelas e, espero eu, que não seja com nuances apocalípticas.

Recife, 22 de março de 1999.

7 RIO SÃO FRANCISCO: conflitos nos usos de suas águas

Apresentação

O presente texto trata de questões relativas ao Rio São Francisco, oriundas da leitura de farta documentação fornecida pelo engenheiro da Companhia Hidrelétrica do São Francisco – Chesf, Dr. João Paulo Maranhão de Aguiar, ao pesquisador João Suassuna, da Fundação Joaquim Nabuco. O objetivo principal de sua divulgação é o de proporcionar ao leitor o devido esclarecimento sobre a importância de algumas questões inerentes ao rio, principalmente quanto aos aspectos geográficos, ao potencial gerador de energia elétrica, aos barramentos regularizadores de vazões, às cheias periódicas, aos processos de assoreamento, aos usos conflitantes de suas águas, bem como ao polêmico projeto de transposição para outras bacias hidrográficas. Apesar de a documentação recebida encontrar-se desatualizada (a maioria foi elaborada entre 1985 e 1994), a sua análise destina-se a chamar atenção dos interessados para um dos principais problemas que certamente surgirão com o uso continuado e não criterioso de suas águas, qual seja, o da inviabilização do potencial gerador de energia elétrica do Rio São Francisco, reconhecido na atualidade como um dos principais elementos supridores das demandas de energia elétrica do Nordeste. A seguir, uma síntese das questões levantadas em tal documentação.

Vazão, área da bacia, estados incluídos

O Rio São Francisco desde as suas nascentes na Serra da Canastra, em Minas Gerais, até desaguar no Oceano Atlântico, tem 2.660 km, sua vazão média para o período 1929 a 1970, em Juazeiro/Petrolina é de 2.776 m^3/s, sua bacia é de 641.000 km^2 e inclui áreas dos Estados de Goiás (pequeno trecho do Rio Preto, afluente do Paracatu), Minas Gerais, Bahia, Pernambuco, Alagoas e Sergipe. Por isso, o São Francisco é chamado de rio da integração nacional.

Vazão regularizada

Todos os documentos existentes na Chesf sobre o Projeto Sobradinho fazem referência a uma vazão mínima garantida do rio. O conceito dessa vazão mínima garantida é o seguinte: sem qualquer barragem, em outubro de 1955, o Rio São Francisco registrou a menor vazão jamais lida em Juazeiro/Petrolina – 595 m³/s. Existindo Três Marias e Sobradinho, é possível garantir que, ocorrendo uma estiagem semelhante à da década de 50, e se reproduzindo vazão semelhante à daquele ano, Sobradinho liberará no mínimo 2.060 m³/s para alimentar as usinas existentes a jusante (Itaparica, Moxotó, Paulo Afonso I, II, III e IV, e Xingó). Explica-se, dessa forma, o conceito de vazão mínima garantida.

Em anos de cheia, a média é bem maior do que os 2.060 m³/s, podendo ocorrer, como em 1945, 1949 e 1979, uma média superior a 4.500 m³/s. Mesmo em anos normais serão sempre registradas vazões maiores que 2.060 m³/s. Este valor, no entanto, como já explicado, é um mínimo garantido.

A questão das cheias

Nenhum rio no mundo tem periodicidade de cheias conhecida. O Rio São Francisco, neste século, tem registrado grandes cheias nos anos a seguir discriminados:

Grandes cheias do São Francisco no século XX

1906	1945
1907	1946
1919	1949
1926	1979
1943	1980

A Represa de Sobradinho não foi concebida para conter cheias. Ao contrário, ela foi construída para regularizar a vazão do rio. O reservatório começou a ser enchido no dia 04 de abril de 1977 e em fins de maio de 1978 estava a alguns centímetros da cota máxima.

A seguir, são apresentados alguns dados das vazões médias e máximas que entraram no lago de Sobradinho no período de dez/77 a maio/78.

Mês	Vazão média (m^3/s)	Vazão máxima diária (m^3/s)
dez/77	2.785	3.690
jan/78	4.381	5.740
fev/78	4.025	5.730
mar/78	5.177	5.460
abr/78	3.760	4.430
mai/78	2.816	3.250

O período de dez/77 a maio/78 embora sem cheias, mesmo de médio porte, foi um ano hidraulicamente bom. Esse aspecto fez com que o enchimento de Sobradinho se processasse a contento, não sendo necessária qualquer liberação d'água oriunda de Três Marias com a finalidade de auxílio nessa tarefa.

No tocante ao desmatamento predatório nas margens do rio, essa prática influi diretamente nas cheias ocasionais. Embora o desmatamento em geral não provoque aumento ou redução de chuvas, pois estas decorrem de circulação de correntes aéreas em grandes altitudes e, portanto, independentes da vegetação local, se a chuva, caindo, encontra o terreno coberto de vegetação – folhas e raízes, principalmente – tudo isso retarda a chegada da água na calha do rio e, assim, o caudal se forma naturalmente ordenado. Sem as árvores, com a terra nua, a água chega velozmente na calha do rio, acumulando-se e aumentando o pique de cheia.

Cabe registrar outra conseqüência negativa: no terreno sem vegetação, a erosão e o carreamento de solos férteis são muito maiores que nos terrenos com vegetação. Chama-se assoreamento o fenômeno de carreamento do solo, pela água da chuva, para o interior da calha do rio.

Sobradinho como elemento regulador de vazões

Nos anos de 1979 e 1980 foram registradas grandes enchentes no Rio São Francisco. O quadro a seguir mostra as vazões de entrada e saída no Lago de Sobradinho.

Ano	Vazão máxima entrando no reservatório (m^3/s)	Vazão máxima liberada (M^3/s)
1979	18.000	13.000
1980	13.500	8.000

Os números apresentados acima estão sujeitos a erros de 5 a 8 %. Por exemplo, na cheia de 1979, há medições que indicam 20.000 m^3/s como volume máximo entrado em Sobradinho. Da mesma maneira, há medições em Juazeiro, que, ao invés de 13.000 m^3/s, indicam 13.800 m^3/s. O reservatório de Sobradinho não pode ser acusado de elemento indutor de cheias. Ao contrário, ele atenua a existência delas. Por estar localizado no km 804, esta distância até a foz recebe um pique de cheia bastante menor, graças à sua ação reguladora.

Todos os que estudam com seriedade o Rio São Francisco, são unânimes em afirmar que o problema de controle das cheias do rio tem que ser resolvido no Alto São Francisco, que é a região onde elas são geradas. Como exemplo, cita-se o ano de 1979. No período de 8 de janeiro a 24 de abril, o volume d'água que passou em Carinhanha, fronteira de Minas Gerais com a Bahia, foi de 81,4 bilhões de m^3. Entre 13 de janeiro e 30 de abril do mesmo ano, entraram no lago de Sobradinho 89,2 bilhões de m^3, ou seja, 91,25% do volume já vinham desde Minas Gerais.

Outro problema ocorre quando se critica a existência de Sobradinho como elemento indutor de cheias prolongadas. Quando um pique de cheia é cortado, o volume de água equivalente àquele pique é acumulado na represa. Este volume tem que, necessariamente, ser liberado. No entanto, essa operação é muitas vezes contabilizada, pelos que criticam Sobradinho, como um prejuízo de cheia prolongada. Esta situação tem que ser melhor esclarecida. Como exemplo teórico, pode-se imaginar a seguinte situação: Sobradinho recebe, durante 10 dias, uma vazão de 8.000 m^3/s; durante 8 dias, 9.000 m^3/s; durante 4 dias, 10.000 m^3/s e, durante 2 dias, 12.000 m^3/s. Se não existisse a represa, ocorreria praticamente a mesma coisa no leito do rio, nos municípios de Petrolina/Juazeiro. Um vez tomada a decisão de regularizar em Sobradinho a vazão máxima em 8.000 m^3/s, ocorrerá uma maior duração, em dias, desses 8.000 m^3/s, conforme explicitado a seguir:

Vazões em Juazeiro/Petrolina

Sem sobradinho		com sobradinho regularizado para 8000 M³/s	
Vazão m³/s	N° dias	Vazão m³/s	N° dias
12.000	2	12.000	0
10.000	4	10.000	0
9000	8	9000	0
8000	10	8000	27

Dessa forma, fica claro que a Represa de Sobradinho não foi construída para controlar cheias. A sua função é de, tão somente, proporcionar a regularização do Rio São Francisco, de modo a fornecer volumes de água satisfatórios ao sistema gerador de eletricidade localizado a jusante.

Como barragem de regularização, para complementar as vazões naturais na estiagem, Sobradinho "gasta" água de maio a outubro e "acumula" água de novembro a abril. Existe, portanto, quando da ocorrência de uma cheia, um volume a preencher. Foi utilizando este volume e a parte livre da borda de segurança, que se conseguiu "cortar" os piques das cheias de 1979 e 1980. Este volume a preencher é denominado "volume de espera", inclusive, na estiagem de 1979, esse volume foi aumentado artificialmente, de modo a chegar-se em dezembro de 1979 com uma "espera" de 8,2 bilhões m³. Com mais 4 bilhões de m³ de sobrelevação na borda livre do lago, pôde-se reduzir de 13.500 m³/s para 8.000 m³/s a vazão liberada naquele ano.

Contudo, existem riscos no procedimento dessa operação, inclusive com efeito negativo para as populações da borda do lago. Primeiramente, se é aumentado artificialmente o volume de espera e vem um ou vários anos secos, aliás muito comuns na região, pode não haver o reenchimento total do lago, ficando prejudicada a vazão mínima garantida, pondo em risco a geração de energia das usinas a jusante. Em segundo lugar, usar a borda livre representa, mesmo com o uso criterioso, um risco de catástrofe. Se vier a máxima cheia e encontrar o reservatório elevado artificialmente, a água ultrapassa o coroamento e destrói a represa. É necessário registrar que, uma vez formadas as cheias no Alto São Francisco, e sendo de cerca de um mês o deslocamento delas até Sobradinho, esse risco torna-se mínimo, pois em geral há tempo suficiente para rebaixar o reservatório logo que se configure a cheia máxima. Mas não se deve esquecer que há uma população na borda do lago e a sobrelevação artificial também a prejudica grandemente.

O controle das cheias deve ser feito no Alto São Francisco e nos seus tributários responsáveis pelas grandes vazões, todos também situados no Alto São Francisco, tais como: Paracatu, Velhas, Abaeté, Verde Grande, Urucuia e Jequitaí.

Sobradinho como elemento causador de prejuízos

Como é uma barragem de regularização para garantir uma vazão mínima para as usinas existentes a jusante, vazões como 600, 700, 800, 1.000, 1.800 m^3/s, etc. vão deixar de existir, dando lugar ao mínimo de 2.060 m^3/s. Isto reduz a vazante e, inclusive, obriga a Codevasf a construir diques laterais na região do Baixo São Francisco. Esse volume de 2.060 m^3/s é o mínimo diário. Em Sobradinho pode-se liberar em algum período do dia menos de 2.060 m^3/s, desde que a mínima média diária seja 2.060 m^3/s.

Há outras possíveis desvantagens para a população a jusante. Teoricamente, acontece a diminuição do plancton, tendo em vista a sua retenção no lago, com uma maior capacidade de carreamento entre Sobradinho e a foz, havendo prejuízos significativos na piscicultura.

Aproveitamento do excesso de água

O excesso de água no Rio São Francisco existe esporadicamente. Os próprios críticos aproveitam-se de um real período de 30 anos sem grandes cheias e logo institucionalizam a "verdade" de cheias espaçadas a cada 30 anos.

Já foi visto que isso não é verdade, mas de qualquer modo uma perenização de rios não pode se basear em excessos de vazões imprevisíveis. Se demonstrada a viabilidade técnica, o que terá de existir é uma decisão de reservar água. Um verdadeiro "orçamento de água". X para energia, Y para irrigação, Z para perenização de rios da bacia, T para perenização de rios de outras bacias, etc.

Acerca da transposição das águas

Antecedentes

Os primeiros registros da idéia de transposição das águas do Rio São Francisco para bacias de rios intermitentes que cortam os Estados do Ceará, Rio Grande do Norte e Paraíba datam do século XIX.

Nos últimos 20 anos, três processos de transposição foram desenvolvidos nas áreas política e técnica. O primeiro, entre 1982 e 1985, e o segundo, entre 1993 e 1994, tiveram uma nítida predominância política com implicações em campanhas eleitorais e quase nenhuma consistência e fundamentação técnica, bastando citar que havia propostas de obras para 300, 400 ou 500 m^3/s. Em 1996, um terceiro processo foi iniciado e encontra-se em andamento sob o comando da Secretaria de Políticas Regionais.

Esse terceiro processo tem uma fundamentação técnica consistente e baseia-se na sinergia hídrica que contempla a otimização dos recursos hídricos próprios das bacias a serem beneficiadas pela transposição. Esses recursos hídricos locais teriam o seu uso otimizado em função da garantia de retaguarda proporcionado pela transposição das águas do Rio São Francisco que supririam "os vazios" resultantes das estiagens excepcionais. Com isso, a vazão máxima transposta cairia para 70 m^3/s e a vazão média seria da ordem de 30 a 40 m^3/s. É oportuno registrar, contudo, que cada m^3/s retirado do Rio São Francisco entre as usinas de Sobradinho e Itaparica, corresponde a uma redução anual de geração da ordem de 22.000.000 kWh, equivalente ao fornecimento de energia a uma cidade com população de 35.000 habitantes.

No início de 1999, foram iniciados os seguintes estudos interessando à transposição:

- Inserção regional;
- Cartografia;
- Impacto ambiental;
- Viabilidade de engenharia e econômico-financeira.

Em 1994, quando se registrou uma forte pressão política em favor da transposição, a Chesf, em correspondência dirigida ao excelentíssimo senhor ministro das Minas e Energia, fixou, em nota técnica, a sua posição relativamente à transposição e outros usos múltiplos da água. Na nota, a Chesf afirma que "não é proprietária da água do Rio São Francisco. Ela é um bem comum e escasso, o que força a necessidade de racionalizar o seu uso, aí incluído o aproveitamento de recursos hídricos de outras bacias para atendimento das necessidades locais até que o crescimento dessas necessidades tornem recomendável o transporte de água do Rio São Francisco a centenas de quilômetros de distância".

Alguns questionamentos

A água, um dos elementos vitais para a vida, é um bem comum que a natureza movimenta continuamente. A água que corre nos rios serve para o consumo humano e animal, para a produção de alimentos através da irrigação e da pesca, para uso em processos industriais, como força motriz principalmente na geração de energia elétrica, para navegação e lazer. Por isso mesmo é usual, sempre que se analisa questões institucionais relacionadas com a água, fazer referência nos seus usos múltiplos. Dessa forma, todos os usos relacionados acima são encontrados ao longo dos 2.600 km do Rio São Francisco.

A transposição em si não é um uso. A água de uma bacia pode ser levada para outras bacias efetuando-se assim uma transposição. A partir daí, a água transportada pode ter os mesmos usos múltiplos: consumo humano e animal, irrigação, navegação, geração de energia elétrica, etc.

Obras de engenharia envolvendo bombeamentos para recalques, canais, aquedutos, túneis, barramentos e reservatórios intermediários podem levar a água de um local a qualquer outro desejado, logo, as águas do Rio São Francisco podem ser levadas para as bacias de outros rios do Nordeste.

No Rio São Francisco não existe excesso de água. Muito pelo contrário. Basta lembrar que a irrigação em todas as terras da sua própria bacia identificadas como potencialmente irrigáveis e que, conforme última revisão do Plano de Desenvolvimento do Vale do São Francisco – Planvasf, somam 2.500.000 ha, (na década de 60 o *Bureau of Reclamation*, órgão do governo dos EUA, contratado pelo governo brasileiro, identificou 3.000.000 ha potencialmente irrigáveis na Bacia do Rio São Francisco) já absorveria praticamente toda a água do rio cuja vazão média de longo período é de 2.800 m^3/s.

Por outro lado, o planejamento do sistema hidrelétrico da Chesf é desenvolvido com base na garantia de uma vazão regularizada mínima de 2.060 m^3/s, sendo essa vazão proporcionada pela regularização plurianual dos reservatórios de Três Marias e Sobradinho. Assim sendo, apenas esses dois usos mostram que não há sobra de água.

O que existe teoricamente são usos conflitantes da água para fins de geração e irrigação. No caso do São Francisco, no momento (março de 1994), menos de 5% de sua vazão é usada para irrigação. A médio e longo prazos, outras formas de atendimento à demanda de energia elétrica do Nordeste (solar, biomassa, gás natural, importação de grandes blocos de energia de origem hidráulica produzidos no Norte) permitirão que, naturalmente, e na medida em que se intensifique a irrigação, aumente o uso de água neste segmento e se reduza na geração de energia elétrica, ou seja, o "conflito será equacionado sem conflito" e visando sempre o interesse maior da região.

Contudo, a resposta para a questão de falta de água para a transposição não pode ser maniqueísta do tipo: SIM, há disponibilidade de água, ou, NÃO há disponibilidade de água para irrigação. A questão exige uma reflexão mais ampla. Já foi dito que a água é um bem comum, essencial para a vida. Esse bem comum no Semi-árido é escasso. Não pode haver donos da água. O que se deve defender é um tratamento sério e competente dos usos múltiplos das águas. Em primeiro lugar cumprir o Artigo 21 da Constituição que estabelece a competência da União: "Inciso XIX - Instituir sistema nacional de gerenciamento de recursos hídricos e definir critérios de outorga de direitos de seu uso".

Existindo esses dois instrumentos, o que infelizmente até hoje não ocorre, é necessário um verdadeiro orçamento de água, anualmente revisado em função da maior ou menor disponibilidade de água que varia a cada ciclo hidrológico. Esse orçamento definirá:

- X m^3/s para uso humano e animal;
- Y m^3/s para irrigação na bacia;
- Z m^3/s para geração de energia elétrica;
- T m^3/s para transposição para outras bacias;
- W m^3/s para a indústria, etc.

A partição da água do Rio São Francisco, com base num sistema de gerenciamento de recursos hídricos e de outorga de direitos de uso da água, deve visar sempre o interesse coletivo, e a cada momento a água, bem comum e escasso, deverá estar alocada com a finalidade de proporcionar os maiores benefícios, em geral, e aos nordestinos, em particular.

Em resumo, não se trata de decretar se há ou não água para a transposição. O correto é definir se a transposição é oportuna e atende ao interesse público e, a partir daí, equacionar a disponibilidade d'água para concretizar essa transposição.

A proposta de transposição, tal como posta em abril de 1994, é oportunista. Desde o século passado, o grande caudal do Rio São Francisco comparado com a intermitência da maioria dos rios do Nordeste despertou, corretamente, a idéia da transposição. Com a evolução da engenharia e dos processos de reconhecimento dos recursos hídricos, avançou-se na definição da acumulação de água nas bacias desses rios temporários e na exploração de águas subterrâneas e hoje está documentado que no Piauí (água subterrânea), Ceará e Rio Grande do Norte há disponibilidades locais de água para irrigar mais de 250.000 ha.

No início da década de 80, os adeptos do nome de Mário Andreazza para presidente da República tentaram fazer a transposição de águas do São Francisco a qualquer custo e não tiveram êxito. Agora, com a escassez de água que existe atualmente no Nordeste, a necessidade urgente e o imediato início de obras e dispêndios com a transposição reaparece.

• Os recursos hídricos locais já estão aprovados? Não;

• Há recursos financeiros para acelerar a irrigação no Vale do São Francisco e também para implementar efetivamente a irrigação com recursos hídricos locais nessas outras bacias? Não;

• Há uma análise séria quanto aos benefícios financeiros que reverterão para os grandes proprietários em função das indenizações que eles receberão para a passagem de canais, aquedutos e construção de reservatórios em suas terras? Até prova em contrário, não;

• Será que não está havendo um trabalho de especuladores e afilhados políticos no sentido de se apoderarem de terras que seriam beneficiadas? É possível que sim;

• Uma justa política fundiária está estabelecida para defender os pequenos proprietários e posseiros da área? Certamente não;

• A transposição foi debatida no legislativo e com a sociedade? Não.

Com o propósito de definir uma transposição que seja oportuna, faz-se necessário proceder da seguinte forma:

• Conhecer a situação atual das áreas potencialmente irrigáveis (os estudos identificando essas áreas existem);

• Levantar a situação fundiária nessas áreas;

• Garantir os direitos de pequenos e médios proprietários (os grandes proprietários já têm suficiente defesa);

• Realizar, se necessário, programa de reforma agrária e redistribuição de terras;

• Equacionar o aproveitamento racional dos recursos hídricos locais (estudos já disponíveis);

• Implementar um programa sério de irrigação;

• Estimar a velocidade realista de incorporação efetiva de áreas irrigadas e conseqüente projeção de esgotamento dos recursos hídricos locais;

• Debater com transparência, seriedade e competência os usos múltiplos das águas do Rio São Francisco, aí incluída sua transposição para outras bacias, que surgirá naturalmente em função do que está registrado anteriormente.

Da forma que o projeto de transposição está sendo proposto atualmente, interessa, e muito, aos grandes empreiteiros, aos fabricantes de equipamentos de grande porte, aos que buscam financiamento eleitoral, aos proprietários de terras que serão indenizados para passagem dos canais, aquedutos e construção de reservatórios e aos especuladores de terras.

Além do mais, a água do São Francisco deixa de ser usada para geração de energia elétrica. O volume que tem sido noticiado para a primeira etapa, da ordem de 50 m³/s, representa uma perda anual de geração firme de 1.250.000 MWh (US$ 32 milhões). Na fase final (260 m³/s), a perda anual é de 6.400.000 MWh (US$ 160 milhões) e essa perda equivale a uma usina de porte de Sobradinho. Até o próximo ano (2000), em função da operação de Xingó, não haverá repercussão no atendimento ao Nordeste. A médio e longo prazos, novas obras no Rio São Francisco terão de ser antecipadas ou a energia de outras fontes deverá estar disponível para compensar a perda das vazões acima.

Para se tratar com racionalidade a questão da transposição, deveria ser sustada, de imediato, a compra de equipamentos e contratação de obras. Não serão 6 a 10 meses de debates e estudos sérios que prejudicarão os nordestinos. Ao contrário, esses debates e estudos viabilizarão procedimentos de interesse para a região. Compras e contratações feitas de imediato e sem critério não beneficiam os nordestinos e somente visam eleger políticos. Um amplo debate técnico mostrará quando e como a transposição do São Francisco será necessária. A participação de todos os segmentos da sociedade e do poder legislativo, além de legitimar as soluções que vierem a ser adotadas, darão forças para integral implementação dessas soluções e garantirão que os benefícios serão para o povo nordestino e não para os pequenos e mesmos grupos que sempre "privatizam" o interesse público, transformando-o em "benefícios particulares".

Finalmente um projeto ciclópico como esse, semelhante às hidrelétricas, deve atender uma série de condições:

• Licença para estudos;
• Relatório de viabilidade;
• Projeto básico;
• Licença para construção;
• Estudos de Impactos Ambientais e Relatório de Impacto de Meio Ambiente (EIA/RIMA);
• Decreto declarando de utilidade pública os terrenos de interesse do empreendimento;
• Licença de operação.

Outras perguntas também são pertinentes:
• Quem se responsabiliza pelas obras? Uma repartição pública, a Codevasf, uma estatal da água?
• Os custos futuros serão cobrados aos irrigantes?
• O empreendimento é a fundo perdido?
• A água será entregue aos estados, aos municípios ou diretamente aos irrigantes?
• Qual é o interesse efetivo da transposição?
• Como a água vai chegar a cada nordestino, para quem a transposição é apresentada como redenção (chegar em termos físicos, em termos de preços a pagar por ela e em termos de prioridade - população necessitada versus grandes projetos de agricultura irrigada)?

O conflito das águas: energia elétrica X irrigação

Em dezembro de 1954, entrou em operação comercial a usina hoje chamada de Paulo Afonso I e, com ela, pela primeira vez, a Chesf usava a água do Rio São Francisco para gerar energia elétrica destinada a atender às necessidades da região Nordeste. Em 1997, a Chesf tem instaladas no Rio São Francisco unidades geradoras que totalizam 10.272 MW, conforme o quadro a seguir.

Mais de quarenta anos antes (1913), Delmiro Gouveia já havia aproveitado a queda das águas do Rio São Francisco, na cachoeira de Paulo Afonso, conseguindo uma pequena hidrelétrica para alimentar sua indústria e comunidades próximas.

Em 1946, o Congresso Nacional criou a Comissão do Vale do São Francisco (CVSF), sucedida pela Suvale e hoje Codevasf.

A CVSF tentaria reproduzir o sucesso do TVA no Vale do Tenessee (USA), e um dos segmentos econômicos a implementar era a irrigação.

Unidades geradoras de energia da CHESF

	Potência instalada (MW)			
Ano	No ano	Acumulada	Nome	Observação
1949	2	2	Piloto	Piloto
1954	60	62	G1 USU	Paulo Afonso I
1955	120	182	G2 + G3 USU	Paulo Afonso I
1957	1,8	184	G1 UCR	Coremas
1959	2	186	G2 UCR	Coremas
1961	75	261	G1 USD	Paulo Afonso II
1962	95	356	G2 USD + G2/G3 UFL	Paulo Afonso II e Funil
1964	75	431	G3 USD	Paulo Afonso II
1967	259	690	G4/G5 USD + G1/G2 UAR	Paulo Afonso II e Araras
1970	118	808	G1/G2 UBE + G1 UFL	Boa Esperança e Funil
1971	216	1.024	G1 UST	Paulo Afonso III
1972	216	1.240	G2 UST	Paulo Afonso III
1974	432	1.672	G3/G4 UST	Paulo Afonso III
1977	440	2.112	G1/G2/G3/G4 UAS	Apolônio Sales (Moxotó)
1978	23	2.135	G1 UPE	Pedra
1979	585	2.720	G1 USQ + G6 USB	Paulo Afonso IV e Sobradinho
1980	1.170	3.890	G2/G3 USQ + G4/G5 USB	Paulo Afonso IV e Sobradinho
1981	1.170	5.060	G4/G5 + G2/G3 USB	Paulo Afonso IV e Sobradinho
1982	175	5.235	G1 USB	Sobradinho
1983	410	5.645	G6 USQ	Paulo Afonso IV
1988	500	6.145	G1/G4 ULG	Luiz Gonzaga (Itaparica)
1989	750	6.895	G2/G5/G6 ULG	Luiz Gonzaga (Itaparica)
1990	313,6	7.208	G3 ULG + G3 UBE	Luiz Gonzaga (Itaparica) e Boa Esperança
1991	63,7	7.272	G4 UBE	Boa Esperança
1994	500	7.772	G6 UXG	Xingó
1995	1.000	8.772	G4/G5 UXG	Xingó
1996	1.000	9.772	G2/G3 UXG	Xingó
1997	500	10.272	G1 UXG	Xingó

Obs.: Há produção de energia termelétrica em Camaçari (BA) de 290 MW e no Bongi (PE) de 142 MW, totalizando 432 MW.

Somando-se os 10.272 MW informados no quadro anterior com os 432 MW gerados nas térmicas, o potencial total da Chesf resulta em 10.704 MW.

Em 1971, a Chesf, na fase inicial de estudos do Projeto Sobradinho, ao consultar a Suvale quanto às vazões desejadas para irrigação a serem captadas no lago de Sobradinho, colocava com muita clareza que a longo prazo (20 ou 30 anos) uma "autoridade controladora" teria de gerir o uso da água, controlando o que se poderia chamar de "orçamento anual" da água, e que seria conveniente, tão cedo quanto possível, aprofundar o estudo da questão. Nos últimos 17 anos tem sido trazido ao debate público o conflito do uso da água do Rio São Francisco para fins de geração de energia elétrica e irrigação.

De forma emocional, investidas recentes de transposição de bacias colocou o conflito em evidência. Se outros méritos faltassem à Transhídrica, proposta num momento peculiar da vida política brasileira, pelo menos um restaria: acender o debate sobre o uso da água do Rio São Francisco.

As perguntas e respostas que seguem tentam, de um modo didático, trazer alguma elucidação e fixar alguns dados básicos do problema, sem qualquer pretensão de criar dogmas ou estabelecer verdades definitivas sobre uma questão que tem de ser aprofundada e decidida nos fóruns competentes: Sudene, Ceeivasf, Congresso Nacional. Estes questionamentos foram retirados de um documento da Chesf elaborado em agosto de 1985, portanto, sem existir ainda as hidrelétricas de Itaparica e Xingó.

1) Qual o volume d'água fornecido anualmente pelo Rio São Francisco?
   A vazão de um rio é variável ao longo de seu curso, função da contribuição de chuvas e de seus afluentes. A cidade de Juazeiro (BA), cerca de 50 km a jusante da Barragem de Sobradinho, tem posto fluviométrico com leituras confiáveis desde 1929. Os dados que se seguem correspondem à série histórica 1929-1985 e referem-se a Juazeiro (1929-1977) e Sobradinho (a partir de 1978). A vazão média de longo período (MLT) para essa série é da ordem de 2.800 m^3/s, ou seja, 88,3 x 109 m^3 por ano.

2) Qual a importância do Rio São Francisco na geração de energia elétrica para o Nordeste?
O Rio São Francisco representa mais de 90% de todo o potencial hidrelétrico inventariado no Nordeste (do Maranhão a Bahia).

3) Qual a vazão usada pela Chesf para gerar energia elétrica?
O reservatório de Sobradinho foi projetado para possibilitar uma vazão mínima garantida de 2.060 m^3/s. Isto significa que, ocorrendo a pior estiagem da série histórica estudada, o uso dos 28,8 x 109 m^3 de volume útil de Sobradinho garantirá à usina de Sobradinho e a todas as usinas da Chesf situadas a jusante, 2.060 m^3/s para serem turbinados.

4) Isto significa que a vazão usada pela Chesf é igual a 2.060 m^3/s?
Não necessariamente. O sistema hidrelétrico da Chesf no Rio São Francisco foi planejado supondo a garantia dessa vazão mínima. Em termos do planejamento para atender às necessidades de energia elétrica do Nordeste, sabendo-se que entre Sobradinho e o baixo Rio São Francisco há um desnível da ordem de 390 metros, isto significa que, com todo este desnível motorizado, a vazão mínima garantida dá a certeza de geração anual de 56 x 109 kWh. Em 1984 para atender os consumidores do Nordeste, a Chesf teve necessidade de gerar 25,7 x 109 kWh. Considerando um crescimento médio de 7,5 % ao ano, mesmo com todo o desnível entre Sobradinho e o baixo Rio São Francisco motorizado e dispondo da vazão mínima garantida de 2.060 m^3/s, já em 1995 a energia elétrica gerada no Rio São Francisco não será suficiente para atender às necessidades do Nordeste (tanto isso foi verdade, que houve a necessidade da construção de Itaparica e Xingó, que postergaram essa previsão para o ano 2001). Em 1985, se todas as usinas entre Sobradinho e a foz do rio estivessem construídas e em operação, para gerar os 28 x 109 m^3 estimados para aquele ano, a Chesf necessitaria cerca de 1.100 m^3/s. Parece então claro que 2.060 m^3/s é uma vazão mínima garantida a partir da qual a Chesf planejou o seu sistema hidrelétrico no Rio São Francisco. Se daqui a 20 anos "por milagre" a vazão mínima garantida de o Rio São Francisco dobrar (o que não é o caso), a Chesf poderá usar toda essa água para gerar energia elétrica, evitando ou reduzindo a importação de energia oriunda de outras fontes (nuclear, solar, eólica, etc.).

O quadro a seguir mostra os volumes de água necessários para a geração de eletricidade das usinas da Chesf:

Dados nominais			
Usina	Potência (MW)	Engolimento por unidade (m^3/s)	Engolimento total (m^3/s)
Sobradinho	6 x 175 = 1.050	710	4.260
Itaparica	6 x 250 = 1.500	457,43	2.744,58
Moxotó	4 x 110 = 440	550	2.200
Paulo Afonso I	3 x 60 = 180	84	252
Paulo Afonso II A	3 x 75 = 225	115	345
Paulo Afonso II B	3 x 85 = 255	125	375
Paulo Afonso III	4 x 216 = 864	266	1.064
Paulo Afonso IV	6 x 410 = 2.460	385	2.310
Xingó	6 x 500 = 3.000	500	3.000

Obs.: Vazão média de longo período – 2.850 m^3/s
Vazão regularizada mínima – 2.060 m^3/s
Nestes empreendimentos, a Chesf investiu, a preços atuais, cerca de 13 bilhões de dólares.

5) E qual é a vazão necessária para irrigação?
Um número de referência para efeito de dimensionar bombeamento é 1 litro/s/ha. Considerando que 50% desse valor retornam ao leito do rio, pode-se tomar, para efeito de análise do conflito de uso da água, um dispêndio líquido para irrigação da ordem de 0,5 litros/s/ha.

6) Se todas as terras do Vale do São Francisco fossem irrigadas, qual seria o dispêndio de água?
Em 1964/1965, estudos da Sudene e Suvale, com participação da Chesf e assessoramento do *Bureau of Reclamation*, identificaram cerca de 3.000.000 ha irrigáveis. Isto significa um consumo de 1.500 m^3/s.

7) Há então um conflito?
Sim, na medida em que crescer o consumo de energia elétrica e crescerem as áreas irrigadas, o conflito de uso da água se tornará mais evidente.

8) Atualmente, qual a intensidade desse conflito?
Atualmente (1985), o conflito inexiste. Em junho de 1983, segundo dados da Sudene, o total de áreas irrigadas em operação nos estados banhados pelo Rio São Francisco, inclusive trecho mineiro desse rio, era inferior a 100.000 ha (em 1999, a área já ultrapassa 300.000 ha). Mesmo considerando que toda a água para irrigação fosse originária do Rio São Francisco (o que não é verdade – há os açudes do Dnocs, irrigação em outras bacias, através de poços, etc.) o consumo seria inferior a 50 m^3/s, ou seja, um número que fica abaixo da faixa de erro do balanço hídrico (os 50 m^3/s representam menos de 2% da vazão média de longo período).

9) O conflito existe ao longo de todo o rio?
Não. No baixo Rio São Francisco, a jusante da futura Barragem de Pão de Açúcar, nenhum gasto de água para irrigação conflita com o uso para geração de energia elétrica, pois nessa área a água já foi turbinada em todas as usinas hidrelétricas da Chesf.

10) Existe uma vazão média de longo prazo de 2.800 m^3/s. A Chesf planejou seu sistema para uma vazão mínima garantida de 2.060 m^3/s. E a diferença?
O reservatório de Sobradinho não proporciona, sozinho, a regularização total do Rio São Francisco. Existe a evaporação que é expressiva. No caso de Sobradinho, ela é da ordem de 200 m^3/s restando para a regularização algo em torno de 500 m^3/s. Entretanto, para compensar essa perda é possível ganhar uns 150 a 200 m^3/s com reservatórios no Alto São Francisco e nos afluentes do trecho mineiro. É nesse trecho que se originam as cheias e esses reservatórios, proporcionando um efetivo controle de cheias, trariam o benefício adicional do acréscimo necessário para a vazão mínima garantida.

11) Isto apenas adiaria um pouco o conflito?
Exato. É inevitável que em um determinado instante será

necessário, entre usos conflitantes, definir quem "tem direito" à água. Não obstante, cabe reiterar: os reservatórios no Alto São Francisco e seus afluentes daquele trecho permitirão controle de cheias e proporcionarão, de modo permanente, o aumento da vazão garantida.

12) Existem usos não conflitantes?
Claro. A pesca, o lazer e a própria navegação que exige, nas eclusas, consumos de água insignificantes.

13) Qual seria um caminho possível para gerenciar o conflito e se chegar a uma convivência pacífica com a questão?
De modo realista, nos próximos 5 a 10 anos (a previsão foi em 1985), não se colocará em operação mais de 40.000 ha/ano de áreas irrigadas. Isso significa, no total, 200 m^3/s (400.000 ha). Os reservatórios do Alto São Francisco e afluentes, além do controle de cheias, proporcionarão um acréscimo na vazão mínima garantida da ordem de grandeza desse consumo. Entretanto, sem emocionalismos e sem querer penalizar o setor elétrico "castigando-o" por ter sido eficiente, o conflito seria analisado, debatido e um "orçamento anual da água" e a respectiva "autoridade controladora" seriam institucionalizados.

14) E o que seria esse orçamento?
Antes de tudo cabe alertar que existem anos em que a natureza proporciona água em abundância. Em 1945, por exemplo, a vazão média foi de 4.798 m^3/s. Num ano como esse, o "orçamento" teria superávit e o controlador certamente não sofreria pressões dos usuários. O orçamento anual da água teria uma estrutura semelhante à abaixo explicitada (orçamento padrão):

Vazão disponível	100 m^3/s
Geração de energia	a%
Irrigação da bacia	b%
Cota para transposição	c%
Uso X	d%
Uso Y	e%
Outros usos	f%

(a + b + c + d + e + f = 100 m^3/s)

Em geral, no Rio São Francisco, em abril de cada ano, já é possível estimar com razoável segurança, o volume disponível no período seco (maio – outubro). Se num determinado ano for estimado que o rio (exemplo teórico do orçamento padrão) proporcionará uma vazão disponível de 130 m^3/s, o controlador, com base no orçamento padrão, fará a distribuição da água, levando-se em conta não apenas o orçamento padrão, mas as reais necessidades dos usuários. Esse será um ano de razoável fartura. Em outro exemplo, por volta de abril, foi estimado que o rio proporcionará 70 m^3/seg. Será um ano deficitário. O controlador, baseando-se no orçamento padrão e no conhecimento das reais necessidades dos usuários, distribuirá os escassos recursos disponíveis. Parece razoável supor que os sacrifícios sejam repartidos: o setor elétrico (Chesf) poderá ser solicitado a complementar a sua geração hidrelétrica com a importação de energia do Norte (cogita-se para 1999, a importação de 800 MW/h de energia para o Nordeste, oriunda de Tucuruí, o equivalente a 15% do seu consumo), ou geração em outras fontes – nuclear, alternativas (eólica, solar, biomassa, etc.) a esta altura já definidas e implementadas. A irrigação também poderá ser solicitada a racionalizar seu consumo. Um projeto de 200 ha irrigados receberá água apenas para 170 ha, e assim por diante.

15) E há tempo para isso?
Como já foi visto, temos 5 a 10 anos antes que o conflito fique exacerbado (essa previsão foi feita em agosto de 1985). Basta trabalhar com seriedade e debater sem emocionalismo e preconceitos, olhando apenas para o interesse do Nordeste.

16) Mas se houver água alocada para irrigação, o Nordeste vai ficar sem energia elétrica. O que fazer?
Já foi visto que o conflito não é amanhã (previsão feita em agosto de 1985). Também já foi visto que o sistema hidrelétrico do Rio São Francisco, tal como planejado com vazão mínima garantida de 2.060 m^3/s, atenderá a totalidade das necessidades de energia elétrica da região até cerca de 1995 (não foi cogitada aí a existência de Itaparica e Xingó, construídas em 1988 e 1994, que postergam essa previsão para 2001), considerando um crescimento de 7,5% ao ano.

17) Em resumo, no tempo, como pode ser caracterizado o conflito?
Segundo a Chesf, a médio prazo – 5 a 10 anos – (previsão feita em 1985), o conflito começa a existir e vai aumentando de intensidade, podendo ser contornado pelos reservatórios do Alto Rio São Francisco e afluentes. Até o fim da primeira década do século XXI: ganha importância e exigirá definições técnicas e políticas. A partir da segunda década do século XXI: em função da redução da participação do Rio São Francisco no atendimento às necessidades totais de energia elétrica do Nordeste, o conflito vai gradativamente perdendo importância.

Nota final do autor

Na análise da documentação enviada pela Chesf, em tempo algum se tratou do uso das águas do Rio São Francisco para fins de abastecimento das populações. Atualmente (1999), em face do total desabastecimento do Semi-árido nordestino, motivado pela seca que perdura desde 1998, a discussão passou a ser realizada, contemplando-se, também, a variável abastecimento. Da forma como a questão está sendo colocada, é imperioso se reavaliar o posicionamento da Chesf referida no final desse documento, ao acreditar que o conflito de uso das águas, a partir da segunda década do século XXI, irá gradativamente perdendo importância. É de se imaginar que, tendo em vista o novo enfoque dado ao uso das águas do São Francisco para o abastecimento das populações (questões humanitárias), como a única forma de solucionar, a curto prazo, o problema de falta d'água na região, essa questão não seja tão desprezível como ali comentado.

Recife, 30 de junho de 1999.

8 O SEMI-ÁRIDO DE GOELA SECA

Devido às secas sucessivas, o Nordeste semi-árido brasileiro está na iminência de um colapso no abastecimento de sua população. Já está faltando água para beber. E o quadro tende a se agravar. Para se chegar a essa conclusão, não é necessário ir muito longe. A cidade de Campina Grande (PB), com 350 mil habitantes, a 230 km do Recife, está com o seu principal reservatório (a Represa de Boqueirão) em estado crítico. A cidade de Bezerros (PE), a 100 km da capital, está sendo abastecida por trem, com água trazida de um poço da Petrobrás existente em Suape. A região do Seridó, no Rio Grande do Norte, agoniza. Os açudes de toda a região estão secando. A seca, acreditem, chegou ao litoral nordestino.

Apesar de ser um fenômeno natural cíclico, em nosso meio a seca vem acompanhada de uma severa aliada: a falta total de planejamento dos órgãos públicos no tocante ao uso dos recursos hídricos. Nesse ponto, parecemos imbatíveis. A cidade do Recife, com 1,3 milhões de habitantes, situada numa região em que chove 2000 mm/ano, amarga um racionamento de 9 dias em alguns bairros, estando ela sobre um solo sedimentário portador de uma riqueza significativa de água.

O que fazer para, a curto prazo, resolver ou minimizar esse problema?

A situação não é de fácil solução. Uma boa alternativa seria, inicialmente, fazer cumprir o que determina o Artigo 21 da Constituição de 1988, no seu inciso XIX, que estabelece a competência da União em instituir um sistema nacional de gerenciamento de recursos hídricos e definir critérios de outorga de direitos de seu uso. Existindo esses dois instrumentos, em cuja definição, infelizmente, até hoje estamos engatinhando, é necessário um verdadeiro orçamento de água, anualmente revisado em função da sua maior ou menor disponibilidade, que varia a cada ciclo hidrológico (a Agência Nacional da Água – ANA, órgão recentemente criado pelo governo federal poderá ter um papel fundamental nessas ações). Esse orçamento iria definir: X m^3/s para uso humano e animal; Y m^3/s para irrigação na bacia; Z m^3/s para geração de energia elétrica; T m^3/s para transposição para outras bacias; W m^3/s para a indústria, etc.

Necessário se faz, no entanto, dar continuidade ao programa de construção de grandes represas na região, aliado a critérios de utilização racional de suas águas. Atualmente, as 28 maiores represas do Nordeste, que têm capacidade para acumular 12 bilhões e 750 milhões de m^3 de água, utilizam apenas 30% desse volume em sistemas de abastecimento ou em irrigação. Projetos de represas (como a do Pirapama, localizada na região metropolitana do grande Recife) que poderiam minimizar, e muito, o problema de racionamento d'água da cidade teimam em não sair do papel.

Outro programa importante é a construção de cisternas rurais para captação da água da chuva com fins de potabilidade. Ao nosso modo de entender, as organizações não-governamentais e os governos estadual e municipal têm um papel fundamental, tanto na construção como no manejo de uso de suas águas junto ao homem do campo. Uma cisterna de 12.000 litros (quando bem manejadas, as águas das cisternas ficam livres da contaminação por microorganismos) abastece de água potável uma família de 5 pessoas durante os 8 meses sem chuvas na região.

Fala-se muito em água do subsolo para se resolver, de vez, os problemas hídricos da região semi-árida. Sobre este assunto achamos que é uma alternativa importante, mas que não é a solução de todo o problema. Dadas às características geológicas da região, que está localizada em praticamente 70% sobre o embasamento cristalino, há poucas possibilidades de acúmulos satisfatórios de água nesse meio. De regra, além de fontes com baixas vazões e sujeitas a exaustão, as águas, quando em contato com o substrato cristalino, são mineralizadas com muita facilidade, tornando-se salinizadas. A título de exemplo, estima-se que 35% dos 60.000 poços escavados no cristalino nordestino estejam secos, obstruídos ou com teores salinos inadequados ao consumo humano. O uso do dessalinizador em tais casos é antieconômico, pois 1 m^3 de água dessalinizada custa US$ 0,80 (oitenta centavos de dólar). Todavia, devemos explorar racionalmente as regiões sedimentárias do Nordeste evitando, sempre que possível, os desperdícios d'água, a exemplo daqueles existentes no Estado do Piauí, que não aproveita, de forma coerente, as águas dos poços jorrantes escavados na região sedimentária do Vale do Gurguéia, no município de Cristino Castro. Os poços jorram 24 horas por dia e não existe um projeto de uso adequado de suas águas que justifique o programa de perfuração ali realizado.

Outro assunto polêmico diz respeito ao uso das águas do Rio São Francisco para o abastecimento das populações sedentas do Semi-árido. Sobre esse assunto, é preciso alertar a população para os seguintes aspectos:

• Não se pode esperar, uma vez tomada a decisão de se utilizar água do Rio São Francisco, que essa água chegue aos que habitam o Semi-árido, no dia seguinte. A população morrerá de sede com antecedência. O acesso à água de tal fonte é uma questão a ser resolvida a médio e longo prazos.

• O São Francisco já está com as suas águas comprometidas na geração de energia e na irrigação. A explicação é a seguinte: a vazão média do rio é de 2800 m³/s. Para gerar energia, levando em conta todo o potencial gerador da Chesf, são necessários, desse total, cerca de 2100 m³/s. Portanto, restam 700 m³/s. O potencial de áreas irrigáveis do São Francisco é de 3.000.000 ha. Se considerarmos 0,5 litro/s/ha como um número razoável para fins de cálculo da irrigação que é praticada atualmente no Vale do São Francisco, seriam necessários 1.500 m³/s para irrigar aquela área potencial. Ocorre que não temos esse volume disponível no rio. Temos, conforme mencionado anteriormente, apenas 700 m³/s. Apesar de termos uma área potencialmente irrigável de 3.000.000 ha, só é possível irrigar, com o volume de água disponível no rio (700 m³/s), cerca de 1.000.000 ha. Já nos parece existir, nessa contabilidade, um sério conflito quanto ao uso das águas do São Francisco. Certamente não iremos ter água suficiente para gerar energia, irrigar e abastecer as cidades do Semi-árido nordestino conforme se está pretendendo. Se já é triste morrer de sede, mais triste ainda é morrer de sede no escuro.

• Se, por uma questão humanitária, a decisão de transpor as águas do São Francisco for tomada, na expectativa de evitar que a população morra de sede, certamente haverá a necessidade de uma redução na área irrigada na bacia do rio, pois o volume de água que deixará de ser utilizado na irrigação passará a ser utilizado no abastecimento das populações. Nesse novo cenário, seria prudente que o local de retirada dessas águas fosse feito à jusante da Represa de Xingó, posição na qual as águas já cumpriram o seu papel de geradoras de energia elétrica e irão ser drenadas para o mar.

• É necessário se pensar na possibilidade de se transpor águas de outras bacias hidrográficas para aumentar a vazão do São Francisco. Existe no noroeste da Bahia uma falha tectônica na qual existem duas lagoas (Jalapão e Varedão) com triplo desaguadouro: para o Rio Tocantins através do Rio do Sono, para o Rio Parnaíba e para o Rio São Francisco, através de seu afluente, o Rio Sapão. Nesse acidente geográfico já há uma transposição natural para o São Francisco de cerca de 110 m³/s. Um aprofundamento dessas lagoas bastaria para um aumento significativo de vazão no São Francisco.

Finalmente, achamos que a concretização das alternativas acima elencadas demandará um certo tempo. Os programas demoram a serem concebidos e executados. E a variável "tempo", o nordestino não tem à sua disposição, pois o fantasma da falta de água potável está rondando a região. Nesse sentido, já seria de bom termo que o governo de Pernambuco começasse a se preocupar em fazer chegar água nos municípios necessitados através de abastecimentos alternativos (com carros pipa, navios, trens, etc.), bem como identificar as fontes hídricas disponíveis para suprimento desse abastecimento emergencial. É sabido que o Estado de Pernambuco é naturalmente carente em recursos hídricos, o que não impede de se promoverem esforços no sentido de se equacionar essa situação. O governo da Paraíba já está se mobilizando nesse sentido na tentativa de amenizar a situação delicada em que se encontra a população de Campina Grande. Comenta-se o transporte de água da região metropolitana da capital paraibana em frotas de carros-pipa para o atendimento daquele município. Embora circunstancial, a decisão deverá ser tomada para evitar o mal maior, qual seja, a morte da população com a goela seca.

Recife, 18 de agosto de 1999.

9 TRANSPOSIÇÃO: impactos da Bacia Hidrográfica do São Francisco

Antes de começar a tecer minhas considerações sobre os impactos causados pela transposição das águas do São Francisco em sua bacia hidrográfica, gostaria de falar um pouco sobre algumas características geoambientais da região na qual ele está situado, assunto esse que tem uma relação bastante estreita com as possibilidades de acumulação e de acesso à água, e tentar explicar o "porquê" de termos chegado à situação de escassez hídrica que estamos vivenciando nos dias atuais aqui no Nordeste. Essa palestra não tem a pretensão de solucionar todos os problemas existentes no setor de recursos hídricos e nem de fazer chegar água nas torneiras da população de forma imediata. Nossa pretensão é a de, tão somente, esclarecer e alertar a população sobre algumas questões que têm que ser bem entendidas sobre o assunto e propor algumas alternativas julgadas importantes (dentre elas, a transposição do São Francisco), na busca de soluções.

É muito provável que, no início do terceiro milênio, a água passe a ser tão preciosa, para as populações do planeta, como são o ouro e o petróleo. No Nordeste brasileiro, essa previsão não é difícil de se fazer, tendo em vista o tratamento inadequado exercido pelas populações, nos parcos volumes hídricos existentes, tratamento este não condizente com a importância que a água tem ou que deveria ter na vida das pessoas. No Brasil, as secas sucessivas, aliadas à falta total de planejamento dos órgãos públicos com relação à gestão da água, fazem com que tenhamos plena convicção do colapso iminente desse setor. A concretização desse cenário é uma mera questão de tempo. Vai faltar água para beber.

Aqui no Nordeste, não é preciso se deslocar muito para se chegar a esse tipo de conclusão. As cidades de Caruaru e Surubim (PE), ambas situadas num raio de 130 km do Recife, estão com um racionamento de 26 dias. A cidade de Bezerros (PE), a 100 km da capital pernambucana, já entrou em colapso, e está sendo abastecida por via ferroviária, com água trazida de um poço da Petrobrás existente no porto de Suape, próximo a cidade do Recife. A cidade de Campina Grande, situada a 230 km do Recife, passa por igual situação de desabastecimento, pois a principal represa que abastece a cidade encontra-se com volume crítico para atender às necessidades normais da população. Igualmente problemáticas encontram-se as regiões do Seridó, no Rio Grande do Norte, os Sertões dos Inhamuns, no Ceará e o Cariri da Paraíba, já estando assistida por frota de caminhões-pipa boa parte do Semi-árido nordestino. O que preocupa, no entanto, é que a abrangência do problema da falta d'água já chegou ao litoral do Nordeste. A seca chegou à cidade do Recife. A metrópole pernambucana, com índice pluviométrico médio em torno de 2000 mm anuais e sobre um rico lençol subterrâneo, amarga um racionamento de nove dias em alguns bairros, com perspectivas do agravamento desse quadro. A recarga dos principais reservatórios que abastecem o Recife, devido a um ano hidrológico atípico, não se deu de forma satisfatória, pois não ocorreram chuvas em volumes suficientes que viessem satisfazer aquela finalidade. Estima-se que o período chuvoso de 1999 (maio, junho, julho e agosto são os meses em que ocorre maior precipitação no Recife) conseguiu abastecer apenas cerca de 15% dos volumes dos principais reservatórios que servem a cidade. O prognóstico do caos preocupa.

E por que estamos nessa situação de penúria hídrica ?

Associadas à falta de planejamento dos órgãos públicos na gestão dos recursos hídricos, pesam sobre a região nordestina algumas características geoambientais que induzem naturalmente à escassez de água.

Apesar de sofrer a influência direta de várias massas de ar (a Equatorial Atlântica, a Equatorial Continental, a Polar e as Tépidas Atlântica e Calaariana) que, de certa forma, interferem na formação do seu clima, essas massas adentram o interior do Nordeste com pouca energia, influenciando não apenas nos volumes das precipitações caídas, mas, principalmente, no intervalo entre as chuvas. Na região chove pouco (no Semi-árido, as precipitações estão entre 500 e 800 mm) e as chuvas são extremamente mal distribuídas no tempo, tornando-se uma verdadeira loteria a ocorrência de chuvas sucessivas, em pequenos intervalos. O clima do Nordeste também sofre a influência de outros fenômenos, tais como: El Niño, que interfere principalmente no bloqueio das frentes frias vindas do Sul do país, impedindo a instabilidade condicional na região, e a formação do dipolo térmico atlântico, caracterizado pelas variações de temperaturas do Oceano Atlântico, nas suas partes norte e sul dos hemisférios, variações estas favoráveis às chuvas no Nordeste, quando a temperatura do Atlântico Sul está mais elevada do que aquela na sua parte norte.

A proximidade da linha do Equador é outro fator natural que vai de encontro às possibilidades de abundância de água no Nordeste. As baixas latitudes condicionam à região temperaturas elevadas (média de 26° C), número também elevado de horas de sol por ano (estimado em cerca de 3000) e índices acentuados de evapotranspiração, devido à incidência perpendicular dos raios solares sobre a superfície do solo (algumas regiões do Nordeste semi-árido chegam a evapotranspirar cerca de 7 mm/dia).

Em termos geológicos, a região é constituída por duas estruturas básicas. O embasamento cristalino, representado por 70% da região semi-árida, e as bacias sedimentares. Essas estruturas têm importância fundamental na disponibilidade de água, principalmente as de subsolo. No embasamento cristalino, só há duas possibilidades da existência de água no subsolo: nas fraturas das rochas e nos aluviões perto de rios e riachos. Em geral, essas águas são poucas, de volumes finitos (os poços secam aos constantes bombeamentos) e, como se isso não bastasse, de má qualidade. As águas que têm contato com esse tipo de estrutura se mineralizam com muita facilidade, tornando-se salinizadas. Devido à facilidade de escorrimentos superficiais e a baixa capacidade de infiltração da água no solo, essas características possibilitaram, na região cristalina, a construção de um número expressivo de açudes e barragens, estimado em cerca de 80 mil, que represam cerca de 30 bilhões de m^3 de água. Isto significa a maior reserva de água artificialmente acumulada em região semi-árida do mundo. Com relação às bacias sedimentares, essas são possuidoras de um significativo volume de água no subsolo, mas estão localizadas de forma esparsa no Nordeste (verdadeiras ilhas distribuídas desordenadamente no litoral e no interior da região), com seus volumes distribuídos de forma desigual. Para se ter uma idéia dessa problemática, estima-se que 70% do volume da água do subsolo nordestino estejam localizados na bacia sedimentar do Piauí/Maranhão.

Em termos quantitativos, calcula-se, no embasamento cristalino, um potencial de apenas 80 km^3 de água/ano, enquanto nas regiões sedimentares esse volume pode chegar a valores significativos, como os existentes nas seguintes bacias: São Luís/Barreirinhas com 250 km^3/ano, Maranhão com 17.500 km^3/ano, Potiguar/Recife com 230 km^3/ano, Alagoas/Sergipe com 100 km^3/ano e Jatobá/Tucano/Recôncavo com 840 km^3/ano.

Portanto, as características geoambientais acima descritas têm influência marcante nas quantidades hídricas exploráveis na região Nordeste. Essa afirmativa fica mais evidente quando são comparados os volumes de água existentes no planeta com os existentes no país e os destes últimos com os disponíveis na região Nordeste. Nesse sentido, estima-se que, na Terra, existam 1,37 bilhões de km^3 de água; 97% desse volume constituem as águas dos oceanos, restando, portanto, apenas 3% de água doce no planeta. Desse percentual de água doce, 2/3 estão nas calotas polares e nas geleiras, restando apenas 1% do volume inicial para ser utilizado ou consumido pela população mundial. O Brasil é detentor de 12% da água doce que escorre superficialmente no mundo; 72% desses recursos estão localizados na região amazônica e apenas 3% no Nordeste brasileiro. Essa desigualdade de percentuais, com visível desvantagem para o Nordeste brasileiro, é conseqüência das características geoambientais da região, referidas anteriormente.

E o que fazer para enfrentar a questão do desabastecimento do Nordeste? O problema não é de simples solução. Algumas alternativas, no entanto, podem ser tentadas ou postas em prática.

Inicialmente, se poderia fazer cumprir o que determina o Artigo 21 da Constituição de 1988, no seu inciso XIX, que estabelece a competência da União em instituir um sistema nacional de gerenciamento de recursos hídricos e definir critérios de outorga de direitos de seu uso. Alguns Estados vêm trabalhando muito nos últimos anos para incorporar esses princípios em suas legislações e políticas públicas, criando conselhos estaduais, comitês de bacias, grupos de usuários de água etc., mas, infelizmente, a grande maioria dos estados nordestinos tem sido relapsa com relação a esse assunto. Embora tenhamos uma lei federal que fixa os fundamentos da Política Nacional dos Recursos Hídricos (Lei 9433, de 08/01/1997), pouco avançamos na incorporação dos princípios que definem esse novo quadro institucional no país.

Existindo esses dois instrumentos (a instituição de um sistema nacional de gerenciamento de recursos hídricos e a definição de critérios de outorga de direitos de seu uso), em cuja implementação, infelizmente, até hoje estamos engatinhando, é necessário um verdadeiro orçamento das águas, anualmente revisado em função da sua maior ou menor disponibilidade, que varia a cada ciclo hidrológico (o Conselho Nacional de Recursos Hídricos ou a própria Agência Nacional da Água – ANA, órgão recentemente criado pelo governo federal, poderão ter um papel fundamental nessas ações). Esse orçamento iria definir: X m^3/s para uso humano e animal; Y m^3/s para irrigação na bacia; Z m^3/s para geração de energia elétrica; T m^3/s para transposição para outras bacias; W m^3/s para a indústria, etc.

Necessário se faz, no entanto, dar continuidade ao programa de construção de grandes represas na região, devendo haver sempre a preocupação simultânea de interligar suas bacias hidrográficas e utilizar racionalmente suas águas. Atualmente, as 28 maiores represas do Nordeste, que têm capacidade para acumular 12 bilhões e 750 milhões de m^3 de água, utilizam apenas 30% desse volume em sistemas de abastecimento ou em irrigação. Projetos de represas (como a do Pirapama, localizada na região metropolitana do grande Recife) que poderiam minimizar, e muito, o problema de racionamento d'água das cidades teimam em não sair do papel.

Fala-se muito em água do subsolo para se resolver, de vez, os problemas hídricos da região semi-árida nordestina. É, sem dúvida, uma alternativa importante, mas que não é a solução de todo o problema. Devido às características geológicas da região comentadas anteriormente, o acesso a essas águas e, principalmente, a sua utilização têm que ser encarados de forma mais criteriosa e realista. A título de exemplo, estima-se que 35% dos 60.000 poços escavados no embasamento cristalino nordestino estejam secos, obstruídos ou com teores salinos inadequados ao consumo humano. Com essa estatística, é de se esperar que todo e qualquer programa de perfuração de poços que venha a ser realizado na região trate primeiro da recuperação dos poços que fazem parte desse percentual.

Com relação a esse assunto, são dignas de nota as recentes investidas realizadas no Nordeste pelo apresentador de televisão Carlos Massa, o Ratinho, que tem programa de grande audiência na região. A produção do referido apresentador investiu na perfuração de um poço no município de Arcoverde (PE), chegando a resultados merecedores de elogios. Segundo o que se pôde depreender, aos 60 metros de profundidade, o poço ali escavado apresentou vazão abundante e água de boa qualidade. Mas a forma pela qual a matéria foi levada ao ar, pôs em dúvida as ações de todos os governantes do Nordeste, dando a entender que a solução dos problemas de escassez de água da região estava no acesso aos volumes existentes no seu subsolo, bastando para tanto um simples programa de perfuração de poços, o que, efetivamente, não estava sendo priorizado pelos governos. Entretanto, sem deixar de aplaudir a iniciativa do investimento realizado naquele município, faltou ao apresentador fazer referência ao local de perfuração do poço. Certamente ele não sabia tratar-se da Bacia Sedimentária do Jatobá, região já bastante estudada pelos técnicos especialistas em recursos hídricos, possuidora de um significativo lençol de água, com capacidade de exploração estimada entre 15 e 18 milhões de m^3/ano, podendo abastecer cerca de 250 mil pessoas. Se essa área é rica em água, é importante explorá-la com eficácia e usá-la com parcimônia. O que não se pode é extrapolar o resultado dos sucessos obtidos na exploração de água das regiões sedimentárias para o Nordeste como um todo. Em tais regiões, as águas devem ser racionalmente exploradas, evitando-se, sempre que possível, os desperdícios, a exemplo daqueles existentes no Estado do Piauí, que não aproveita, de forma coerente, as águas dos poços jorrantes escavados na região sedimentária do Vale do Gurguéia, no município de Cristino Castro. Os poços jorram 24 horas por dia e não existe um projeto de uso adequado de suas águas que justifique o programa de perfuração ali realizado. Portanto, o conhecimento dos aspectos geológicos é um fator fundamental para se avaliar melhor as disponibilidades hídricas da região. Sem este conhecimento, a gestão dos recursos hídricos torna-se falha e a outorga, mero procedimento burocrático.

Outra questão relacionada com a água de subsolo diz respeito à sua qualidade química. É sabido que as águas do embasamento cristalino normalmente apresentam teores elevados de sais. Para o tratamento dessas águas em dessalinizadores, é preciso que sejam observadas algumas questões. Primeiramente, é necessário levar em consideração o custo operacional desse tratamento. O uso do dessalinizador, em tais casos, ainda é muito caro. Estima-se que 1 m^3 de água dessalinizada custe o equivalente a US$ 0,90 (noventa centavos de dólar). Em segundo lugar, o dessalinizador, em si, é um equipamento extremamente eficiente. O processo de retirada dos sais das águas é feito por intermédio de membranas (osmose reversa), o que dá ao equipamento índices espantosos de eficiência: uma água extremamente salinizada, ao ser tratada, passa a conter apenas traços de sais na sua composição. Torna-se, praticamente, uma água destilada. Este aspecto é muito importante, pois poderá influenciar, sobremaneira, no balanceamento de sais do organismo das pessoas. Em se tratando de balanceamento de sais, um dos aspectos importantes a ser considerado é a temperatura ambiente. Uma das características da região semi-árida nordestina é a de ser quente, com a média da temperatura anual atingindo a casa dos 26 °C. Isto significa dizer que a população rural transpira em demasia nas atividades normais de campo. Ao transpirar, ela perde sais. A reposição desses sais no organismo das pessoas normalmente é feita através da alimentação do dia-a-dia (sabe-se que a região apresenta índices elevados de desnutrição) e da ingestão de líquidos (ressalte-se que a população do Semi-árido é acostumada a ingerir águas com teores salinos muito acima dos recomendados pela Organização Mundial de Saúde). Ao passar, de uma hora para outra, a ingerir água com baixos teores de sais, essa população começará a entrar em um processo de desmineralização, tendo em vista as fontes de reposição desses elementos não apresentarem mais os teores que vinham suprindo a população anteriormente. O resultado é que um programa de fornecimento de "água de primeiro mundo" à população, com o uso de dessalinizadores (*slogan* amplamente divulgado pelos governos), poderá vir a ser acusado, futuramente, como um vetor de desmineralização da população. Para corrigir esse problema é preciso que se pense numa forma de fazer um tratamento de águas misturando aquelas isentas de sais, oriundas dos dessalinizadores, com uma pequena parte, mineralizada, oriunda da fonte que está sendo tratada, garantindo, assim, uma água com teores salinos adequados ao perfeito funcionamento do organismo das pessoas. Sobre esse aspecto, informações obtidas de pesquisadores da ORSTOM (entidade de pesquisa do governo francês), participantes de missão científica no Chade - país de clima desértico do norte da África - demonstraram a preocupação dos técnicos franceses em balancear os teores de sais das águas consumidas no local e oriundas de dessalinizadores, através da dissolução, nessas águas, de comprimidos de sais trazidos da França. Ainda com relação à questão dos dessalinizadores, outro aspecto importante a ser mencionado é o destino que deverá ser dado ao rejeito do material resultante do processo de dessalinização das águas. Esse material, extremamente rico em sais, atualmente é depositado em lagoas de decantação ou mesmo colocado ao ar livre sem maiores preocupações, constituindo-se em um grave problema ambiental a ser solucionado pelos pesquisadores. É provável que os caminhos a serem seguidos pela pesquisa, digam respeito ao aproveitamento desses sais para fins pecuários, visto ser a região semi-árida muito carente no aspecto de mineralização dos animais; na piscicultura, principalmente com Tilápias, que são espécies extremamente resistentes a ambientes salinos, e no cultivo irrigado de plantas halófilas, a exemplo da Atriplex, que necessitam de águas com teores salinos elevados para se desenvolverem.

Outro programa importante é a construção de cisternas rurais para captação da água da chuva com fins de potabilidade. Para tanto, as organizações não-governamentais e os governos estaduais e municipais têm um papel fundamental, tanto na construção das cisternas como no manejo de uso de suas águas junto ao homem do campo. Cada milímetro de chuva caída em um metro quadrado de área resulta em aproximadamente um litro de água. Num telhado de 300 m^2, por exemplo, tem-se 300 litros. Por sua vez, uma cisterna de 12.000 litros (quando bem manejadas, as águas das cisternas ficam livres da contaminação por microorganismos) abastece de água potável uma família de 5 pessoas durante os 8 meses sem chuvas na região.

Outra questão que já começa a despertar o imaginário do meio científico é a possibilidade de reutilização das águas servidas pelas populações das grandes cidades. Pesquisas têm demonstrado a possibilidade de se reutilizar tais águas, bastando para tanto um tratamento adequado e a sua utilização posterior para fins menos nobres, tais como: regas de jardins, lavagens de calçadas e de automóveis, algumas utilizações industriais, etc. Procedendo-se dessa forma, tornam-se mínimas as possibilidades de se causar problemas na saúde das pessoas.

Outro assunto polêmico diz respeito ao uso das águas do Rio São Francisco para o abastecimento das populações sedentas do Semi-árido. Sobre esse assunto, é preciso que se levem em consideração alguns aspectos:

• Sem o orçamento das águas, fica extremamente difícil se fazer um prognóstico sobre a transposição do São Francisco como alternativa para solução dos problemas de escassez hídrica do Nordeste, tornando-se impossível determinar, tanto os volumes de água a serem utilizados pela população como a época de retirada desses volumes do rio. No entanto, é importante lembrar que a exploração do potencial de geração do Rio São Francisco pela Chesf está no seu limite. A empresa conseguiu, com extrema competência e muito sacrifício, montar um parque gerador de mais de 10 mil MW de energia em suas diversas unidades, potencial este que deve ser preservado com muita seriedade para o bem do desenvolvimento de todo o Nordeste.

• Não se pode esperar, uma vez tomada a decisão de se utilizar água do Rio São Francisco, que essa água chegue aos que habitam os limites do Semi-árido, no dia seguinte. A população morrerá de sede antes disso. O acesso à água de tal fonte é uma questão a ser resolvida a médio e longo prazos.

• O São Francisco já está com as suas águas comprometidas na geração de energia e na irrigação. A explicação é a seguinte: a vazão média do rio é de 2.800 m^3/s. Para gerar energia, levando em conta todo o potencial gerador da Chesf, são necessários, desse total, cerca de 2.100 m^3/s. Portanto, restam 700 m^3/s. O potencial de áreas irrigáveis do São Francisco é de 3.000.000 ha. Se considerarmos 0,5 litro/s/ha como um número razoável para fins de cálculo da irrigação que é praticada atualmente no Vale do São Francisco, seriam necessários 1.500 m^3/s para irrigar aquela área potencial.

Ocorre que não temos esse volume disponível no rio. Temos, conforme mencionado anteriormente, apenas 700 m³/s. Apesar de termos uma área potencialmente irrigável de 3.000.000 ha, só é possível irrigar, com o volume de água disponível no rio (700 m³/s), cerca de 1.400.000 ha. Já nos parece existir, nessa contabilidade, um sério conflito quanto ao uso das águas do São Francisco. Certamente não iremos ter água suficiente para gerar energia, irrigar e abastecer as cidades do Semi-árido nordestino conforme se está pretendendo. Se já é triste morrer de sede, mais triste ainda é morrer de sede no escuro.

• A vazão média do São Francisco, que na região semi-árida corre inteiramente sobre o embasamento cristalino, é de 2.800 m³/s pelo fato de terem sido registradas vazões mínimas de até 595 m³/s (em outubro de 1955) e, na grandes cheias, vazões máximas que chegaram a 20.000 m³/s. No entanto, esses dados, para a Chesf, são muito preocupantes pois, no complexo gerador de energia de Paulo Afonso, há necessidade de uma vazão mínima garantida para manter o sistema gerador operando a contento. A título de exemplo, a usina de Itaparica necessita de um volume de engolimento de cerca de 2.744 m³/s, a de Paulo Afonso IV, de 2.310 m³/s e a de Xingó, de 3.000 m³/s. Nesse sentido, a Chesf foi como que obrigada a construir a Represa de Sobradinho, que conseguiu manter, no rio, uma vazão mínima garantida da ordem de 2.060 m³/s. Ainda com relação à vazão do rio, outro aspecto importante a ser considerado diz respeito aos constantes desmatamentos realizados no Alto São Francisco, que têm ocasionado sérios problemas de assoreamento no seu leito com conseqüente diminuição de vazão.

• Na possibilidade de retirada de água para fins de abastecimento, tem-se que levar em consideração o orçamento das águas, o qual é um reflexo das características do ciclo hidrológico anual da região, e verificar se há disponibilidade de volumes suficientes para tal. A Represa de Sobradinho recebe água, oriunda do Alto São Francisco, no período de novembro a abril de cada ano, e gasta essa água, regularizando a sua vazão, no período de maio a outubro. Ocorre que em abril de 1999, devido às secas sucessivas e a um ciclo hidrológico atípico, a Represa de Sobradinho havia recebido um volume de apenas 55% de sua capacidade total de armazenamento (em setembro acumulava apenas 21% do seu volume útil), significando dizer que, até o final do ano, haverá necessidade de a Chesf importar, da usina de Tucuruí (PA), uma certa quantidade de energia, equivalente ao que vai deixar de ser gerado em Paulo Afonso com os 45% restantes do volume de água não armazenados em abril. Estima-se, nessa operação, uma importação de cerca de 800 MWh, o equivalente a 15% do consumo do Nordeste. Esse volume de energia importado é preocupante, pois as regiões Norte e Nordeste do país continuarão crescendo, o que implica maiores demandas de energia (a previsão é a de que o Nordeste já apresente problemas de geração no ano 2001) e não se sabe até quando a usina de Tucuruí suportará esta demanda extra oriunda do Nordeste. Nesse sentido, é desejável que o problema de geração de energia elétrica do Nordeste seja solucionado na própria região, evitando-se, sempre que possível, que quantidades de energia sejam transferidas de outras regiões (a não ser em caráter de extrema necessidade), sob pena de se estar correndo o risco de, ao tentar solucionar um problema (deficiência temporária de geração no Nordeste), criar outro de igual magnitude (esgotamento precoce do potencial gerador no Norte). Nesse cenário, se o orçamento das águas estivesse em vigor no Nordeste, seria muito provável que, para o ano de 1999, devido a essa escassez hídrica reinante, não houvesse possibilidade de se retirar do rio os volumes desejados para atender as demandas da população.

- Se, por uma questão humanitária (Alínea III do Art. 1° da Lei 9433, estabelece, em situação de escassez de água, o uso prioritário dos recursos hídricos para o consumo humano e a dessedentação dos animais), a decisão de transpor as águas do São Francisco for tomada, na expectativa de evitar que a população morra de sede (comenta-se em 70 m^3/s o volume a ser transposto), certamente haverá necessidade de uma redução da área irrigada na bacia do rio, pois passará a ser utilizado no abastecimento das populações o volume de água que deixará de ser utilizado na irrigação. Nessa expectativa, espera-se que os sistemas geradores de energia da Chesf, por uma questão de segurança nacional, sejam preservados. Para se ter uma idéia da dimensão do problema, para cada m^3/seg retirado do Rio São Francisco entre as usinas de Sobradinho e Xingó, há uma redução na geração de energia da ordem de 22.000.000 kWh anuais, equivalentes ao fornecimento a uma cidade com população de 35.000 habitantes. Nesse sentido, seria prudente que o local de retirada dessas águas fosse feito à jusante da Represa de Xingó, posição na qual as águas já cumpriram o seu papel de geradoras de energia elétrica e irão se perder para o mar.
- É necessário se pensar na possibilidade de se transpor águas de outras bacias hidrográficas para aumentar a vazão do São Francisco. Há no noroeste da Bahia uma falha tectônica na qual existem duas lagoas (Jalapão e Varedão) com triplo desaguadouro: para o Rio Tocantins através do

Rio do Sono, para o Rio Parnaíba e para o Rio São Francisco, através de seu afluente, o Rio Sapão. Nesse acidente geográfico há uma transposição natural para o São Francisco de cerca de 110 m^3/s. Um aprofundamento dessas lagoas bastaria para um aumento significativo de vazão no São Francisco.

Finalmente, a concretização das alternativas anteriormente elencadas demandará um certo tempo. Os programas demoram a serem concebidos e executados. E a variável "tempo", o nordestino não tem à sua disposição, pois o fantasma da falta de água potável está rondando a região. Já seria de bom termo que os governos dos estados nordestinos começassem a se preocupar em fazer chegar água nos municípios necessitados através de abastecimentos alternativos (com carros-pipa, navios, trens, no lombo de animais, etc.), bem como identificar as fontes hídricas disponíveis para suprimento desse abastecimento emergencial. O governo da Paraíba já vem se mobilizando nesse sentido, na tentativa de amenizar a situação delicada em que se encontra toda a população do estado. O governo já investiu, de dezembro de 1998 a setembro de 1999, cerca de R$ 6,6 milhões em transporte de água em frotas de caminhões-pipa, para socorro aos municípios atingidos pela seca e está previsto o transporte de água da região metropolitana da capital paraibana para o atendimento de Campina Grande. Embora circunstancial, a decisão deverá ser tomada para evitar o mal maior, qual seja, a instalação do caos social.

Recife, 27 de outubro de 1999.

UM HIATO DESCABIDO 10

Participei recentemente na Paraíba, como conferencista, do I Simpósio Transposição de Águas do São Francisco: mito ou realidade?, promovido pelo Departamento de Geografia do Centro Universitário da Paraíba – UNIPÊ. Coube-me, no referido encontro, falar sobre os Impactos da Transposição na Bacia Hidrográfica do São Francisco.

O evento, realizado para se encontrar alternativas de abastecimento para a região (o São Francisco estava sendo considerado como a única alternativa de abastecimento disponível), foi dividido em duas partes: a primeira reservada para apresentações técnicas e a segunda para os questionamentos políticos.

Tornou-se fato curioso, e até mesmo intrigante, a avaliação dos propósitos do encontro nos aspectos acima referidos. No aspecto técnico, foram claramente percebidos os problemas existentes de acumulação, de acesso e de uso das águas, oriundos dos entraves naturais existentes na região, entraves esses que podem e que devem ser resolvidos para possibilitar o acesso das populações à água, nos limites impostos pela natureza. Para o alcance dessas possibilidades, os técnicos fizeram um rico relato, com informações preciosas, mostrando os desdobramentos que resultaram no quadro dramático de desabastecimento por que passa o Nordeste na atualidade.

Na esfera política, deu-se exatamente o inverso. Os depoimentos mostraram que os aspectos técnicos eram considerados irrelevantes, não cabendo falar nos problemas sob essa ótica, bastando apenas vontade política para a realização das ações e nada mais. Nesse sentido, os volumes hídricos existentes na região se multiplicariam com enorme velocidade, as águas subiriam, desceriam e penetrariam nos estados por diversos flancos, sem nenhuma cerimônia e, em questões de segundos, os estados estariam cortados por canais, tubulações e estações elevatórias e num verdadeiro passe de mágica, a região viraria uma verdadeira bacia amazônica.

O resultado não poderia ser outro: o colapso iminente do abastecimento do Nordeste. E esse problema chegou a uma situação insustentável. Comenta-se, até, a possibilidade de se pôr em prática um plano para a evacuação de parte da população de Campina Grande (PB), caso não chova nos próximos quinze dias, por falta de condições mínimas de garantia de fornecimento de água à sua população.

Nos dois dias de duração do encontro, pôde-se perceber o hiato enorme e descabido existente entre as informações técnicas que foram ali divulgadas e a vontade política de pô-las em prática. É realmente lamentável que esse hiato exista. Não se pode admitir que, após um dia inteiro de negociações e discussões técnicas, em um ambiente em que se tratava do assunto com conta-gotas nas mãos, onde a tônica era uma proposta de orçamento hídrico que possibilitasse a continuidade da existência de água nas torneiras para a população, essas questões fossem tratadas de forma tão fria e sem a menor importância.

Acho que é por questões como essas que o Brasil permanece como o país da imprudência. As situações de risco só costumam ser diagnosticadas quando os seus efeitos se tornam irreparáveis. Para o Brasil começar a dar certo, é preciso que se valorizem mais as informações técnicas e as pessoas que têm capacidade de colocar em prática uma idéia e levá-la até o fim. Porque hoje quem sabe e não faz perde uma oportunidade valiosa que talvez não se repita no futuro.

Recife, 03 de dezembro de 1999.

TRANSPOSIÇÃO DO SÃO FRANCISCO: o carro está na frente dos bois

11

Ao término do ano de 1999, a situação hídrica do Brasil apresentava-se calamitosa. Na região Nordeste, após seguidos anos de seca (97, 98 e 99 foram secos), o que se viu foi um quadro desolador e, por vezes dramático, no desabastecimento de várias cidades da região, a exemplo de Campina Grande, a segunda maior cidade do Estado da Paraíba, prevendo-se o colapso total, já no mês de janeiro de 2000. No Estado de Pernambuco, a situação não era diferente. Cidades como Caruaru e Surubim apresentavam racionamento de 26 dias e Recife, a capital do estado, chegou a racionar água por um período de 9 dias em alguns bairros.

Naquela ocasião, a falta d'água parecia ser um problema não apenas dos nordestinos. A situação tinha extensão nacional. O setor elétrico do país ficou ameaçado por falta de chuvas. As três hidrelétricas do sistema Chesf estavam com seus reservatórios com níveis baixíssimos: Três Marias com 17,94% da capacidade útil; Sobradinho, considerado o maior reservatório de água do Nordeste, com menos de 10% de sua capacidade ocupada e Itaparica com 43%. No norte do país a situação não era melhor: no Rio Tocantins, o reservatório da hidrelétrica Serra da Mesa, estava com 34% de sua capacidade e o de Tucuruí com 55%. Na região Sudeste, no Rio Grande, a hidrelétrica de Furnas apresentava 12,86% de seu reservatório ocupado; o de Marimbondo, com 11,73% e o de Água Vermelha, com 23,70%. No Rio Tietê, a hidrelétrica de Três Irmãos com 12,80% de sua capacidade; a Barragem de Barra Bonita, com 31,83% da capacidade e a de Promissão com 17%. No Rio Paranaíba, a hidrelétrica de Emborcação, com 25% da capacidade do reservatório; a de Nova Ponte, 32,86% e a de São Simão, com 41,85%. No Rio Paraná, a hidrelétrica de Ilha Solteira estava com 12,70% do seu reservatório ocupado.

Este quadro preocupante fez o país acordar para o assunto e as questões hídricas, antes relegadas a um segundo plano, passaram a fazer parte da mídia em todo o país. No entanto, estamos longe de chegar a um denominador comum com relação à solução dessa questão, tendo em vista, de um lado, existirem os que defendem a transposição do Rio São Francisco como a única alternativa viável para a solução dos problemas de abastecimento das populações nordestinas (visão muito comum no meio político), não havendo a preocupação, para se alcançar aquele objetivo, de avaliar as conseqüências oriundas da retirada, no rio, dos percentuais volumétricos pretendidos; de outro lado, existem aqueles que radicalizam, fazendo previsões, as mais sombrias possíveis, com relação ao futuro do rio, dando como certa a sua exaustão até o ano 2060. Pelo visto, essa polêmica, de certo, ainda vai perdurar por mais um bom período de tempo.

Entretanto, temos que avaliar a questão da transposição levando em conta alguns fatos importantes, acontecidos e vivenciados na atualidade, os quais vão ao encontro daqueles que fazem as previsões mais pessimistas com relação àquele caudal, ou seja, de que ele terminará se exaurindo. Referimo-nos ao desaparecimento de três rios de pequeno porte no sudoeste da Bahia, no município de Correntina (o Cabeceira Grande, o Capão e o Sucuriú), todos afluentes de importantes tributários do São Francisco, como é o caso do Rio Corrente. Esse fato aconteceu no terço superior do rio, região que deveria merecer um tratamento adequado pelas autoridades, pois tudo o que ocorre ao longo do São Francisco é reflexo dos acontecimentos naquele importante setor de sua bacia hidrográfica. É naquela região onde são formadas as grandes cheias do rio, é nela onde a navegação e a pesca se fazem com maior intensidade e é onde ocorrem as precipitações responsáveis pelo abastecimento da Represa de Sobradinho que, por sua vez, possibilita a regularização do rio e a garantia de geração de energia elétrica no Complexo de Paulo Afonso. Seria, em tese, a região na qual se deveria ter um maior cuidado quanto à preservação do ambiente, a fim de se garantir a proteção necessária do rio. Mas, infelizmente, não é isso que vem ocorrendo nos últimos anos. Os desmatamentos indiscriminados praticados pelos proprietários ao longo de suas margens vêm trazendo conseqüências desastrosas para a manutenção dos aqüíferos, assoreando-os e dando início ao processo de exaustão de algumas nascentes. Esse fato, aliado às características geológicas da região na qual o rio corre (embasamento cristalino), às secas sucessivas, muito comuns na região, e ao comprometimento das águas com a geração de energia e com a irrigação (a geração de energia consome 2.100 m^3/seg da vazão média do rio que é de 2.800 m^3/s, enquanto a irrigação de todo o potencial irrigável de sua bacia demanda cerca de 1.500 m^3/s), evidencia um problema que muitas vezes passa despercebido e que tem importância fundamental para o planejamento do uso das águas do São Francisco para fins de abastecimento.

Trata-se da diminuição da vazão do rio e, conseqüentemente, da necessidade de se trazer energia de outros centros geradores do país para abastecer a região Nordeste. Esse fato mostra a necessidade de haver a revitalização do rio através de novos aportes volumétricos oriundos de outras bacias hidrográficas. Essa questão tem ocorrido com certa freqüência, tendo ficado evidente no ano de 1999, com a Represa de Sobradinho operando em regime crítico, com menos de 10% de sua capacidade útil, obrigando a Chesf a importar 800 MWh de energia da hidrelétrica de Tucuruí (PA) para o Nordeste, volume de energia equivalente a 15% do consumo da região. Essas previsões foram feitas pelo diretor de Operações da Chesf, Dr. Paulo de Tarso, em matéria publicada no *Diário de Pernambuco* em 18 de março de 1999.

Mesmo com esses acontecimentos, a questão da transposição passou a ser tornada pública pelas autoridades do país, sem nenhuma restrição quanto à sua implementação, bastando mera vontade política para pô-la em prática, e nada mais. Nesse sentido, temos acompanhado pela mídia os depoimentos, as entrevistas e as tomadas de decisões de alguns membros do governo federal ligados ao assunto, avaliando a questão com muita tristeza e apreensão por acharmos, de um lado, que as informações técnicas estão chegando às mão das autoridades competentes de forma incompleta e, de outro, por entendermos que, mesmo existindo essa deficiência no trato das informações, o projeto acabará sendo realizado a todo custo, tendo em vista o poder decisório e a vontade política das autoridades em fazê-lo diante de uma situação desesperadora. Para se ter idéia da magnitude do problema, a licitação do projeto está prevista para ser iniciada no primeiro semestre do ano 2000 e, para tanto, já foram negociados, junto ao Banco Mundial, cerca de US$ 189 milhões para serem gastos em algumas linhas de ação, tais como: gestão, estudos e projetos, bases técnicas (redes de monitoramento) e obras.

Essas questões, no entanto, deveriam ser tratadas em bases mais científicas e menos empíricas e apaixonantes. Não se pode transpor as águas de um rio, a qualquer custo, sem haver a preocupação com os efeitos causados ao ambiente, advindos dessa transposição. Procedendo-se dessa forma, gera-se um ciclo vicioso, como se o carro estivesse literalmente na frente dos bois, ou seja, soluciona-se um problema (de abastecimento) com a criação de outro de igual magnitude (de geração). Com a existência do novo problema, parte-se para solucioná-lo e termina-se por criar outro de difícil solução, fechando-se assim o ciclo pernicioso. Essa é a realidade dos fatos. Os questionamentos técnicos são sempre relegados a um plano secundário. O resultado dessa prática equivocada, certamente tem trazido, como conseqüência, o que estamos presenciando na atualidade: a falência quase que completa dos sistemas de abastecimento das grandes cidades nordestinas, pondo em risco a vida de suas populações.

No nosso modo de entender, a transposição deveria ser realizada através de ações mais coerentes, que poderiam ser postas em prática pelas autoridades do Nordeste, traduzindo-se na realização de um orçamento hídrico, no qual se garantiria volumes de água para o atendimento a diversos fins. Assim, seriam reservados X m^3/s para o abastecimento das populações, Y m^3/s para irrigação, Z m^3/s para geração de energia, W m^3/s para uso industrial e assim por diante. Esse orçamento seria constantemente atualizado (a Agência Nacional da Água – ANA teria um papel fundamental no gerenciamento desse orçamento), de acordo com as características hidrológicas de cada ano, podendo apresentar folgas na utilização daqueles volumes, em casos de anos com maiores índices pluviométricos, e restrições na utilização, para os casos de anos com escassez de chuvas. Igualmente importante seria a transposição de águas oriundas de outras bacias hidrográficas para ampliar a vazão média do São Francisco. Nesse caso, existe uma falha tectônica no noroeste da Bahia com a existência de duas lagoas (Jalapão e Varedão), ambas com triplo desaguadouro: para o Parnaíba, para o Tocantins e para o São Francisco, através do Rio Sapão que deságua no Rio Preto, que por sua vez, deságua no Rio Grande e, finalmente, no São Francisco. Nas referidas lagoas já há uma transposição natural para o São Francisco de cerca de 110 m^3/s. Um aprofundamento dessas lagoas seria o suficiente para uma ampliação significativa da vazão do Rio São Francisco.

Entretanto, não se deveria deixar de lado as ações já existentes para fazer chegar água às populações. Constitui um erro crasso imaginar-se que, atualmente, a transposição do São Francisco é a única alternativa possível de abastecimento do Nordeste. Temos que acreditar e dar continuidade aos investimentos já realizados no setor de abastecimento, através da construção de grandes represas (a Represa de Pirapama, na região metropolitana do Recife, que poderia minimizar e muito o problema do racionamento de água do município, teima em não sair do papel); da exploração racional dos aqüíferos subterrâneos, principalmente em regiões sedimentares; da ampliação do número de cisternas no meio rural; do desenvolvimento das pesquisas na área de reuso de águas servidas, etc. A transposição tem que ser encarada como mais uma alternativa de abastecimento, que viria a ser somada às já existentes.

Finalmente, existe um adágio popular que afirma ser Deus brasileiro. Com as recentes chuvas caídas em janeiro do ano 2000, que postergaram por mais alguns meses as previsões de colapso do abastecimento da região, acabaram por regionalizar mais o referido adágio. Deus, além de brasileiro, passou a ser nordestino. Sobre essa questão, chegamos à conclusão que não adianta Deus ser brasileiro ou nordestino. Se não fizermos a coisa certa, pagaremos o preço do mau comportamento. Temos a memória curta e, por isso, não usamos adequadamente as lições do passado. Temos a visão do futuro também curta. Com relação às questões hídricas, por exemplo, nos perdemos no ano de 1999 em muitas conjecturas; é certo que previmos muitas coisas ao longo do seu curso, mas o fato é que não temos, hoje, uma boa visão de como as coisas irão se comportar no ano 2000. Talvez a melhor saída fosse a de se tentar colocar a junta de bois no seu devido lugar e caminhar, devagar, mas com os pés no chão.

Recife, 24 de fevereiro de 2000.

12 TRANSPOSIÇÃO DO SÃO FRANCISCO NO ESTADO DA PARAÍBA: problemas técnicos e políticos

Temo-nos empenhado nos últimos anos em mostrar a necessidade de se ter um orçamento hídrico para, a partir dele, se planejar, de forma coerente, a solução dos problemas de abastecimento da região Nordeste. Freqüentemente, temo-nos reportado às questões relacionadas ao clima, à geologia, às vazões dos grandes rios da região – o Rio São Francisco é o principal alvo de nossos comentários – na tentativa de mostrar a importância dessas variáveis para o suprimento de água às populações.

Recentemente, ao lermos o jornal *O Norte*, na Paraíba, edição do dia 5 de março de 2000, causou-nos curiosidade e até surpresa a matéria intitulada "Curema excluído da Transposição", alusiva a exclusão da principal represa da Paraíba, das alternativas que haviam sido propostas para a referida transposição no estado. Haviam sido concebidos, para a Paraíba, três eixos principais pelos quais passaria um volume de 20 m³/s oriundo do São Francisco para o suprimento dos que habitam as zonas secas do estado. O primeiro eixo, chegando pela Represa de Coremas, o segundo, entrando pelo município de Monteiro, na região do Cariri, e o terceiro, através do município de São José de Piranhas, fazendo chegar a água ao município de Sousa através do Açude Engenheiro Ávidos.

Segundo a matéria publicada, em uma reunião realizada em Brasília (DF), os secretários de recursos hídricos dos Estados da Paraíba, Rio Grande do Norte, Pernambuco e Ceará houveram por bem excluir o ramal que ia com destino a Curema, ficando o Estado da Paraíba, com o aval de seu secretário, com apenas dois eixos: o de São José de Piranhas e o de Monteiro.

Não se sabe ao certo as razões que levaram os secretários dos estados a tomar esse tipo de decisão, mas entendemos, e aqui voltamos a bater na mesma tecla, que a principal causa dos enganos cometidos está na ânsia de se querer levar água, a todo custo, para resolver os problemas hídricos da região, sem haver a preocupação de uma necessária averiguação das reais possibilidades das fontes supridoras. Se essa questão foi posta em discussão na reunião com os secretários, não ficou clara a razão de ter sido o eixo de Curema o principal escolhido para se proceder a referida exclusão, tendo em vista a existência, nesse eixo, de um potencial enorme de abastecimento.

A matéria trazida pelo jornal faz alusão a um componente político como o verdadeiro responsável pela exclusão do eixo Curema do processo de transposição na Paraíba, mas acreditamos que, além do componente político, deve ter havido também um erro técnico de escolha. Segundo o Coronel João Ferreira Filho, engenheiro civil especializado em recursos hídricos no Nordeste brasileiro e defensor da permanência das três entradas de águas para o Estado da Paraíba, existe um canal recentemente construído pelo governo do estado (Canal da Redenção), pelo qual são levadas as águas da Represa de Coremas até as várzeas do município de Sousa. A exclusão do eixo Coremas irá prejudicar as funções do Canal da Redenção, uma vez que, através do Rio do Peixe, as águas chegam às várzeas de Sousa por gravidade. Sem o referido eixo, as águas do Canal da Redenção só chegarão às várzeas de Sousa, através de uma estação elevatória, onerando demasiadamente o processo transpositório.

Nesse contexto, cabe uma questão: o Rio São Francisco suportaria os três eixos transportando o volume de água pretendido para o atendimento das populações das regiões secas do Estado da Paraíba? Entendemos que esse tipo de resposta só poderá ser obtida através da realização de um estudo de impacto ambiental por instituições que realmente conheçam com profundidade as questões nordestinas. A esse respeito, causou-nos espanto a informação contida no final da matéria de *O Norte*, de que o estudo de impacto ambiental da transposição já havia sido preparado por um consórcio internacional, a Jaakko Pöyry-Tahal.

Não temos nada contra a capacidade técnica dos estrangeiros em tratar de assuntos ligados a avaliações ambientais, desde que essas avaliações sejam feitas em seus países de origem. Da forma como a questão está sendo aqui tratada, percebe-se claramente (aí já passa a ser uma questão de cunho monetário) que o estudo foi deliberadamente encomendado para se ter uma resposta bem definida: a de que é possível realizar a transposição sem haver maiores danos no ambiente nordestino.

Em um primeiro lance de vista, e pela forma de como o consórcio é grafado, fica até difícil se imaginar a origem dos países que o integram. É inconcebível, no entanto, se pensar que em um país como o Brasil, o qual tem um número significativo de universidades, centros de pesquisas, órgãos de gestão ambiental, não possua ou não possa contar com um corpo técnico qualificado, capaz de assumir e de dar conta de um estudo dessa magnitude. Certamente nós temos e podemos fazê-lo. Talvez o que esteja faltando aos nossos dirigentes é um pouquinho mais de seriedade para com as causas nacionais. Cremos que o trema existente sobre a letra "o" do nome do consórcio internacional aqui referido, bem reflete a competência que o mesmo irá dispensar à questão. Da forma como a transposição está sendo conduzida, infelizmente passamos a não acreditar no sucesso do empreendimento.

Recife, 13 de março de 2000.

TRANSPOSIÇÃO: a gerência da torneira 13

O Nordeste brasileiro passa pela maior crise de abastecimento hídrico de sua história. Caso não chova nos próximos dias, só no Estado de Pernambuco, 39 municípios deverão entrar em colapso nos próximos três meses. Essa notícia foi divulgada no *Diário de Pernambuco*, na edição do dia 07 de abril de 2000. Para o final de abril está previsto o colapso dos municípios de Buíque e Pedra, no Sertão. Em maio, serão Agrestina, Aliança, Caruaru, Chã Grande, Escada, Glória de Goitá, Gravatá, Lagoa dos Gatos, Joaquim Nabuco, São José e as localidades de Rancharia, Bonança, São Pedro e Batatinhas. Já em junho, serão os municípios de Araçoiaba, Angelim, Belém de Maria, Brejinho, Carpina, Chã de Alegria, Condado, Feira Nova, Itapetim, Lagoa do Carro, Lagoa de Itaenga, Lajedo, Macaparana, Machado, Moreno, Orobó, Paudalho, São Vicente Férrer, Timbaúba, Vicência, Vitória de Santo Antão e o distrito de Siriji. Esse quadro preocupante em Pernambuco, bem reflete a situação caótica de abastecimento que se instalou em todo o Nordeste brasileiro.

Diante desse panorama, a transposição de águas do Rio São Francisco passou a ser considerada, pelas autoridades brasileiras, como prioritária para resolver, de uma vez por todas, essa grave crise de abastecimento que vem pondo em risco a vida das populações. Pretende-se retirar do rio, para fins de dessedentação (Programa Água de Beber anunciado pelo governo federal), um volume estimado em cerca de 70 m^3/s e distribuí-lo nos Estados de Pernambuco, Paraíba, Rio Grande do Norte e Ceará.

Na possibilidade de realmente ser iniciado, neste governo, o processo transpositório do rio, uma questão nos vem preocupando sobremaneira: entendemos que atualmente, no Nordeste, isso será muito difícil de administrar, tendo em vista a situação de calamidade pública encontrada na maioria de seus municípios. Supondo que seja resolvido o problema de abastecimento de um determinado município, com água oriunda do São Francisco, por intermédio de ingerências políticas, e sendo esse gesto imitado, com êxito, por outro município igualmente necessitado, essas ações terminam por criar um núcleo reivindicatório que talvez seja mais poderoso do que a reação em cadeia de uma explosão atômica. É a reação em cadeia em busca de água para garantir a sobrevivência humana. Não temos dúvidas que os volumes previstos de 70 m^3/s a serem retirados do rio atingirão valores fantásticos, proporcionais às necessidades das populações sedentas, numa perspectiva de impossibilidade de suprimento por parte do São Francisco, tendo em vista as limitações de vazão nele existentes. São questões como essas que temos o dever de levar à discussão, a fim de que tenhamos tempo suficiente para encontrar alternativas de soluções, antes mesmo de se iniciar o projeto.

Recife, 26 de abril de 2000.

SÃO FRANCISCO: sobreviver do rio nos dias de hoje torna-se cada vez mais difícil

14

Recentemente (junho de 2000), fomos convidados a proferir palestra sobre a Transposição de Águas do São Francisco, na cidade de Penedo (AL), no *I Encontro dos Promotores de Justiça da Região Sul de Alagoas*, promovido pela Associação do Ministério Público de Alagoas – Ampal. Esse ato público, que reputamos da maior importância, foi revestido de facetas absolutamente inovadoras e merecedoras de aplauso, principalmente para os que lidam com as questões técnicas da transposição. Referimo-nos ao fato de a transposição ter sido discutida num fórum de magistrados, local em que, normalmente, essas questões não despertam maiores interesses, e de ter sido este abrilhantado com a presença de um senador da República, Dr. Renan Calheiros, que abriu o evento discursando em prol da vida do Velho Chico, numa prova inequívoca do interesse desse parlamentar na busca de informações técnicas confiáveis, fato não muito comum no parlamento brasileiro, nos dias atuais. Essas questões realmente nos entusiasmaram, na medida em que estão sendo criados vínculos com representações da sociedade civil que vêm demonstrando interesse na busca de soluções para os problemas ali apresentados.

No encontro, algumas questões tratadas despertaram a nossa preocupação. Referimo-nos às questões do ambiente físico do rio, bem como da continuidade da preservação da vida que no seu meio prolifera – principalmente dos peixes – e, como não podia deixar de ser, das dificuldades encontradas pelo pescador que nele labuta, na sua luta constante e incansável em busca da sua sobrevivência.

A cidade de Penedo fica localizada no Estado de Alagoas às margens do São Francisco, distando aproximadamente 42 km de sua foz, distância esta suficiente para se ter, naquela localidade, a influência das marés. Chamou-nos atenção a existência de enormes bancos de areia formados em alguns locais de seu leito, em frente à cidade, oriundos, provavelmente, dos desbarranqueamentos de suas margens, motivados por desmatamentos criminosos em áreas preservadas por lei. O resultado dessa formação de areia reflete-se na dificuldade de navegação do rio, principalmente com embarcações de grande calado, que transportam cargas pesadas, numa prova inequívoca da necessidade de se tomar medidas urgentes para se reverter esse quadro que preocupa a todos. Para se ter idéia da magnitude do problema, as balsas que transportam veículos de Penedo para o Estado de Sergipe, e vice-versa, fazem um percurso completamente fora de propósito, desviando os bancos de areia e, com isso, tornando-se oneroso, demorado e, como se isso não bastasse, perigoso. Comenta-se que a profundidade do rio, em frente a Penedo, é da ordem de 1,80 m.

Ainda sobre os bancos de areia, tivemos um relato interessante de um pescador penedense – Seu Toinho – figura muito querida na localidade. Segundo ele, após a construção, pela Chesf, das represas para geração de energia elétrica, o São Francisco deixou de ter enchentes naturais (a última foi em 1975), o que dificultou sobremaneira, a dragagem natural dos bancos de areia do rio, a qual era realizada, antes da construção das represas, pela força natural das águas em suas enchentes. Por esse motivo, a Chesf será questionada, em juízo, pela colônia de pescadores, para promover enchentes artificiais retificadoras da calha do rio, com a passagem de um maior volume de água nas comportas das represas, como forma de solucionar o problema.

Após a construção das represas do sistema Chesf, o São Francisco ficou com sua vazão regularizada. Existe uma crítica muito forte, por parte dos que habitam as localidades ribeirinhas, de que o rio está correndo com pouca água. Essa questão vem despertando o imaginário das pessoas no sentido de começar a entender a razão da captura de peixes de espécies marinhas, como Camurim e o Xaréu, em cidades distantes do estuário do rio, como ocorreu no município de Porto Real do Colégio, a aproximadamente 100 km de sua foz. Ora, se o peixe de água salgada consegue adentrar a uma distância de 100 km do seu *habitat* natural, é porque os níveis de sal nas águas do São Francisco estão tão elevados que possibilitam a formação de um ambiente favorável a sobrevivência de tais espécies naquele ambiente. Diante desse fato, está nos parecendo que as incursões das águas do mar para dentro do rio, estão sendo maiores do que as incursões naturais das águas do rio em direção ao mar. Em outras palavras, o rio está perdendo essa luta.

Outro aspecto importante que mereceu nossa atenção foi o desaparecimento do pescado ao longo do rio. Segundo relato de Seu Toinho, que nasceu e se criou em Penedo e começou a pescar ainda criança, com a venda do pescado do São Francisco conseguiu criar uma família de onze filhos. Atualmente, um de seus filhos, que seguiu a profissão de pescador, casou e não está conseguindo criar o seu único filho. Segundo seu depoimento, com o problema das incursões marinhas e com a construção das represas que interferiram no fenômeno da piracema (traduzido pela interrupção da subida do peixe, rio acima, para desova e, conseqüentemente, perpetuação da espécie), o peixe está escasseando no rio, o que traz como conseqüência, baixos níveis de renda para o pescador e, portanto maiores dificuldades para criar sua família. Fatos como esses também estão sendo alvo de ações judiciais por parte dos pescadores, estando a Chesf intimada a indenizá-los, numa forma de cobrir parte de seus prejuízos.

Por questões como essas, julgamos imprescindível a realização de um estudo minucioso na Bacia Hidrográfica do São Francisco. Um estudo que viabilize a sua navegabilidade, revitalize suas margens, amplie seu volume com a melhoria da qualidade de suas águas, garanta o pescado e, o que é mais importante, dê credibilidade ao governo para propor a utilização de suas águas para fins de abastecimento das populações, na tão falada transposição de águas de sua bacia. Só por intermédio de estudos como esses é que realmente podemos vislumbrar saídas dignas e racionais para o uso de águas do chamado rio da integração nacional.

Recife, 14 de junho de 2000.

15 TRANSPOSIÇÃO DE ÁGUAS DO SÃO FRANCISCO: com a corda no pescoço e de mãos atadas

Na edição do *Jornal do Commercio*, do Recife, do dia 9 de novembro de 1999, foi apresentado um quadro bastante realista da situação volumétrica dos principais reservatórios do setor elétrico brasileiro. Nele, os percentuais referentes à capacidade volumétrica das principais represas do nosso país, naquele período, eram estarrecedores. Represas como Três Marias e Sobradinho, pertencentes à Bacia do São Francisco, estavam com percentuais acumulados de 18 e 13%, respectivamente; Serra da Mesa e Tucuruí, pertencentes à Bacia do Tocantins, estavam com 34 e 55%; Furnas, Maribondo e Água Vermelha, pertencentes à Bacia do Rio Grande, com 13, 12 e 24%; Ilha Solteira, localizada na Bacia do Paraná, com 13% e Barra Bonita, Promissão e Três Irmãos, na Bacia do Rio Tietê, com 17, 32 e 13%, respectivamente. Fazendo-se uma análise comparativa dos percentuais volumétricos acumulados auferidos por aquelas represas, pertencentes a diversas bacias hidrográficas do país, conclui-se que os problemas de acumulação hoje vividos não dizem respeito apenas às represas localizadas nas bacias hidrográficas nordestinas. Parece que o problema é de ordem mais ampla. O problema passou a ser nacional.

Esse é realmente um problema que nos assusta, se levarmos em consideração o crescimento do nosso país. Para se ter idéia da magnitude do problema, só o crescimento anual da demanda de energia elétrica da região Nordeste é da ordem de 5,6%. O governo federal está consciente disso e parece que acordou. Comenta-se a implantação de um programa de termelétricas movidas a gás natural (serão construídas 49 unidades geradoras em todo o país), com o gás oriundo da Bolívia, da produção nacional e de outras regiões do planeta, como é o caso do gás proveniente da Nigéria. O governo federal acordou, mas é bem provável que tenha acordado tardiamente, tendo em vista ser de aproximadamente 3 anos o intervalo de tempo necessário para se montar o empreendimento termelétrico e de se gerar energia a partir dele. Talvez não tenhamos tempo suficiente para a conclusão dessas obras. O Brasil irá entrar, com antecedência, em regime de apagões. Essa assertiva está sendo defendida, atualmente, por Dr. Luiz Pinguelli Rosa, vice-reitor da Coordenação de Programas de Pós-Graduação em Engenharia da Universidade Federal do Rio de Janeiro e um dos maiores físicos do nosso país. Segundo Dr. Pinguelli, a ameaça de colapso foi apresentada ao governo federal ainda na primeira gestão do presidente Fernando Henrique Cardoso, bem antes do apagão do ano passado (1999). Ele atribui a culpa do colapso iminente à falta de investimentos, às privatizações e à falta de uma política para o setor elétrico. Dr. Pinguelli comenta que, nos últimos dez anos, o Brasil deixou de investir na expansão do setor elétrico porque o governo acreditou que o mercado faria os investimentos necessários, e prevê que o governo não irá conseguir implantar as 49 térmicas num prazo de três anos. Ele entende que esse programa é, em parte, idealista.

Se traçarmos um paralelo dessas inquietações com as questões da transposição de águas do Rio São Francisco, iremos chegar a conclusão de que o problema é ainda mais complexo, pois o Rio São Francisco já vem apresentando, com certa freqüência, fragilidades no tocante à geração e, conseqüentemente, no atendimento às demandas energéticas nordestinas. Para se ter uma idéia do problema, em janeiro de 2000, a Chesf estava importando de Tucuruí – usina geradora pertencente à Bacia do Rio Tocantins (PA) – cerca de 800 MW, ou seja, aproximadamente 15% do consumo de energia do Nordeste. Atualmente, o governo federal dá sinais de que continuará investindo nessas questões, tendo em vista a recente inauguração de mais de 60 mil km de redes de transmissão de energia no país. No caso específico do Nordeste, entendemos que essa questão tem caráter paliativo: resolve-se, momentaneamente, um problema de fornecimento de energia aqui, criando-se outro de igual magnitude na região Norte, traduzido na possibilidade de exaustão precoce do seu potencial gerador. Até quando a usina de Tucuruí irá suportar essa oferta extra de energia para o Nordeste? Esse é um caso para ser pensado e levado em consideração em futuros planejamentos do setor elétrico. Se a questão, em termos de geração, já está atingindo esse grau de preocupação, imaginem nesse quadro de penúria hídrica, querer-se transportar parte das águas do Rio São Francisco para fins de abastecimento das populações. Certamente não iremos ter água para atendimento das populações sedentas, sem antes agravarmos mais ainda o quadro de geração de energia. Em outras palavras: se já estamos com a corda no pescoço e com as mãos atadas, o que estão pretendendo fazer, com relação à transposição, é dar apenas um empurrãozinho no tamborete.

Recife, 5 de julho de 2000.

16 TRANSPOSIÇÃO: o grau de nacionalismo dos nossos dirigentes está demasiadamente baixo ou mesmo inexiste

Para fazer a obra de transposição, é bem provável que o governo Lula use os estudos feitos pela gestão anterior. Vale um destaque: dos 49 fatores de risco analisados, 38 apontaram existência de impacto ambiental.

O sucesso na criação de tudo aquilo que se passa no imaginário das pessoas está no grau de conhecimento daquilo que elas estão pretendendo criar. Existindo o prévio conhecimento, a probabilidade de se ter sucesso na criação é enorme e, em caso negativo, a recíproca também é verdadeira. Essa assertiva é igualmente válida para os assuntos alusivos ao processo transpositório de águas do Rio São Francisco, em que o sucesso estará na dependência do grau de conhecimento imputado a essas questões. Portanto, a probabilidade de insucessos em querer-se transportar parte de suas águas, a todo custo, sem um prévio conhecimento do assunto, é extremamente elevada.

Recentemente, fomos contactados pela Companhia Hidrelétrica do Vale do São Francisco – Chesf, para tomar conhecimento dos estudos conclusivos das questões relativas à "Inserção Regional" e à "Viabilidade Técnico-econômica" do Projeto de Transposição de Águas do São Francisco, sob a responsabilidade do Ministério de Integração Nacional. Para tanto, aquela Companhia reservou uma sala especial para consultas dos interessados aos documentos. Confessamos que ficamos, de certa forma, preocupados com o que vimos. Inicialmente, espantou-nos o volume de informações que nos foi ali apresentado (são 77 relatórios que somam centenas ou talvez milhares de páginas), tornando-se impossível a sua leitura, com os detalhes necessários, em curto prazo. Nesse aspecto, não houve a devida preocupação das empresas contratadas para a execução dos trabalhos em elaborar um volume-síntese do conteúdo dos mesmos. Portanto, se quisermos ter acesso a um determinado assunto, a fim de entendê-lo melhor, torna-se necessária a perda de um tempo precioso garimpando pilhas e mais pilhas de documentos, dando-nos a impressão de que esse aspecto foi pensado de forma proposital, pois o fator tempo, no atual estágio em que se encontra o projeto, é um elemento estratégico para o governo. Em outras palavras: na medida em que, por um lado, se perde uma parcela significativa de tempo na tentativa de ler e avaliar melhor as questões mais relevantes existentes nos estudos, por outro, o governo ganha espaço, agindo como rolo compressor e unilateralmente, na sua implantação. É viver para crer.

Outro aspecto importante que nos chamou atenção foi a atuação de empresas como a Engecorps/Harza, de capital estrangeiro, nas ações inerentes à viabilidade técnico-econômica do projeto, bem como a do consórcio internacional Jaakko Pöyry-Tahal nos estudos de impactos ambientais, estes ainda em andamento. Cremos que, em assuntos relevantes como esses, que necessitam de um conhecimento profundo das questões ambientais da área de implantação do projeto, não se possa abrir concessões para atuações de empresas estrangeiras, em razão de se estar pondo em risco a nossa soberania, principalmente com relação à atuação técnica nacional. Essa preocupação procede, principalmente em um país plural como é o Brasil, detentor de uma biodiversidade extremamente variável (existem vários Brasís no território nacional) e possuidor de grupos técnicos de excelência, atuantes nas diversas áreas do conhecimento, espalhados em Universidades, Centros de Pesquisas, Companhias de Desenvolvimento e em Órgãos de Gestão Ambiental, capazes de proporcionar o apoio necessário à elaboração e realização de trabalhos dessa natureza. Diante desse quadro, é inadmissível que, no nosso país, não se possa contar com equipes técnicas, oriundas dessas instituições, que sejam capazes de assumir e de dar conta de trabalhos como esses. Claro que nós temos e podemos fazê-lo. Talvez o que esteja faltando aos nossos dirigentes é um pouco mais de seriedade para com o tratamento das questões nacionais. É fundamental que nossos dirigentes voltem a se emocionar ao toque do hino nacional brasileiro. A leitura que fazemos acerca dessas questões é a de que esses estudos foram "encomendados" pelo governo para tornar viável a transposição, sem restrições. O lamentável de tudo isso é que as contas a serem pagas às empresas estrangeiras, pela realização de tais estudos, serão demasiadamente caras para a nação, pois serão efetuadas em dólar (evasão de divisas) e, como se isso não bastasse, às expensas do contribuinte brasileiro. Se, na fase de elaboração dos estudos, já estamos encontrando situações como essas, imaginem na fase de execução do projeto... Se a implantação, operação e manutenção das ações não forem bem conduzidas, em poucos anos poderemos ter estações de bombeamento, canais, túneis e aquedutos, verdadeiras obras fantasmas, sem a menor utilidade. Aliás, nesses maus exemplos o Brasil é um país por demais pródigo.

Apesar de uma apresentação visualmente extraordinária, contendo mapas bem elaborados, detalhados e coloridos, com gráficos, tabelas, etc., alguns aspectos dos estudos, no entanto, nos chamaram atenção. Primeiramente, a existência de uma quantidade significativa de túneis (dos 77 relatórios existentes, um deles trata especificamente sobre essa questão), com um dos túneis possuindo, aproximadamente, 15 quilômetros de comprimento por 8 metros de diâmetro (o túnel Cuncas I). Trata-se de uma obra verdadeiramente monumental e completamente fora de propósito, se levarmos em consideração a situação de pobreza por que passa o nosso país na atualidade. Do ponto de vista de viabilidade técnico-econômica o que seria mais viável: construir o túnel com essas dimensões ou transportar a água, por intermédio de uma estação elevatória, vencendo o relevo existente? Para esse tipo de questionamento não há respostas nos estudos. Neles, também sentimos falta de outras informações essenciais sobre as quais o povo nordestino certamente irá querer maiores esclarecimentos. Referimo-nos à efetiva destinação quantitativa das águas transpostas para o consumo humano e animal, irrigação, uso industrial, perdas por evaporação e infiltração, e possíveis perdas para o mar das águas transpostas; os custos da transposição; as parcelas que integrarão o preço a ser pago pelos usuários (amortização do investimento e operação, incluindo bombeamento e manutenção); quem vai gerenciar a água; quem vai construir, operar e manter o empreendimento; quais as salvaguardas adotadas contra especuladores e grileiros; quais as defesas previstas para evitar a expulsão de pequenos proprietários e posseiros nas áreas beneficiadas pela transposição.

Só nos resta saber se, através dessa lógica de contratação de empresas estrangeiras, o governo pretende, no futuro, continuar permitindo a sua participação no projeto. Em caso positivo, só nos resta externar uma grande indignação.

Recife, 18 de julho de 2000.

TRANSPOSIÇÃO DO SÃO FRANCISCO: alguns descaminhos

17

Ao admirarmos a beleza natural do Rio São Francisco, a primeira impressão que vem em nossas mentes é a da infinitude do volume de suas águas para o atendimento aos diversos usos. Essa questão, no entanto, precisa ser tratada com o devido cuidado. Existem limitações e limitações significativas no rio.

Tendo sido priorizadas, inicialmente, a irrigação e a geração de energia, o rio passou a ser, por um longo período de tempo, um dos principais agentes de desenvolvimento da região Nordeste. Nesse sentido, foram criados pólos de irrigação na região de Petrolina/Juazeiro (atualmente com 340 mil ha); a pesca, principalmente do surubim, se deu com bastante intensidade; a navegação se mostrou importante, principalmente entre as cidades de Pirapora (MG) e Petrolina (PE) e o rio passou a ser responsável por mais de 90% de toda a energia gerada na região. Todas essas ações foram previstas e implementadas através de vultosos investimentos e da saga de um povo, contando-se com uma vazão média, no rio, de cerca de 2.800 m^3/s, vazão com a qual, descontados os volumes necessários para a geração de energia (2.100 m^3/s), poderão ser irrigados aproximadamente um milhão e quatrocentos mil ha (considerando o consumo de 0,5 litro/s/ha) dos 3 milhões de ha potenciais de sua bacia. Nessa análise de uso da água, já se tornam evidentes conflitos entre os processos de irrigação e geração de energia.

Entretanto, para o estabelecimento dessas prioridades, a ação humana fez com que o São Francisco apresentasse alguns sinais de alerta. Os desmatamentos indiscriminados da vegetação – principalmente a ciliar – para ampliação de nossa fronteira agrícola vêm causando a morte de várias nascentes com conseqüente diminuição de vazão e promovendo o assoreamento do seu leito, dificultando a navegação; os dejetos urbanos estão poluindo suas águas e a construção das usinas geradoras de energia elétrica interrompeu o fenômeno da piracema, fazendo escassear o pescado. Nesse sentido, ações revitalizadoras, que assegurem a volta das condições iniciais do rio, são oportunas e necessárias.

Não bastassem as questões anteriormente referidas, as secas – fenômenos que ocorrem periodicamente – têm influenciado sobremaneira as limitações do rio, diminuindo drasticamente os volumes dos reservatórios responsáveis pela geração de energia e regularização da sua vazão (em janeiro de 2000, a Represa de Sobradinho estava apenas com 13% de sua capacidade útil), tornando necessárias importações de grandes quantidades de energia de outros centros geradores do país, a exemplo de Tucuruí (PA), o qual, no início de 2000, transferiu, para o sistema Chesf, cerca de 800 MWh, o equivalente a 15% do consumo do Nordeste.

As mesmas secas que reduziram a produção de nossa energia, aterrorizando a população nordestina e trazendo conseqüências danosas à produção agropecuária e ao abastecimento de suas cidades, servem, no momento, de palco de discussão para justificar a implantação do polêmico projeto de transposição de águas do São Francisco. É nesse cenário de penúria hídrica que se pretende transpor 127 m³/s através de dois ramais, o primeiro partindo de Cabrobó (PE) e o segundo do reservatório de Itaparica, para resolver os problemas hídricos do Nordeste. Será que teremos água suficiente para atender ao que estão pretendendo sem prejudicar os investimentos já realizados? Estudos têm demonstrado que uma pessoa consome uma média diária de 190 litros de água e que, para cada m³/s retirados do rio, deixam de ser produzidos, no final de um ano, cerca de 22 milhões de kW, o suficiente para abastecer de energia elétrica uma cidade de 35 mil habitantes.

Entendemos que, para responder esse tipo de questionamento, não se pode simplesmente querer retirar do rio, a bel-prazer, o volume de água pretendido. Torna-se necessária a elaboração de um planejamento hidráulico de sua bacia, realizado por técnicos brasileiros, que garanta volumes suficientes ao atendimento da irrigação, da navegação, da geração de energia, do consumo industrial e do abastecimento das populações, tudo de acordo com a legislação em vigor e gerenciado pela Agência Nacional da Água – ANA. Esse planejamento deverá estar de acordo com as características hidrológicas de cada ano, apresentando folgas na distribuição dos volumes em períodos chuvosos e economia em caso de seca.

Essas limitações já estão sendo concebidas e aceitas pelo governo federal, tendo em vista a divulgação, por intermédio da mídia televisiva, da necessidade de serem transpostas águas de outras bacias, a exemplo do Rio Tocantins (Projeto Doador), para o São Francisco, bem como da implantação de um programa de termelétricas a gás (comenta-se a implantação de

49 unidades a um custo de 3 bilhões de dólares), para suprir a demanda de energia elétrica do país. É baseado em estudos como esses, levando-se em consideração as limitações do rio, que passamos a acreditar no projeto.

Recife, 31 de julho de 2000.

18 TRANSPOSIÇÃO DO SÃO FRANCISCO NO ESTADO DO RIO GRANDE DO NORTE: a água irá chegar em locais onde ela já é abundante

No Nordeste brasileiro, o Rio Grande do Norte (RN) é um dos poucos estados a possuir significativas reservas hídricas em seu território. Detentor de uma área sedimentária expressiva e rica em água de subsolo (arenito Açu, localizado na Chapada do Apodi e sistema dunas-barreiras, no seu litoral) e da segunda maior represa da região (Represa Armando Ribeiro Gonçalves, com potencial de acumulação em torno de 2,4 bilhões de m^3), o estado tem autonomia suficiente para uso dos recursos hídricos, pelo menos nos próximos vinte anos. Essa projeção faz parte do primeiro Plano Estadual de Recursos Hídricos – I PERH, o qual foi contratado pelo governo estadual à empresa Hidroservice, consubstanciando-se num marco referencial no processo de planejamento do aproveitamento múltiplo, controle, conservação, proteção e recuperação dos recursos hídricos do RN.

Esse Plano, que avaliou as suas potencialidades e disponibilidades, identificou as alternativas de infra-estrutura hídrica viáveis e definiu um programa de ações para a gestão dos recursos hídricos, concluindo que, no RN, não há requerimentos extraordinários de volumes de perenização, e que as demandas para consumo humano e animal, existentes nos cenários por ele simulados (normal e seco), não apresentam déficits hídricos relevantes. Para se ter uma idéia do significado dessas questões, o Rio Apodi, por exemplo, não necessita de ingressos hídricos oriundos de outras bacias antes do ano de 2020, a não ser que se implantem grandes projetos de irrigação a jusante do Açude de Santa Cruz; o abastecimento de água da região de Mossoró, até o ano 2016, será atendido pela adutora Mossoró, que retira vazões do reservatório Armando Ribeiro Gonçalves; o volume útil do reservatório de Santa Cruz permite atender às demandas a ele atribuídas até o ano 2020; não há déficit ao longo do Rio Piranhas-Açu até o ano 2020 e, aproximadamente, 90% do déficit total está concentrado na Sub-bacia do Rio Seridó, a qual não será contemplada com as águas do São Francisco.

Levando-se em conta essas projeções, o projeto de Transposição de Águas do São Francisco passou a ser visto no RN sob duas óticas:

a primeira, defendida pelos estados doadores, afirma que o Rio São Francisco não estaria, atualmente, em condições efetivas de atender às demandas do projeto e, portanto, a captação de suas águas deverá concorrer para o agravamento do quadro atual de degradação ambiental em que se encontra o seu vale, e a segunda, em oposição a primeira, assumida pelo governo federal e pelos estados receptores, defende a realização e a importância da obra e assegura que o projeto irá levar água do Rio São Francisco – que representa, por si só, mais de 70% das reservas hídricas do Nordeste – para os estados que não dispõem de rios perenes em condições naturais, como é o caso dos Estados do Rio Grande do Norte, Paraíba e Ceará, ressaltando que a obra irá democratizar o uso da água na região.

Visando subsidiar o debate dessas questões, foi criada, na Universidade Federal do Rio Grande do Norte – UFRN, uma comissão que, levando em consideração as questões referidas, procurou responder outras indagações que dizem respeito à real importância da obra para os estados receptores e ao atendimento das expectativas que têm sido geradas nas discussões atuais sobre o projeto.

À luz dos estudos da comissão, chegou-se à conclusão de que a Transposição vai modificar muito pouco a realidade do Semi-árido. A ampliação da oferta de água vai atingir menos de 5% da área castigada pelas secas. A vazão média prevista no projeto irá viabilizar a irrigação de uma área menor do que os 300.000 ha estimados pelo Ministério da Integração Nacional. De acordo com a avaliação da comissão, se for implantado da forma como está, o projeto da Transposição poderá onerar bastante o custo da água, o que resultaria na apropriação privada dos recursos hídricos da região. A operação e manutenção da obra poderá ficar a cargo de um consórcio privado que, evidentemente, cobrará tarifas aos usuários das águas do São Francisco. Com relação ao RN, o estudo afirma que existem carências no estado, mas considera inadmissível o comprometimento dos recursos financeiros previstos (estima-se em R$ 20 milhões por ano) numa obra caríssima, que ainda não tem uma comprovação técnica com garantias de retorno em termos de qualidade de vida da população. Além do mais, as águas do São Francisco chegarão ao RN em dois ramais: o ramal leste, no Açude de Pau-dos-Ferros, para o atendimento da região do Apodi, e o ramal norte, na Represa Armando Ribeiro Gonçalves (Represa do Açu), para o atendimento da região do Baixo Açu. O fato curioso é que as águas do São Francisco (15 m^3/s) irão ser transpostas para as regiões do estado onde já há água em abundância, conforme mencionado no início desse relato (águas de subsolo no Arenito Açu na região do Apodi e as águas represadas na segunda maior represa do Nordeste). A Represa do Açu, por exemplo, tem garantido uma vazão regularizada no Rio Açu, relativamente constante, em torno de 12 a 14 m^3/s. Com a metade dessa vazão, pode-se atender a um consumo ideal diário de 200 litros por habitante, toda a população do RN. Por outro lado, a região do Seridó, considerada a mais carente do estado em termos de recursos hídricos, não será contemplada com as águas da Transposição.

Para o abastecimento humano, o I PERH estimou, com base na tarifa efetiva praticada pela CAERN e considerando apenas 20% de perdas, um custo da ordem de R$ 1,00 por m^3. Para o uso na irrigação, foi estimado nos projetos, um custo de R$ 0,04 por m^3, a ser cobrado para compensar as despesas de operação e manutenção e os gastos com energia. Na ótica da comissão, esse valor é muito alto, se comparado ao benefício líquido apurado nos atuais projetos de irrigação no estado, tendo em vista que a renda líquida atual do agricultor, apurada em lotes irrigados, é da ordem de R$ 0,064 por m^3, no caso de áreas inseridas nos projetos públicos e de R$ 0,069 por m^3, no caso de projetos particulares. Já os custos das águas transpostas do São Francisco, avaliados pelo I PERH, foram de R$ 0,50 por m^3, considerando nesse total o custo de manutenção de R$ 0,05 por m^3 e o custo de amortização igual a R$ 0,45 por m^3. Nesse sentido, a Transposição no RN tem a sua importância claramente reduzida, tendo em vista a auto-suficiência do estado, em termos de água para beber, com recursos hídricos locais e os custos proibitivos da água do São Francisco para uso na irrigação.

Finalmente, cremos que é chegada a hora de se fazer um amplo debate sobre essas questões junto à comunidade para se avaliar a pertinência ou não da realização do projeto transpositório. Aliás, será a população que, futuramente, irá pagar a conta do projeto, quer usufrua ou não da água do Velho Chico.

Recife, 6 de setembro de 2000.

19

A TRANSPOSIÇÃO DE ÁGUAS DO SÃO FRANCISCO PODERÁ OCASIONAR UM "PROCESSO VAGA-LUME" NO SISTEMA ELÉTRICO NORDESTINO

A população nordestina precisa estar esclarecida sobre a real situação do sistema elétrico do país e, em particular, do Nordeste brasileiro. Nos últimos anos, temos feito algumas considerações sobre esse aspecto, ao analisarmos o polêmico projeto de transposição de águas do Rio São Francisco, proposto pelo governo federal. Nesse sentido, as prioridades dadas inicialmente ao Velho Chico, como a principal fonte geradora de energia elétrica da região (mais de 90% da energia gerada no Nordeste são provenientes do Rio São Francisco) e as projeções de perdas na geração advindas dos 127 m^3/s de água a serem retirados do rio com a transposição (a Chesf estima em 138 MWh com prejuízos da ordem de R$ 70 milhões ao ano), são questões sobre as quais temos, insistentemente, alertado as autoridades para serem consideradas na proposta transpositória, quando forem tratados os assuntos relativos aos impactos ambientais na Bacia Hidrográfica do São Francisco. Além do mais, somadas a essas questões, temos que levar em consideração, também, as diminuições de vazão do rio, ocasionadas pelos desmatamentos indiscriminados praticados em suas matas ciliares (provocando extinções de nascentes e assoreamentos em seu leito); pelas retiradas normais com a irrigação (estima-se, atualmente, em cerca de 340 mil ha já irrigados na Bacia do São Francisco com um consumo de 170 m^3/s) e pelas secas que normalmente assolam a região, causando sérios problemas à população. São esses elementos que têm embasado o nosso posicionamento com relação às possibilidades de o sistema elétrico nordestino vir a entrar em colapso nos próximos anos, caso o governo federal não tome as medidas necessárias para evitá-lo. Nesse sentido, algumas matérias recentemente editadas pela mídia dão prova da nossa preocupação.

Na edição do *Diário de Pernambuco*, do dia 18 de março de 1999, foi publicada uma matéria sobre a necessidade de o Nordeste importar energia da usina de Tucuruí (PA), em quantidades correspondentes a 15% do consumo da região (comentou-se a importação de 800 MWh). Naquela ocasião, a região Nordeste era castigada por um período de três anos de secas sucessivas, fazendo com que o reservatório de Sobradinho (BA) atingisse um volume útil de apenas 13%, portanto, insuficiente à geração de toda energia requerida pela região, obrigando a Chesf a proceder às importações necessárias.

Na edição do dia 9 de novembro de 1999, o *Jornal do Commercio* do Recife publicou uma matéria enfocando os baixos níveis das principais barragens responsáveis pela geração de energia elétrica do país. A matéria intitulada "Setor energético ameaçado pela falta de chuvas" mostrou, de forma preocupante, que o problema da escassez de chuvas não se limitava, apenas, à região Nordeste. O problema já passava a ter abrangência nacional.

No dia 30 de junho de 2000, na matéria intitulada "Chesf recebe energia de outros estados e evita colapso", o *Diário de Pernambuco* volta a mencionar novas importações de energia para o Nordeste, oriundas de Tucuruí, dessa feita de 400 MWh. Há um alerta nessa matéria no tocante às projeções de crescimento do país, em cerca de 6% ao ano, e à necessidade da importação de 655 MWh da Argentina e do Paraguai para dar respaldo a esse crescimento. Finaliza a matéria com um alerta sobre a necessidade de o país vir a investir mais no setor de geração elétrica, face ao acelerado crescimento do consumo de energia, mencionando, para tanto, a criação, pelo governo federal, de um programa de 49 unidades termelétricas a gás, com investimentos da ordem de R$ 8,5 bilhões, em todo o país.

No *Diário de Pernambuco* do dia 3 de julho de 2000, foi editada uma entrevista com o físico e vice-diretor da Coordenação de Programas de Pós-Graduação em Engenharias da Universidade do Rio de Janeiro, Dr. Luiz Pinguelli Rosa, na qual este faz denúncia sobre o total descaso do governo federal com relação à falta de investimentos no setor elétrico nacional. Afirma ele que essa falta de investimentos foi o principal motivo que ocasionou o apagão ocorrido nas regiões Sul e Sudeste do país, em março de 1999. Diante das soluções previstas pelo governo federal, a exemplo da realização do programa de termelétricas a gás, ele afirma que, além de ser um programa idealista, o governo acordou tarde para a solução do problema, pois, no caso específico das termelétricas, existe um período a ser considerado, entre a construção e o começo da geração de energia nessas unidades (de aproximadamente 3 anos), no qual, segundo ele, o país já entraria em colapso energético.

No dia 16 de julho de 2000, o *Jornal do Commercio* do Recife editou a matéria "Transposição criará um custo extra de R$ 70 milhões para a União", alertando para os gastos referentes às perdas da Chesf com o transporte da água do São Francisco. Segundo a matéria, há a alegação de que a referida companhia irá amargar uma perda de R$ 35 milhões por ano em função do projeto, pois terá que liberar água para o abastecimento humano e irrigação, em substituição à produção de energia. Além dessa perda, os técnicos da estatal alegam que os operadores do projeto irão gastar outros R$ 35 milhões para pagar a conta da energia usada no sistema de bombeamento, alertando que essa conta poderá ser mais cara ainda, caso sejam retirados volumes além do previsto. Nesse sentido, a água que for transposta do rio terá que gerar uma receita superior a R$ 70 milhões por ano na região, para justificar a parcela dos gastos com energia, manutenção e outros custos.

Na edição do dia 29 de agosto de 2000, do *Jornal do Commercio* do Recife, o jornalista e analista econômico Joelmir Beting, na matéria intitulada "Sistema por um fio", levanta a possibilidade de o país vir a entrar em blecaute energético. Segundo ele, metade dos peritos do ramo elétrico avisa que estamos a exatos 12 meses do racionamento periódico da força e da luz (com chuva ou sem chuva) e a outra metade garante que a hipótese dos apagões só deve ser encarada se a economia voltar a crescer acima de 7% ao ano. O jornalista comenta que o sistema elétrico nacional já opera no limite da capacidade instalada (da ordem de 67 mil MWh); que o aumento do consumo nacional de eletricidade é estimado na média de 5,5% ao ano e que as 49 unidades termelétricas só estarão operando à carga plena por volta de 2004, apostando na suplementação energética importada da Argentina, que poderá saltar de 3 mil para 9,6 mil MWh.

No dia 1 de setembro, o *Jornal do Commercio* do Recife editou a matéria "Nas mãos de São Pedro", fazendo alusão à condicionante climática do Nordeste (no caso específico, a falta de chuvas), a qual estava pondo em risco o sistema gerador de energia da região. Afirma a matéria que, mantidas as taxas de crescimento, a Chesf precisará importar cada vez mais energia do Norte do país, tendo em vista a sua produção energética não ser suficiente ao atendimento da demanda. O dilema que a estatal enfrenta é enorme. Com chuvas reduzidas, o parque de geração montado pela empresa, no São Francisco, permite a produção de uma quantidade firme de energia, da ordem de 5,8 mil MWh por ano, embora tenha capacidade instalada de 11 mil MWh. Como a produção não é suficiente para atender à demanda, a Chesf importa, do Sistema Eletronorte, cerca de 600 MWh para atender à demanda dos oito estados que estão sob sua área de atuação. A Represa de Sobradinho, na ocasião, apresentava uma vazão média de entrada de 1.000 m^3/s, enquanto a de saída, regularizando o rio, era de

1.800 m³/s, possibilitando água para geração de energia nas usinas situadas à sua jusante, embora em evidente processo de exaustão de sua capacidade acumulatória.

A matéria "Em curto-circuito", da revista *Veja* de 6 de setembro de 2000, faz soar o alarme sobre a probabilidade de ocorrer déficit no fornecimento de energia no país, afirmando que o Brasil precisa encontrar novas fontes de energia para ver a luz no final do túnel. Segundo a revista, o aceitável é um risco de 3% e o limite máximo é de 5%. No Brasil, o risco será de 20% até o final do ano de 2000, caso não sejam tomadas as medidas necessárias para evitá-lo.

A revista *Digital Águaonline*, em edição especial do mês de setembro de 2000, abordou a questão da Transposição do São Francisco. Ao tratar da legislação específica do assunto, a revista divulgou os resultados do relatório elaborado pelo Grupo de Trabalho formado no Congresso Nacional que trata do projeto, tendo como relator o Deputado Marcondes Gadelha (PFL-PB), que defende a proposta de transposição e busca alternativas orçamentárias para viabilizar o projeto. Ao serem tratadas as questões relativas às objeções ao projeto, foram rebatidas algumas críticas sendo, uma delas, a de que haveria perdas significativas na geração de energia elétrica, com prejuízos ao sistema produtivo e/ou elevação de tarifas. Segundo o relatório, a própria Chesf já quantificou em 138 MWh a perda na geração, o que é muito pouco face os 11 mil MWh que compõem a capacidade operacional da empresa. Esse déficit poderá ser facilmente coberto com energia de inúmeras fontes, tais como: interligação com o sistema Tucuruí (no Rio Tocantins); implantação de centrais termelétricas (por sinal já em curso) e outras alternativas (importação de outras regiões geradoras, energia solar, eólica, nuclear, etc.).

O *Jornal do Brasil* de 25 de setembro de 2000, em matéria intitulada "Transposição em contagem regressiva", mostra o agravamento do aspecto gerador de energia do Nordeste, pela perspectiva de demanda ininterrupta das águas do São Francisco pelos que habitam a região semi-árida, face ao colapso total no abastecimento d'água da região. Segundo a matéria, parece pouco o volume a ser retirado do São Francisco (127 m³/s), mas para quem já tem o complexo hidrelétrico comprometido pela seca (os 11 mil MWh já não estão sendo suficientes para atender à demanda da região), qualquer redução tem o seu impacto.

No *Jornal da Sociedade Brasileira para o Progresso da Ciência* – SBPC, do dia 26 de setembro de 2000, na matéria intitulada "Transposição do São

Francisco vai causar perda de geração de energia", são comentados os prejuízos financeiros causados à Chesf pela transposição, em cerca de R$ 75,6 milhões, os impactos ambientais advindos da retirada dos volumes de água pretendidos e as perdas na geração em torno de 138 MWh, ou 1% da energia média gerada em 24 horas na região.

O *Diário de Pernambuco*, na sua edição do dia 27 de setembro de 2000, traz a matéria "Ministro nega desabastecimento", na qual o ministro de Minas e Energia, Rodolpho Tourinho descarta a possibilidade de faltar energia no país nos próximos anos, como vem afirmando a Federação das Indústrias do Estado de São Paulo (Fiesp). Segundo ele, se houver um período prolongado de seca, o Brasil poderá sofrer falta de energia, pois a vida inteira o país dependeu de chuvas, e continuará sendo assim, alegando que esta é a desvantagem de se ter uma matriz energética concentrada em hidrelétricas.

Diante de cenários como esses é que se pretende transpor parte das águas do Rio São Francisco para irrigação e abastecimento das populações sedentas do Nordeste. Não seria demais lembrar que a demanda de energia elétrica da região Nordeste está crescendo a uma taxa de 5,6% ao ano e que já estamos com problemas de geração, confirmados pelas importações de quantidades significativas de energia de Tucuruí (PA) para o Nordeste, conforme o relato de algumas das matérias relacionadas.

O curioso é que, na ocasião em que sua excelência o ministro da Integração Nacional, Dr. Fernando Bezerra (edição do *Diário de Pernambuco* do dia 31 de janeiro de 2000) afirmava não haver problemas no Rio São Francisco, com a retirada dos volumes pretendidos (3% da vazão mínima garantida do rio), a Chesf importava, de Tucuruí, cerca de 800 MWh, numa clara contradição de opinião e de atitude. Apesar de a vazão média do São Francisco ser a mesma desde a década de 20, a ação antrópica e a ocorrência de secas periódicas na sua bacia hidrográfica têm modificado o regime do rio, tornando prudente e necessária uma ação mais concreta das autoridades, no tocante a um planejamento hidráulico eficiente em sua bacia e à administração correta do uso e ocupação dos solos dos cerrados (região da bacia do rio na qual está sendo ampliada a nossa fronteira agrícola), principalmente nos Estados de Minas Gerais e da Bahia. Em outras palavras, a transposição deve ser analisada à luz de um Plano Hidrológico de Bacia que leve em conta, não apenas a básica equação de oferta de demanda, mas, e, sobretudo, a equação ambiental.

É fundamental, portanto, que sejam levadas em consideração essas preocupações quando da execução do projeto da transposição de águas do São Francisco, para que não venhamos a dar início a um processo de acende-apaga no setor elétrico nordestino, característica marcante e inconfundível dos vaga-lumes que costumam perambular a esmo nos finais das tardes nordestinas.

Recife, 2 de outubro de 2000.

20 TRANSPOSIÇÃO: um esclarecimento e um acerto nas previsões

Quando das nossas avaliações sobre a transposição de águas do Rio São Francisco, temos insistido nas questões inerentes às limitações do rio, principalmente para geração de energia elétrica, sobretudo ao se tornarem evidentes práticas mal planejadas no uso de suas águas. Temos constantemente informado às autoridades do nosso país, por intermédio da internet (http://www.fundaj.gov.br/docs/tropico/desat/fran.html), que a vazão média do Rio São Francisco é de aproximadamente 2.800 m^3/s; que o volume utilizado para gerar energia é de cerca de 2.100 m^3/s e que o volume de água resultante para outros usos é de 700 m^3/s. Contudo, é muito provável, na medida em que os estudos vão sendo aprofundados, que esses números venham a ser atualizados, numa forma de adequá-los, não apenas aos usos normais realizados pela população (irrigação, navegação, geração de energia, abastecimento e uso industrial) mas, e, sobretudo, aos gastos imputados à natureza (secas periódicas, evaporação, infiltração e transpiração das plantas), os quais têm importância fundamental no processo transpositório do rio.

Sobre esses aspectos, existem divergências institucionais significativas a serem comentadas. A Codevasf (Companhia de Desenvolvimento do Vale do São Francisco), por exemplo, considera como significativas as limitações volumétricas do São Francisco, ao ponto de estimar, para irrigação em sua bacia, uma área máxima de 800 mil ha, em detrimento de um potencial irrigável, por ela previsto, de cerca de 8 milhões de hectares, julgando necessário o aporte volumétrico, oriundo de outras bacias, para suprir essa deficiência no São Francisco.

Para a irrigação de 800 mil ha, descontados os volumes indispensáveis ao atendimento do complexo gerador da Chesf e de outros usos, seriam necessários aproximadamente 400 m^3/s, levando-se em conta 0,5 litros/s para irrigar um hectare.

A Chesf (Companhia Hidrelétrica do São Francisco), por sua vez, é mais comedida. Entende que, ao se comentar que o setor elétrico necessita ou utiliza um volume aproximado de 2.100 m^3/s para gerar energia elétrica, restando, portanto, um volume de apenas 700 m³/s para outros usos, essa informação poderá causar um clima de insegurança em meio aos irrigantes da Bacia do São Francisco. Segundo ela, com a garantia dos volumes para a geração de energia, como ficaria a situação desses irrigantes, em períodos de seca, com a perspectiva de serem racionados ou mesmo proibidos os usos dos volumes necessários à irrigação de suas lavouras? A Chesf entende que existem anos hidrologicamente favoráveis, os quais possibilitam os usos múltiplos das águas do São Francisco, sem maiores conseqüências para a estabilidade do rio. Por outro lado, a Companhia entende, também, como de fundamental importância, a elaboração de um plano de escalonamento volumétrico anual que assegure, baseado nas características hidrológicas de cada ano, o uso de suas águas para irrigação, geração, abastecimento das populações, navegação e uso industrial, com a participação, no processo, de fontes geradoras de energia, externas ao complexo gerador da Chesf, a exemplo da energia gerada em Tucuruí (PA), pela Eletronorte, bem como de outras fontes não convencionais de energia (termelétricas, eólica, solar, atômica, biomassa, etc.). Hipoteticamente, segundo a Chesf, poder-se-ia admitir, para o ano 2000, o uso de um volume equivalente a 2.000 m³/s, oriundos do São Francisco, com a complementação de uma parcela de 600 MW de energia, procedente de Tucuruí, para geração elétrica a fim de atender toda demanda energética da região Nordeste. Para o ano de 2005, poder-se-ia pensar em um volume de 1.800 m³/s, com um aporte, além dos 600 MW oriundos de Tucuruí, de mais 400 MW, oriundos do programa de termelétricas do governo federal. Para 2010, um volume de 1.600 m³/s, contando com mais um acréscimo de 800 MW, de fontes não convencionais de energia e para 2020, um volume de 1.300 m³/s, contando com o suprimento de cerca de 3 a 4 mil MW a mais de fontes não convencionais, inclusive a energia atômica. Será imprescindível, portanto, a adoção dessas premissas básicas para o setor elétrico nordestino, de forma a garantir quantidades firmes de energia para o suprimento da população, mesmo com a existência de secas periódicas e das limitações do rio, impostas pela ação do homem, as quais, por sinal, já estão sendo admitidas pelo governo federal.

É evidente que o nosso propósito aqui não é o de estar avaliando a veracidade ou a conveniência das opiniões prestadas pelas instituições acima referidas. O nosso propósito é o de, tão somente, pôr em discussão uma questão que, ao nosso modo de entender, é absolutamente fundamental para o futuro do projeto transpositório do São Francisco. Diante das limitações do rio, o que seria mais importante para a promoção do desenvolvimento econômico e social do Nordeste: mais água para irrigação e para o abastecimento das populações ou a geração de mais energia?

Acerca dessas questões, o cientista e ex-secretário de Ciência e Tecnologia da Presidência da República, José Goldemberg, fez uma interessante análise, publicada no Correio Brasiliense do dia 20 de outubro de 2000, na qual, segundo ele, "o problema é energia e infra-estrutura para usar a água e é isso que as usinas hidrelétricas, ao longo do São Francisco, fazem muito bem. Poder-se-ia até argumentar que é preciso dos dois: água e energia elétrica, e o problema é como alocar a vazão do grande rio nordestino entre as duas prioridades. Decidir entre elas tem enormes conseqüências econômicas, mas os interesses daqueles que querem construir grandes obras costumam ter um peso descomunal no Brasil. As soluções 'pequenas' e descentralizadas não têm, porém, o mesmo atrativo que grandes obras como canais de transposição de rios que parecem oferecer soluções mágicas. É preciso lembrar, contudo, que muitas das 'grandes' soluções foram tentadas no passado no Nordeste sem grande sucesso. Desenvolvimento real e em particular um desenvolvimento que dure, isto é, um desenvolvimento sustentado, necessita do envolvimento, interesse e até entusiasmo de muitos e não de uns poucos 'iluminados'. Transpor parte do São Francisco para alimentar açudes e irrigação pode até ser uma solução viável, mas a decisão de fazê-lo exige estudo comparativo com outras opções existentes".

A esse respeito, publicamos um texto na internet, no mês de julho de 2000, intitulado "Transposição: o grau de nacionalismo dos nossos dirigentes está demasiadamente baixo ou mesmo inexiste" (http://www.fundaj.gov.br/docs/tropico/desat/serio.html), no qual chamávamos atenção, não apenas para a inadequação da participação de consórcios internacionais nos estudos de impactos ambientais e de viabilidade técnico-econômica do projeto, pondo em risco a nossa soberania, mas, também, ao gigantismo das obras previstas na transposição, dando, como exemplo, a construção de um túnel de 15 quilômetros de extensão por 8 metros de diâmetro (túnel Cuncas I), verdadeiro banquete a ser deliciosamente digerido pelas principais empreiteiras do nosso país, a exemplo, entre outras, da Queiroz Galvão, Odebrecht, Camargo Correia e Mendes Júnior. Essas questões tornam-se ainda mais evidentes quando associamos a elas as informações prestadas pelo secretário de Recursos Hídricos do Ministério da Integração Nacional, Dr. Rômulo Macedo, o qual, em recente palestra na Sudene, informou que a gestão da transposição ficará sob a responsabilidade da iniciativa privada. Além do mais, foram questionadas, no texto, as intenções do governo na contratação dos referidos consórcios internacionais, numa forma de se estarem "encomendando" os estudos para tornar viável o projeto da transposição, sem restrições.

O que aconteceu, passados quatro meses da publicação do nosso texto, foi a conclusão do estudo de impactos ambientais do projeto transpositório, com a constatação de que, dos 49 fatores de risco analisados pelo consórcio internacional Jaakko Pöyry-Tahal, 38 apresentaram-se como negativos (existência de impactos), com previsões da extinção de algumas espécies de peixes; proliferação de piranhas; aumento da erosão com conseqüentes assoreamentos no leito do rio, sobretudo nas áreas desmatadas e nas regiões onde serão construídos os canais; redução da geração de energia e risco de os sítios arqueológicos virem a ser danificados durante as escavações dos túneis. Mesmo com a existência desses riscos ao meio, o projeto recebeu, de forma inacreditável, o parecer "ambientalmente viável". Dessa forma, acreditamos que a nossa previsão de "encomenda" de tais estudos, pelo governo federal, tornou-se realidade.

Recife, 6 de novembro de 2000.

RECALQUE E TRANSPOSIÇÃO DE ÁGUAS: equívocos nos conceitos

21

Existe um enorme equívoco conceitual entre os termos recalque e transposição de águas de uma bacia hidrográfica. Esse equívoco, aliás, tem gerado sérios transtornos ao serem tratadas, pelo governo federal, as questões da transposição de águas do Rio São Francisco.

A grosso modo, *recalque*, também chamado de adução, significa o simples transporte de água de um determinado ponto a outro (geralmente para um local mais elevado) utilizando-se, para tanto, um sistema de bombeamento d'água, também chamado de sistema adutor. Já o termo *transposição* consiste, além do transporte de água explicitado anteriormente (realizado normalmente entre bacias hidrográficas), em considerar as características do ambiente natural no qual está localizada a fonte hídrica supridora. A observância dessas características se faz necessária, tendo em vista as significativas influências, por elas exercidas, na determinação das reais potencialidades da fonte que irá ofertar água para o atendimento ao fim a que está sendo proposto. Em outras palavras, para a transposição ser posta em prática, dentro dos parâmetros corretos e confiáveis, faz-se necessário levar em consideração as características ambientais onde está localizada a fonte supridora, com vistas a se avaliar as suas reais potencialidades e, com isso, garantir as possibilidades transpositórias.

Tratando-se especificamente da transposição de águas do São Francisco, esses esclarecimentos são necessários, a fim de que a população possa estar consciente dos problemas existentes no processo transpositório do rio, o qual, no nosso modo de entender, foi mal concebido pelo governo federal, pelo simples fato de não se terem levadas em consideração as limitações do rio, limitações essas impostas pela ação do homem.

Tendo em vista as atuais limitações existentes na bacia hidrográfica do rio, entendemos que as intenções das autoridades competentes, com relação ao projeto transpositório, estão mais voltadas para *recalque/adução* do que propriamente para *transposição* de suas águas.

Com vistas a esclarecer melhor essa questão, relacionamos a seguir, algumas informações sobre a Bacia do São Francisco, com o intuito de facilitar o exercício do imaginário das pessoas interessadas no projeto transpositório, na busca de suas próprias conclusões.

Dados inerentes ao Rio

• A Bacia do Rio São Francisco tem uma área aproximada de 640.000 km^2, onde existem 420 municípios (97 em suas margens), nos quais residem cerca de 14 milhões de pessoas;

• O São Francisco é o rio da integração nacional. Mede aproximadamente 2.800 km desde o minadouro da Canastra (MG), a 1.600 metros de altitude, até a foz no pontal do Peba (AL). Corta cinco estados (Minas Gerais, Bahia, Pernambuco, Alagoas e Sergipe), liga Sudeste a Nordeste, cerrado à caatinga, abrangendo cerca de 7% da área do país;

• O rio tem 36 afluentes dos quais 19 são perenes e, desses, 12 correm em território mineiro;

• O maior afluente do São Francisco é o Rio Paracatú com vazão média de 400 m^3/s;

• O refluxo das águas do São Francisco desequilibrou o braço-de-ferro que existia entre o rio e o mar. Nos últimos 5 anos, a maré avançou sem parar, engolindo 390 casas da ilha de pescadores do Cabeço (SE). A igreja do Bom Jesus foi afogada pelas ondas e o farol soçobra;

• O problema maior é que as autoridades insistem em encarar o São Francisco como rio supridor de matéria-prima (água). Ele pode ser condutor, mas nunca a fonte supridora.

Poluição das águas

• O Rio das Velhas e o Paraopeba, importantes afluentes do São Francisco, recebem boa parte dos esgotos da região metropolitana da grande Belo Horizonte. Estima-se que 30% desses esgotos caem nos Rios das Velhas e Arruda, juntamente com os de outras 400 cidades, poluindo o Rio São Francisco com coliformes fecais, ferro, manganês, fenóis, óleos, graxas e até arsênico e mercúrio, subprodutos da extração do ouro e outros minerais;

• É espantoso o enorme contingente populacional existente nas cidades, lançando diariamente suas águas servidas na calha do rio, sendo importante a conscientização da população sobre a necessidade de vir a tratar seus esgotos domésticos para que, no futuro, não venha a ter problemas de saúde com a utilização das águas do rio;

• Para o saneamento da área, são estimados gastos da ordem de US$ 2,2 bilhões.

Desmatamentos

• As siderúrgicas mineiras consomem, anualmente, cerca de 6 milhões de toneladas de carvão vegetal, dos quais 40% são provenientes das derrubadas de matas nativas;

• Com esse consumo de carvão vegetal, estima-se que foram destruídas, aproximadamente, 75% da vegetação regional e 95% das matas ciliares dos rios no seu alto curso;

• O oeste baiano tornou-se pólo agrícola na década de 80. Em Minas Gerais, nos últimos 20 anos, 50% da vegetação dos cerrados foram transformados em carvão. Nessas regiões, onde são plantados soja e café irrigados, a expansão das lavouras tem contribuído para o aumento dos desmatamentos criminosos, principalmente os efetuados próximos às nascentes;

• Os desmatamentos indiscriminados têm provocado a extinção de algumas nascentes na Bacia do São Francisco. Na região de Correntina, no sudoeste da Bahia, já foram constatadas extinções dos Rios Capão, Sucuriú e Cabeceira Grande, demonstradas na matéria publicada no programa Globo Rural (as melhores reportagens do ano 2000, postas no ar em janeiro de 2001), da *Rede Globo* de televisão. Recentemente, foi tornada pública a informação da extinção do Ribeirão do Salitre, afluente do Rio Arrojado que, por sua vez, é afluente do Rio Corrente, tributário do São Francisco. Essa região no sudoeste baiano é possuidora de malha fluvial extremamente rica, a qual contribui para a manutenção das vazões de importantes afluentes do São Francisco naquele pedaço de sertão nordestino.

Erosão

• O desmatamento indiscriminado da vegetação nativa tem resultado numa exacerbada erosão do solo. Estima-se que 18 milhões de toneladas de solos sejam carreados anualmente para a calha do rio, num volume equivalente a 2 milhões de caminhões caçambas;

• Essa erosão tem assoreado o rio, dificultando a navegação e, conseqüentemente, modificando o seu regime;

• O assoreamento já provocou a desativação da balsa em Remanso do Fogo (MG). A travessia do rio para São Romão (MG) tem que ser feita por Cachoeira da Manteiga (MG).

Piscicultura

• Estão cadastrados cerca de 25 mil pescadores na Bacia do São Francisco;

• Só no trecho mineiro, há, pelo menos, 10 mil pescadores que capturam uma média de 3 kg de pescado por dia, num total de 30 toneladas diárias. A R$ 3,00 o quilo, temos 90 mil reais por dia. Em nove meses de pesca, são 24 milhões de reais por ano, quase 12 milhões de dólares.

• A construção dos grandes reservatórios tem interrompido, sistematicamente, o fenômeno da piracema;

• As barragens bloqueiam a migração do pescado, reduzindo a velocidade, a turbidez e a temperatura das águas acumuladas. No extrato inferior de tais reservatórios, a temperatura da água tem se tornado 5 a 7 graus mais fria do que na superfície, confundindo o metabolismo dos peixes (principalmente das fêmeas) e abortando as desovas;

• Todos os rios piscosos exibem imensas planícies de inundação que funcionam como criatórios de peixes. O São Francisco reúne 2 mil km^2 de áreas inundáveis. Em Januária, elas medem 16 km de largura, mas estão secas desde a cheia de 1994;

• O trecho a montante de Sobradinho (1.300 km até Três Marias) constitui o grande berçário de peixes do rio, onde se concentram cerca de 80% das planícies de inundação;

• A ausência de cota para a chegada dos ovos dos peixes aos criatórios e a pesca de jovens cardumes têm comprometido a reposição dos estoques pesqueiros;

• Em 1983, uma pesquisa mapeou 32 lagoas naturais de reprodução de peixes no município de Lagoa da Prata (MG), a pouco mais de 50 km da nascente do São Francisco. Atualmente, restam apenas oito;

• As pesquisas confirmam o declínio dos estoques pesqueiros. Um estudo feito em Pirapora (MG), em 1986, monitorou a pesca local por seis meses. Cada pescador conseguia então a média de 12 kg por dia, com 86%

de participação do surubim, espécie mais valiosa das 150 que povoam o rio. Em 1999, a pesagem foi repetida. O volume médio caiu para 3 kg por dia, sendo inexpressiva a presença do surubim.

Irrigação

• Segundo dados da Codevasf (Companhia de Desenvolvimento do Vale do São Francisco), a área irrigada da Bacia do São Francisco é de aproximadamente 340 mil ha, podendo chegar, com a vazão disponível no rio, a uma área de 800 mil ha. Com os usos múltiplos do rio e respeitando as vazões ditas ecológicas (infiltrações evaporação e consumo pelas plantas), a citada companhia estima que o rio só dispõe de uma vazão aproximada de 240 m^3/s, da qual a transposição irá subtrair cerca de 127 m^3/s;

• A Ceivasf (Comitê Executivo de Estudos Integrados da Bacia Hidrográfica do São Francisco) afirma que a Bacia do São Francisco possui 64 milhões de ha e, desse total, pelo menos 4,2% (cerca de 2,7 milhões de ha) são de terras boas para a irrigação, mas não há água suficiente para o atendimento de toda essa área;

• O pólo de Petrolina (PE) e Juazeiro (BA) implantado há mais de 30 anos, não ocupa nem a metade do seu potencial disponível para irrigação (100 mil ha frente a uma área irrigável de 230 mil ha). O pólo é gerador de 55 mil empregos, 700 mil toneladas de frutas por ano e 45 milhões de dólares em exportações;

• A água representa 8% dos custos em irrigação. No caso da transposição o custo chegará a 30% das despesas por conta dos recalques elevados.

Energia

• O São Francisco concentra 25% da área represada por hidrelétricas no país;

• Aproximadamente 2/3 do rio já se encontram alterados. A partir do lago de Sobradinho, num trecho de 1.000 km até a sua foz, a vazão obedece ao volume requisitado pelas 8 hidrelétricas da Chesf;

• A Barragem de Sobradinho tem operado em regimes críticos. No ano de 2000, por exemplo, chegou a apresentar volume útil de 13%, obrigando a Chesf a importar cerca de 600 MW de energia da usina de Tucuruí (PA).

• Considerada como uma das prioridades do São Francisco, a geração de energia utilizou cerca de US$ 13 bilhões na construção das unidades geradoras.

• Para a Chesf, a transposição vai levar 1,5% do volume disponível para gerar energia. Esse volume equivale a 20% do que foi consumido no Ceará em 1999 ou ainda o suficiente para o atendimento de 325 mil famílias de consumo médio por ano. A Chesf atende a 14% do território nacional (25% de sua população) o que corresponde a aproximadamente 9 milhões de consumidores;

• O São Francisco tem uma vazão média de aproximadamente 2.860 m^3/s. Para a geração de energia, estão reservados 75% dessa vazão ($\approx$ 2.100 m^3/s). Outros 520 m^3/s formam a vazão utilizada na irrigação e a vazão ecológica mínima, sem a qual a enfermidade do rio pode resvalar para o coma. Portanto, vão levar com a transposição, cerca de 127 dos 240 m^3/s restantes ao fornecimento ao Semi-árido Setentrional.

Dados da Obra

• Serão precisos, para transpor as águas do São Francisco: 27 reservatórios, 37 km de túneis, 591 km de canais, 4,8 km de aquedutos, 4,4 km de adutoras, estações elevatórias, a um custo aproximado de 2,7 bilhões de reais;

• O item mais caro na implantação do projeto diz respeito à construção de canais artificiais, que corresponde a 42,59% do total da obra;

• O eixo norte levará água para o Açude Entremontes, no Rio Brígida (PE), para o Rio Salgado, afluente do Rio Jajuaribe (CE), para o Açude Engenheiro Ávidos, no Rio do Peixe, afluente do Rio Piranhas-Açu (PB e RN) e para o Açude Santa Cruz, no Apodi (RN). Esse eixo trará segurança hídrica para os Açudes Castanhão, no Jaguaribe, Santa Cruz, no Apodi e Armando Ribeiro Gonçalves, no Piranhas-Açu;

• Estão previstos outros custos de aproximadamente R$ 1,3 bilhões e de R$ 2,2 bilhões, relativos à transposição de águas oriundas de outras bacias (Tocantins) e para revitalização do São Francisco, respectivamente;

• Estão previstas, também, compensações financeiras para os estados doadores:

BA - R$ 1 bilhão
MG - R$ 600 milhões

TO - R$ 1,2 bilhão
SE - R$ 150 milhões
AL - R$ 360 milhões

• Para 2001 estão previstos R$ 600 milhões no Orçamento Geral da União.

Quadro demonstrativo dos custos do projeto					
		Total do Investimento (R$ x mil)			Percentual
Item	Discriminação	Eixo norte	Eixo leste	Total	%
1	Aquisição de Terras e Benfeitorias	29.112,78	7.600,90	36.713,68	1,34
2	Relocações populacionais	46.554,82	28.334,03	74.888,86	2,74
3	Linhas de transmissão	25.806,64	25.523,54	51.330,18	1,88
4	Subestações	58.491,98	44.078,58	102.540,56	3,75
5	Implantação de canais artificiais	869.818,46	295.634,63	1.165.453,09	42,59
6	Obras de drenagem	86.418,55	31.421,20	117.839,75	4,31
7	Túneis	94.336,34	23.339,83	117.676,17	4,31
8	Aquedutos	36.817,01	4.641,57	41.458,58	1,52
9	Estrutura de captação e estações de bombeamento	208.274,02	122.093,89	330.367,91	10,82
9.1	Obras civis	38.505,56	13.346,33	51.851,89	
9.2	Equipamentos	169.768,46	74.346,95	244.115,41	
10	Barramentos e usinas hidrelétricas	182.044,20	63.468,22	245.512,41	8,97
10.1	Obras civis	155.376,85	61.180,30	216.557,15	
10.2	Equipamentos	26.667,35	2.287,91	28.955,26	
11	Estruturas de controle e derivação	9.479,42	2.559,36	12.038,78	1,70
11.1	Obras civis	7.619,55	9.779,25	17.398,80	
11.2	Equipamentos	1.859,87	27.180,72	29.040,59	
12	Obras de infra-estrutura	59.209,61	44.560,73	103.770,34	3,79
13	Custos indiretos	206.039,81	83.710,72	289.750,53	12,30
	TOTAL	1.912.373,64	776.967,19	2.689.340,83	100,00

Fonte: Projeto de Transposição do Rio São Francisco, o Estado de Pernambuco e a Chesf, Nov. 2000.

Quem paga a conta

• União: infra-estrutura (incluindo o gasto no preço da água e recebe de volta o dinheiro do investimento);

• Estados: pagam o custo do trabalho da empresa que vai operar e fazer a manutenção da transposição e pagam os custos relacionados com a energia elétrica utilizada para bombeamento dos motores;

• Beneficiados: compram a água utilizada, sendo alguns mais do que outros. A regra básica é: quanto mais longe, mais caro o valor da água;

• Agência Nacional das Águas (ANA): irá determinar os valores a serem cobrados e a forma de arrecadação.

Recife, 08 de fevereiro de 2001.

22 TRANSPOSIÇÃO EM RUMO AO DESMANTELO

A Represa de Sobradinho, pertencente ao sistema Chesf, foi construída pelo governo federal para regularizar a vazão média do Rio São Francisco, garantindo, desse modo, a geração de energia no complexo hidrelétrico de Paulo Afonso. Para tanto, Sobradinho recebe água do Alto São Francisco entre os meses de novembro e abril e utiliza esse volume acumulado, entre os meses de maio e outubro, gerando energia. Essas ações tornam-se necessárias, tendo em vista as reais limitações do rio, em razão da não disponibilidade das vazões naturais necessárias à geração e, conseqüentemente, ao atendimento da demanda energética do Nordeste. Portanto, a acumulação no referido reservatório regularizador torna-se uma questão fundamental e até mesmo obrigatória para o perfeito funcionamento do sistema elétrico nordestino.

Recentemente, o *Diário de Pernambuco* publicou três matérias (nos dias 7, 8 e 9 de março de 2001) nas quais foram feitas alusões às questões da geração de energia em conseqüência do período de seca que assola, não apenas o Nordeste, mas todo o país.

A primeira matéria, publicada no dia 7 de março, intitulada "Energia pode ser racionada no Nordeste", trata da possibilidade de a Chesf vir a adotar medidas drásticas de contenção da demanda de água nos seus reservatórios (leia-se: racionamento de energia), na tentativa de garantir os volumes necessários ao processo gerador de energia elétrica da região. Menciona a matéria o baixo volume acumulado na Represa de Sobradinho, de aproximadamente 37,66% de sua capacidade útil (note-se que estamos no mês de março e, portanto, no período em que a represa deveria estar com sua cota volumétrica máxima, ou pelo menos próxima dela) não tendo sido registrado, até então, um índice tão reduzido para aquele mês, desde a sua construção há 23 anos. Se o sistema elétrico brasileiro não fosse interligado, garantem alguns técnicos da Chesf, já teríamos como certo o racionamento e, caso a situação crítica dos volumes dos reservatórios perdure, tudo indica que teremos que importar boa parte da energia produzida em Tucuruí (hidrelétrica paraense controlada pela Eletronorte), isso porque as represas do Sudeste encontram-se em situação igualmente crítica, ou seja, mesmo com a alternativa salvadora da interligação do sistema gerador do país, há o agravante de o problema ficar mais sério ainda, tendo em vista a precária situação acumulatória em que se encontram tais reservatórios. Segundo informações do Operador Nacional do Sistema Elétrico (ONS), órgão responsável em acompanhar o nível dos reservatórios e gerenciar a troca de energia entre as geradoras do país, a quantidade de água armazenada no Sul, Sudeste e Centro-Oeste é de aproximadamente 38% da capacidade total, ou seja, aquilo que era antes considerado como válvula de escape para o bom funcionamento do processo gerador do Nordeste passa a ser, nas atuais circunstâncias, mais um complicador.

A seca que incide na Bacia do São Francisco, já há algum tempo, traz conseqüências imediatas no processo acumulatório de suas represas. O quadro a seguir mostra a variação do fluxo de entrada e saída de água em alguns dos principais reservatórios da Bacia do São Francisco, nos três primeiros meses de 2001.

Reservatórios	Volume útil em março/2001 (em %)	Entrada de água por dia (em m^3/s)	Saída de água por dia (em m^3/s)
Três Marias	34,69	198	499
Sobradinho	37,66	1.320	2.376
Itaparica	52,00	1.831	2.086

Numa rápida análise das informações contidas no quadro acima, percebe-se que, sob o ponto de vista do balanço do processo de entrada versus o de saída de água para usos múltiplos, o sistema está operando em alerta vermelho. Note-se que está saindo das represas um volume de água muito maior do que aquele que está sendo acumulado. Nesse sentido, a proposta da transposição de águas do São Francisco torna-se motivo de preocupações, em razão de a localização das tomadas de água do projeto estar prevista para o trecho compreendido entre as represas de Sobradinho e Itaparica, locais onde a situação volumétrica é reconhecidamente crítica.

A segunda matéria, publicada no dia 8 de março, intitulada "Seca faz energia subir no atacado", faz referência, além do aumento do risco de racionamento de energia elétrica na região, à alta de preços no Mercado Atacadista de Energia (MAE), em conseqüência da falta de chuvas no Sudeste e no Nordeste do país. Segundo a matéria, o preço do megawatt/hora, que era vendido no Nordeste a R$ 33,87 em janeiro, está sendo negociado no mês de março a R$ 154,21 (aumento de 355,29%). Preocupados com a situação energética do país, o ONS e a Agência Nacional de Energia Elétrica (ANEEL) estão com o propósito de avaliar o nível dos reservatórios das hidrelétricas e discutir soluções para tentar reverter a situação crítica que o setor elétrico vem atravessando. Com a falta de água nos reservatórios do país, o preço da energia naturalmente sobe, afetando os valores no atacado (lei da oferta e da procura).

No quadro abaixo estão discriminados os preços no atacado, nos três primeiros meses de 2001.

Preço no atacado do megawatt/hora (em Reais)

Mercado	janeiro	fevereiro	março
Sudeste/Centro-Oeste	56,92	160,29	165,97
Sul	56,92	160,29	165,97
Nordeste	33,87	121,47	154,21
Norte	33,87	121,47	154,21

Como podem ser observados nesse quadro, entre janeiro e março deste ano, os preços da energia elétrica negociada pela MAE no Norte e Nordeste do país praticamente quintuplicaram. No Sul/Sudeste, também houve um aumento considerável. Esse aumento é reflexo direto da falta de chuvas nas citadas regiões, onde, sem água, as usinas hidrelétricas são obrigadas a reduzir a produção de energia, onerando o seu custo.

A terceira e última matéria, publicada no dia 9 de março, intitulada "Privatização da Chesf divide o mercado", faz críticas ao atual modelo de privatização adotado pelo governo federal, levantando os problemas de geração de energia a partir dos baixos volumes acumulados nos principais reservatórios do país e alertando sobre os chamados cortes seletivos de energia, um suposto artifício do governo no qual, em horários de pico, é desligada a energia de uma área para abastecer outra. Com a adoção dessa estratégia, o governo dá sinais de que o assunto vem sendo tratado, exclusivamente, sob a ótica financeira, não havendo, portanto, a preocupação com o bem-estar do usuário da energia, nem tampouco com a necessidade dos investimentos fundamentais à modernização do parque gerador, o que poderá trazer conseqüências gravíssimas, principalmente para o Nordeste brasileiro, que tem seu sistema gerador localizado em um único rio, cujas águas também são utilizadas na irrigação, navegação, consumo humano e animal e abastecimento de cidades e indústrias.

Essas questões têm-nos motivado a publicar textos no *site* da Fundação Joaquim Nabuco, nos quais procuramos fazer um alerta sobre as limitações do rio, principalmente quanto à geração de energia e aos usos múltiplos de suas águas, assuntos que necessitam ser mais discutidos com a comunidade, pois é ela que irá pagar as contas ao término do processo transpositório, quer usufrua ou não de suas águas.

Em maio de 1998, escrevemos um texto intitulado "Transposição do Rio São Francisco: um erro que poderá ser fatal", no qual foram feitas referências ao racionamento de energia elétrica ocorrido em Recife (PE), no final da década de oitenta, motivado por problemas de vazão do rio, e às prováveis conseqüências na geração de energia, caso o rio venha a suprir o projeto transpositório com os volumes programados.

Em outubro de 1999, no texto intitulado "Transposição: impactos da bacia hidrográfica do São Francisco", entre outros impactos, comentamos o conflito existente no uso das águas do rio pelos setores irrigacionista e gerador de energia, com a perspectiva de colapso energético iminente, caso o projeto transpositório torne-se realidade nos moldes previstos.

Em julho de 2000, no texto "Transposição de águas do São Francisco: com a corda no pescoço e de mãos atadas", fizemos comentários sobre as limitações naturais do rio quanto aos usos múltiplos de suas águas, com enfoque especial para os baixos volumes acumulados nos principais reservatórios do setor elétrico brasileiro, mostrando que os problemas de geração não são exclusivos do Nordeste. O problema passou a ser considerado de âmbito nacional.

Em outubro de 2000, no texto intitulado "A transposição de águas do São Francisco poderá ocasionar um 'processo vaga-lume' no sistema elétrico nordestino", fizemos referências sobre várias matérias publicadas pela mídia, alusivas à influência da seca na geração de energia elétrica no país, com ênfase no projeto de transposição do São Francisco como precursor de possíveis apagões no Nordeste, motivados, sobretudo, por questões de limitações naturais do rio.

Nesse contexto de penúria hídrica e da possibilidade de colapso iminente no sistema gerador de energia, foi publicado pela Secretaria de Infra-Estrutura Hídrica do Ministério de Integração Nacional, na edição do dia 8 de março do *Jornal do Commercio* de Recife, um artigo intitulado "Transposição com Transparência", no qual há referências aos benefícios que o projeto vai trazer à população nordestina, através do abastecimento de mais de 8 milhões de pessoas; da geração de mais de um milhão de empregos; da garantia de que a natureza não sofrerá prejuízos e de que a pequena perda na capacidade de geração de energia elétrica será compensada por outras iniciativas do governo, oriundas da geração termelétrica. Com relação ao uso dos volumes pretendidos para o atendimento das demandas previstas no projeto, chega-se ao detalhe de comentar que "a mínima porção de água que será retirada, sequer poderá ser registrada pelos mais modernos aparelhos que medem a vazão do rio".

De acordo com a edição da matéria, tem-se a nítida impressão de que o governo não tem conhecimento de causa com relação às questões do São Francisco. Primeiramente, porque não se estão levando em consideração as reais limitações do rio, notadamente a sua incapacidade de atendimento aos múltiplos usos de suas águas. Em segundo lugar, a proposta nos parece mais viável para ser implementada nos rios que compõem a bacia amazônica, que não apresentam problemas de vazão. O fato de um aparelho de precisão não registrar, no São Francisco, a diminuição do seu nível aos constantes bombeamentos, não nos parece um bom exemplo a ser aqui analisado. Falta-lhe seriedade no tratamento dos assuntos técnicos. Falta a percepção de proporcionalidade entre o volume que está sendo retirado do rio, através do bombeamento, e o volume de água existente no caudal. É a lógica do "aquilo que não se percebe não existe". Sob essa ótica, é acreditar que não existe desgaste no pneu de um automóvel, aos setenta mil quilômetros rodados, pelo simples fato de não se perceber o desgaste que ocorre a cada volta do pneu em contato com o chão.

No caso específico da transposição, é fundamental se observar que a mesma está sendo proposta em um rio cuja vazão já se encontra em patamares críticos e, portanto, sem ter a mínima disponibilidade hídrica para outros usos. Esse, sim, é o melhor parâmetro para se demonstrar a necessidade atual de se ter que importar energia de outros centros geradores do país, sendo uma questão absolutamente necessária para ser discutida nos fóruns sobre a transposição, na atualidade. Mas, mesmo assim, as autoridades insistem em querer tratar a transposição do São Francisco, como tratam o simples ato de tomar um copo de refrigerante, no qual, ao se succionar o canudinho, é observada a diminuição do nível do líquido até o seu total desaparecimento no fundo do copo. É hilariante, mas é nisso que as autoridades realmente acreditam.

Recife, 15 de março de 2001.

23 TRANSPOSIÇÃO: informar é preciso; absorver e utilizar a informação são necessários

A educação e a informação são vetores do desenvolvimento. Ambas puseram o homem na lua, no final dos anos sessenta. Porém, essa assertiva, às vezes, não é percebida por nossas autoridades, pelo menos da forma enfática como aqui colocada, por faltar-lhes iniciativas e, sobretudo, conhecimento de causa, com relação às ações a serem empreendidas.

Para nós, essa questão ficou muito clara, principalmente quando da realização dos estudos preliminares da transposição do Rio São Francisco, nos quais as informações de domínio público não foram utilizadas de forma adequada às necessidades do projeto, resultando na formação de um quadro curioso: de um lado, o firme propósito das autoridades em realizar o projeto a qualquer custo e, de outro, a total incapacidade do rio em suprir o projeto com os volumes de água necessários.

Essa visão do processo transpositório do rio tornou-se evidente através das informações contidas no trabalho da Eletrobrás realizado, no ano de 1977, pelo engenheiro Alvarino de Araújo Pereira, intitulado, *Utilização múltipla das águas do São Francisco: possibilidade de conflito de interesses.* Nele, há uma projeção de usos múltiplos das águas do São Francisco até o final do século XX, abrangendo a navegação, irrigação, geração de energia e abastecimento humano e animal. Algumas conclusões interessantes foram explicitadas no trabalho, destacando-se entre elas: se o desenvolvimento da agricultura irrigada no Vale do São Francisco ultrapassar 620.000 ha, estendendo-se paulatinamente para outras terras selecionadas como potencialmente aráveis, será necessário então um planejamento rigoroso para o uso múltiplo da água; na medida em que os projetos de energia e irrigação forem atingindo a maturidade, caberão análises de alternativas entre o custo de energia gerada por outras fontes e o ganho com a produção agrícola, inclusive no que diz respeito à geração ou poupança de divisas estrangeiras; providências deverão ser tomadas a curto prazo para a atualização do Código de Águas e da legislação complementar; a médio prazo, os projetos simultâneos de energia, irrigação e regularização devem ser estudados dentro de uma política global estabelecida para o vale; a longo prazo, deverão ser adotadas comparações técnico-econômicas entre os projetos maiores; a partir da década de 90, a contribuição do Rio São Francisco na geração de energia para a região tende para uma contínua redução percentual, pois estará limitada a cerca de 15.000 MW e, quanto à irrigação, a médio prazo, poderá provocar conflitos na demanda de água, se medidas acauteladoras no suprimento regular não forem estabelecidas.

Como se vê, na seqüência das conclusões existentes no trabalho, percebe-se que, há 24 anos, já havia, por parte do técnico que o realizou, a preocupação com a limitação volumétrica do rio, no atendimento aos diversos usos de suas águas, o que pouco sensibilizou o governo federal. Vale salientar que, naquela época, a área a ser irrigada no São Francisco tinha sido estabelecida em 620.000 ha. Hoje, fala-se em cerca de 800.000 ha (previsões da Codevasf), ou seja, a orientação de um planejamento rigoroso para os usos múltiplos das águas, necessariamente, terá que mudar, ou pelo menos ser realizada de forma mais criteriosa, tendo em vista os problemas atuais do São Francisco, com o iminente racionamento de energia elétrica, que será iniciado já a partir de junho do corrente ano. Aliás, esse problema de racionamento foi tema de texto que escrevemos em maio de 98, intitulado "Transposição do São Francisco: um erro que poderá ser fatal", no qual chamávamos atenção para o desagradável racionamento de energia elétrica ocorrido na cidade do Recife, no final da década de oitenta, motivado por problemas de vazão do rio, o qual levou a população a participar de uma verdadeira maratona para cumprir as inatingíveis cotas de oferta de energia elétrica estipuladas pela Celpe. Aquilo doeu, e doeu muito, no bolso da população. Atualmente, a cena se repete. Fala-se em um racionamento de até 20%, com o Governo administrando-o por cotas, estabelecendo-se uma ordem de prioridade, de acordo com os seguintes tipos de consumidor: 1) o poder público administrativo; 2) residencial; 3) comércio e serviços; 4) industrial e rural; 5) instituições militares e 6) serviços essenciais, adotando-se a seguinte proporcionalidade: se no residencial a cota for de 20%, para a indústria ficará entre 12% e 15%. Em termos de dispêndio financeiro, a questão irá funcionar da seguinte forma: caso o racionamento seja de 15%, um consumidor que gasta 100 kWh por mês terá de diminuir para 85 kWh. Se ele gastar 86 kWh, pagará pelo excedente 100% do preço da tarifa normal [já vimos esse filme antes]. Uma vez não funcionando o sistema por cotas, o governo partirá para atitudes mais drásticas, passando a adotar cortes de energia elétrica em períodos estratégicos.

Como se pode perceber, o problema é de falta de planejamento de longo prazo. Estamo-nos encaminhando para o fundo do poço. Caso o Governo se houvesse preocupado com as recomendações do estudo da Eletrobrás, certamente não estaríamos na situação que estamos vivenciando hoje.

Outro exemplo da falta de interesse governamental em utilizar a informação como subsídio para a transposição está no aproveitamento dos recursos hídricos oriundos de divisores de água.

Em 1974, quando estudante de agronomia, participamos do Projeto Rondon no Estado do Amazonas. A nossa equipe atuou em Cucuí, no Alto Rio Negro, na fronteira da Colômbia com a Venezuela. Naquela região, existe um fenômeno natural extremamente curioso: em determinadas épocas do ano, a Bacia do Rio Orinoco se une à Bacia do Rio Negro, através de um canal denominado Cassiquiare, possibilitando a ligação daquela localidade, nos confins da região Amazônica, ao Oceano Atlântico. O fato de haver vulnerabilidade na entrada do país, vinda do Atlântico, foi motivo suficiente para se construir, na época da colonização, nas proximidades de Cucuí, o forte de Marabitanas (hoje em ruínas) para não permitir uma possível invasão territorial, via divisor de águas. Aliás, não é por outra razão que existe um pelotão de fronteira do exército brasileiro naquela localidade. Estamos citando esse fato para mostrar a importância da interligação de bacias no processo de desenvolvimento das regiões.

O caso do São Francisco não é diferente. Existe um fenômeno semelhante no Noroeste da Bahia, próximo ao município de Formosa do Rio Preto. No livro *Seca: visão dinâmica, integrada e correlações*, o autor, Dr. Caio Lóssio Botelho, descreve com os devidos detalhes tal fato, mencionando a existência de uma lagoa denominada de Varedão, ponto de união das águas das grandes Bacias do Tocantins (Rio do Sono, Novo) e do São Francisco (Rio Sapão, Preto e Grande). Segundo observação do autor, que visitou a região em setembro de 1998, fluem, por infiltração, para o São Francisco aproximadamente 89 a 110 m^3/s, através da citada lagoa, via subafluentes do Tocantins (Novo e Sono), bastando um simples aprofundamento da mesma para alimentar o débito daquele rio, para o São Francisco, de 110 m^3/s para 260 m^3/s, sem comprometer o sistema Tocantins. Destaca também o autor que, nas depressões onde se assenta a Lagoa de Varedão, a força com que a água é expelida é tão grande, que ninguém conseguiu até hoje alcançar o fundo da lagoa, pois a pressão da água que flui para o São Francisco é tão forte, que empurra qualquer pessoa para cima. Essas questões do divisor de águas foram por nós citadas no *site* da Fundação

Joaquim Nabuco, através dos seguintes textos: "Água no Semi-árido nordestino: contradição nas ações de uso", publicado em outubro de 1998; "O semi-árido de goela seca", publicado em agosto de 1999; "Transposição: impactos na Bacia do Rio São Francisco", publicado em outubro de 1999 e "Transposição do São Francisco: o carro está na frente dos bois", publicado em fevereiro de 2000.

Por exemplos como esses, é que ficamos a imaginar o quanto se perdeu, em termos de oportunidades, para se resolver o problema de deficiência de vazão do São Francisco, utilizando uma quantidade muito menor de recursos financeiros, quando comparada com aquela prevista na proposta do governo federal. É preciso que se discuta mais o tema. Debater idéias é salutar para aprimorarmos a democracia. Não existe dono da verdade, podemos concordar ou discordar das idéias dos outros, mas o debate é fundamental como forma plural de politizar nosso povo carente e sem acesso à educação adequada. Do jeito que as coisas estão indo, distribuir velas e caixas-de-fósforos em locais estratégicos da casa ajuda bastante.

Recife, 30 de abril de 2001.

24 RACIONAMENTO: o preço da irresponsabilidade

Em 1995 escrevemos um texto intitulado "Transposição do Rio São Francisco: possibilidades técnicas versus vontade política", no qual, entre outros assuntos, comentamos a visita que o presidente Fernando Henrique Cardoso fez ao Nordeste com a finalidade de trazer recursos para um programa que chamou de "Compromisso pela vida do Rio São Francisco" (matéria publicada nos principais jornais do Recife do dia 6 de junho daquele ano). Sua excelência, junto a sua comitiva, foi à nascente do rio, tomou um pouco de água e transmitiu sua mensagem de apoio à transposição dizendo que "O Rio é generoso e não há de secar porque os estados nordestinos pegam um pouquinho de água aqui e ali".

Com a atual situação em que se encontra o país em termos de racionamento de energia elétrica, dá para perceber que, com aquele gesto, o presidente errou e errou feio em suas previsões, pois mesmo sem se pegar *um pouquinho de água aqui e ali* evitou-se o problema de racionamento de energia no país. Essa questão é grave, tendo em vista ser o São Francisco responsável por mais de 90% da energia gerada no Nordeste brasileiro. Todavia, não faltaram alertas de nossa parte para se evitar o pior: que o país viesse a ter os chamados apagões.

O mote do presidente de "pegar um pouquinho de água aqui e ali" foi o suficiente para nos incentivar na elaboração de uma série de textos em defesa da vida do Velho Chico, numa tentativa de mostrar as reais limitações do rio para o abastecimento das populações sedentas nordestinas, conforme divulgado no *site* da Fundação Joaquim Nabuco.

O governo, ao nosso modo de entender, cometeu dois erros graves: apostou na interligação do sistema elétrico brasileiro para o suprimento da energia necessária ao desenvolvimento do Nordeste, e na boa vontade de São Pedro em enviar chuvas suficientes para o abastecimento dos principais reservatórios responsáveis pela geração de energia do país. O que aconteceu, ao longo dos quatro últimos anos, foi uma situação já anunciada previamente: ocorreram secas sucessivas, não apenas aqui no Nordeste, mas em todo o país, e ficou evidente a incapacidade da interligação do sistema elétrico brasileiro em suprir a demanda energética das regiões, em especial a nordestina. Nesse sentido, o Brasil caminha para o apagão, recebendo críticas dos mais diversos setores da sociedade, não apenas pela falta de planejamento na área energética, mas, e principalmente, pela falta de investimentos nesse setor.

Em julho de 2000, tivemos a oportunidade de comentar tal fato no texto intitulado "Transposição de Águas do São Francisco: com a corda no pescoço e de mãos atadas". Nele, fizemos uma análise comparativa dos percentuais volumétricos acumulados pelas principais represas pertencentes a diversas bacias hidrográficas do país, concluindo que os problemas de acumulação hoje vivenciados não diziam respeito apenas às represas localizadas nas bacias hidrográficas nordestinas: passavam a ter dimensões mais amplas. O problema passava a ser nacional.

Na questão da interligação do sistema elétrico brasileiro, fizemos comentários acerca de Tucuruí, mostrando que, no caso específico do Nordeste, essa questão tinha caráter paliativo, pois ao se resolver, momentaneamente, um problema local de fornecimento de energia, criava-se outro de igual magnitude na região Norte, traduzido na possibilidade de exaustão precoce do seu potencial gerador. Chegamos ao ponto de questionar até quando a usina de Tucuruí iria suportar essa oferta extra de energia para o Nordeste e advertimos que essa questão deveria ser levada em consideração em futuros planejamentos do setor elétrico nacional. Acerca desse assunto, acertamos nas nossas previsões: a região Norte também terá que racionar em 20% o consumo de sua energia para possibilitar o suprimento de 1.000 MWh que atualmente estão sendo fornecidos ao Nordeste por Tucuruí.

O curioso é que participamos, por várias ocasiões, de apresentações do projeto de transposição feitas pelo governo federal, nas quais questionou-se o problema da ocorrência das secas na região, que colocava em risco a viabilidade do projeto transpositório do rio. A resposta apresentada pelos representantes do governo foi a de que as secas eram situações "circunstanciais" e que, certamente, após períodos chuvosos sucessivos, a situação tenderia à normalidade. Para nós, esse é o tipo de resposta que bem caracteriza o pensamento das pessoas que não têm o mínimo compromisso com a região e, portanto, não a conhecem com a profundidade devida. Primeiramente, é preciso que fique bem claro que "circunstancial" é a normalidade pluviométrica no Nordeste (traduzida pela caída de chuvas em períodos e quantidades satisfatórios), notadamente em sua região semi-árida e, em segundo lugar, que o "normal" é o astro-rei no céu azul sem nuvens e uma eterna espera por chuvas. Ao se apostar em um quadro diferente desse aqui descrito, têm-se boas possibilidades de insucessos, e os que estamos vivenciando atualmente no Brasil são uma prova disso.

Para nós, está se tornando muito fácil comentar as conseqüências dos erros grosseiros de avaliação cometidos pelo governo, principalmente quando o assunto diz respeito à utilização do ambiente natural do nosso país. Normalmente, em tais casos, a economia tende a ser atingida na sua essência. Para se ter idéia da magnitude desse problema, citamos um exemplo: o custo da energia. Em março de 2001 escrevemos um texto intitulado "Transposição em rumo ao desmantelo", no qual fizemos referências ao custo da energia negociado pelo Mercado Atacadista de Energia (MAE), de janeiro a março de 2001. Em janeiro, o MWh estava sendo negociado, no Nordeste, a R$ 33,87 e em março a R$ 154,21, ou seja, cinco vezes mais cara. Esse aumento abusivo bem reflete a falta do produto em relação à quantidade que está sendo demandada. Na lei da economia, quando um bem escasso é demandado, a tendência desse bem é subir de preço. É o que está acontecendo com a nossa energia. Estamos no mês de junho de 2001 e o preço do MWh gerado já ultrapassou os R$ 600,00, com reflexos significativos no bolso da população. O lamentável é que, até setembro de 2000, o Nordeste, por intermédio da Chesf, estava enviando energia para o Sudeste, conforme consta no boletim de notícias do Ministério de Minas e Energia, de 25 de setembro, no qual se afirma que, naquele período, "a situação do abastecimento energético do Nordeste também melhorou em razão das chuvas no Centro-Oeste, Sul e Sudeste." E "com a melhoria da capacidade de geração dessas regiões, o Nordeste suspendeu o envio de energia para o abastecimento de estados do Sudeste, poupando água para aumentar o nível dos reservatórios das usinas da Chesf". Essa energia enviada ao Sudeste, até setembro do ano passado, certamente nos fará muita falta até o final do ano de 2001, período no qual se iniciam as chuvas nas nascentes do São Francisco.

Se fizermos uma análise mais profunda dessa situação, iremos chegar à conclusão de que o racionamento de energia, iniciado do mês de junho de 2001, deveria ter sido iniciado em janeiro, tendo em vista o histórico das secas na Bacia do São Francisco desde 1997 e o início da alta abusiva nos preços da energia gerada. Em suma: o volume de água gasto na geração de energia, no período de janeiro a junho de 2001, sem racionamento, também nos fará uma falta enorme até novembro. É viver para crer.

Ainda sobre as questões da transposição do São Francisco, é necessário que sejam questionados outros assuntos importantes e merecedores da atenção de toda sociedade. Referimo-nos aos estudos de impactos ambientais e de viabilidade técnica-econômica que foram realizados por consórcios internacionais. Sobre esses assuntos, é estarrecedor chegarmos à conclusão de que tais estudos não foram capazes de identificar os problemas da escassez de água que atualmente estão pondo em risco todo o setor de geração de energia do Nordeste. Ao contrário, após serem analisados 49 fatores de risco, 38 dos quais com efeitos negativos ao ambiente, o projeto recebeu o parecer "ambientalmente viável", conforme consta no texto por nós publicado em novembro de 2000, intitulado "Transposição: um esclarecimento e um acerto nas previsões". Na nossa avaliação, esses consórcios só chegaram a essa conclusão por desconhecerem inteiramente a realidade nordestina. A esse respeito publicamos um texto em fevereiro de 1999 intitulado "Transferência de tecnologia na agricultura: um decalque mal feito" mostrando a importância das latitudes na percepção do ambiente de cada região e as conseqüências advindas de decalques mal feitos de tecnologias alienígenas ao nosso meio. Com efeito, cremos que é chegada a hora de averiguarmos com mais detalhes tais questões, fazendo uma análise mais acurada de como foram feitas as licitações para a contratação de tais estudos, bem como o montante de recursos orçados para a sua realização, uma vez que essa conta irá sair do bolso de cada um dos contribuintes brasileiros.

Outro exemplo da ignorância da nossa realidade diz respeito à transposição de águas do São Francisco para o Rio Grande do Norte. Nesse caso, é imprescindível questionarmos o verdadeiro custo das águas ao chegar naquele estado, tendo em vista a distância entre a margem do rio e o usuário final ser muito extensa, o seu destino previsto para locais onde ela já é abundante (no arenito Açu, formação Dunas e Barreiras e na Represa Armando Ribeiro Gonçalves) e também por não terem sido contemplados os locais onde ela é realmente necessária, a exemplo da região do Seridó no referido estado. Esse fato nos leva a acreditar que os políticos, isso de uma maneira geral, não costumam ouvir previamente os técnicos e elaboram suas políticas sem qualquer planejamento ou conhecimento de causa, só se pronunciando tardiamente para exigir sacrifícios do nosso povo já tão sacrificado. Todas essas questões foram tratadas em três textos de nossa autoria. O primeiro, publicado em maio de 1998 intitulado "Vontade política é a verdadeira seca do Nordeste", o outro, publicado em julho de

2000, intitulado "Transposição: o grau de nacionalismo dos nossos dirigentes está demasiadamente baixo ou mesmo inexiste" e o último publicado em setembro de 2000 intitulado "Transposição do São Francisco no Estado do Rio Grande do Norte: a água irá chegar em locais onde ela já é abundante".

É importante, também, que atualmente se leve em consideração o destino dos recursos que já foram orçados no Orçamento Geral da União – cerca de R$ 300 milhões – para o início das obras transpositórias das águas do São Francisco. Como existe atualmente a impossibilidade técnica de se iniciar a transposição, por razões óbvias, seria mais do que pertinente que os mesmos fossem alocados na revitalização do rio que é uma das atividades mais importantes na atualidade e mantenedora da vida do Velho Chico.

Finalmente, já que o governo apelou para questões celestiais, na perspectiva de fazer chover na Bacia do São Francisco, cremos que é chegada a hora de apelarmos também para a pajelança, no intuito de alcançarmos o mesmo propósito.

Quando, em 1998, boa parte das florestas do Estado de Roraima ardeu em chamas, que atingiram mais de 1/3 do seu território, o governo federal contou com a ajuda de dois pajés da tribo Caiapó para solucionar o problema pirotécnico, os quais, munidos de chicotes, açoitaram um pequeno córrego nas proximidades do incêndio, fazendo chegar as chuvas providenciais.

Não desejamos a mesma sorte para o São Francisco, pois ele não merece ser tratado no açoite, mas sugerimos aos nossos dirigentes que procurem novamente os serviços indígenas dos pajés caiapó para açoitar, dessa feita, o Lago Paranoá em Brasília, região que fica próxima não apenas das nascentes do São Francisco, como também do poder central do país, para fazer chover nas cabeceiras do São Francisco e, quem sabe, acumular água para gerar energia suficiente para iluminar as mentes dos nossos políticos, que andam atualmente com as baterias descarregadas, quase apagando, a exemplo do Brasil, que segue na rota da escuridão.

Recife, 12 de junho de 2001.

TRANSPOSIÇÃO DE ÁGUAS DO RIO SÃO FRANCISCO: planejar é preciso

25

Cenários controvertidos

A realidade hídrica, principalmente nos aspectos atinentes à oferta e uso das águas, é tema que, historicamente, tem marcado o debate sobre o Semi-árido nordestino. Essas preocupações têm motivado os pesquisadores a se concentrar na busca da compreensão existente entre o clima, o solo, a água e as plantas e sua importância para a população.

Após o agravamento da crise de abastecimento hídrico do Nordeste no ano de 1995, a transposição de águas do Rio São Francisco passou a ser vista como a única alternativa possível de solução desse problema. Atualmente, existem dois cenários bem definidos com relação ao tema. O primeiro é o cenário do imediatismo, caracterizado pela ânsia de fazer chegar água, a todo custo, nas torneiras da população (pensamento muito comum na classe política), sem haver, no entanto, a preocupação com as conseqüências impostas ao ambiente ao se adotar essa alternativa; o segundo é o cenário da ponderação, caracterizado por preocupações constantes, principalmente no meio técnico, com relação às limitações das fontes hídricas na condução do processo transpositório. O primeiro cenário diz respeito às questões do Brasil virtual ou oficial e, o segundo, às questões do Brasil real.

As observações realizadas nesse relato estarão contidas no cenário do Brasil real.

Quantitativos hídricos

Para o tratamento mais adequado das questões hídricas do nosso planeta é imperioso visualizarmos melhor a forma de distribuição das águas nas suas diversas regiões.

O planeta Terra é constituído de, aproximadamente, 1.370.000.000 km^3 de água, distribuídos em 2/3 de sua superfície. Com esse considerável volume, o nosso planeta poderia ser chamado de planeta Água. Desse total, 97% compõem as águas dos mares e oceanos, portanto, são constituídos de águas salgadas. As águas doces correspondem a, apenas, 3% daquele total. Desse pequeno percentual de água doce existente, 2/3 encontram-se localizados nas calotas polares, portanto, com água em estado sólido, não havendo, no momento, tecnologia disponível para ofertá-la às populações. O 1/3 restante corresponde a aproximadamente 1% do volume inicial. Esse é o volume disponível para o consumo da população mundial, estimada hoje em mais de 6 bilhões de pessoas.

O Brasil é um país privilegiado em termos de recursos hídricos. Ele detém cerca de 12% da água doce que escorre superficialmente no planeta. Desses recursos, 72% estão localizados na bacia amazônica, região na qual vivem menos de 8% da população nacional. O Nordeste brasileiro detém míseros 3%, 2/3 dos quais se encontram na Bacia do Rio São Francisco.

O quadro 1 trata da disponibilidade *per capita* de água, em diversas regiões do planeta, inclusive no território nacional. Na primeira classe de disponibilidade (> do que 20.000 m³/hab/ano), estão considerados todos os estados da região Norte, sendo Roraima o estado campeão em oferta de água do país. Dos estados nordestinos, pertencentes ao Semi-árido, apenas o Piauí está em situação confortável (considerado um estado rico em ofertas hídricas, pelo fato de fornecer volumes superiores a 5.000 m³/hab/ano), fato este advindo de riqueza significativa de água em seu subsolo e da existência de um grande rio perene – o Parnaíba – que faz fronteira com o Estado do Maranhão; o Estado da Bahia (em situação limite em termos de oferta hídrica, com fornecimentos volumétricos superiores a 2.500 m³/hab/ano), chega a ter mais água do que o Estado de São Paulo, por ser beneficiado pelas águas do Rio São Francisco e possuir áreas sedimentares esparsas, mas significativas, em seu território. A situação dos demais estados nordestinos é preocupante (pobres em água, pelo fato de fornecerem volumes inferiores a 2.500 m³/hab/ano), destacando-se, entre eles, Paraíba e Pernambuco, como estados campeoníssimos em baixa oferta hídrica para os seus habitantes, cabendo a este último o fornecimento de apenas 1.320 m³/hab/ano.

Quadro 1 - DISPONIBILIDADE DE ÁGUA				
Disponibilidade hídrica *per capita* m³/hab/ano	País	Disponibilidade hídrica *per capita* m³/hab/ano	Estado brasileiro	Disponibilidade hídrica *per capita* m³/hab./ano
Abundante > 20.000	Finlândia Suécia	22.600 21.800	Roraima Amazonas Amapá Acre Mato Grosso Pará Tocantins Rondônia Goiás M. G. do Sul Rio G. do Sul	1.747.010 878.929 678.929 369.305 258.242 217.058 137.666 132.818 70.753 39.185 20.798
Muito rico > 10.000	Irlanda Luxemburgo Áustria	14.000 12.500 12.000	Maranhão Santa Catarina Paraná Minas Gerais	17.184 13.662 13.431 12.325
Rico > 5.000	Portugal Grécia	6.100 5.900	Piauí Espírito Santo	9.608 7.235
Situação limite > 2.500	França Itália Espanha	3.600 3.300 2.900	Bahia São Paulo	3.028 2.913
Pobre <2.500	Reino Unido Alemanha Bélgica	2.200 2.000 1.900	Ceará Rio de Janeiro Rio G. do Norte Distrito Federal Alagoas Sergipe	2.436 2.315 1.781 1.751 1.752 1.743
Situação crítica <1.500			Paraíba Pernambuco	1.437 1.320

Fonte: Secretaria de Recursos Hídricos de São Paulo, 2000.

Fragilidade ambiental

Qual a razão dessa miséria hídrica nos estados nordestinos? O grande responsável por toda essa adversidade existente é o próprio ambiente natural da região, principalmente por seus condicionantes climáticos e geológicos, agravado ainda pela ação inconseqüente de seus habitantes (estima-se no Semi-árido uma população de cerca de 20 milhões de pessoas, das quais, no exacerbar de uma seca, 10 milhões passam sede e fome).

Geograficamente falando, o Nordeste brasileiro está localizado muito próximo à linha do equador. O Recife está situado a 8° graus de latitude Sul. Fortaleza encontra-se a 3° graus. Isso significa que os raios solares incidem de forma perpendicular à linha do solo, fenômeno este que tem influência significativa não apenas na elevada temperatura do ambiente (a média da região é de 26 °C) mas, e principalmente, na evaporação e na insolação (evaporam-se no Semi-árido mais de 2.000 mm/ano e a região dispõe de mais de 2.800 horas de sol/ano).

Apesar de sofrer a influência de diversas massas de ar formadoras de seu clima (Equatorial Atlântica, Equatorial Continental, Tépida Atlântica, Tépida Kalaariana e Polar), o Nordeste tem clima semi-árido em mais da metade de sua área, porquanto, essas massas de ar adentram a região com pouca energia, trazendo conseqüências danosas não apenas pelo baixo volume de chuvas caídas, mas também pela periodicidade irregular dessas precipitações. O quadro 2 mostra alguns exemplos da irregularidade na caída das chuvas no município de Souza, na Paraíba, em anos considerados secos, citados por Guimarães Duque no seu livro *O Nordeste e as Lavouras Xerófilas*. Nele observa-se que, no ano de 1941, o total de chuvas caídas foi de 674 mm. No mês de março daquele ano choveu 309 mm, ou seja, 45% do precipitado em todo o ano, e a chuva em um único dia no mês de março foi de 125 mm, ou seja, 40% do que choveu durante todo o mês. Esse aspecto bem demonstra a anormalidade climática da região, tendo a mesma voltado a se repetir nos anos de 1942, 1951, 1953 e 1958.

Ainda com relação às secas, outros fenômenos merecem ser citados: o El Niño, caracterizado pelo aumento de temperatura no Pacífico, próximo às costas do Peru, que provoca deslocamentos de correntes aéreas entre os Estados de São Paulo e Paraná, impedindo a subida das frentes frias oriundas da região polar, que interferem nas precipitações do Nordeste, e a variação nas temperaturas do Atlântico, nas suas partes norte/sul, próximas ao litoral nordestino, que também exerce influência significativa na caída das chuvas na região, havendo possibilidades de bom período chuvoso, quando as temperaturas na sua parte sul encontram-se mais elevada, quando comparadas àquelas de sua parte norte.

Com relação à geologia, no Nordeste existem dois grandes conjuntos estruturais: o Escudo Cristalino e as Bacias Sedimentares.

O Escudo Cristalino, que representa cerca de 70% da área semi-árida nordestina, é constituído por solos geralmente rasos, nos quais as rochas que lhes dão origem estão praticamente à superfície, chegando a aflorar em alguns pontos. Essas características resultam em baixa capacidade de infiltração de água nesses solos e, por conseguinte, alto escorrimento superficial e reduzida drenagem natural. As únicas possibilidades de existência de água nesse tipo de estrutura encontram-se: nas fraturas das rochas cristalinas e nos aluviões próximos a rios e riachos. As fontes hídricas em tais condições normalmente têm baixa vazão e, como se isso não bastasse, as águas são extremamente ricas em sais.

Um rio que corre sobre o cristalino apresenta-se, na época das chuvas, com muita água, e, dependendo do volume de água caído, com enchentes descomunais. Uma vez encerradas as chuvas, volta ao seu leito normal, diminuindo a vazão paulatinamente e, em determinada época do ano, interrompe o seu curso. É um rio temporário. O melhor exemplo a ser citado de um rio que corre sobre o escudo cristalino, na região semi-árida, é o Jaguaribe, no Ceará, considerado o maior rio seco do mundo.

Quadro 2 – IRREGULARIDADE NA CAÍDA DAS CHUVAS
Paraíba – Município de Souza – Açude de São Gonçalo

Ano de 1941 (considerado seco)	
Chuva total do ano	674 mm
Chuva total do mês de março	309 mm (45% do ano)
Chuva total do dia 6 de março	125 mm (40% do mês)

Ano de 1942 (considerado seco)	
Chuva total do ano	468 mm
Chuva total do mês de abril	207 mm (44% do ano)
Chuva total do dia 10 de abril	93 mm (44% do mês)

Ano de 1951 (considerado seco)	
Chuva total do ano	726 mm
Chuva total do mês de abril	317 mm (43% do ano)
Chuva total do dia 23 de abril	115 mm (36% do mês)

Ano de 1953 (considerado seco)	
Chuva total do ano	563 mm
Chuva total do mês de março	254 mm (45% do ano)
Chuva total do dia 26 de fevereiro	113 mm

Ano de 1958 (considerado seco)	
Chuva total do ano	535 mm
Chuva total do mês de março	275 mm (51% do ano)
Chuva total do dia 28 de março	127 mm (46% do mês)

Diante dessas características do ambiente cristalino, entendem-se as razões que possibilitaram uma verdadeira corrida para a construção de açudes nessa região. Hoje é estimada, no Nordeste, a existência de mais de 70.000 açudes, os quais são responsáveis pelo represamento de cerca de 30 bilhões de m^3 de água (a Represa de Sobradinho está excluída dessa estatística por ser considerada o maior lago artificial do Nordeste e de possuir, sozinho, cerca de 34 bilhões de m^3 de água). É o maior volume de água represada em regiões semi-áridas, no mundo. Apesar de possuir um volume de água considerável, pesa sobre a região uma triste estatística: as 24 maiores represas têm capacidade de acumular 12,7 bilhões de m^3, mas apenas 30% desse volume são utilizados na irrigação e no abastecimento das populações. Os 70% perdem-se com a evaporação. Por sua vez, a Represa Armando Ribeiro Gonçalves, a segunda maior do Nordeste (a primeira é Sobradinho), localizada no município de Açu, no Rio Grande do Norte, com capacidade de acumular 2,4 bilhões de m^3, é subutilizada. Estima-se que ela tenha condições de abastecer toda a população do Estado do Rio Grande do Norte nos próximos 20 anos, se considerado um consumo médio de 200 litros/pessoa/dia. Mesmo sendo portadora de riqueza volumétrica significativa, está previsto o seu abastecimento com as águas oriundas do São Francisco, pelo projeto transpositório que se encontra, atualmente, em curso. Esse fato pode ser comparado a uma chuva que se precipita no molhado, se observada a situação de penúria hídrica em que se encontra todo o Seridó norte-rio-grandense, região na qual existem reais necessidades de abastecimento e que não foi contemplada com uma gota sequer das águas do Velho Chico.

Já nas Bacias Sedimentárias, as condições naturais são opostas àquelas do Escudo Cristalino. Normalmente, são caracterizadas pela existência de solos profundos, porosos, com alta capacidade de infiltração, baixo escorrimento superficial e boa drenagem natural. Essas características possibilitam a existência de um grande suprimento de água, de boa qualidade, no lençol freático dessas bacias. No Nordeste, esse conjunto está localizado em cerca de 30% da região semi-árida. Pelo fato de representar um percentual muito pequeno, em relação à área total do Nordeste, vale aqui um alerta: não é conveniente se extrapolarem os exemplos de riquezas hídricas existentes nas áreas sedimentárias para o Nordeste como um todo. São recursos hídricos importantes, sem a menor sombra de dúvidas, mas essas águas devem ser exploradas com eficácia e utilizadas com muita parcimônia, evitando-se os maus exemplos de desperdícios, como aqueles existentes no município de Cristino Castro, região do Vale do Gurguéia, no sul do Piauí, onde poços jorram noite e dia, sem que se saibam os usos que são dados à água.

Quais as características de um rio que tem seu leito sobre o sedimentário? Pelo fato de ocorrerem infiltrações significativas e boa drenagem natural nos solos, os rios, em tais circunstâncias, têm constantemente seus volumes enriquecidos, tornando-se perenes. Nesse aspecto, o melhor exemplo é conferido ao Rio Parnaíba que separa os Estados do Piauí e Maranhão.

Aldo da Cunha Rebouças, no trabalho "Panorama da Degradação do Ar, da Água Doce e da Terra no Brasil", publicado em 1997 através do CNPq, entre outras análises, mostra os quantitativos volumétricos existentes no subsolo dos principais domínios hidrológicos do Brasil. Nesse trabalho, são destacados os volumes existentes nas Bacias Sedimentares nordestinas, bem como aqueles existentes no seu escudo cristalino. O quadro 3 evidencia a grande diferença volumétrica existente entre os referidos domínios, cabendo ao escudo cristalino (600.000 km^2 de área), pertencente ao aqüífero principal *Zonas Fraturadas*, um volume estimado de apenas 80 km^3, enquanto na Bacia Sedimentar do Maranhão (700.000 km^2 de área), pertencente ao aqüífero principal Arenito Itapecuru, Ar. Cordas-Grajaú, Ar. Motuca, Ar. Poti-Piauí, Ar. Cabeças e Ar. Serra Grande, um volume significativamente maior, estimado em cerca de 17.500 km^3 de água. Esses dados mostram que aproximadamente 70% das águas de subsolo existentes no Nordeste estão localizadas nos Estados do Maranhão e do Piauí.

Levando esses conceitos em consideração, ao ser analisada a transposição de águas em si, observa-se que o Rio São Francisco corre, por toda a extensão do Semi-árido, sobre uma geologia cristalina. Esse fato faz com que todos os seus afluentes apresentem, nessa região, regimes temporários, o que resulta em significativas limitações de vazão, no período de estiagem. Esse aspecto condiciona ao rio uma vazão média histórica da ordem de 2.800 m^3/s.

O rio tem aproximadamente 2.800 km de extensão, entre o seu nascedouro, na Serra da Canastra (MG), e a sua foz, no pontal do Peba (AL). Ele é subdividido em Alto (da Serra da Canastra até Pirapora), Médio (de Pirapora até Remanso), Submédio (de Remanso até Paulo Afonso) e Baixo São Francisco (de Paulo Afonso até o Oceano Atlântico). Tudo que ocorre ao longo de todo o Rio São Francisco é reflexo do que acontece na sua parte Alta. É lá onde ocorrem as precipitações que irão abastecer a Represa de Sobradinho, responsável direta pela regularização da vazão do rio; é onde são formadas as cheias necessárias para manutenção da vida na parte ribeirinha do rio; é onde a pesca e a navegação se fazem com maior intensidade e é, portanto, a região na qual se deveria ter um tratamento diferenciado por parte de nossas autoridades, o que, na realidade, não vem acontecendo.

Através dos comentários acima, percebe-se o quanto o Nordeste semi-árido é frágil em termos ambientais, provavelmente não existindo, com tais características, outra região similar em zonas tropicais de todo o mundo. Somem-se a essas questões, secas sucessivas e uma total falta de planejamento, por parte de nossas autoridades, no uso dos recursos hídricos... O resultado é o que estamos presenciando atualmente no Nordeste: cidades de certo porte como Caruaru (PE) e Campina Grande (PB), com racionamentos de água significativos; cidades como Arcoverde (PE) e Bezerros (PE) com colapso no abastecimento e em estado de calamidade pública, havendo necessidade da intervenção do governo, através do uso de carros-pipa e do envio de um trem carregado com 300.000 litros de água para o abastecimento das populações e, o exemplo mais marcante, a cidade do Recife, com mais de 3 milhões de habitantes em sua região metropolitana, que chegou a ter um racionamento de 9 dias sem água, intercalado com um dia com água em alguns bairros. Essa situação de Recife é lamentável, porquanto a cidade se encontra sobre uma geologia sedimentária riquíssima em água e localizada numa região onde chove, em média, 2.000 mm/ano.

Quadro 3 - PRINCIPAIS DOMÍNIOS HIDROLÓGICOS DE ÁGUA DOCE SUBTERRÂNEAS E INTERVALO DE VAZÃO DE POÇOS NO BRASIL

Domínio Aqüífero	Área (km^2)	Sistema Aqüífero Principal	Volume d'água (km^3)	Intervalo Vazão de Poço (m^3/h)
Substrato Aflorante	600.000	Zonas fraturadas	80	$< 1 - 5$
Substrato Alterado	4.000.000	Manto rochas alteradas e/ou fraturas	10.000	5 - 10

Bacia Sedimentar Amazonas	1.300.000	Ar. Barreiras Ar. Alter do Chão	32.500	10 - 400
Bacia Sedimentar São Luís/Barreirinhas	50.000	Ar. São Luís Ar. Itapecuru	250	10 - 150
Bacia Sedimentar Maranhão	700.000	Ar. Itapecuru Ar. Cordas-Grajaú Ar. Motuca Ar. Poti-Piauí Ar. Cabeças Ar. Serra Grande	17.500	10 - 1000
Bacia Sedimentar Potiguar - Recife	23.000	Ar. Barreiras Calcário Jandaíra Ar. Açu-Beberibe	230	5 - 550
Bacia Sedimentar Alagoas - Sergipe	10.000	Ar. Barreiras Ar. Marituba	100	10 - 350
Bacia Sedimentar Jatobá - Tucano - Recôncavo	56.000	Ar. Marizal; Ar. Tacaratu; Ar. São Sebastião	840	10 - 500
Bacia Sedimentar Paraná (Brasil)	1.000.000	Ar. Baurú-Caiuá Basaltos S. Geral; Ar. Furnas/Aquidauana Ar. Botucatu-Piramboia-R. Branco	50.400	10 - 1700
Depósitos Diversos	773.000	Aluviões, dunas	411	2 - 40
Totais	8.512.000		≈ 112.000	

O Projeto

Para resolver o problema de penúria hídrica do Nordeste, coube ao governo federal elaborar uma proposta, que consistia no transporte de águas do Rio São Francisco para as regiões necessitadas, aproveitando o potencial de oferta hídrica supostamente disponível no rio (o Nordeste possui apenas 3% de toda a água doce existente no país, 2/3 dos quais se encontram na Bacia do São Francisco), conforme comentado no início deste relato.

O plano de usar as águas do Rio São Francisco para resolver tais problemas, nos Estados de Pernambuco, Paraíba, Ceará e Rio Grande do Norte, remonta ao século XIX. Foi em 1886 que o engenheiro Tristão Franklin Alencar de Lima cogitou, pela primeira vez, nessa idéia. Desde então, muitas outras propostas surgiram, mas em nenhuma foi comprovada eficácia suficiente que justificasse sua execução.

Em 1985, novas alternativas foram estudadas pelo Departamento Nacional de Obras Contra as Secas (Dnocs). Cogitou-se, inclusive, na interligação da Bacia do Tocantins com o Velho Chico. Há sete anos, um outro projeto fracassou. Dessa vez, a idéia do então ministro da Integração Regional, Aloísio Alves era transportar 280 m^3/s de água do São Francisco para quatro estados nordestinos.

A proposta atual prevê, em duas tomadas d'água, a retirada de 127 m^3/s a partir da cidade de Cabrobó (PE), eixo norte (de onde serão bombeados até 99 m^3/s) e do Lago de Itaparica (BA), eixo leste (de onde sairão os 28 m^3/s restantes). No Ceará, o Rio Jaguaribe e Bacias Metropolitanas de Fortaleza seriam interligadas pelo Canal do Trabalhador. No Rio Grande do Norte, os rios beneficiados seriam o Apodi e o Piranhas-Açu. Na Paraíba, as águas do Velho Chico alimentariam as vazões dos Rios Piranhas e Paraíba. Em Pernambuco, os Rios Brígida e Moxotó seriam contemplados.

Para as águas alcançarem as vertentes dos referidos estados, teriam que ser elevadas a 164 metros de altura, no eixo norte, e 304 metros no eixo leste; passarem por túneis e aquedutos e percorrerem dois mil quilômetros de rios e canais a céu aberto, com perdas por evaporação e infiltração. Porém, o bombeamento não seria contínuo, pois o objetivo do projeto visa tão somente suprir alguns açudes para compensar a água evaporada, abastecendo mais de 6 milhões de pessoas e irrigando cerca de 300 mil ha de terra a 500 km de distância das margens do rio.

Com os múltiplos usos existentes, será que o rio dispõe ou poderia dispor de água suficiente para suprir essas metas? Com vistas a responder a essa indagação, é necessário tecer alguns comentários sobre a situação em que se encontra a Bacia do São Francisco na atualidade.

Rio doente

A Bacia do São Francisco abrange uma área aproximada de 640.000 km^2, em que existem cerca de 500 municípios, dos quais 97 em suas margens, e uma população estimada em cerca de 14 milhões de pessoas.

A primeira questão a ser observada é a poluição existente em suas águas. Pode-se imaginar as conseqüências ambientais advindas do despejo diário dos esgotos domésticos desse significativo contingente populacional na calha do rio. A grande Belo Horizonte, por exemplo, despeja diariamente seus esgotos – domésticos e industriais – no Rio das Velhas e no Paraopeba, importantes afluentes do São Francisco. Trata-se de um problema de saúde pública que terá que ser solucionado, antes mesmo de se fazer uso de suas águas.

Os desmatamentos indiscriminados são outro fator que merece atenção especial na sua bacia. As siderúrgicas mineiras consomem anualmente cerca de 6 milhões de toneladas de carvão vegetal, 40% dos quais oriundos das matas nativas da região. A remoção dessa biomassa para uso industrial tem causado danos significativos ao ambiente: estima-se que 75% das florestas nativas do Estado de Minas Gerais, bem como 95% das matas ciliares da Bacia do São Francisco tenham sido destruídas.

A expansão da fronteira agrícola, no Noroeste mineiro e em todo o Oeste baiano, principalmente com o plantio do café e da soja irrigados, é outro fator que tem causado danos significativos ao São Francisco. Em regiões possuidoras de uma malha fluvial importantíssima para a regularização da vazão do rio, os desmatamentos praticados, principalmente nas cabeceiras de alguns de seus afluentes, têm ocasionado, com certa freqüência, exaustão de nascentes, com conseqüente diminuição de vazão do Velho Chico, como ocorreu recentemente com os Rios Cabeceira Grande, Sucuriú, Capão e Ribeirão do Salitre, todos pertencentes à Bacia do Rio Corrente, importante tributário do São Francisco. Desprovida de vegetação ciliar, as margens desses rios ficam sujeitas à erosão, trazendo, como conseqüência, assoreamentos em seus leitos, o que dificulta a navegação. Estima-se que estejam sendo carreados anualmente para o leito do Velho Chico, cerca de 18 milhões de toneladas de solos, volume equivalente a 2 milhões de caminhões caçambas. As balsas que atravessavam o rio, na altura de São Romão (MG) foram impedidas de navegar, devido à formação de bancos de areia naquela localidade, obrigando os usuários a proceder a travessia em um pequeno lugarejo à sua montante, denominado Cachoeira do Manteiga.

Estes comentários são importantes, como formadores de opinião sobre a realidade da região sanfranciscana, e mostram a necessidade de se empreenderem ações estruturadoras e revitalizadoras no rio.

Ações antrópicas

Dois aspectos importantes que devemos levar em consideração para o entendimento da situação em que se encontra a Bacia do São Francisco estão relacionados com as ações desenvolvimentistas realizadas pelo homem. O primeiro diz respeito à exploração do potencial irrigável do rio, estimado em cerca de 3 milhões de hectares, nos quais já foram implantados cerca de 340 mil hectares, ao longo de toda a sua bacia. Considerando-se, para fins de cálculo do consumo de água, 0,5 litro por segundo para irrigar 1 hectare, a exploração dessa área já utiliza atualmente cerca de 170 m^3/s das águas do rio.

O outro aspecto a ser considerado diz respeito à implantação do programa de eletrificação do Nordeste pela Companhia Hidrelétrica do São Francisco (Chesf). A um custo estimado em cerca de 13 bilhões de dólares, a Chesf, ao longo dos últimos 60 anos, explorou, com muita competência e através da saga de um povo, todo o potencial gerador do rio, contando, atualmente, com cerca de 10 mil MWh instalados. Todo o complexo gerador da Chesf utiliza, do São Francisco, uma vazão mínima garantida de aproximadamente 2.060 m^3/s.

A construção das represas das usinas geradoras acarretou enormes problemas para a atividade pesqueira da região. As espécies de piracema estão desaparecendo do rio, devido à impossibilidade que têm de fazerem o seu trajeto natural de subida das corredeiras para a realização das desovas. Ademais, as águas no interior das represas tiveram a turbidez e a temperatura modificadas, confundindo a fisiologia das fêmeas e abortando as desovas. Ainda com relação a essas questões, o sistema Chesf, após a construção das represas, regularizou a vazão do São Francisco. Esse aspecto fez com que começassem a existir críticas muito fortes, por parte dos que habitam as localidades ribeirinhas, os quais alegam que o rio está correndo com pouca água. Isso despertou o imaginário das pessoas no sentido de começar a entender a razão da captura de peixes de espécies marinhas, como o camurim e o xaréu, em localidades distantes do estuário do rio, como vem ocorrendo no município de Porto Real do Colégio, a aproximadamente 100 km de sua foz. Ora, se o peixe de água salgada consegue adentrar a uma distância de 100 km do seu *habitat* natural, é porque os níveis de sal nas águas do São Francisco estão tão elevados que possibilitam a formação de um ambiente favorável à sobrevivência de tais espécies. Diante desse fato, está nos parecendo que as incursões das águas do mar para o interior do rio estão sendo maiores do que as incursões naturais das águas do rio em direção ao mar. Em outras palavras, o rio está perdendo essa luta.

Águas comprometidas

A irrigação de 340 mil ha praticada atualmente no Vale do São Francisco (e essa área cresce em cerca de 4% ao ano), já representa comprometimentos potenciais de cerca de 170 m^3/s da vazão média do rio, que é de 2.800 m^3/s. Outro aspecto importante a ser mencionado é a insuficiência volumétrica do Rio São Francisco para o atendimento das necessidades do projeto. Segundo avaliação técnica realizada no Recife pela Sociedade Brasileira para o Progresso da Ciência – SBPC, o Rio São Francisco já não possui vazões suficientes para esse atendimento. O rio é detentor de uma vazão alocável de apenas 360 m^3/s, dos quais 335 m^3/s já foram outorgados (desse volume estão sendo efetivamente utilizados 91 m^3/s), ou seja, já há direito ao uso desses volumes. Portanto, o que resta no rio é um saldo de apenas 25 m^3/s para ser utilizado em um projeto cuja demanda média é de 65 m^3/s, podendo chegar a uma demanda máxima de 127 m^3/s. As autoridades insistem em afirmar que a vazão de 25 m^3/s é irrisória (cerca de 1%) se comparada ao volume regularizado do rio em sua foz, de cerca de 1.850 m^3/s. Sobre essa questão, lembramos que os cálculos têm que ser feitos levando-se em consideração os volumes alocáveis do rio (os 360 m^3/s permitidos para fins consuntivos) e não a sua vazão regularizada na foz (os 1.850 m^3/s). Levando-se em consideração os volumes alocáveis e seus usos efetivos (360 - 91 = 269 m^3/s), os 65 m^3/s médios do projeto representam cerca de 25% e a vazão máxima, os 127 m^3/s, 47% dos volumes alocáveis, respectivamente.

A geração de energia

As questões da geração de energia no Nordeste são de deixar qualquer pessoa que tenha o mínimo bom-senso em verdadeiro estado de pânico. Como se sabe, o São Francisco é responsável por mais de 90% da energia que é gerada na região. Com relação a esse aspecto, criou-se uma situação inédita no país, que ainda não foi corretamente dimensionada pela opinião pública. Em tempos de paz, nenhum governo do mundo jamais colocou o seu país sob risco tão alto como o que existe no Brasil de hoje. O Operador Nacional do Sistema Elétrico (ONS) prevê que chegaremos, em novembro de 2001, com apenas 10% do volume dos reservatórios preenchidos (estima-se que Sobradinho esteja com apenas 5%), a menos que ocorram verdadeiros dilúvios bíblicos, o que é um fato muito pouco provável nas nascentes do São Francisco, nos meses de agosto, setembro e outubro. Do mês de julho até o início de agosto de 2001, operou-se com cerca de 18% do preenchimento dos reservatórios. Talvez o presidente e sua equipe econômica não saibam de uma informação crucial: se chegarmos aos níveis de 10% dos volumes previstos, ignora-se o que poderá ocorrer. As turbinas instaladas no Brasil são programadas para gerar energia em 60 hertz, ou seja, com 60 ciclos por segundo, e só podem fazê-lo nessa freqüência, pois todas as máquinas, equipamentos e eletrodomésticos instalados no país estão ajustados a ela. Isso exige que as turbinas mantenham, com estabilidade, uma certa velocidade de rotação. Quando a coluna d'água diminui devido ao esvaziamento dos reservatórios, o peso da água também diminui e o fluxo se torna menos estável, exigindo que as turbinas façam mais esforço para manter a rotação programada (daí a importância de se entender o conceito de volume útil das represas, nas questões da geração elétrica). Se o esforço for excessivo, os sistemas de proteção entram em ação automaticamente, interrompendo a geração. Essas condições predispõem o sistema para os apagões, ou seja, ocorrem quedas súbitas e descontroladas de energia, que podem ser seqüenciais, por sobrecarga. Foi o que ocorreu em toda a região Sudeste em princípios de 1999. Se o nível de 10% for de fato atingido, o sistema elétrico brasileiro, que já foi referência mundial, não terá mais confiabilidade operacional. Não se trata de hipótese longínqua. Ao contrário, é a mais provável. Em vez de reconhecer a gravidade da crise e trabalhar para enfrentar o pior cenário, o governo federal resolveu apostar nas providências celestiais. São Pedro foi o primeiro a ser culpado pela crise energética que desestabilizou a vida de todos os brasileiros desde maio de 2001. Aos poucos, especialistas verificaram que, de fato, a baixa pluviometria tem-se acentuado nos últimos cinco anos, mas comprovaram que a falta de chuvas não pode ser responsabilizada, sozinha, pelo risco e custo social e econômico do apagão. Em meio ao embate político e jurídico, rastreou-se a culpa também na queda dos investimentos na geração e nas linhas de transmissão de energia, no modelo de privatização das companhias geradoras e na dependência da produção nacional de energia, na sua grande maioria, de fontes hidrelétricas. Em resumo, na ausência de "planejamento" e "gestão" do setor elétrico. Caso chova bastante nos próximos meses (o que é um fato pouco provável, pois a estação é seca no Alto São Francisco), passaremos raspando pelo caos, sofrendo os inconvenientes já bem conhecidos por todos nós.

E foi exatamente nesse cenário de seca e, conseqüentemente, de descompassos volumétricos das represas e da necessidade de racionamento de energia, que o governo federal apostou todas as suas fichas no projeto transpositório do rio. Felizmente, prevaleceu o bom-senso e o projeto foi engavetado, pelo menos temporariamente.

A água necessária

Tendo em vista o total desabastecimento hídrico hoje existente, vivenciado por boa parte da população nordestina, e existindo no Rio São Francisco cerca de 70% das águas disponíveis na região Nordeste, é de se supor que, uma vez realizada dentro de parâmetros técnicos confiáveis, a transposição de suas águas possa vir a ser considerada como mais uma ferramenta alternativa, dentro das já existentes, com vistas a solucionar tal problema. Aliás, as águas do São Francisco já estão sendo utilizadas em Pernambuco, através da Adutora do Oeste (0,4 m^3/s), aduzidas no município de Orocó para o abastecimento da população de Ouricuri, percorrendo uma distância de cerca de 200 km.

Inicialmente, poder-se-ia fazer cumprir o que determina o artigo 21 da Constituição de 1988, no seu inciso XIX, que estabelece a competência da União em instituir um sistema nacional de gerenciamento de recursos hídricos e definir critérios de outorga de direitos de seu uso. Mais do que produtora de energia, a água é matéria-prima da agricultura e insumo da indústria. É garantia de higiene doméstica e saúde pública. Alguns estados vêm trabalhando muito nos últimos anos para incorporar esses princípios em suas legislações e políticas públicas, criando conselhos estaduais, comitês de bacias, grupos de usuários de água etc., mas, infelizmente, a grande maioria dos estados nordestinos tem sido relapsa com relação a esse assunto. Embora tenhamos uma lei federal que fixa os fundamentos da Política Nacional dos Recursos Hídricos (Lei 9433, de 08/01/1997) e tendo sido, recentemente, criado pelo governo federal o Comitê da Bacia do Rio São Francisco, pouco se avançou na incorporação dos princípios que definem esse novo quadro institucional no país. A lei do Estado de São Paulo, de 1991, foi a primeira e serviu de base para a Lei das Águas, no âmbito federal, e de modelo a várias leis estaduais.

Como pode faltar água num país tropical de clima úmido que detém a maior descarga de água doce do mundo; que conta com um número enorme de rios perenes em quase todo seu território e com uma reserva de 12% de toda a água potável do planeta?

Existindo os instrumentos legais acima descritos (a instituição de um sistema nacional de gerenciamento de recursos hídricos e a definição de critérios de outorga de direitos de seu uso), em cuja implementação, infelizmente, até hoje estamos engatinhando, é necessária a realização do planejamento hidráulico da Bacia do Velho Chico com a elaboração de um verdadeiro orçamento de suas águas, anualmente revisado em função da sua maior ou menor disponibilidade, que varia a cada ciclo hidrológico, para darmos resposta aos questionamentos de falta de água da região. Esse orçamento iria definir: X m^3/s para uso humano e animal; Y m^3/s para irrigação na bacia; Z m^3/s para geração de energia elétrica; T m^3/s para transposição para outras bacias; W m^3/s para a indústria, etc. A Agência Nacional da Água – ANA (autarquia com autonomia administrativa e financeira, a qual se encontra vinculada ao Ministério do Meio Ambiente), órgão recentemente criado pelo governo federal, poderá vir a ter um papel fundamental nessas ações, implementando a política nacional de recursos hídricos e gerenciando o sistema, atuando mais diretamente nas bacias federais, isto é, aquelas com rios interestaduais.

Lacunas existentes

Na Bacia do São Francisco foram identificados, desde a década de 60, 3 milhões de hectares potencialmente irrigáveis, e seu aproveitamento tem sido feito de maneira muito lenta. Como explicar que existam, ou que existiram recursos para levar água a centenas de quilômetros de distância, enquanto as terras próximas ao rio permanecem não beneficiadas?

As águas do São Francisco transpostas para os Rios Jaguaribe, Apodi, Piranhas-Açu e Paraíba não irão resolver o problema da seca no Nordeste. Como elas chegarão ao nordestino que vive a uma ou duas léguas das margens desses rios? O problema de falta d'água já existe próximo aos rios existentes na Bacia do São Francisco e não é verdade que a transposição irá acabar com o fornecimento de água através de carros-pipa.

Considerando a vazão média de bombeamento da transposição de 60 m^3/s (poderá haver bombeamentos de até 127 m^3/s) e o preço da energia elétrica de R$ 35,00 por MWh, o custo total de energia a ser gerada mais os custos de bombeamento (já descontada a energia que seria gerada na futura usina do eixo norte, conforme indicado nos estudos de viabilidade da transposição) ultrapassa anualmente R$ 70 milhões.

Tais estudos de viabilidade informam que, no eixo norte, a água será elevada de uma cota mínima de 325,30 até 490,01, ou seja, uma diferença de nível de 164,71 metros, enquanto no eixo leste, a água será elevada de uma cota de 280,00 até 603,36, portanto, uma elevação de 304,36 metros. Haverá energia suficiente para os bombeamentos necessários, quando a região passa pela maior crise energética de sua história, a qual aflige todos os brasileiros?

Qual a efetiva destinação das águas transpostas com o projeto:

- Para consumo humano e animal?
- Para a irrigação?

Quais as perdas por evaporação?

Quais as perdas por infiltração?

Quais os volumes de águas transpostas que chegarão ao mar?

Qual o custo total do empreendimento?

Que parcelas integrarão o preço a ser pago pelos usuários (amortização do investimento e operação, incluindo bombeamento e manutenção)?

Quem irá gerenciar a água transposta?

Quem irá construir, operar e manter o sistema?

Quais as salvaguardas contra especuladores e grileiros?

Quais as defesas previstas para evitar a expulsão de pequenos proprietários e posseiros nas áreas beneficiadas pela transposição?

Ações necessárias

Foi a noção equivocada de abundância de água, entre nós brasileiros, que nos levou ao falso entendimento da inesgotabilidade de nossas reservas hídricas, principalmente as existentes aqui no Nordeste.

Primeiramente, é importante observar que a transposição não pode ser vista como a única alternativa viável para se resolver, de vez, os problemas hídricos da região. Não podemos e não devemos colocar em um plano secundário os investimentos já realizados em outros setores, como, por exemplo, a geração de energia e a irrigação, visando à solução de tais problemas. Sendo assim, ações estruturadoras precisam continuar recebendo a atenção necessária por parte das autoridades competentes.

Inicialmente, é de vital importância a revitalização do rio, através do reflorestamento das regiões acometidas pelos desmatamentos indiscriminados. A responsabilidade por essa incômoda situação se estende ao desrespeito e descuido das pessoas para com as leis e a lógica da natureza. São os agressivos e silenciosos desmatamentos que impedem a água, oriunda das precipitações naturais, de se infiltrar na terra. Os reflorestamentos são ações necessárias como forma de conter, tanto o processo erosivo do solo como o da exaustão de nascentes, já verificados em várias localidades da Bacia do Rio São Francisco. Atenção especial deverá ser dada às matas ciliares, como forma de conter os desbarranqueamentos havidos nas suas margens, os quais são vetores dos processos de assoreamentos existentes em seu leito que impedem ou dificultam a navegação.

O monitoramento das vazões do rio é outro ponto merecedor de destaque. Por tratar-se de um rio com múltiplos usos de suas águas, poder-seiam concretizar ações, no sentido de se proceder a um acompanhamento sistemático das vazões do São Francisco, adotando-se o mesmo critério que vem sendo observado nos açudes do Ceará, nos quais são utilizados sensores nesses corpos d'água para obtenção dos dados volumétricos e seu imediato tratamento em um centro de processamento em Fortaleza. Com efeito, bastaria a distribuição de sensores em pontos estratégicos de sua bacia, notadamente na sua parte Alta (tudo o que ocorre no São Francisco é conseqüência do que ocorre nesse setor do rio), para serem obtidos, instantaneamente, em um centro de processamento, os dados de vazão do rio constantemente atualizados.

O tratamento dos esgotos, oriundos das indústrias e dos municípios existentes na sua bacia, é fundamental para possibilitar a utilização das águas do Velho Chico sem riscos para a saúde das pessoas que habitam a região.

É, também, fundamental que se comece a pensar na viabilidade de se transpor águas de outras bacias hidrográficas para o São Francisco. Sobre essa questão, a transposição de águas do Tocantins é, sem dúvida, um caminho a ser percorrido. Contudo, alguns esclarecimentos precisam ser feitos: primeiramente, é preciso observar que a Bacia do Tocantins está localizada em uma cota 333 metros abaixo da cota do divisor de águas da Bacia do São Francisco. Isso significa dizer que há necessidade de bombeamentos para a transposição de suas águas, o que implica em custos elevados na realização do projeto. Existem estudos que comprovam a necessidade de haver, pelo menos, quatro estações elevatórias, a um custo estimado em mais de 1 bilhão de dólares.

Outro aspecto a ser considerado é o destino dado às águas procedentes do Tocantins. Se forem destinadas ao aumento da capacidade de geração de energia elétrica do São Francisco, seria muito mais viável, economicamente, ampliar o potencial gerador da usina de Tucuruí, localizada no Rio Tocantins, e transportar parte dessa energia para o Nordeste, através de linhas normais de transmissão.

Seria prudente observar, também, as limitações de vazão dos rios que compõem a Bacia do Tocantins. No caso em questão, as águas seriam bombeadas, para o São Francisco, através do Rio do Sono (afluente do Tocantins) o qual, nas proximidades de sua nascente, segundo informações precisas de técnicos da Chesf, dispõe de um potencial transpositor da ordem de 50 m^3/s, não mais do que isso.

Outra possibilidade está no aproveitamento das águas de duas lagoas (Jalapão e Varedão) existentes no divisor de águas entre as Bacias do Tocantins e do São Francisco, localizadas nas proximidades do município de Formosa do Rio Preto, no Noroeste baiano. Segundo Caio Lóssio Botelho, professor da Universidade Estadual do Ceará, já há uma transposição natural, de cerca de 110 m^3/s, da Lagoa de Varedão para o São Francisco. Segundo o professor Caio, bastaria um aprofundamento nessa lagoa para haver um incremento significativo de vazão para o Velho Chico, em até 260 m^3/s, sem comprometer o sistema Tocantins.

No entanto, a alternativa mais viável de todas, e sem dúvida a mais barata, seria a de transportar as águas do Rio Grande para o São Francisco, na altura da Represa de Furnas, no Sul do Estado de Minas Gerais. Nessa represa, também construída em um divisor de águas (Grande/São Francisco), bastaria a construção de uma comporta, em um dos seus diques, para as águas caírem naturalmente no riacho denominado Pium-i e, por gravidade, chegarem ao São Francisco. O problema existente nessa alternativa é que o Rio Grande é afluente do Rio Paraná, o qual, por sua vez, é um rio de águas internacionais. A esse respeito, existe legislação específica que torna difícil a realização da obra. Ademais, não se sabe a reação do governo de Minas Gerais a esse tipo de proposta.

Outras questões também são merecedoras de apoio, como forma de se tentar minimizar os problemas de abastecimento das regiões sedentas nordestinas.

É preciso que se dê continuidade ao processo de construção de grandes represas na região, fazendo-se, sempre que possível, a interligação de suas bacias, como forma de utilizar melhor as suas águas. A perfuração de poços em regiões sedimentárias é outra alternativa importante, a qual deve ser apoiada conjuntamente com a ampliação do programa de construção de cisternas no meio rural, principalmente para o atendimento das comunidades carentes, e com as pesquisas na reutilização de águas servidas para o uso menos nobres, tais como: aguar jardins, lavar calçadas, automóveis, dar descargas em sanitários, etc. É preciso, contudo, que se ponha em prática a cobrança da água, prevista no Código das Águas de 1934, que já estabelecia a água como um bem público e, portanto, sujeita a outorga e a cobrança, prevendo-se o destino do dinheiro cobrado em aplicações nas próprias bacias.

Finalmente, é importante destacar que a crise energética trouxe uma lição para o país. A de que, com planejamento, coordenação e envolvimento da opinião pública, é possível obter resultados expressivos em qualquer área do conhecimento. No caso específico do chamado Ministério do Apagão foi definido um objetivo: a redução do consumo de energia. Depois, definiu-se uma meta: reduzir em 20% o consumo dos brasileiros e, posteriormente, definiram-se as ações, com cada consumidor recebendo a sua meta de consumo de energia. O coordenador do Ministério, ao divulgar semanalmente os resultados obtidos, ajudou a criar o necessário envolvimento de toda a população, tornando possível, com a adoção desse plano, livrar o país dos chamados apagões.

Recife, 10 de setembro de 2001.

UTILIZAÇÃO DAS ÁGUAS DO SÃO FRANCISCO: novos enfoques

26

O que já era previsto aconteceu. Entrou em vigor, semana passada, em todo o Nordeste brasileiro, o Plano B do governo federal para racionar energia. Não podia ser diferente. Mesmo depois de tantas idas e vindas nas orientações do Ministério do Apagão, não houve jeito: os feriadões foram decretados para se evitar o pior – o famigerado apagão.

O incrível é imaginar que, diante dessa situação caótica em que se encontra o setor elétrico brasileiro, o governo federal havia apostado todas as suas fichas, no projeto de transposição de águas do Rio São Francisco. Ora, transpor o que, se já não existe água sequer para gerar energia? Fico a imaginar que isso também possa ter sido coisa de terroristas....

Mas, a julgar pelo que está por vir, creio que é chegada a hora de analisarmos a questão por outro ângulo.

A água é um bem comum e, como tal, ninguém é dela proprietário. Especificamente na região semi-árida nordestina, imagina-se fazer de tudo um pouco: a dessedentação de animais, a exploração do potencial irrigável da região, a geração de energia para o seu desenvolvimento, a navegação ou mesmo o abastecimento de uma infinidade de pessoas que tem seu sistema de fornecimento deficitário ou inexistente. Essas alternativas de usos, até certo ponto, são válidas, mas não devemos esquecer-nos dos pesados investimentos já realizados no setor elétrico nordestino (estimados em cerca de U$ 13 bilhões), os quais foram suficientes para instalar, na região, cerca de 10 mil MW, utilizando-se as águas do São Francisco (o rio é responsável pela geração de mais de 90% da energia produzida no Nordeste).

A considerar que energia não é coisa banal e, como tal, não se pode estar brincando com ela (com o racionamento a economia do país foi atingida na sua essência), acredito que se deva tratá-la como um fator de segurança nacional, tendo o seu potencial resguardado, mediante a elaboração de um planejamento específico para o setor. Por outro lado, a Bacia do São Francisco tem possibilidades técnicas para irrigar cerca de 1.000.000 de ha, com o uso de suas águas feito com muita parcimônia. Com essa área irrigada, poderemos ser o celeiro do mundo. Só para se ter idéia do que isso significa, o Chile, em apenas 200.000 ha irrigados, exporta, anualmente, cerca de U$ 1,5 bilhão em frutas. Temos, seguramente, no Vale do São Francisco, cinco vezes mais possibilidades de produção de alimentos do que o Chile, com uma vantagem adicional: no Nordeste não neva.

O que preocupa, no entanto, é que o nosso país, que tem a sua matriz energética calcada em hidrelétricas, está com os investimentos nesse setor há muito defasados, fato que põe em risco o seu desenvolvimento. O país conta atualmente com cerca de 72.000 MW de potência instalada, dos quais 64.000 MW são específicos de hidrelétricas. Essa capacidade instalada irá produzir, no ano de 2001, cerca de 340.000.000 de MWh, sendo 300.000.000 MWh oriundos de hidrelétricas. Se considerarmos o crescimento da demanda energética do país, em cerca de 6% ao ano (percentual alcançado no Nordeste), em doze anos o país terá que duplicar a sua capacidade instalada, ou seja, terá que atingir 144.000 MW, com vistas a satisfazer a sua demanda. Ao invés de serem gerados anualmente 340.000.000 de MWh, haverá necessidade de um total de 680.000.000 MWh, dos quais 600.000.000 produzidos em hidrelétricas. Nesse sentido, é bom salientar que o potencial gerador do São Francisco já está praticamente esgotado. Portanto, há de se perguntar: futuramente, onde será gerada a energia necessária para o desenvolvimento do Nordeste?

As discussões, doravante, terão que ser conduzidas, necessariamente, sob essa ótica. Caso a sociedade concorde na necessidade de se planejar os usos múltiplos das águas do São Francisco, através da elaboração de um orçamento que garanta volumes para irrigação, geração de energia, abastecimento das populações, transposição, uso industrial, etc., seria de bom termo que essa decisão fosse tomada com certa antecedência, para possibilitar, ao setor elétrico, tempo suficiente para se organizar e alterar a origem da energia, tendo em vista os prazos necessários que terão de ser obedecidos para o início e o término das obras das unidades geradoras (uma hidrelétrica leva, em média, de 7 a 10 anos para ser construída e uma termelétrica, de 4 a 6 anos). Essas medidas são importantes para serem postas em prática, pois ajudarão a população a se conscientizar da importância da questão – ÁGUA – no contexto desenvolvimentista do país.

Recife, 16 de outubro de 2001.

27 RACIONAMENTO: o golpe de misericórdia

Poderíamos dizer que, no decorrer do atual período de racionamento de energia elétrica em curso no país, houve um significativo aprendizado, por parte da população nordestina, com relação às questões do uso das águas do Rio São Francisco. Com o racionamento, aproximadamente 47 milhões de nordestinos tornaram-se exímios hidrólogos e eletricitários. Com as medidas de contenção postas em prática pelo governo federal, a população aprendeu de tudo um pouco, a começar pela necessidade de utilizar a energia com muita parcimônia, mesmo sem contar, no início do processo, com as orientações do Ministério do Apagão. Sobre essa questão, a população colaborou de forma exemplar. Posteriormente, entendeu-se o processo da caída das chuvas nas cabeceiras do São Francisco, compreendido entre os meses de novembro e abril, e a sua importância na manutenção volumétrica da Represa de Sobradinho, principal agente mantenedor do sistema gerador de energia da região. Após essas questões, foram absorvidas outras informações igualmente importantes: o limite volumétrico mínimo de Sobradinho, exigido pelas usinas geradoras, de 55% da sua capacidade útil, alcançado normalmente no mês de abril de cada ano, para não haver necessidade de se proceder aos racionamentos ou mesmo importar energia de outros centros geradores; a vazão média do rio de aproximadamente 2.800 m^3/s; sua vazão regularizada pela Represa de Sobradinho, de cerca de 2.060 m^3/s; a potência elétrica instalada na região, de cerca de 10 mil MW; a percepção de que mais de 90% da energia gerada na região são oriundos das hidrelétricas do São Francisco; o descaso que houve, principalmente por parte do governo federal, com relação à necessidade de se proceder a investimentos no setor elétrico; a esperança do governo federal nas chuvas que não caíram no ano de 2000, tendo-se culpado São Pedro pelos insucessos havidos no setor. Enfim, tomou a população conhecimento das dificuldades enfrentadas para manter o sistema gerador elétrico em funcionamento, mesmo com o mais baixo volume alcançado em Sobradinho nas últimas décadas (estimado em aproximadamente 5,6% de sua capacidade útil), havendo, inclusive, necessidade da importação de uma grande quantidade de energia de Tucuruí (PA) e a possibilidade de aquisição de barcaças munidas de termelétricas, com vistas a auxiliar no suprimento energético da região.

Essas informações, vivenciadas no dia-a-dia pelos nordestinos e divulgadas pela mídia de um modo geral, fizeram aguçar o imaginário das pessoas, levando-as a fazer algumas indagações: em tal situação de penúria hídrica, é possível conduzir o sistema de racionamento sem haver a necessidade dos cortes seletivos de energia no Nordeste (apagões)?; estando o volume de Sobradinho no nível mais baixo de sua história, é possível entrarmos em 2002 sem que haja necessidade de um novo racionamento?; caso seja mantido o regime pluvial da forma como está (notem que vêm ocorrendo secas sucessivas desde 97 e há previsão, do Centro Técnico Aeroespacial de São José dos Campos, de novo ciclo de seca no Nordeste já a partir de 2003), como se portará a geração de energia nordestina nos próximos anos?

Foi nesse cenário extremamente realista e, por que não dizer, preocupante, que a população nordestina foi pega de surpresa, semana passada, com a informação de que o governo federal havia modificado a sistemática do racionamento, principalmente com relação à possibilidade de ampliação do consumo dos usuários e diminuição dos percentuais de racionamento. Inexplicavelmente, o percentual de redução do consumo passou de 20% (inicialmente oficializado) para 17%, configurando-se uma total incongruência, se levado em consideração o cenário de penúria hídrica ora vivenciado. O curioso é que não houve intercorrências significativas no clima que embasassem uma justificativa para a divulgação dessa redução de meta. É certo que as chuvas começaram a ocorrer regularmente nas nascentes do São Francisco, o que poderia ser uma resposta a esse tipo de atitude, mas o consumo da água para geração de energia, em decorrência do relaxamento do racionamento, também aumentou. Nesse sentido, é bom lembrar que já não havia obediência à exigência inicial do governo, porquanto o nordestino estava economizando apenas 8%, na segunda quinzena de novembro, por motivo das altas temperaturas que ocorrem no período de verão. Uma coisa está compensando a outra, a ponto de Sobradinho ter estabilizado o seu volume útil em 5,8%. Com essa atitude, percebe-se claramente que o governo federal voltou a apostar nas questões climáticas, ou seja, na existência de um bom período chuvoso, mais uma vez exaltando o nome de São Pedro para solucionar o problema. Quanto a isso, lembramos que o apóstolo Pedro, nas questões terrenas, é muito pouco confiável: além de ter negado Jesus Cristo por três vezes, não foi eficiente o bastante para manter o regime pluvial, do ano que passou, em patamares satisfatórios, o que resultou na mais forte crise energética da história do país.

Ao contrário do que foi anunciado, e diante da atual situação em que se encontra o setor elétrico nordestino, o governo federal deveria estar alertando a população sobre a necessidade de se dar seqüência ao racionamento no ano de 2002, ficando este a ser ampliado ou diminuído, em razão das características do período chuvoso ora em vigor. Se forem considerados os números aqui apresentados, percebe-se, claramente, que Sobradinho está praticamente seco (apenas 5,6% do volume útil). Portanto, para alcançar o volume útil de 55% no ano de 2002, exigido para se evitarem os racionamentos e as importações de energia de outros centros geradores, seria necessária a ocorrência de verdadeiro dilúvio bíblico na Bacia do São Francisco, fato esse que não costuma acontecer com freqüência no Nordeste brasileiro. Nesse sentido, é oportuno mencionar que Sobradinho tem uma capacidade de acumulação total de 34 bilhões de m^3, volume equivalente a aproximadamente três baías da Guanabara.

Apesar de o Ministério do Apagão ter conduzido o racionamento de forma exemplar, cremos que a atitude divulgada na semana passada pode ter sido o golpe de misericórdia na sua pretensão em minimizar os efeitos maléficos dessa crise na economia e na vida dos nordestinos. Entendemos que essa atitude foi tomada de forma prematura.

Recife, 28 de novembro de 2001.

28 A SECA PODE SER VENCIDA

Entrevista concedida ao jornalista Leonardo Sakamoto, do *Repórter Brasil*.

A entrevista na íntegra:

Revista Superinteressante – A seca do Nordeste é um eterno problema para o Brasil ou dá para a região se desenvolver e começar a andar com as próprias pernas?

João Suassuna – É fundamental usufruirmos das condições naturais existentes no Nordeste. Temos as condições e também o dever de explorar sua capacidade de suporte, o que podemos fazer com muita competência. Mais da metade da região, onde vivem cerca de 17 milhões de pessoas, tem clima semi-árido. Isso significa que temos uma insolação fantástica (aproximadamente 3.000 horas de sol por ano) e quedas pluviais entre 500 e 800 mm ao ano, embora mal distribuídas. Temos que desmistificar a idéia de que, sob essas condições, não é possível promover o desenvolvimento da região. Ao contrário, essas características climáticas podem e devem ser encaradas como um desafio e, nunca, como um problema. Temos que voltar nossas vistas para o desenvolvimento da pecuária de dupla aptidão (carne e leite), com pequenos e grandes ruminantes, com raças adaptadas às regiões secas, como, por exemplo, a Guzerá e a Sindi. Devemos, necessariamente, utilizar a vegetação da caatinga como suporte forrageiro. É indispensável a introdução de forrageiras xerófilas perenes (que se desenvolvem em ambientes secos), a exemplo da palma forrageira e dos capins buffel e urocloa, para a produção de feno a ser ofertado aos animais em períodos de estiagem. Precisamos olhar com reservas o cultivo de grãos nos limites do semi-árido. A instabilidade climática é de grande monta e não podemos expor o homem nordestino à situação vexatória de preparar o solo, plantar as sementes e ver, posteriormente, a produção se perder com as secas. A irrigação deve ser realizada, mas em locais bem específicos no Nordeste (estimadamente em cerca de 2% da região), devido às características dos solos e, principalmente, à quantidade e qualidade de suas águas. Finalmente, é fundamental que sejam desenvolvidas ações que assegurem o acesso à água potável para o contigente populacional que habita a região, principalmente aquela oriunda de represas, poços escavados no sedimentário e nas cisternas rurais. Com uma política agrícola que dê suporte a essas ações (incluindo crédito rural subsidiado), certamente o Nordeste semi-árido não dependerá da ajuda do poder público para a promoção do seu desenvolvimento.

RS – Alguns países, como Israel e Estados Unidos, conseguiram transformar regiões desérticas em grandes pólos de agricultura, tecnologia e entretenimento. Não podemos simplesmente copiar as boas idéias?

JS – Certamente que poderemos desenvolver a região Nordeste, mas à nossa maneira. O que não é apropriado é compararmos ou tentarmos adaptar as ações desenvolvimentistas que deram certo em países com características ambientais extremamente diferentes das nossas. São mundos completamente diversos. Jerusalém tem uma latitude de 32° Norte. Isso significa que o clima e a geologia da região são completamente diferentes dos nossos. Em Israel neva nos invernos e lá não existe o escudo cristalino que tão bem caracteriza a geologia da zona semi-árida nordestina, onde os solos são rasos e pedregosos, o que dificulta o desenvolvimento de uma agricultura racional. Essa análise também é válida para o Oeste dos EUA, onde a latitude é próxima à de Israel, portanto, com características ambientais semelhantes a este. Tanto Israel como a região do Colorado nos EUA resolveram os seus problemas internos de produção agrícola e, merecidamente, são reconhecidos, em todo o mundo, como celeiros produtores de alimentos. O que nos resta é resolvermos os nossos próprios problemas, levando em consideração as características do ambiente nordestino e utilizando nossa própria tecnologia. A cidade de Salgueiro, no sertão pernambucano, está a 8° de latitude Sul e a cidade de Fortaleza a 3°. Essas características ambientais implicam numa enorme diferença, quando comparadas às daqueles países, portanto, merecedoras de tratamento específico. O que nos resta é capacitar nossas universidades e centros de pesquisa para o desenvolvimento de nossas tecnologias e tentarmos adaptálas à nossa realidade.

RS – O que é melhor: transformar a região ou adaptar-se a ela?

JS – Seguramente a adaptação de ações às características do ambiente nordestino seria a melhor forma de promovermos o seu desenvolvimento.

Um bom exemplo acerca dessas questões é a irrigação praticada no Vale do São Francisco. Temos, seguramente, 1.000.000 de ha com possibilidades técnicas de serem irrigados. Para se ter idéia do que isso significa, o Chile, com apenas 200 mil ha irrigados, produz anualmente cerca de U$ 1,5 bilhão em frutas. Portanto, se adotarmos a tecnologia de irrigação adequada ao nosso Semi-árido, certamente teremos, nas margens do Velho Chico, cinco vezes mais capacidade de produção do que o Chile.

RS – Os reservatórios do Nordeste nunca estiveram tão vazios. Remanso reapareceu em Sobradinho e pedras brotam do leito do São Francisco em Xingó. Fala-se em situação conjuntural. Porém, a região cresceu nas últimas décadas e, com ela, o consumo de água. Para muitas pessoas, a falta de chuva apenas acelerou o problema. O que pode ser feito daqui para frente para que não tenhamos que optar entre fornecer luz ou água à população?

JS – No caso específico do Nordeste é bom frisar que, mais de 90% da energia gerada na região são oriundos do Rio São Francisco. A Companhia Hidrelétrica do São Francisco, Chesf, ao longo dos últimos 60 anos, utilizou praticamente todo o potencial gerador do Velho Chico, a um custo estimado de U$ 13 bilhões, estando atualmente a região com cerca de 10 mil MW de potência instalada. Ocorre que o Nordeste, como todo o resto do país, está crescendo a uma taxa de 6% ao ano. Isso significa que a demanda energética é proporcional ao seu crescimento, havendo, portanto, a necessidade de investimentos no setor, para suprir tais ações. Não houve investimentos suficientes nos últimos anos para acompanhar o crescimento do Nordeste, o que, somado à ocorrência de secas sucessivas na Bacia do São Francisco, foi o suficiente para fazer a região mergulhar na mais profunda crise energética de sua história. Atualmente, o governo federal implantou o Plano B, com adoção de feriados estratégicos, numa tentativa de serem evitados os famigerados apagões. As discussões, doravante, terão que passar, necessariamente, pela questão da geração elétrica, uma vez que o potencial gerador da região está praticamente no limite. O país, como um todo, tem uma potência instalada de 72 mil MW, dos quais 64 mil MW específicos de hidrelétricas (nossa matriz energética é calcada em hidreletricidade). Essa potência instalada irá gerar em 2001 cerca de 340.000.000 de MWh, sendo 300.000.000 de MWh oriundos de hidrelétricas. Se considerarmos o crescimento da demanda energética do país em cerca de 6% ao ano, em 12 anos o país terá que duplicar a sua capacidade instalada, ou seja, terá que atingir 144.000 MW, com vistas a satisfazer a sua demanda. Ao invés de serem gerados 340.000.000 de MWh, haverá necessidade de um total de 680.000.000 MWh, dos quais 600.000.000 MWh produzidos por hidrelétricas. Nesse sentido há de se perguntar: estando o potencial gerador do São Francisco praticamente esgotado, onde será gerada, futuramente, a energia necessária para o desenvolvimento do Nordeste? Caso a sociedade concorde na necessidade de serem planejados os usos múltiplos das águas do São Francisco, através da elaboração de um orçamento que garanta volumes para irrigação, geração de energia, abastecimento das populações, transposição de bacias, uso industrial, etc., seria de bom termo que essa decisão fosse tomada com certa antecedência, para possibilitar, ao setor elétrico, tempo suficiente para se organizar e alterar a origem da energia. Essas medidas são indispensáveis, pois ajudarão a população a se conscientizar da importância da questão – ÁGUA – no contexto desenvolvimentista do país e, em particular, da região Nordeste.

RS – Existe água suficiente na região para desenvolvê-la ou certas áreas do Semi-árido estão destinadas a permanecerem como estão?

JS – Existe uma carência enorme de planejamento no uso dos recursos hídricos nordestinos. A água disponível para ser usada pela população encontra-se em três fontes principais: nos açudes, nos rios e no subsolo de regiões sedimentárias. A região cristalina nordestina tem cerca de 70 mil açudes, os quais represam algo em torno de 30 bilhões de m^3 de água. É o maior volume de água represada em regiões semi-áridas do mundo. A Represa Armando Ribeiro Gonçalves, no Rio Grande do Norte, que tem capacidade de acumular 2,2 bilhões de m^3, sozinha teria condições de abastecer toda a população norte-rio-grandense nos próximos 20 anos. Os 28 maiores açudes do Nordeste têm capacidade de represar 12 bilhões 750 milhões de m^3 de água, sendo que 30% desse volume são utilizados na irrigação e no abastecimento das populações. Os 70% restantes se evaporam. Em síntese, nós utilizamos muito mal as águas dos nossos açudes. Por outro lado, a descarga dos rios nordestinos representa uma infiltração de água nos seus aqüíferos da ordem de 58 bilhões de m^3/ano, significando dizer que a extração de apenas 1/3 dessas reservas representaria potenciais suficientes para abastecer a população nordestina atual (cerca de 47 milhões de habitantes), com a taxa de 200 litros/habitante/dia, preconizada pela Organização Mundial de Saúde, e irrigar mais de 2 milhões de hectares com uma taxa de 7.000 m^3/ha/ano. Isto posto, é notória a necessidade de se desenvolverem políticas capazes de fazer chegar essa água às torneiras da população. É importante que se dê seqüência ao programa de construção de açudes com a interligação de suas bacias, objetivando o melhor uso de suas águas. Tem-se que continuar investindo na perfuração de poços no sedimentário, geologia sabidamente detentora de maiores volumes e com água de boa qualidade. É imprescindível a implantação de programas de construção de cisternas rurais. Sabe-se que uma cisterna de placas com 16.000 litros é capaz de abastecer, com água de boa qualidade, uma família de 5 pessoas durante os 8 meses sem chuvas na região. E, finalmente, é importante que comecemos a incentivar projetos de reutilização de águas servidas como forma de utilizá-las para fins menos nobres, tais como: aguar jardins, lavar automóveis, dar descargas em sanitários e para alguns usos industriais. Portanto, a utilização das águas deverá ser feita numa abordagem de gerenciamento integrado – água de cisterna, de rio, de poço e de reuso de água não potável no meio urbano e no campo.

RS – Para crescer é preciso investimento. Grandes ruralistas e agroindústrias possuem dinheiro para a implantação de tecnologias que aumentam a produção. Sabe-se também o quanto é necessário distribuir terras às parcelas mais pobres da população. Contudo, o acesso aos recursos por parte dessa camada é pequeno e, quando há, esbarra nos altos juros do financiamento. É possível equacionar essa relação econômica ou, no futuro, teremos que fazer uma escolha entre progresso e sobrevivência?

JS – Sobre essas questões é de fundamental importância a criação de um programa de crédito rural que adeque a política agrícola a uma realidade regional, no qual o pequeno produtor tenha possibilidades de pagar suas dívidas com o produto gerado na sua propriedade. Mas, sobre esse assunto, somos pessimistas, pois sabemos que os políticos, de uma maneira geral, não costumam ouvir previamente os técnicos e elaboram suas políticas sem qualquer planejamento ou conhecimento de causa, só se pronunciando tardiamente para exigir sacrifícios de nosso povo já tão sacrificado. O racionamento de energia é um bom exemplo disso que estamos tratando.

RS – Se há tantos projetos, por que a situação permanece igual?

JS – Essas questões passam pela falta de seriedade com que foram conduzidas as políticas de implantação da maioria dos projetos na região. Certamente, a corrupção e o clientelismo prevaleceram em meio à demanda de projetos aprovados. A Sudene, como principal órgão desenvolvimentista da região, talvez tenha sido a principal responsável pela situação lamentável de falência em que se encontra boa parte dos projetos que receberam incentivos fiscais do governo federal o que resultou na sua extinção e na criação de uma Agência de Desenvolvimento Regional, como forma de solucionar ou mesmo de minimizar o problema. A mídia televisiva e a imprensa de um modo geral têm divulgado essas questões. Já estaria em tempo de serem elencados os projetos que deram certo na região, como forma de se divulgar os seus resultados e mostrar que existem exemplos de sucesso entre os projetos aprovados e em andamento. Sobre essas questões, também mereceria atenção do governo federal, através da criação de programas específicos, a participação do pequeno produtor, o qual sempre ficou à margem do processo produtivo, sufocado que foi pela força dos mais abonados e detentores de prestígio e de crédito no meio político e governamental.

Recife, dezembro de 2001.

29 GERAÇÃO ELÉTRICA: um presente de grego

Finalmente, um verão típico nas regiões Sul e Sudeste do país (diferentemente da região Nordeste, que possui chuvas de outono/inverno, no Sul/Sudeste o período chuvoso é na primavera/verão). Em novembro de 2001, observou-se um divisor de águas com a ocorrência de um fenômeno que não aconteceu nos anos de 1999 e 2000 e que os meteorologistas chamam de Zona de Convergência do Atlântico Sul, a ZCAS. Essa zona é descrita como um encontro de diferentes massas de ar. No Sul do país, uma massa oceânica, oriunda de latitudes mais altas e relativamente mais seca e fria, esbarra numa outra, mais quente, originária do continente (norte da Argentina, Paraguai, Bolívia e oeste do Centro-Oeste). Dessa conjunção bifurcam-se dois ramais: um toma o rumo sudoeste da Amazônia e o outro quebra no sentido norte-sul, conquistando o oeste baiano, entra por Goiás, passa pelo Tocantins e pode chegar até o Maranhão e Piauí. A esse estirão agregam-se, a leste, uma massa originária do Oceano Atlântico tropical e, a oeste, outra proveniente do Hemisfério Norte. É essa última, mais quente e úmida, que irá trazer água abundante para alimentar as nuvens ao longo da ZCAS.

Nas nascentes do São Francisco, o período chuvoso (que se iniciou em novembro de 2001 e deve prolongar-se até abril de 2002) está sendo muito marcado pela ação dessa ZCAS. As chuvas começaram pelo Rio de Janeiro na época do Natal, subiram para o Espírito Santo, entraram pelo nordeste de Minas, atingindo o Vale do Jequitinhonha, depois ocorreram nos Estados de Goiás (a cidade de Goiás Velho foi parcialmente destruída pelas águas) e Maranhão (a cidade de Imperatriz ficou debaixo d'água com a cheia do Tocantins), sempre causando grande prejuízo para a população, pois, devido a sua intensidade, vieram acompanhadas de muita destruição e, infelizmente, de mortes.

A energia dissipada pela ZCAS foi suficiente para antecipar o período chuvoso no Nordeste, em especial na sua região semi-árida (o período de maior intensidade de chuvas no Cariri da Paraíba está compreendido entre os meses de março e abril). Em janeiro, o regime já foi por demais generoso no sertão, resultando na sangria de diversos açudes e na antecipação dos plantios das culturas de subsistência, notadamente do milho e do feijão. Para se ter idéia do volume de água caído, comenta-se que no município de Carnaíba, Estado de Pernambuco, choveu, em uma semana, a média do que costuma chover em um ano inteiro no Semi-árido, ou seja, 500 mm. Isso foi o suficiente para interromper, em vários pontos, a rodovia que liga aquele município ao de Custódia (PE) e para a Represa de Itaparica, a jusante de Sobradinho, acumular cerca de 90% do seu volume.

Comentamos os fatos acima para dar uma idéia do papel fundamental desempenhado pela Represa de Sobradinho, reservatório responsável pela regularização da vazão média do São Francisco e, conseqüentemente, pela manutenção, em patamares adequados, do sistema gerador de energia no complexo da Chesf, em Paulo Afonso (BA) e em Xingó (AL). Em novembro de 2001, aquela represa chegou a atingir um limite mínimo nunca alcançado em sua história: apenas 5,6% de sua capacidade útil. Estamos em fevereiro de 2002, ou seja, em mais da metade do período chuvoso nas nascentes do São Francisco, e Sobradinho acumula cerca de 45% do seu volume, isso após ter recebido toda a água caída nos quatro primeiros meses de chuvas do período, na região Sudeste.

Preocupados com as questões do racionamento de energia em vigor no país, no mês de novembro de 2001 escrevemos um texto intitulado "Racionamento: o golpe de misericórdia", no qual denunciávamos ser prematura a forma adotada pelo governo federal para modificar a sistemática do racionamento no Nordeste. Acerca desse fato, não concordávamos com as mudanças postas em prática, pois o consumo de energia aumentaria em todo o Nordeste com a redução do racionamento de 20% para 17%, e, nas cidades turísticas, para 12%, isso numa perspectiva de se operar com a Represa de Sobradinho em nível crítico e, portanto, sem nenhuma condição técnica de o setor elétrico voltar à normalidade. Nesse contexto, insistíamos no fato de que, para não precisarmos racionar mais energia nem importá-la de outros centros geradores, a Represa de Sobradinho deveria estar, no mês de abril de 2002, com, no mínimo, 55% de sua capacidade útil. A água utilizada indevidamente através dessa mudança de regra no racionamento certamente nos faria uma falta enorme no futuro.

Passados três meses da elaboração desse texto, voltamos a ficar estarrecidos com a divulgação, pela imprensa, de que a partir do carnaval o governo federal iria abolir, de vez, o racionamento no Nordeste. Presentemente vemos que, a exemplo do período momesco, o consumo de energia passará a ser uma verdadeira folia. Sob esse aspecto, alguns fatos precisam ser levados em consideração. Primeiramente, é preciso que se compreenda que não será em um único período chuvoso que o sistema elétrico nordestino irá voltar à sua normalidade. As represas regularizadoras das vazões do São Francisco (Três Marias e Sobradinho) estavam com níveis bastantes críticos em 2001 e necessitariam de outras estações chuvosas semelhantes à atual para voltarem a operar a contento. No momento, seria necessário um verdadeiro dilúvio bíblico nas nascentes do rio para fazer com que Sobradinho alcançasse o volume adequado para não haver, em 2003, nem os racionamentos, nem as importações de energia de Tucuruí. Certamente, essa água que será gasta com a geração de energia no Nordeste, sem os racionamentos necessários, também nos fará uma falta enorme futuramente.

É certo que o governo, numa perspectiva de reduzir o consumo de energia sem recorrer ao racionamento, irá colocar em operação algumas termelétricas e sobretaxar o kW consumido (já se fala em 20% de aumento), onerando mais uma vez o bolso do consumidor, que já se encontra tão sacrificado. No entanto, alertamos que essas questões de se reduzir o consumo com o aumento de tarifas podem ser válidas para outras economias no resto do mundo, mas, para o Brasil, essas tentativas não costumam prosperar. Veja-se o exemplo do aumento da gasolina. Na primeira semana após o aumento, o consumo cai um pouco, em decorrência do impacto causado no bolso da população. Passadas algumas semanas, a população vai se acomodando à nova situação e o consumo volta a crescer. Com a energia elétrica o processo é semelhante. Nunca vimos alguém dormir no calor e sob o zoar de muriçocas, se existe a alternativa do uso do condicionador de ar, embora se pagando um pouco mais caro por isso. Acerca desse ponto achamos, inclusive, que irá haver futuramente uma explosão de consumo. Existindo a possibilidade de novos racionamentos, é bem provável que a população aumente seu consumo no período sem racionamento para se beneficiar das cotas que serão estipuladas pelo governo federal e enfrentar o período de escassez energética com maior conforto.

Com as chuvas generosas caídas nas nascentes do São Francisco, passamos a concordar com a diminuição dos percentuais de racionamento no Nordeste, mas, nunca, com sua abolição por completo. Seria por demais oportuno, inclusive, que medidas futuras a esse respeito só viessem a ser postas em prática ao término do período chuvoso (no mês de abril), período no qual o governo teria melhores condições para estabelecer as metas necessárias para o adequado funcionamento do setor.

Isso posto, achamos que existe um componente político muito forte nesse processo. Seria por demais constrangedor o presidente da República passar o cargo a seu sucessor com o país sob regime de racionamento de energia. O ano de 2002 é eleitoral e, certamente, em outubro (mês das eleições presidenciais e do final do período seco nas nascentes do São Francisco) o Nordeste estará importando, de Tucuruí, a carga máxima de energia (cerca de 1.300 MW) e não se falará em racionamento. Com atitudes desse tipo, já dá para se prever o tamanho do presente de grego que o futuro presidente irá ter em suas mãos, logo no início de 2003.

Recife, 18 de fevereiro de 2002.

30 PERSPECTIVAS NA GERAÇÃO ELÉTRICA: aos vencedores, as batatas!

Não resta a menor dúvida de que o maior problema na geração de energia elétrica do Nordeste é que temos, praticamente, uma única fonte natural responsável por essa atividade: as águas do Rio São Francisco. Caudal de múltiplos usos, tem apresentado limitações de vazão para o atendimento às diversas necessidades dos nordestinos, não sendo outra a preocupação de estarmos, desde 1995, escrevendo e publicando textos na internet sobre as questões do ambiente natural por onde corre o Velho Chico. Quando não se falava ainda em racionamento de energia elétrica, já escrevíamos sobre os famigerados apagões.

Após esses 7 anos de muita luta, procurando entender as respostas da natureza às ações perpetradas pelo homem na região, chegamos à conclusão de que o planejamento hidráulico da Bacia do São Francisco (incluindo aí a sua revitalização), aliado à elaboração de um orçamento hídrico que garanta volume ao atendimento dos diversos usos de suas águas, seria a forma mais sensata para o enfrentamento de tão grave questão. A esse respeito, reportamo-nos aos nossos três últimos textos "Utilização das águas do São Francisco: novos enfoques", publicado em outubro de 2001; "Racionamento: o golpe de misericórdia", publicado em novembro de 2001 e "Geração Elétrica: um presente de grego", publicado em fevereiro de 2002, nos quais denunciávamos as baixas vazões do rio, com a conseqüente necessidade de se proceder aos racionamentos, e a forma prematura de como estes foram abolidos pelo governo federal, numa atitude que certamente trará seqüelas ao nosso cotidiano, até o início do próximo período chuvoso, que acontecerá por volta do mês de novembro de 2002.

Estamos em abril, portanto, no mês correspondente ao final do período chuvoso nas cabeceiras do São Francisco. Daqui para frente, da Represa de Sobradinho, que acumulou cerca de apenas 60% do seu volume útil, sairá toda a água acumulada no período chuvoso correspondente, para a regularização da vazão do rio, vazão esta que deverá se estabilizar numa média de 2.060 m^3/s, caso não aconteça nenhuma outra intercorrência climática que venha a pôr fim às expectativas volumétricas futuras.

Ocorre que, sem o racionamento, o volume acumulado em Sobradinho no período das fortes chuvas caídas em 2002, estará, até novembro, em franca redução (significa dizer que a Chesf terá que administrar, e muito bem administrados, os 60% acumulados, até aquele período), motivado não só pelo crescimento normal da demanda energética da região (entre 4,5 e 6% ao ano), mas, e principalmente, pelo baixo volume alcançado por essa represa (que chegou a atingir, em novembro de 2001, cerca de 5,6 % do seu volume útil), principais motivos de nossas denúncias nos três textos acima mencionados. Nesse sentido, estimamos que Sobradinho, em novembro de 2002, com o uso continuado de suas águas, estará com um volume útil aproximado entre 10 e 20% e deveremos ser obrigados a ficar, mais uma vez, contando com as benesses do apóstolo Pedro para iniciarmos 2003 sem haver a necessidade de novos racionamentos.

E se, por um acaso, os índices pluviais no próximo período chuvoso, nas cabeceiras do São Francisco, não forem significativos?

Com relação a esse assunto, algumas questões têm que ser levadas em consideração. Primeiramente, é alta a probabilidade de acontecer esse descompasso na caída das chuvas. A divulgação da informação, por instituições responsáveis pela meteorologia do nosso país, segundo a qual um novo El Niño formou-se nas costas do Peru no mês de março de 2002, é suficiente para que fiquemos em estado de alerta, com vistas a enfrentarmos as suas conseqüências. Em segundo lugar, é importante a divulgação do estudo sobre "Previsão de Período de Seca para o Nordeste do Brasil (junho/2001)", do Centro Técnico Aeroespacial (CTA), de São José dos Campos (SP). Nesse estudo (depuração de dados de estudo anterior "Prognóstico do tempo a longo prazo, relatório técnico ECA 06-1978"), há previsão de um novo ciclo seco no Nordeste, a partir de 2003, com término em 2011, sendo que os piores anos tendem a estar entre 2004 e 2008. Essas informações de cunho científico são de fundamental importância para que a população se conscientize das conseqüências advindas, tendo em vista ser a nossa matriz energética calcada em hidreletricidade e, portanto, ainda sem a existência de sucedâneos economicamente viáveis para a questão da geração elétrica. Lembramos que o custo da energia elétrica produzida em térmicas a gás é de 4 a 6 vezes maior do que o custo da geração em hidrelétricas e com o inconveniente de poluir demasiadamente o ambiente. Nessa briga de gigantes, quem sai perdendo é o consumidor, que terá de pagar mais cara a conta da energia consumida, numa ocasião em que já se encontra tão sacrificado. Em terceiro lugar, não se pode deixar de desprezar a informação de que existe hoje, no cenário mundial, um consenso de que a água de certos mananciais tornou-se um recurso natural escasso (principalmente no Nordeste brasileiro). Se medidas efetivas de gerenciamento não forem tomadas com certa urgência, a escassez dos recursos hídricos em nossas bacias hidrográficas (incluída aqui a do São Francisco), poderá acarretar um processo de decadência nas próprias bacias, com impactos irreversíveis, bem como o surgimento de graves conflitos entre os usuários da água nas suas diversas modalidades de uso. É bom frisar que, mesmo em grave crise energética, o governo federal tenta, a qualquer custo, transpor as águas do Rio São Francisco para abastecer as populações sedentas do Nordeste.

Diante de toda essa problemática, e esperançosos de que medidas estruturadoras seriam tomadas pelo atual governo, visando pôr em ordem o setor elétrico e garantir a geração firme de energia para os próximos anos, o que se viu foi, no mínimo, inusitado: diante das críticas dos técnicos com relação ao fim do racionamento (matéria editada na imprensa do Recife no dia 20 de fevereiro de 2002), o governo federal classificou-as como "batatadas".

Por tratar-se de um termo desconhecido no Nordeste brasileiro, acreditamos que o chefe da nação, por ser um cidadão educado, não estava querendo menosprezar a capacidade técnica nacional, na qual nos incluímos (a relação de textos publicada na internet, com elevado índice de acertos existentes nas suas previsões, bem denota a nossa preocupação com relação ao futuro do Nordeste). Cremos firmemente que sua excelência estava apenas querendo elogiar alguns técnicos que, na sua opinião, não tinham outra intenção senão a de estarem preocupados com o futuro do seu país. A esse grupo técnico vencedor, parafraseando o eminente escritor brasileiro, Machado de Assis, que na sua obra, *Quincas Borba*, escreveu "Ao vencedor, as batatas", o recebimento desses tubérculos, enviados pela Presidência da República, pode ser encarado como verdadeiro troféu.

Recife, 01 de abril de 2002.

GERAÇÃO ELÉTRICA: a situação é delicada

31

Estamos no mês de maio, portanto, no início do período seco nas cabeceiras do São Francisco e a Represa de Sobradinho começa a esvaziar, cumprindo o seu papel regularizador da vazão do Velho Chico.

Ao término do período chuvoso 2001/2002, as represas da Chesf existentes na região haviam acumulado um volume médio de apenas 63%, resultado de secas sucessivas havidas em anos anteriores, as quais depreciaram sobremaneira os seus volumes, deixando-as praticamente vazias e, segundo informações do Instituto Nacional de Meteorologia, pela ocorrência do fenômeno El Niño, que se instalou no mês de março/2002 nas costas do Peru, causando pequenos veranicos nos meses de março e abril, com conseqüentes diminuições nas quedas pluviais, que ficaram abaixo da média histórica naqueles meses.

Na primeira semana do mês de maio, a Represa de Sobradinho já apresentava 59,8% de sua capacidade de acumulação, devido às diferenças de entrada e saída de água no seu processo regulatório de vazão. Estavam entrando no reservatório cerca de 1230 m³/s e saindo do mesmo, regularizando o rio, cerca de 1800 m³/s, portanto, com um depreciamento volumétrico da ordem de 570 m³/s. Com a permanência desse quadro, a previsão é de que, em novembro de 2002 (início do período chuvoso 2002/2003), a referida represa deva estar com aproximadamente 20% do seu volume útil, ficando o setor elétrico, mais uma vez, na dependência das benesses do apóstolo Pedro, para que não venha a padecer de novos racionamentos. Aliás, já havíamos tratado essas questões no texto "Perspectivas na geração elétrica: aos vencedores, as batatas!", editado em 03/04/2002.

Resta-nos agora fazer a indispensável pergunta: quais as perspectivas futuras do setor elétrico nordestino?

Nesse particular, temos que levar em consideração que o Rio São Francisco é uma das principais fontes de geração elétrica do Nordeste brasileiro. A Chesf, ao longo dos últimos 60 anos explorou, com muita competência, praticamente todo o potencial gerador do rio, potencial esse estimado em cerca de 10 mil MW. Essa potência instalada gerou, em 2001, com as deficiências hidrológicas havidas, cerca de 37,1 milhões de MWh, tendo sido necessária a importação de mais 8,6 milhões de MWh de outros centros geradores do país, como forma de suprir toda a demanda energética da região naquele ano, totalizando, portanto, um consumo de cerca de 45,7 milhões de MWh.

A par dessas questões, a região Nordeste vem crescendo a uma taxa de 4,5 a 6% ao ano, significando dizer que, em 12 anos, haverá necessidade de se dobrar a capacidade de oferta de energia na região, ou seja, em 2014 precisa-se ter, no Nordeste, entre 90 a 100 milhões de MWh para satisfazer a sua demanda. E onde será gerada essa energia?

Para o equilíbrio do balanço oferta/procura do setor, o governo federal tem acenado com a construção de novas hidrelétricas (a de Lajeado está sendo concluída no Rio Tocantins); com a ampliação da rede de transmissão de energia, ligando o Nordeste a outros centros geradores do país; com a efetivação do seguro apagão que irá possibilitar, caso seja necessária, a aquisição e o uso de termelétricas montadas em barcaças, movidas à diesel e óleo combustível e, futuramente, com a operação de térmicas movidas à gás natural, através de programa do governo federal, ora em curso, de 49 unidades espalhadas por todo o país. Todavia, o seguro apagão, juntamente com a construção das térmicas a gás natural, serão alternativas demasiadamente caras para os usuários (o custo do MWh produzido em uma térmica com potência menor do que 350 MW é de R$ 106,40 e em uma térmica com potência maior do que 350 MW é de R$ 91,06), quando comparadas à geração hidrelétrica (o custo do MWh em hidrelétricas é de R$ 40,00), envolvendo sacrifícios monetários enormes à população, já bastante sacrificada, além de demandar algum tempo para serem efetivadas, tempo esse de que o Nordeste já não dispõe, pois a região já necessita de energia, hoje.

Além do mais, ao se analisar o caráter emergencial referente ao uso das térmicas, principalmente àquelas movidas a diesel e óleo combustível, é necessário um alerta com relação ao poder poluidor imputado a tais sistemas. Neles, para cada MWh gerado, estima-se que sejam lançados na atmosfera, cerca de 500 kg de gás carbônico, aliados a emissões de outros componentes nocivos, tais como: óxido de enxofre, óxido de nitrogênio e monóxido de carbono, os quais, efetivamente, vão pôr em risco as vidas das pessoas. Para a minimização desse problema, o uso do gás natural nas térmicas se faz necessário, porquanto, trata-se de um combustível que, além da eliminação de fumaça quando inflamado, apresenta queima mais completa quando comparado aos combustíveis derivados do petróleo.

Finalmente, entendemos que essas questões precisam ser tratadas com o devido cuidado, e que já é chegada a hora de começarmos a viabilizar o uso de outras fontes e formas de energia, a exemplo da energia eólica, solar e da biomassa, dado o seu potencial disponível no Nordeste, em especial na sua região semi-árida, como forma de ampliarmos novas fontes de energia em nossa matriz energética, atualmente calcada praticamente na geração hidrelétrica e garantirmos, com isso, a continuidade do nosso processo de desenvolvimento.

Recife, 09 de maio de 2002.

32 A PROPÓSITO DO CONSUMO DE ÁGUA E DA POLUIÇÃO DAS TERMELÉTRICAS

Vivenciamos hoje uma situação esdrúxula no tratamento das questões da geração elétrica no Nordeste brasileiro. Por um lado, continuamos ainda na dependência de bons períodos chuvosos na Bacia do São Francisco, para que não venhamos a ter problemas de racionamento de energia e, por outro, vivemos sob a tutela dos nossos dirigentes os quais, na tentativa de solucionar os problemas do setor, penalizam mais uma vez o cidadão, criando novos tributos, a exemplo do Encargo de Capacidade Emergencial, popularmente conhecido como Seguro Apagão, destinado ao contrato de termelétricas móveis, que utilizam diesel e óleo combustível, caso a hidrologia não se mostre suficientemente adequada ao atendimento da geração de energia na região. Aos desavisados, trata-se de um imposto que, antes mesmo da existência do problema, já vinha sendo pago pelo contribuinte, desde março de 2002, equivalente a R$ 4,90 para cada 1.000 kWh consumido, representando um acréscimo médio de cerca de 2% em sua tarifa de energia. Em tal caso, o consumidor, que já anda tão sacrificado, é tratado como peru natalino o qual, nos festejos de final de ano, invariavelmente, costuma morrer de véspera.

No que concerne ao funcionamento das termelétricas, dois pontos relevantes, que preocupam especialistas do mundo inteiro, nos parecem merecer alguma atenção. Trata-se do enorme volume de água necessário à geração do vapor indispensável ao acionamento das turbinas, e da poluição que emana do sistema gerador, quando em operação, proveniente da queima do combustível utilizado, especificamente o diesel, o óleo combustível e o gás natural, esse último em menores proporções.

Acerca do consumo de água, é certo que a tecnologia das térmicas evoluiu bastante nos últimos anos, existindo, inclusive, sistemas que funcionam através de ciclo combinado (geração simultânea de energia e calor), os quais desperdiçam menores volumes de água no ambiente, resfriando parte do vapor que retorna ao estado líquido e é direcionado de volta ao processo. Mas, por outro lado, sabe-se que as térmicas, isso na sua grande maioria, continuam a ser as grandes vilãs em termos de uso excessivo desse precioso líquido. Entre as várias térmicas projetadas pelos governos, algumas têm trazido preocupações no meio técnico-científico, a exemplo de Carioba II, que será construída em Cubatão, São Paulo, projetada com cerca de 945 MW de potência. Essa usina captará um volume de água equivalente a 1.288 m^3/h, dos quais 1.069 m^3/h irão evaporar no processo gerador de energia, ao contato direto com equipamentos superaquecidos. Isso significa que 83% do volume de água que entra no sistema serão dissipados na atmosfera na forma de vapor. Para que se tenha idéia desse quantitativo, o volume evaporado seria suficiente para abastecer uma cidade de aproximadamente 200 mil habitantes, o que é significativo. Outra térmica que irá utilizar também um enorme volume de água é a de Suape, em Pernambuco, localizada a cerca de 50 km da cidade do Recife. Essa térmica, em fase de construção, projetada para funcionar com uma potência de 523 MW, queimando gás natural, irá consumir um volume de água de cerca de 36.000 m^3/h (10 m^3/s). Comparativamente, a Companhia Pernambucana de Saneamento (Compesa) fornece à população da região metropolitana do Recife, estimada em cerca de 3 milhões de habitantes, um volume equivalente a 12 m^3/s. Esses números equivalem a dizer que, uma única térmica no estado irá consumir praticamente o mesmo volume d'água que é fornecido a uma metrópole como o Recife. A gravidade dessa situação só é amenizada com a revelação de que o sistema de captação previsto para Suape opera com água do mar, o que não deixa de ser uma ótima notícia. Essas informações são extremamente pertinentes, se levarmos em consideração os problemas de abastecimento de água que existem atualmente nos grandes centros urbanos nordestinos. Para localidades distantes do mar, térmicas projetadas com essas características só iriam agravar ainda mais o problema.

No tocante à poluição atmosférica, apesar de já termos comentado o assunto no artigo "Geração Elétrica: a situação é delicada", publicado em 21 de maio de 2002, na Gazeta do Nordeste, a questão merece algumas informações adicionais.

Fazendo referência à usina termelétrica William Aroja, construída em Campo Grande, Mato Grosso do Sul, que possui atualmente três turbinas com outras duas em fase de montagem, ela foi projetada para utilizar gás natural ou diesel como elementos combustíveis. De acordo com as revelações do fabricante dessa térmica (Alston) e da empresa operadora do seu sistema (Tractebel), levando-se em conta o consumo de combustível, cada turbina, quando utiliza gás natural, libera para a atmosfera, em média, cerca de 45 g/s, 163 kg/h, 3.917 kg/dia de óxidos de nitrogênio (NO e NO2). Quando o combustível utilizado é o diesel, a quantidade média de óxidos de nitrogênio produzida é bem maior, cerca de 83 g/s, 302 kg/h, 7.245 kg/dia. Ao ser contabilizado o uso desses combustíveis, chega-se à conclusão de que essa usina lança no ambiente cerca de 12 toneladas de óxidos de nitrogênio ao dia, quando o combustível utilizado é o gás natural, e cerca de 21 toneladas diárias, quando o combustível empregado é óleo diesel. Essas informações são extremamente importantes quando relacionadas a estudos das áreas médicas, que têm revelado que o óxido nítrico (NO) está na base de diversas patologias humanas, tais como, impotência masculina, diabetes, supressão da imunidade, hipertensão, câncer, processos alérgicos e inflamatórios, e problemas cardíacos, entre outros.

Isso posto, entendemos que o assunto deva ser tratado com os cuidados devidos, principalmente em Pernambuco, onde as autoridades responsáveis pelo setor têm afirmado que as térmicas previstas para o estado irão contribuir com cerca de 50% de toda a sua demanda energética.

Recife, 26 de junho de 2002.

SITUAÇÃO HÍDRICA DO SÃO FRANCISCO: agora só nos resta rezar

33

Em maio de 2002, portanto, no início do período seco no Alto São Francisco, publicamos um texto na *Gazeta do Nordeste* intitulado "Geração Elétrica: a situação é delicada". Nele, alertávamos sobre as possibilidades de voltarmos a ter problemas na geração elétrica do Nordeste, devido aos baixos índices volumétricos alcançados na Represa de Sobradinho naquele período, tendo a mesma apresentado, apenas, 63% do seu volume útil. No mesmo texto fizemos estimativas de que Sobradinho, ao final desse período seco, estaria com cerca de 20%, ficando o setor elétrico, mais uma vez, na dependência das benesses do apóstolo Pedro, para não padecer de novos racionamentos. Pelo visto, acertamos mais uma vez as nossas previsões. Estamos em outubro, portanto, no final do período seco nas nascentes do Velho Chico, e Sobradinho encontra-se com 21% de seu volume útil, com perspectivas de, até dezembro, estar com aproximadamente 13% e com enormes possibilidades de acontecer o pior, ou seja, basta haver um descompasso na caídas das chuvas na região, para haver o retorno da loucura dos racionamentos vivenciados por toda população nordestina no ano passado.

Indícios dessa preocupação já começam a ser evidenciados. Referimo-nos aos prejuízos causados nos plantios de cebola na orla de Sobradinho. Segundo relato da mídia local, os ceboleiros daquela região já estimam uma queda de safra da ordem de 30%. Esse problema é devido ao esvaziamento repentino da represa, com a água se distanciando cada vez mais dos plantios irrigados, havendo a necessidade da construção de canais para o seu acesso, onerando em demasia a produção. Contudo, não se deve pensar que, os ceboleiros, apesar de viverem há muito tempo nesse ofício, simplesmente se tenham equivocado nas projeções das quebras de safra, em percentuais tão elevados. O fato é que as águas baixaram com muita rapidez, no atendimento às demandas do setor elétrico, não lhes dando tempo suficiente para reestruturação dos trabalhos de campo e, o que se vê, no momento, é muito desespero na busca da água, que se esvai rapidamente.

O mês de novembro é marcado pelo início do período chuvoso na região. Isso pode ser entendido como um alívio para aqueles que labutam naquele trecho do Semi-árido, na esperança desse período vir a amenizar os problemas de escassez hídrica vividos. Mas, nunca é demais alertarmos para o fato de o fenômeno El Niño, instalado nas costas do Peru desde março do corrente ano, ter dado sinais de que não está "morto", ao contrário, tem-se manifestado em um plano global, ocasionando enchentes na Europa e secas no Brasil, especificamente no Estado do Piauí e nos sertões do Araripe e do São Francisco, em Pernambuco.

Nesse sentido, já seria prudente ficarmos em estado de alerta e torcermos para que o El Niño não venha a ter influência significativa na distribuição das chuvas caídas na Bacia do São Francisco, no período chuvoso em curso, trazendo conseqüências desagradáveis para o dia-a-dia dos que vivem na região. A possibilidade dessa influência existe e, o que é pior, não há soluções, pelo menos a curto e médio prazo, que propiciem a estabilização do setor elétrico, sem que haja mazelas, normalmente imputadas, tanto ao ambiente – com a poluição emanada das termelétricas que certamente serão acionadas – como também à economia – com a evasão de divisas oriunda da importação do gás natural para o funcionamento de tais térmicas. As conseqüências da falta de investimentos no setor elétrico já se fazem sentir no Nordeste, o que acarretará situações não muito agradáveis ao desenvolvimento de toda região. Nesse cenário, não nos resta outra alternativa senão a de rezar fervorosamente para enfrentarmos essa situação que apenas está no seu início, e apelar para todos os santos na busca de soluções que a região, não só necessita como também merece ter.

Recife, 07 de outubro de 2002.

RECURSOS HÍDRICOS NO NORDESTE: a necessidade de gerenciamento

34

O recurso existe, faltando apenas seu indispensável gerenciamento para a satisfação das necessidades do povo. É importante explorar o que está disponível em cada estado para então usufruir das águas do São Francisco.

O problema não é falta. É distribuição.
Por que é necessário gerenciar os recursos hídricos do Nordeste?

A Organização Mundial da Saúde (OMS) estabeleceu parâmetros de disponibilidades hídricas *per capita* para as diversas regiões do planeta, baseando-se nas ofertas volumétricas existentes em tais regiões para o atendimento às suas populações. Assim, considerou como *abundante*, a região que apresentasse condições de disponibilizar, em termos volumétricos, mais de 20 mil m^3/habitante/ano. Em uma escala decrescente de valores, estabeleceu como *muito rica* a região que possibilitasse o fornecimento de mais de 10 mil m^3/habitante/ano; como *rica*, mais de 5 mil m^3/habitante/ano; como *situação limite*, mais de 2,5 mil m^3/habitante/ano; como *pobre*, menos de 2,5 mil m^3/habitante/ano e, por último, como *situação crítica* a região capaz de fornecer menos de 1,5 mil m^3/habitante/ano.

O Brasil, segundo a OMS, é um país privilegiado em termos de recursos hídricos, pois possui cerca de 12% de toda a água doce que escorre na superfície do mundo. Porém, a distribuição dessa água no território nacional deixa muito a desejar: 72% desses 12% localizam-se na região Norte do país (o potencial médio de água doce nos rios na região Norte é de cerca de 3.845,5 km^3/ano), onde vivem cerca de apenas 7% de sua população. Muita água numa região com poucos habitantes. Enquanto isso, o Nordeste brasileiro (28% da população do país) possui míseros 3%, 2/3 dos quais localizados na Bacia do Rio São Francisco – o potencial médio de água doce nos rios nordestinos é de 186,2 km^3/ano. Para se ter idéia dessa problemática de distribuição, todos os estados do Norte do país são considerados *abundantes* em termos de disponibilidade hídrica, capazes de ofertar, a cada um de seus habitantes, um volume superior a 20 mil m³ por ano. Roraima é o estado hidrologicamente mais rico do país, com condições de ofertar a incrível marca de 1,7 milhões de m³/habitante/ano.

Maranhão e Piauí

Já os estados nordestinos estão distribuídos nas mais variadas classes de oferta hídrica, uma vez que possuem condições ambientais as mais diversas, sejam em termos climáticos, sejam em termos geológicos. O Estado do Maranhão, por exemplo, de clima pré-amazônico, e, portanto, localizado fora do polígono das secas. Além de possuir uma bacia sedimentária riquíssima em água de subsolo – com cerca de 17,5 mil km³/ano – está numa classe considerada *muito rica*, pois tem condições de ofertar cerca de 17,2 mil m³ para cada um de seus habitantes, por ano. Por sua vez, o Estado do Piauí, por apresentar boa parte de seu território com geologia sedimentária (junto com o Estado do Maranhão, o Piauí detém cerca de 70% das águas de subsolo de todo o Nordeste, portanto, com enorme riqueza de água subterrânea) e por possuir o segundo maior rio nordestino em importância (o Parnaíba), está numa classe considerada *rica*, pois oferta cerca de 9,6 mil m³/habitante/ano.

Bahia

O Estado da Bahia está numa *situação limite*, chegando a ofertar cerca de 3 mil m³/habitante/ano. Além de possuir áreas sedimentárias importantes, distribuídas de forma esparsa no estado, tem o Rio São Francisco como seu maior aliado, cortando o território baiano de sul a norte.

A situação dos demais estados nordestinos preocupa, pois os mesmos encontram-se localizados entre as classes *pobre* – a exemplo do Ceará, Rio Grande do Norte, Alagoas e Sergipe, os quais fornecem cerca de 2.440, 1.780, 1.750 e 1.740 m³/habitante/ano, respectivamente – e em *situação crítica*, a exemplo da Paraíba e Pernambuco, estados campeões nacionais em termos de pobreza na oferta hídrica, por disponibilizarem, cerca de 1.440 e 1.320 m³ a cada um de seus habitantes por ano, respectivamente.

Levando-se em consideração essas duas últimas classes distributivas de recursos hídricos (*pobre* e em *situação crítica*), chega-se à conclusão de que, mesmo com os riscos iminentes de desabastecimento, os estados nordestinos localizados nas referidas classes poderão vir a suprir a demanda de água de suas populações, de forma coerente e satisfatória. Para tanto, é necessário proceder ao gerenciamento adequado de suas águas. Essa assertiva prende-se ao fato de o Nordeste, hoje, possuir o maior volume de água represado em regiões semi-áridas do mundo, com cerca de 30 bilhões de m^3, e as descargas de seus rios proporcionarem infiltrações de água nos aqüíferos da ordem de 58 bilhões de m^3/ano, segundo estimativas de Aldo Rebouças, renomado hidrólogo da USP, São Paulo. A extração de apenas 1/3 desses volumes infiltrados representariam potenciais suficientes para abastecer a população nordestina atual, estimada em cerca de 47 milhões de pessoas, com uma taxa de 200/litros/habitante/dia, além de irrigar mais de 2 milhões de hectares, com uma taxa de 7.000 m^3/ha/ano. Na visão de Rebouças, a água no Nordeste existe, faltando, apenas, o indispensável gerenciamento desse recurso para a satisfação das necessidades do seu povo. Sabendo usar, ela não irá faltar.

Ceará

Caso sejam consideradas as características de cada um dos estados integrantes das duas classes mais críticas, observa-se que o Ceará, onde o semi-árido chega ao litoral, vem tratando os seus recursos hídricos de forma mais consistente do que aquela habitualmente realizada nos demais estados nordestinos. Após a construção da Represa do Castanhão, com cerca de 6 bilhões de m^3 (depois de Sobradinho, que tem capacidade de armazenar cerca de 34 bilhões de m^3, o Castanhão é a maior represa do Nordeste na atualidade), o estado passou a ter um potencial acumulatório em suas represas, da ordem de 16 bilhões de m^3. Isto é mais de 50% de todo o volume acumulado nas represas nordestinas. Além do mais, o Ceará vem trabalhando no sentido de interligar as diversas bacias que as compõem. Segundo os governantes cearenses, a idéia é fazer com que as regiões do estado que apresentem dificuldades de fornecimento de água às populações sejam supridas por outras regiões que apresentem melhores condições hídricas.

Rio Grande do Norte

O Rio Grande do Norte dispõe de áreas sedimentares importantes (formação barreira e dunas, além do arenito Açu), que vêm abastecendo inclusive a região de Mossoró, nas necessidades humanas e agrícolas. Possui a segunda maior represa do Nordeste – Armando Ribeiro Gonçalves, com cerca de 2,4 bilhões de m^3 – a qual, sozinha, segundo informações contidas no I Plano Estadual de Recursos Hídricos do Rio Grande do Norte, poderia suprir, com 200 litros/habitante/dia, toda a população norte-rio-grandense, nos próximos 20 anos.

Alagoas e Sergipe

Alagoas e Sergipe, por serem estados com áreas reduzidas, possuem uma significativa faixa de sedimentário em suas regiões litorâneas, cujas reservas hídricas de subsolo se dão em proporções relevantes. Estima-se nas Bacias Sedimentares de Alagoas/Sergipe um volume aproximado de 100 km^3/ano. O problema de abastecimento desses dois estados localiza-se nas suas regiões semi-áridas, daí os baixos índices de oferta hídrica apresentados pela OMS. Ações de instituições não governamentais, principalmente nas questões relativas ao abastecimento, através dos barramentos necessários e do uso de cisternas rurais para o aproveitamento da água de chuva, certamente trarão soluções oportunas e que poderão ser adotadas pelos demais estados nordestinos.

Paraíba

O Estado da Paraíba, afora uma estreita faixa litorânea sedimentária (faixa localizada ao longo do litoral dos estados do Rio Grande do Norte, Paraíba e Pernambuco, a qual possui um volume aproximado de água de subsolo de 230 km^3/ano), possui geologia cristalina em praticamente toda a área restante do estado. Esse fato resulta na acumulação de baixos volumes de água no subsolo de tal região e, na maioria das vezes, de péssima qualidade devido à presença de grandes concentrações de sais. Contudo, o estado possui, na região semi-árida, duas represas unidas por um pequeno canal (Coremas e Mãe D'água), cujo potencial de acumulação soma 1,3 bilhão de m³ de água. Apesar de apresentar problemas de abastecimento seríssimos, o estado poderá vir a suprir, com água de ótima qualidade proveniente dessas represas, boa parte da população do sertão, bastando, para tanto, investir em sistemas de adução. É oportuno lembrar que a Paraíba possui, no maciço do município de Teixeira, o ponto mais elevado do Nordeste (o Pico do Jabre com altitude superior a 1.000 m). Recalques de águas daquelas represas para a parte superior desse maciço possibilitaria a distribuição de água, por gravidade, para solucionar os problemas de abastecimento das regiões mais necessitadas do sertão paraibano.

Pernambuco

Ao lado da Paraíba, o Estado de Pernambuco é campeoníssimo em termos de precariedade de fornecimento de água ao seu povo. De características geológicas semelhantes ao do Estado da Paraíba (cerca de 80% do estado possui geologia cristalina), Pernambuco encontra-se em uma situação mais complicada, por não possuir represamentos significativos de água em seu território. Para se ter idéia desse problema, todos os volumes de água acumulados superficialmente no estado somam cerca de apenas 3,4 bilhões de m³, ou seja, toda a água de superfície do Estado de Pernambuco representa uma vez e meia o volume acumulável da Represa de Orós, o segundo maior açude do Estado do Ceará. Por outro lado, o maior açude de Pernambuco, localizado no município de Ibimirim (Açude Poço da Cruz, com volume acumulável de 500 milhões de m³), vem sofrendo problemas de abandono por parte das autoridades. Atualmente, encontra-se com menos de 30% de sua capacidade, havendo a necessidade de reparos constantes em sua estrutura, principalmente em vazamentos existentes nas comportas de descarga de fundo. Essa falha resultou em liberações indesejadas de água da ordem de 20 milhões de m³, em curto espaço de tempo e, o que é pior, numa época de extrema escassez hídrica na região. Entre a segunda quinzena de dezembro de 2001 e o final de janeiro de 2002 a represa havia acumulado 160 milhões de m³, e, em junho de 2003, encontra-se com 140 milhões de m³.

A bênção do Velho Chico

Sabedor dessa deficiência, o governo tem investido na adução das águas do Rio São Francisco para a solução dos problemas de abastecimento das regiões mais carentes do estado, especificamente aquelas localizadas na parte oeste pernambucana. Embora sem se preocupar com as deficiências hídricas existentes no rio, envidou esforços no sentido de possibilitar a construção da Adutora do Oeste, em operação com as águas do Velho Chico, para o abastecimento dos municípios de Ouricuri, Ipubi, Trindade e Araripina. Retira-se atualmente, do São Francisco, cerca de 0,5 m³/s e há previsões de a água ser conduzida rumo ao Estado do Piauí.

Sobre o Velho Chico, é de bom termo lembrar que o rio tem múltiplos usos. Possui um parque respeitável gerador de energia elétrica, com cerca de 10.000 MW de potência instalada, responsável por mais de 95% da energia elétrica que é produzida no Nordeste. Dispõe de uma área irrigável estimada em cerca de 800 mil ha. Desse total, 340 mil ha já se encontram efetivamente irrigados, com perspectivas de ampliação de mais 100 mil ha, sendo 60 mil ha com o projeto Irecê, 30 mil ha com o projeto Salitre, ambos na Bahia, e 10 mil ha com o projeto Pontal, em Pernambuco. Essas áreas somadas irão consumir do rio um volume de cerca de 320 m³/s, sendo 170 m³/s nos 340 mil ha já irrigados e 50 m³/s nos 100 mil ha em processos de implantação. É oportuno ressaltar que esse caudal é hidrologicamente pobre e encontra-se com sua bacia extremamente degradada pela ação humana. Em termos comparativos, o Rio Tocantins (localizado na bacia amazônica), com área de bacia semelhante à do Rio São Francisco, tem uma vazão média de aproximadamente 11,8 mil m³/s, enquanto o São Francisco possui apenas 2,8 mil m³/s. A explicação prende-se ao fato de que 60% da Bacia do São Francisco possuem geologia cristalina, estão localizados em região semi-árida e, consequentemente, tem a maioria dos seus afluentes com regime temporário. Esse fato, aliado aos problemas de degradação ambiental, tem causado sérios problemas de geração elétrica, a exemplo do que ocorreu há cerca de um ano e meio, quando o governo federal, diante de reservatórios das usinas hidrelétricas praticamente vazios, precisou valer-se dos racionamentos de energia para evitar os apagões iminentes. Diante desse quadro, o povo nordestino não pode apresentar-se desmemoriado com relação aos acontecimentos da mais grave crise energética de sua história.

Soluções para o Nordeste

Finalmente, é preciso que se encontrem alternativas para o abastecimento do povo nordestino, observando as sugestões de Aldo Rebouças quanto à necessidade de um melhor gerenciamento dos recursos hídricos existentes em cada um dos estados da região. É importante, em primeiro lugar, explorar ao máximo os recursos disponíveis em cada estado, para, a partir daí, usufruir das águas do Rio São Francisco, após ter este passado por processo revitalizante em toda sua bacia. Essa alternativa só alcançará êxito se for colocado em prática um orçamento hídrico que garanta volumes suficientes ao atendimento das atividades promotoras do desenvolvimento da região, tais como, a irrigação, o uso nas indústrias, a geração de energia, a navegação e o abastecimento humano. Um orçamento que seja atrelado às características hidrológicas de cada ano, ou seja, em anos com abundância de chuvas, se teria folga na distribuição dos volumes orçados, em caso contrário, em períodos de secas, se teria que proceder a uma distribuição mais equilibrada.

A sociedade precisa ser estimulada a tomar conhecimento dessas questões e apoiar essas ações, conhecendo quais as prioridades promotoras do gerenciamento dos recursos hídricos da região. E, inclusive, a maneira através da qual elas se inserem num plano de conjunto que se desdobra ao longo do tempo. Só assim pode-se ter cidadania pelo uso das águas.

Recife, 10 de junho de 2003.

35 NA IMINÊNCIA DO PRIMEIRO EQUÍVOCO

O presidente Lula disse que quer fazer a transposição das águas do Rio São Francisco. Antes, porém, é preciso que se discutam primeiro os processos que venham a promover a revitalização de sua bacia hidrográfica.

Na campanha presidencial de 2002, entre os candidatos com maiores chances de dirigir o país, Lula foi o mais sensato com relação à condução das questões do Rio São Francisco. Sobre a transposição de suas águas, dizia na ocasião que, por tratar-se de um projeto polêmico e para se chegar a um denominador comum, as discussões deveriam ser a tônica maior de todo esse processo.

Na realidade, após seis meses de governo, o assunto da transposição voltou à baila, desta feita com o presidente já falando na mídia em realizar o projeto a todo o custo, visando a solução dos problemas de abastecimento do Nordeste, em especial os problemas de sua região semi-árida. Disse o presidente em seu pronunciamento à nação (*Jornal da Globo* de 08/07): “Não importa se vai vir do Nilo, mas vai chegar. O importante é que devemos a água para uma região empobrecida. Eu agora acabei de fazer um decreto nomeando o meu vice José Alencar para coordenar um grupo de trabalho para fazer definitivamente a transposição das águas para o Nordeste brasileiro”.

Para nós, que estamos envolvidos com esse tema há bastante tempo, o seu tratamento já começa a tornar-se um tanto enfadonho. O filme está sendo igualzinho ao de governos anteriores, ou seja, estão faltando discussões e, conseqüentemente, informações mais precisas para embasar a tomada de decisões pelo Chefe da Nação. É o vício do “vamos fazer”, com os riscos de não existirem soluções para os problemas que certamente irão surgir.

Apenas lembraria à sociedade que esse foi o principal erro cometido pelo antecessor do presidente Lula, quando apostou no potencial do Velho Chico para satisfazer a todos os usos presumíveis, inclusive o de abastecer 6 milhões de pessoas no Nordeste.

Sobre essas questões, lembraria que o São Francisco, além de ser um rio hidrologicamente pobre, com vazão média de apenas 2.800 m^3/s (o Rio Tocantins, com a mesma área de bacia, possui uma vazão média de 11.800 m^3/s), é um caudal de múltiplos usos, pois, além de garantir a geração de mais de 95% de toda a energia demandada no Nordeste, tem um pólo irrigável importante para o desenvolvimento da região, o qual vem dando sinais de esgotamento, dado o descaso com o ambiente natural por parte do homem que reside na sua bacia. Além do mais, o nordestino não pode apresentar-se desmemoriado com relação às conseqüências da mais séria crise energética da sua história, em 2001.

Cremos que é importante, em um primeiro momento, iniciar-se um exaustivo processo de discussão sobre as questões do dia-a-dia do São Francisco, principalmente no tocante à geração de energia *versus* a irrigação praticada em sua bacia; às questões dos assoreamentos existentes e motivados pelos desmatamentos indiscriminados ao longo de suas margens; aos problemas da poluição de suas águas pelos excessivos lançamentos de esgotos; ao abastecimento das populações; à diminuição do pescado e à navegação, entre outros. Em suma, é preciso que se discutam primeiro os processos que venham a promover a revitalização de sua bacia hidrográfica e, a partir daí, dar seqüência ao processo transpositório de suas águas.

Sobre essas questões, em recente pronunciamento no Senado Federal, em Brasília (dia 07 de julho de 2003), o ex-ministro de Minas e Energia e atual senador José Jorge destacou que "a gestão dos recursos hídricos, tendo a bacia hidrográfica como unidade de planejamento e com vista aos usos racional e múltiplo de água, constitui-se na alternativa de se administrar, da melhor forma possível, os inevitáveis conflitos entre os diferentes atores envolvidos". Para o senador, o Rio São Francisco apresenta um indesejável risco hidrológico, o que exige atenção redobrada quanto ao uso de suas águas, fator esse ignorado, como se não houvesse irrigação e o estoque de água de Sobradinho – atualmente com 40% de sua capacidade útil – estivesse em níveis satisfatórios, sem haver, portanto, a probabilidade de novos racionamentos de energia, como ocorreu em 2001. Corroborando o posicionamento do senador José Jorge, a atual Ministra de Minas e Energia do governo petista, Dilma Rousseff, em pronunciamento a políticos e empresários do setor elétrico em São Paulo (na mídia do dia 08 de julho de 2003), mostrou-se preocupada com a falta de investimentos nesse setor, fazendo, inclusive, menção à possibilidade de voltarmos a ter racionamentos de energia no ano de 2007, caso esses investimentos não sejam realizados. Na nossa previsão, a contar com a permanência desse quadro, os racionamentos podem ocorrer ainda no governo Lula.

Isto posto, entendemos que o atual governo não pode simplesmente deliberar sobre o uso das águas do São Francisco, sem antes ouvir a sociedade – principalmente os técnicos – sobre o assunto.

Acerca dessas questões e para atingir tais objetivos, é preciso apoiar a Agência Nacional de Águas (ANA) e o recém-instalado Comitê da Bacia Hidrográfica do São Francisco, proporcionando-lhes os meios necessários para que possam realmente atuar de forma independente e autônoma, nas decisões necessárias à solução dessas velhas questões, principalmente quanto ao plano de investimentos para revitalização de sua bacia. Caso o governo federal venha a iniciar o processo transpositório do São Francisco sem a anuência das instituições acima mencionadas, certamente estará cometendo o seu primeiro e grande equívoco, o que na realidade será uma lástima.

Recife, 11 de julho de 2003.

ENERGIA PARA O NORDESTE: a dependência de outros centros geradores

36

Considerando o apagão em Nova Iorque, será que as ações postas em prática pelo governo de iniciar a lenta expansão das linhas de transmissão para o Nordeste e a proposta de transposição do Rio São Francisco não resultam em apagões na região?

Temos recebido inúmeras mensagens, via internet, acerca das atuais pretensões do governo federal de retomar o projeto da transposição do Rio São Francisco. Já nos manifestamos contrários, por várias vezes, a esse tipo de iniciativa, condicionando essa possibilidade à realização de um exaustivo processo de discussão sobre a realidade do ambiente natural por onde corre o Velho Chico. Não é para menos. O Nordeste brasileiro, há cerca de dois anos, passou pela mais séria crise energética de sua história, motivada, principalmente, pela insuficiência volumétrica do Rio São Francisco – sua principal fonte geradora de energia – o que, na ocasião, obrigou o governo federal a acionar o Plano B, decretando feriados, para não acontecer o pior: os desligamentos programados de energia, os quais, na linguagem popular, receberam a carinhosa denominação de apagões. O povo nordestino não pode, em hipótese alguma, apresentar-se desmemoriado com relação a esse fato. Para nós, esse é um exemplo claro, que exprime a real incapacidade do rio em atender aos diversos usos que se pretende dar às suas águas.

Por outro lado, se traçarmos um paralelo entre o que já aconteceu no setor elétrico nordestino e o ocorrido, recentemente, em Nova York (pois é, acreditem: os americanos também passaram por um desligamento, dessa feita não programado), iremos observar que, pelo menos nesses assuntos, temos algo em comum. No auge da nossa crise energética, culpou-se o governo federal pela falta de investimentos no setor, o que motivou, entre outras ações, a decisão de se criarem, às pressas, alternativas de acesso à energia que possibilitassem a continuidade do nosso desenvolvimento. Como a Chesf já havia explorado praticamente todo o potencial gerador do Rio São Francisco, e a linha de transmissão existente, ligando Tucuruí (Rio Tocantins) ao Nordeste, só permitia repassar cerca de 1.300 MW médios para a região, optou-se pela ampliação da rede de transmissão de energia, dessa feita com mais uma linha de 500 quilovolts, ligando Tucuruí-Marabá-Açailândia-Imperatriz-Presidente Dutra, totalizando 924 km, estando esta em operação desde março deste ano. Além dessa linha, foi programada outra, de 500 quilovolts, ligando Tucuruí-Marabá-Açailândia, totalizando 464 km, com previsão de ser energizada em dezembro de 2004. Ainda associada ao sistema de interligação de Tucuruí, programou-se nova linha de transmissão, de 500 quilovolts, ligando Teresina-Sobral-Fortaleza, com 540 km de extensão, estando esta em fase de licitação pela Aneel (Agência Nacional de Energia Elétrica). Para que todos esses investimentos obtenham sucesso, fez-se necessária a ampliação do sistema gerador de Tucuruí, o qual passará dos atuais 4.000 MW de capacidade instalada para 8.000 MW, em 2006.

Além da região Norte, o Sudeste também dará a sua parcela de contribuição ao Nordeste, através de uma linha de transmissão ligando a hidrelétrica de Serra da Mesa (Rio Tocantins) aos municípios de Rio das Éguas-Bom Jesus da Lapa-Ibicoara-Governador Mangabeira (esse último localizado no Recôncavo baiano), de 500 quilovolts e 1.050 km de extensão. Essa linha disponibilizará para o Nordeste cerca de 900 MW. O trecho Serra da Mesa-Ibicoara já está energizado desde fevereiro deste ano, faltando apenas o trecho Ibicoara-Governador Mangabeiras, o qual se encontra em fase de construção. É importante notar que boa parte das alternativas aqui citadas está em fase de construção ou em licitação de obras, portanto, sem resolver ainda um eventual problema de falta de energia que venha a acontecer na região.

Além de todo esse aparato de linhas de transmissão "salvadoras", o governo federal partiu também para a construção de uma rede de termelétricas a gás natural espalhadas pelo país, em princípio com uma previsão de 49 unidades, atualmente contingenciadas pela metade, com vistas a auxiliar no aporte energético. Em caso de emergência, outra bateria de termelétricas, dessa feita sobre barcaças e movidas a diesel, poderá entrar em ação. Essas medidas, inclusive, já estão onerando em cerca de 2% a conta de energia elétrica dos usuários nordestinos (seguro apagão), penalizados que foram antes mesmo da existência do problema.

Fizemos esse relato para mostrar o quanto estão sendo semelhantes os problemas dos americanos, nesse particular, aos que vêm ocorrendo no Nordeste brasileiro. Na revista *Veja* de 20 de agosto de 2003, em reportagem sobre o apagão ocorrido em Nova York, que atingiu cerca de 50 milhões de pessoas e, inclusive, parte do Canadá, foi mencionada a necessidade de se modernizar o sistema de transmissão dos Estados Unidos, que necessitaria de 56 bilhões de dólares em investimentos, dos quais apenas 35 bilhões haviam sido efetivamente alocados. Anunciou-se, também, um plano emergencial para a construção de mais 1.900 usinas geradoras (a maioria termelétricas), em um prazo de 20 anos. Em que pese a magnitude dos números apresentados na reportagem, resta-nos refletir, e com preocupação, sobre o fato de uma superpotência, mesmo com as facilidades financeiras existentes, ter apresentado problemas iguais aos dos países do Terceiro Mundo, não conseguindo evitar um apagão de grande monta. De resto, fica a seguinte pergunta: considerando o apagão em Nova York, será que as ações postas em prática pelo governo brasileiro de iniciar a lenta expansão das linhas de transmissão de energia para o Nordeste, concomitantemente com a nova proposta de transposição do Rio São Francisco, com importantes subtrações volumétricas do rio, não iriam facilitar ainda mais a ocorrência de novos apagões na região? Nesse sentido, voltamos a reivindicar uma ampla discussão sobre essa temática, nos aspectos atinentes aos múltiplos usos das águas do São Francisco, bem como a necessidade de se proceder à tão esperada revitalização de sua bacia. Não se entenda essa reivindicação como um apelo, mas sim como a exigência de toda uma região.

Recife, 22 de agosto de 2003

37 ABASTECIMENTO: os estados nordestinos precisam fazer uso de suas próprias águas

Revitalizar a sua bacia é uma ação importante e necessária, mas a transposição de suas águas, para o abastecimento das populações, poderá ficar para mais adiante, após a exploração cuidadosa dos mananciais existentes na região

Recentemente, o vice-presidente da República José Alencar veio ao Nordeste para a retomada das negociações em torno do projeto de transposição das águas do São Francisco. O projeto, que visa atender às necessidades hídricas das populações, é já bastante conhecido de todos os nordestinos, pois é uma cópia fiel das iniciativas do governo anterior. Apenas veio com algumas novidades: a revitalização da bacia do rio, através do desassoreamento de sua calha e da reposição das matas ciliares destruídas, além do tratamento de esgotos em cerca de 500 municípios e da transposição de águas do Tocantins para o aumento da vazão do São Francisco. Para todas essas ações, o governo Lula estima um custo total da ordem de 6,5 bilhões de dólares, ou 20 bilhões de reais, cifra bem superior aos 2,7 bilhões de dólares do projeto do seu antecessor.

Na nossa ótica, esses valores de certa forma assustam, tendo em vista a existência de outros programas de igual importância para o governo federal que ainda não foram deslanchados, ou que avançaram de maneira insatisfatória, a exemplo do *Fome Zero*, os quais certamente irão demandar iguais aportes de recursos. Haverá dinheiro para tudo que se pretende?

Para nós que estamos envolvidos com essas questões há bastante tempo, existem dois equívocos muito evidentes quando o assunto é transposição do São Francisco: um deles é de ordem ambiental e o outro de viabilidade econômica.

Com vistas a tentar elucidar esses equívocos, reportamo-nos ao ano de 2001, quando fomos procurados por um dos diretores da *Rede Globo* Nordeste, do Recife, para subsidiar, com informações, a edição de uma matéria sobre recursos hídricos do Nordeste. Essa matéria despertara a atenção da referida emissora por já se vislumbrar, para aquele ano, o colapso hídrico em boa parte da região, o que realmente veio a acontecer, resultando disso a mais séria crise energética de nossa história, com os desagradáveis desdobramentos vividos por toda a população.

Ao fornecer as informações à *Globo*, tivemos a preocupação de mostrar que a água existe com relativa abundância em todos os estados do Nordeste e que não iria faltar, uma vez planejado o seu uso. Mencionamos a riqueza hídrica existente no subsolo do sedimentário piauiense, no Vale do Rio Gurguéia, notadamente no município de Cristino Castro, onde poços jorram 24 horas por dia, aparentemente com enorme desperdício, pois não se sabe ao certo o destino que é dado a essa água que brota inesgotavelmente à superfície. Mostramos a importância das grandes represas para o abastecimento das populações, inclusive a necessidade de se interligar suas bacias hidrográficas, com vistas a possibilitar o abastecimento de áreas carentes com águas oriundas das represas que apresentem melhores condições de uso, trabalho que vem sendo muito bem conduzido no Estado do Ceará. Fizemos um relato do potencial volumétrico existente nos aqüíferos localizados no sedimentário de todos os estados nordestinos e das dificuldades em se obter água nas regiões de geologia cristalina, devido às baixas vazões das fontes existentes na rocha fraturada e ao alto teor de sais de suas águas. Tudo isso foi levado ao ar e é preciso que seja realmente divulgado e compreendido por todos aqueles que têm o poder de decisão nas mãos.

Pelo modo como a transposição vem sendo conduzida por nossas autoridades, percebe-se a grande desinformação que existe acerca das questões hídricas do Nordeste, o que poderá resultar em enormes prejuízos econômicos.

Nesse sentido, cremos que já é chegada a hora de começarmos a fazer um exercício de viabilidade econômica no abastecimento das populações nordestinas com as águas existentes em cada um dos estados, sejam elas de superfície, sejam de subsolo, tomando-se sempre como parâmetro os custos da proposta transpositória do Velho Chico ora divulgada pelo governo. Temos que encontrar meios de esclarecer os seguintes itens: 1) quanto custa abastecer as populações sedentas do sudeste do Piauí, região semiárida e de geologia cristalina, com as águas jorrantes oriundas do sedimentário do Vale do Gurguéia, naquele mesmo estado; 2) quais os resultados já alcançados pelo programa de interligação de bacias do Estado do Ceará, idealizado para satisfazer o abastecimento de sua população mais carente no Semi-árido; 3) qual o custo do abastecimento das populações da região do Seridó norte-rio-grandense com águas oriundas da Represa Armando Ribeiro Gonçalves, o segundo maior reservatório do Nordeste; 4) qual o custo do abastecimento de todo o sertão paraibano com águas oriundas das Represas Coremas/Mãe d'água, as maiores do Estado da Paraíba; 5) quais as possibilidades de ampliação da adução do aqüífero sedimentário do Jatobá, para o abastecimento de boa parte do sertão pernambucano e 6) qual a situação, hoje, do Programa Federal denominado *1 milhão de cisternas*?

A esse respeito, em conversa com Manoel Dantas Vilar Filho, – o Manelito, conhecido engenheiro sanitarista paraibano, ex-presidente da Companhia de Águas e Esgotos da Paraíba (Cagepa) no governo de João Agripino na década de 70 e, atualmente, pecuarista no município de Taperoá (PB) – foi-nos informado que recalques de água das Represas Coremas e Mãe d'água para o maciço do Jabre, no município de Teixeira, considerado o ponto mais elevado do Nordeste, possibilitariam a distribuição da água, por gravidade, para todo o sertão paraibano. Essa iniciativa, juntamente com a construção de duas represas no Rio Mamanguape e com todo o potencial hídrico existente no sedimentário do litoral paraibano, resolveria, por um longo período, os problemas de abastecimento de todo o Estado da Paraíba. Nesse sentido, uma articulação com esse engenheiro para o esclarecimento de dúvidas poderá ser concretizada por telefone, através do número: (83) 3463-2213.

Precisamos reconhecer o esforço do governador de Pernambuco Jarbas Vasconcelos, que vem buscando utilizar primeiro o potencial hídrico existente no estado para fins de abastecimento, seja na exploração do sedimentário do Jatobá, atendendo as populações dos municípios de Sertânia, Arcoverde e Cruzeiro do Nordeste, entre outros, seja na adução de represas, a exemplo de Pirapama Quiriméi e Tiúma, na zona da mata; de Belo Jardim, Poço da Cruz e Jucazinho, no agreste e de Chapéu, Entremontes e Serrinha, no sertão pernambucano. Aliás, ao se referir à transposição do São Francisco no *Jornal Nacional* do dia 03/10, o governador ponderou sobre as prioridades do seu governo em explorar primeiro as águas disponíveis nos aqüíferos do seu estado.

Após as respostas a cada um dos itens formulados anteriormente, é provável que se chegue a parâmetros de viabilidade técnica e econômica de uso das águas em cada um dos estados nordestinos, isso quando comparados aos custos do processo transpositório do São Francisco. Diante das prioridades que já foram dadas ao rio, parece-nos que revitalizar a sua bacia é uma ação importante e necessária, mas a transposição de suas águas, para o abastecimento das populações, poderá ficar para mais adiante, após a exploração cuidadosa dos mananciais existentes na região.

Ao nos depararmos com questões como essas, lembramos de um fato que ocorreu na Rússia dos tempos dos Czares. Conta-se que a construção de uma estrada ligando duas localidades em região montanhosa da Rússia, portanto, de topografia extremamente acidentada, gerou certa insatisfação na equipe de engenheiros responsáveis pela obra. A insatisfação era devida às dificuldades existentes para se viabilizar uma obra que fatalmente teria que vencer um relevo intransponível. Solicitada uma audiência ao Czar para os devidos esclarecimentos do fato, este, munido de um mapa, uma régua e um lápis, pôs a régua sobre as duas localidades, traçou uma linha ligando-as e em seguida decretou: "na construção da estrada tem-se que obedecer a esse trajeto". Essa solução gerou um grande constrangimento nos engenheiros, pois sabiam eles dos problemas que enfrentariam caso houvesse uma ligeira inflexão da linha originalmente traçada pelo Czar. A estrada foi construída da forma como ele planejara. Quem viver e for lá, verá.

Sem querermos comparar o Brasil de Lula com a Rússia dos Czares, ficamos a imaginar a transposição de águas do São Francisco, vencendo-se um relevo de 160 m, para essas águas chegarem ao Rio Grande do Norte, percorrendo uma distância de aproximadamente 500 km, com todas as conseqüências advindas da ação das intempéries e obstáculos da natureza nesse trajeto e, ainda por cima, com o rio sendo enriquecido com águas de um rio pertencente a outra bacia hidrográfica, cujo divisor de águas, para ser vencido, se assemelha topograficamente à região da Rússia vencida, a duras penas, pelos engenheiros do Czar. Sabedores da viabilidade de a Represa Armando Ribeiro Gonçalves, sozinha, abastecer toda a população norte-rio-grandense nos próximos 20 anos, vislumbramos a existência de algo Czarista no processo transpositório do rio para aquele estado.

Finalmente, entendemos que diante desse cenário o momento é mais para reflexão e uso das águas existentes nos estados, do que propriamente de execução da obra transpositória do Rio São Francisco. Voltamos a insistir na necessidade de se envolverem, para a discussão dessas questões, o Comitê da Bacia Hidrográfica do São Francisco e a Agência Nacional das Águas (ANA), instituições que foram criadas para atuarem com esses propósitos, dando-lhes meios para agirem de forma independente e autônoma em todo esse processo.

Recife, 09 de outubro de 2003.

38 MANUTENÇÃO DO RACIONAMENTO DE ENERGIA: uma questão a estudar

Se tivéssemos mantido o racionamento de 2001 em patamares adequados à manutenção do conforto do usuário, teríamos economizado água suficiente no São Francisco para geração hidrelétrica, não estaríamos necessitando do acionamento das térmicas e não estaríamos aumentando ainda mais a carga tributária do contribuinte nordestino.

A cidade do Recife enfrenta um racionamento na oferta de água que já dura praticamente vinte anos. Atualmente, tem-se água na cidade dia sim e dia não. Em passado mais recente, a coisa já esteve bem pior. A cidade chegou a amargar 9 dias de racionamento em alguns bairros.

Ao contrário do que muitos imaginam, a sua população já se adaptou às regras impostas pela companhia que abastece a região metropolitana com o precioso líquido. O fato é que, em matéria de racionamento d'água o recifense é um verdadeiro craque, podendo servir de modelo às populações de outras regiões do país que venham a apresentar problemas semelhantes. E não poderia ser diferente. O chamado Grande Recife, região com mais de 3 milhões de habitantes, demanda um volume de cerca de 14 m^3/s de água potável, e o sistema que o abastece só tem condições de ofertar 12 m^3/s. Faça chuva ou faça sol, estejam as represas cheias ou vazias, o esquema é sempre o mesmo: há um déficit volumétrico antigo de abastecimento da população, implicando na necessidade dos racionamentos e na obrigatoriedade de a população praticar verdadeira ginástica para conviver com esse tipo de situação.

Traçando-se um paralelo entre o problema de abastecimento hídrico do Recife e o setor energético nordestino, pode-se dizer que a situação tem algumas semelhanças. O São Francisco, rio responsável por mais de 95% da energia que é gerada no Nordeste, vem apresentando sinais constantes de incapacidade para suprir as demandas da região. A prova disso foi o recente racionamento de energia havido no ano de 2001, motivado por um descompasso na caída das chuvas nas cabeceiras do Velho Chico, trazendo, por conseqüência, baixos volumes nas represas das usinas geradoras de energia e a necessidade de se proceder à economia energética.

Atualmente, novos sinais no rio dão conta da possibilidade de voltarmos à situação de penúria hídrica da época do racionamento, o que tem motivado as autoridades responsáveis pelo setor a iniciar a geração de energia através de termelétricas movidas a gás natural e diesel como forma de complementar, no sistema de distribuição, a energia gerada nas hidrelétricas devido às indesejáveis características hidrológicas atualmente existentes.

Se fizermos uma avaliação da evolução dos problemas energéticos do Nordeste ao longo dos anos e aproveitando a adaptação demonstrada pela população recifense no enfrentamento de situações adversas – a exemplo do longo racionamento d'água em sua região metropolitana –, iremos chegar à conclusão de que não deveríamos ter abandonado o racionamento de energia elétrica vivenciado por todos os nordestinos em 2001. Reduzi-lo a patamares aceitáveis, que não provocassem transtornos à população, talvez fosse a melhor opção, mas simplesmente extingui-lo certamente não foi a decisão mais acertada. O fato é que, diante da incapacidade de o Rio São Francisco atender a atual demanda de energia do Nordeste, o governo federal vem acenando com a possibilidade de pôr em prática o programa de geração de energia através do acionamento de termelétricas a gás natural e diesel (proposta divulgada na mídia televisiva pelo diretor de operações da Chesf, no dia 02/12/2003).

Acerca dessas questões, alguns pontos precisam de um maior esclarecimento:

• com o acionamento das térmicas, fica evidente que os investimentos havidos até então no setor, principalmente na ampliação das linhas de transmissão de energia, ainda não foram suficientes, pois não teria o menor sentido acionar as térmicas, sabendo-se que o custo da energia gerada nesse tipo de fonte é três vezes mais cara do que aquela produzida em hidrelétricas;

• o usuário nordestino já vem pagando, desde março de 2002, o Encargo de Capacidade Emergencial, apelidado de Seguro Apagão, equivalente a R$ 4,90 para cada 1.000 kWh consumidos, o que representa um acréscimo médio de cerca de 2% em sua tarifa de energia. Com o acionamento das térmicas, dois outros tributos irão entrar em vigor: o Encargo de Aquisição de Energia Elétrica Emergencial – EAEEE, para pagar a operação, o lucro e a depreciação das geradoras, do mercado atacadista de energia – MAE e das concessionárias; e o Encargo de Energia Livre Adquirida no Mercado Atacadista de Energia – EELAM, para pagar a diferença entre o valor de compra de energia da geradora e o valor pago ao MAE; além do mais, as térmicas poluem em demasia o ambiente, lançando na atmosfera grandes quantidades de óxidos de nitrogênio, principalmente o NO e NO2, produtos sabidamente nocivos à saúde das pessoas.

A necessidade do acionamento das térmicas tem relação estreita com a situação hidrológica vivida atualmente no país. Em termos hidrológicos, no Nordeste, o ano de 2003 está muito mais pobre do que aquele verificado no ano do racionamento de energia. Em dezembro de 2000, os reservatórios nordestinos contavam com cerca de 32% de sua capacidade acumulatória. Em dezembro de 2003, ou seja, 3 anos após o racionamento, os reservatórios contam com menos de 14%. O fato é que todos os reservatórios do país estão, no momento, com níveis que preocupam as autoridades do setor. Para se ter idéia dessa problemática, em outubro de 2003, no início do período chuvoso, os reservatórios da região Sul acumulavam cerca de 30,50% de sua capacidade; no Sudeste/Centro-Oeste cerca de 44,61%; no Norte aproximadamente 38,96% e no Nordeste, em situação mais crítica, cerca de 22,45%, com perspectiva de chegar no dia 17 de dezembro a apenas 10% de sua capacidade, percentual esse que põe em risco a segurança de todo o sistema. E o que ocorrerá se faltarem as chuvas providenciais para o enchimento dos reservatórios nordestinos, a exemplo do que ocorreu em 2001, período no qual o governo federal apostou todas as suas fichas nas chuvas que não caíram, tendo como resultado a mais séria crise energética de nossa história?

Consideramos que já é hora de se fazer um estudo sério para esclarecimento da população, acerca da inconveniência de ter sido interrompido o racionamento de energia em 2001, levando-se em conta, como termos de comparação, os custos provenientes dos tributos pagos pela população e os problemas ambientais advindos com o acionamento das térmicas. Na nossa opinião, se tivéssemos mantido o racionamento de 2001 em patamares adequados à manutenção do conforto do usuário, o qual já estava adaptado às normas do racionamento em vigor naquela ocasião, teríamos economizado água suficiente no São Francisco para geração hidrelétrica, não estaríamos necessitando do acionamento das térmicas e não estaríamos aumentando ainda mais a carga tributária do contribuinte nordestino, que, por sinal, já se encontra bastante sacrificado.

A conclusão a que chegamos com esse breve relato é a de que a hidrologia na Bacia do São Francisco já se encontra no seu limite. Usar as águas do São Francisco daqui para frente significa, antes de tudo, utilizar informações precisas sobre o ambiente nordestino, planejamento e prudência nas ações, principalmente por parte daqueles que têm o poder de decisão nas mãos.

Recife, 15 de dezembro de 2003.

39 AS ARMADILHAS DO CLIMA

Existe a tendência de se continuar a vender a ilusão de que a transposição é a única forma de resolver os problemas do abastecimento nordestino, e o povo continua a acreditar nisso.

O pássaro carão quando canta no sertão é sinal de muita chuva. Contrariando todas as previsões meteorológicas de um ano seco, a ave deu os seus primeiros piados no dia 11 de janeiro de 2004, trazendo fortes chuvas para a região e alegrando os sertanejos que gritavam alegremente: "canta carãozinho de Nossa Senhora!", numa espécie de agradecimento à chegada daquela situação hidrológica salvadora que fazia anos não acontecia. Passados 20 dias de intensos aguaceiros, o resultado foi desastroso: um sem-número de açudes estourados, estradas intransitáveis, muito sofrimento e, infelizmente, mortes de muitos nordestinos. A situação está sendo comparada àquela verificada em 1924, quando ocorreu cataclismo semelhante no Nordeste, vindo ao encontro da crendice popular de que os anos terminados em 4 trazem bons invernos (os anos de 1914, 1924, 1964 e 1974 foram muito chuvosos e não houve seca propriamente dita em nenhum dos outros anos terminados em quatro). Mas o fato é que já existe uma boa parcela da população nordestina munida de espingardas de grosso calibre para calar, de vez, a voz daquela ave agora indesejada. Não podia ser diferente: em curto espaço de tempo, choveu em algumas regiões do Nordeste, dez vezes a média histórica prevista para o mês de janeiro. Açudes como o Boqueirão na Paraíba, que abastece Campina Grande, com cerca de 438 milhões de m^3, e o Castanhão no Ceará, com 6,7 bilhões de m^3, próximo a Fortaleza, encheram com as fortes chuvas, fatos inusitados, pois no mês dezembro de 2003 estavam praticamente vazios. Foi realmente um dilúvio bíblico, o que veio a provocar estado de calamidade pública em quase todo o Nordeste. Para nós pesquisadores que lidamos no dia-a-dia com esses assuntos, a situação criada no Nordeste não foi motivo de surpresa. Estranhamos apenas a intensidade com que o fenômeno aconteceu. A explicação foi a seguinte: ocorreu simultaneamente uma frente fria vinda do Sul do país, com grande energia, que se fixou sobre o Nordeste, aliada à antecipação, em janeiro, da ação da Zona de Convergência Inter-Tropical (massa de ar carregada de umidade que chega ao Nordeste proveniente da região do equador e que normalmente costuma agir no mês de fevereiro), somada ainda ao aumento de temperatura do Atlântico Sul, que causa intensa evaporação e proporciona as instabilidades condicionais, levadas, invariavelmente, pelos ventos alísios ao interior da região. As chuvas provenientes desses três fenômenos somados, ao caírem em regiões de geologia cristalina, onde os escoamentos superficiais são maiores do que a proporção de água que se infiltra no solo, causaram as fortes enchentes divulgadas pela mídia nos últimos dias e que assustaram todos os brasileiros.

Cremos que acerca dessas questões alguns pontos precisam de um maior esclarecimento. Primeiramente, é preciso alertar a população que as fortes chuvas caídas não acabaram com os problemas hídricos do Nordeste. Apenas alguns aspectos foram atenuados. A geração de energia, por exemplo, foi um desses aspectos. Ao final do ano de 2003, o reservatório nordestino (somatório volumétrico de todas as represas responsáveis pela geração de energia no Nordeste) chegou ao seu ponto crítico (com cerca de apenas 10% de seu volume útil), sendo necessário o acionamento do parque de termelétricas, em apoio às hidrelétricas, para o suprimento da demanda de energia da região. E essa conta ficou demasiadamente cara para a população usuária da energia, pois ela já pagava pela possibilidade de vir a usar o sistema alternativo de térmicas (o chamado "seguro apagão") e, atualmente, paga também pelo seu uso, o chamado encargo de aquisição de energia emergencial, chegando a acrescer, em sua conta de energia, um percentual de cerca de 2% do valor do consumo. Cremos que o governo Lula, um governo dito popular, teria que chamar para si a responsabilidade do pagamento desses tributos, assumindo-os em sua totalidade e não transferindo-os para o povo, o qual, diga-se de passagem, é o menos culpado pela existência de tais problemas. Sobre o assunto, temos conosco três discursos proferidos, no Senado Federal, pelo senador José Jorge, ex-ministro de Minas e Energia do governo Fernando Henrique, pronunciamentos esses relacionados aos programas estratégicos para o aumento da oferta energética do país; aos cenários para os próximos anos em termos de oferta energética e a uma visão futurista da situação energética do Nordeste. As leituras que fizemos de tais pronunciamentos nos deram a nítida impressão de que, com os investimentos havidos em termos de construção de linhas de transmissão, por exemplo, tinham sido resolvidos de certa forma, e até com folga, os problemas energéticos do Nordeste. Pelo visto, a contar da necessidade do acionamento das térmicas, não foi isso o que sucedeu. Ao nosso modo de entender dos pronunciamentos do senador apenas destacaríamos como de real importância o seu reconhecimento de que existe, na Bacia do Rio São Francisco, um indesejável risco hidrológico que precisa ser tratado com o devido cuidado. Nesse ponto, sua excelência tem razão. As chuvas do sul de Minas Gerais, responsáveis diretas pelo abastecimento da Represa de Sobradinho (principal fonte regularizadora de vazão do São Francisco) ocorreram em menor intensidade quando comparadas àquelas ocorridas no Nordeste nos últimos dias, ocasionando um preenchimento de cerca de 25% do volume útil da mesma, o que obrigará a Chesf a proceder a gestão dos volumes existentes no seu complexo gerador com muita parcimônia, para não se ter que voltar, em futuro próximo, a se utilizar o parque gerador de termelétricas, onerando mais uma vez a vida do nordestino que já anda tão sacrificada. É viver para crer.

Outro aspecto importante a ser mencionado diz respeito ao atual cultivo de culturas de subsistência, principalmente milho e feijão, aproveitando-se a umidade do solo proveniente do atual período de enxurradas da região. Como houve antecipação do plantio com as chuvas de janeiro (no Cariri paraibano os meses mais chuvosos são março e abril) é possível que haja problemas na condução dessas culturas. Normalmente, as sementes precisam de umidade suficiente para germinar, desenvolver-se, florir, frutificar e chegar ao ponto de colheita. Não temos bola de cristal para fazer uma avaliação mais precisa do que irá acontecer com essas sementes lançadas ao solo fora da época de plantio. As que não se perderem por excesso de água (morte do embrião por encharcamento) correrão o risco de não concluírem o seu ciclo vegetativo, por descompasso na caída de novas chuvas. A quebra desse ciclo, com enormes prejuízos na produção costuma ser um fato corriqueiro no Semi-árido, situação essa que recebe a denominação de seca verde.

Finalmente, lembraríamos o aspecto do abastecimento das populações nordestinas. Verificamos que houve um certo alento, pois a situação era realmente calamitosa e desesperadora, com boa parte da região sendo assistida por frotas de caminhões-pipa, com os problemas financeiros e políticos disso advindos e conhecidos por todos os nordestinos. Precisamos reconhecer em primeiro lugar, como alternativa válida, a importância das grandes represas para o abastecimento das populações. Em Campina

Grande, por exemplo, vai se deixar de falar sobre racionamento d'água pelo menos nos próximos três anos. Alguns dias de fortes chuvas foram suficientes para fazer a represa sangrar e desativar o programa de distribuição de água com caminhões-pipa existente em toda a região. No entanto, as chuvas trarão novamente à baila as questões da transposição do Rio São Francisco para o abastecimento de 6 milhões de pessoas no Nordeste. A certeza disso prende-se ao fato de que o ano de 2004 será eleitoral e, portanto, sujeito às espertezas de alguns candidatos que fazem desse polêmico projeto o seu palanque de luta, transformando as possibilidades de abastecimento em uma crescente fonte de votos provenientes do sedento povo nordestino. Seguramente haverá candidato que irá colocar até o mapa da transposição em sua propaganda eleitoral. Ao invés de esse gesto ser considerado um exemplo de uma boa plataforma política, o mesmo deveria ser enquadrado como crimes eleitoral e ambiental, além de uma incompetência econômica de graves conseqüências. O que seria mais viável técnica e economicamente, o uso do potencial hídrico existente em cada estado nordestino (o atual momento está muito propício para se fazer esse tipo de avaliação, tendo em vista os aqüíferos estarem praticamente cheios) ou a transposição das águas do São Francisco para locais distando cerca de 500 km das margens do rio?

Há anos estamos denunciando essas questões polêmicas e a impressão que temos é de que poucos as levam em consideração. Existe a tendência de se continuar a vender a ilusão de que a transposição é a única forma de resolver os problemas do abastecimento nordestino, e o povo, estupidamente, continua a acreditar nisso. Em 2004 abriram-se enormes voçorocas sobre essas questões cujo destino só se elucidará no futuro.

Recife 06 de fevereiro de 2004.

40 TRANSPOSIÇÃO DO VELHO CHICO: o empirismo continua

Percebe-se claramente o desconhecimento das autoridades no que se refere ao ambiente natural por onde corre o Rio São Francisco, principalmente na parte semi-árida de sua bacia. Não se pode tratar um assunto polêmico como esse sem se ter um conhecimento profundo de geologia e, principalmente, de clima, variáveis naturais extremamente marcantes na região.

Foi editado no *Jornal do Commercio* do Rio de Janeiro, do dia 16 de julho do corrente, que o governo decidiu alterar o projeto da transposição do Rio São Francisco. Na referida matéria, alguns pontos nos chamaram atenção, principalmente no tocante aos novos critérios que serão adotados para a realização do projeto:

- de agora em diante, pretende-se transpor apenas as águas que estiverem "sobrando" [aspas nossas] na sua bacia;
- haverá também redução nas retiradas da água: em vez de uma média de 64 m^3/s, pretende-se retirar apenas 56 m^3/s;
- as bombas somente serão ligadas nos momentos em que o reservatório de Sobradinho, o maior da Bacia do São Francisco, estiver cheio, pois se acredita que "Sobradinho está freqüentemente vertendo" [aspas nossas];
- na ocorrência de seca, se Sobradinho não estiver cheio não se bombeará água para encher açudes.

O governo argumenta que a disputa no São Francisco não é por água, mas por prioridade de investimentos e admite que o projeto causará uma perda na produção de energia no sistema do São Francisco, calculada em torno de 13,5%, mas recusa a idéia de transpor águas do Rio Tocantins no futuro para compensá-la, sugerindo, finalmente, que a Companhia Hidrelétrica do São Francisco (Chesf) centralize a operação do sistema.

Diante de tantas modificações impostas ao projeto, percebe-se claramente o desconhecimento das autoridades no que se refere ao ambiente natural por onde corre o Rio São Francisco, principalmente na parte semi-árida de sua bacia e o empirismo com o qual estão sendo conduzidas essas questões. Não se pode tratar um assunto polêmico como esse sem se ter um conhecimento profundo de geologia e, principalmente, de clima, variáveis naturais extremamente marcantes na região. Da forma como esses aspectos estão sendo tratados na matéria, nota-se claramente, além de uma total falta de conhecimento sobre os mesmos, uma falta também de compromisso para com o povo nordestino. E isso não é de hoje.

No início da década de 90, por exemplo, tornou-se pública proposta do então ministro Aluísio Alves, político norte-rio-grandense, que previa a retirada de 260 m^3/s do Rio São Francisco para abastecer as regiões semi-áridas dos Estados de Pernambuco, Paraíba, Rio Grande do Norte e Ceará. Em pouco mais de uma década, aquele volume foi reduzido em cerca de cinco vezes. Qual a razão disso? Por que agora querem retirar apenas 56 m^3/s?

Ao contrário do que parece, as águas na Bacia do Rio São Francisco não estão sobrando, conforme consta na matéria. A prova disso ocorreu entre o ano de 97 e os dias atuais. Naquele ano, a Represa de Sobradinho verteu e nos sete anos subseqüentes, o Nordeste passou pela mais séria crise energética de sua história, motivada por longos períodos de secas. A maioria do povo nordestino foi socorrida por caminhões-pipa e não pode apresentar-se desmemoriada com relação às conseqüências nefastas dos racionamentos de energia, com adoção de feriadões e do acionamento do parque de termelétricas, que tantas mazelas trouxeram para o desenvolvimento da região, para o ambiente e para o bolso do cidadão. Às vezes torna-se difícil entender as razões que levam as autoridades a acreditar na freqüência dos vertimentos da Represa de Sobradinho, como saídas desejáveis para se transpor as água do São Francisco. O que na realidade vem ocorrendo são ciclos de relativa abundância, intercalados por períodos de penúria hídrica que já se tornaram uma constante em toda a Bacia do Velho Chico. O ano de 2004, por exemplo, dado o enorme volume pluviométrico caído, provavelmente vem se mostrando como início de um desses ciclos. Nele, Sobradinho voltou a verter, como a maioria das grandes represas do Nordeste, e o que resta é se estabelecer formas coerentes de usos dessas águas, agora disponíveis com relativa abundância em toda a região. Nesse sentido, torna-se imprescindível e mais sensata a utilização das águas da Represa Castanhão (reservatório cearense e o maior do Nordeste, com cerca de 6,7 bilhões de m^3 de capacidade), a qual, sozinha, resolveria, e por gerações, o problema de abastecimento da grande Fortaleza e regiões circunvizinhas, ao invés de se transpor as águas do São Francisco, a 500 km de distância, para abastecer essa represa. Isso, no nosso modo de entender, deveria ser enquadrado como crime ambiental, além de um exagerado despreparo nas questões econômicas.

Nesse cenário, a disputa é por água e não por investimentos conforme consta na matéria do jornal. No Vale do São Francisco existe um potencial irrigável de 1 milhão de hectares, dos quais 340 mil já estão efetivamente irrigados. E essa área encontra-se em constante processo de expansão. É bem provável que em um futuro próximo seja necessária a negociação para o consumo d'água nas áreas em regime de irrigação na Bacia do São Francisco. Projetos que já se encontram em andamento terão que reduzir suas áreas e os que estão em negociação terão suas áreas estipuladas em razão da disponibilidade de água no momento de sua elaboração. Quem viver e for lá verá.

O fato de a transposição só ocorrer se Sobradinho estiver cheio é uma falácia. É impossível se evitar a retirada de água do rio pelos nordestinos, numa situação de sede generalizada. O país poderá empregar todo o seu potencial bélico para proibir o acesso ao precioso líquido e não irá resolver esse tipo de situação criada pelo desespero das populações na busca da água. Alerto mais uma vez que os meses mais secos do Nordeste são aqueles terminados por BRO (setembro, outubro, novembro e dezembro) os quais coincidem com o período em que Sobradinho está com o seu nível mais baixo. Um simples descompasso na caída das chuvas em seu período normal de ocorrência (fato que está acontecendo com certa freqüência) seria suficiente para interromper um projeto que custa aos cofres públicos cerca de R$ 20 bilhões. É muito dinheiro envolvido para que se venha a permitir um número significativo de interrupções nos bombeamentos.

Finalmente, o governo reconhece que a transposição causará uma perda na produção de energia no sistema do São Francisco, em torno de 13,5%. Isso não é pouco se atentarmos para o fato de o potencial gerador do São Francisco já ter sido explorado em sua totalidade. O sistema gera anualmente no Nordeste cerca de 50 milhões de MW/h no atendimento à sua demanda. O fato grave nessa questão é que essa mesma demanda vem crescendo 2% acima do percentual do PIB. Caso continuemos a crescer a uma taxa de 4,5 a 6% ao ano (fato possível e não improvável), em 12 anos teremos que dobrar a produção de energia do Nordeste, ou seja, precisaremos de 100 milhões de MWh para darmos seqüência ao nosso desenvolvimento. A pergunta a ser respondida é a seguinte: onde será gerada essa energia?

Doravante, o nosso grande desafio será a escolha da melhor matriz de expansão do sistema elétrico para o atendimento da nossa demanda. Dos 100 milhões de MWh que iremos precisar, quanto será hidrelétrico, quanto será de energia solar, quanto será de gás, quanto será de biomassa da cana-de-açúcar, quanto será de energia eólica, quanto será de nuclear? Cremos que já é chegada a hora de a sociedade ser consultada sobre qual cenário energético deseja para o seu desenvolvimento, nos próximos 25 anos. Isso tem que ser feito com certa rapidez, com vistas a possibilitar, aos responsáveis pelo setor elétrico, tempo suficiente para as mudanças que se fizerem necessárias.

Isto posto, achamos que para as questões da transposição do São Francisco deva haver equilíbrio entre ciência e bom senso. Essa é a verdadeira fórmula para auxiliar o governo na imprescindível tarefa de dar continuidade ao desenvolvimento daqueles que residem na região semi-árida nordestina.

Recife, 26 de julho de 2004.

41 A TRANSPOSIÇÃO DE BACIAS É TEMA DEBATIDO NO RECIFE

A Sociedade Brasileira para o Progresso da Ciência (SBPC) promoveu no Recife, no período de 02 a 04 de agosto corrente, o Encontro Internacional sobre Transferência de Águas entre Grandes Bacias Hidrográficas. Para tanto, convidou os principais expoentes da hidrologia nacional, a fim de discutir a possibilidade de transferência de água da Bacia do Rio São Francisco para regiões do Semi-árido nordestino e suas conseqüências, oportunidades e riscos, abordando aspectos relativos aos recursos hídricos, às questões sociais e econômicas e aos impactos ambientais, entre outros fatores.

Convidados a participar do referido evento, na qualidade de representantes da Fundação Joaquim Nabuco, encontramos ambiente extremamente favorável para o embasamento dos nossos pontos de vista sobre a realidade sanfranciscana, idéias essas que estamos cultivando há cerca de uma década.

O evento possibilitou o ressurgimento de um tema que havíamos tratado em artigo anterior publicado na internet, intitulado "Transposição do Velho Chico: o empirismo continua", o qual se referia ao tratamento das vazões a serem transpostas pelo projeto. No evento em questão, o assunto voltou à baila.

Na explanação do projeto, realizada por representantes do governo federal, foi mencionada uma *vazão alocável* do Rio São Francisco, segundo a qual seria subtraído do rio um volume da ordem de 360 m^3/s. Ora, nas nossas consultas e reflexões realizadas acerca dessas questões, tínhamos como elemento de certeza o volume de 240 m^3/s, considerado pela Codevasf, na elaboração de seus projetos, como aquele existente no rio depois de descontadas as vazões dos múltiplos usos aos quais vem sendo submetido.

Assustados com esse novo número divulgado partimos para uma peregrinação junto aos técnicos participantes do encontro, a fim de avaliar melhor a forma pela qual essa vazão foi determinada e a sua confiabilidade nas ações previstas no projeto.

A conclusão a que chegamos foi a de que esse número é de mera conveniência. Simplesmente estipulou-se o número para se possibilitar a exeqüibilidade do projeto. Chegamos a indagar a alguns técnicos como se comportaria essa vazão alocável (360 m^3/s) com a retirada de água do rio numa situação de penúria hídrica, como a que ocorreu na Bacia do Velho Chico em 2001, ocasião na qual o rio não dispunha de água sequer para gerar energia. A resposta obtida foi a de que, em casos como aqueles, a outorga das águas só se daria através de exaustiva negociação junto aos seus usuários.

Nesse caso, para nós, o volume alocável passa a ter uma conotação condicionante, ou seja, a transposição, para ter sucesso, ficaria condicionada à existência de situações hidrológicas favoráveis na bacia do rio. Na realidade, existirão situações de pobreza hídrica que trarão conseqüências nefastas para a região, principalmente para aqueles que dependem da água como agente promotor do desenvolvimento. Produtores de manga irrigada – que é uma cultura perene – poderão ter suas áreas reduzidas pelo fato de o rio não dispor de vazões suficientes que garantam sua produção. Geradoras de energia poderão desativar algumas unidades, como ocorreu, aliás, em 2001 no complexo gerador de Paulo Afonso, quando o Nordeste passou pelo desconforto do racionamento de energia.

Na nossa opinião, o empirismo dos números divulgados e o indesejável risco hidrológico existente na Bacia do São Francisco, que motivaram os racionamentos de energia em 2001 e o acionamento do parque de termelétricas na região em 2003, estiveram presentes na mente de cada um dos participantes do encontro da SBPC. A magnitude dos investimentos e a natureza complexa dos projetos da transposição sinalizaram para a necessidade de estudos integrados e abrangentes que visem ao desenvolvimento regional. Nesse sentido, houve consenso entre os técnicos sobre a idéia de se começar a executar os projetos estruturais, partindo-se das bacias receptoras de jusante (estados receptores) para a bacia exportadora de montante (Bacia do São Francisco), através do uso integrado do potencial hídrico existente em cada um dos estados envolvidos no projeto, da otimização das disponibilidades de água e da confirmação de demandas, de modo a assegurar que a transposição constitua uma alternativa complementar e não implique no abandono ou mesmo na subutilização de fontes locais de água, garantindo intervenções capilares de ponta, que propiciem a obtenção de efeitos benéficos nas bacias. Ficou claro, portanto, que é preciso, em primeiro lugar, se formar a infra-estrutura hidrológica necessária nas regiões receptoras, para, no futuro e dependendo das necessidades, se estabelecer um processo coerente de recebimento das águas do São Francisco para a continuidade do desenvolvimento regional.

A SBPC e toda a comunidade científica estão de parabéns pela realização do encontro. Será elaborado, para posterior divulgação, um relatório sobre as questões tratadas no evento, com o propósito de fornecer às autoridades e à sociedade como um todo uma avaliação isenta de paixões, com aspectos técnicos da transposição que subsidiem o amplo debate e a tomada de decisões que o assunto exige.

Recife, 09 de agosto de 2004.

REVITALIZAÇÃO DA BACIA E TRANSPOSIÇÃO DO SÃO FRANCISCO: claros equívocos conceituais

42

Ao deflagrar o processo de transposição das águas do Rio São Francisco no orçamento de 2005, o governo federal periga ceder ao lobby dos que defendem a velha política de grandes obras hidráulicas para a região Nordeste.

A proposta orçamentária do governo federal para 2005 chegou ao Congresso Nacional no final de agosto passado, assegurando recursos para a *revitalização* do rio São Francisco. Para a mencionada obra, considerada a mais importante do orçamento em questão e que *precederá* a transposição das águas do Velho Chico, foi reservado cerca de R$ 1 bilhão visando a preparação de condições ambientais adequadas para o desvio do fluxo de suas águas para áreas do Semi-árido nordestino: a mais importante obra e, seguramente, a mais polêmica, pois o que se vem divulgando na mídia na atualidade é uma nítida confusão de conceitos existente entre as ações de revitalização da bacia e da transposição de suas águas para o benefício de 8,5 milhões de pessoas no Nordeste.

O ato da transposição de águas em si é muito simples de se entender: trata-se do transporte de um determinado volume de água entre bacias distintas, a exemplo da transposição de águas da Bacia do São Francisco para a Bacia do Rio Piranhas/Açu, no Rio Grande do Norte, a qual, geograficamente, não pertence àquela primeira (não confundir com adução de água, que é o transporte volumétrico de um local para outro dentro da própria bacia hidrográfica, a exemplo da retirada de água do Rio São Francisco para o abastecimento de localidades pertencentes a Sub-bacia do Rio Brígida, em Pernambuco, contida na Bacia do São Francisco).

Já o conceito de revitalização diz respeito à recuperação de alguns componentes ambientais da bacia, os quais, na maioria das vezes, foram degradados pela ação humana. Nesse caso, trata-se de ações necessárias que dizem respeito à recuperação da vegetação ciliar e dos solos; do desassoreamento da calha do rio; da melhoria da qualidade das águas através do tratamento adequado dos esgotos sanitários e dos dejetos industriais lançados no rio, dentre tantas outras. Portanto, em tais condições, tornam-se inadequadas as ações da transposição, sem antes terem sido reparados os danos causados ao ambiente. É exatamente nesse cenário onde existe uma enorme confusão. O governo se dispôs a iniciar o processo de revitalização como ação *precedente* da transposição e, para a surpresa da todos deflagrou o processo de transposição de suas águas a todo custo, descumprindo inexplicavelmente o que havia sido acordado com as instituições responsáveis pela condução das questões sanfranciscanas.

Nesse sentido, foram inúmeras as manifestações de repúdio para com essa decisão, a exemplo daquela manifestada pelo Comitê da Bacia Hidrográfica do Rio São Francisco, que não concordou em absoluto com essa decisão unilateral. Pela lei, cabe ao comitê indicar como serão usadas as águas da Bacia do São Francisco. Segundo o secretário-executivo Luiz Carlos Fontes, “o governo descumpriu o acordo com o Comitê. A transposição é uma obra cara e desnecessária. O conflito está instalado. É inimaginável que um governo democrático aja assim, desrespeitando as posições dos representantes da sociedade”.

Além das críticas contundentes do Comitê, alguns membros da sociedade científica se manifestaram com relação ao assunto, a exemplo do pesquisador João Abner Guimarães Júnior, doutor em recursos hídricos da Universidade Federal do Rio Grande do Norte e um dos maiores especialistas no assunto, o qual publicou recente artigo intitulado “O Lobby da Transposição”, no qual vincula o projeto de transposição à existência de um *lobby* poderoso que se encontra infiltrado na máquina do Estado defendendo a manutenção da velha política de grandes obras hidráulicas para o Nordeste, a verdadeira "indústria da seca" na região. Segundo o pesquisador, sob o ponto de vista legal, deve-se destacar que a Lei Federal nº 9.433, de 1997, recomenda o uso prioritário dos recursos hídricos para o consumo humano e dessedentação dos animais *apenas em situação de escassez*. Nesse sentido, não tem o menor propósito se levar água do São Francisco para o Rio Grande do Norte, pois esse fato não corresponde à realidade das principais bacias receptoras daquele estado, como é o caso da Bacia do Piranhas-Açu, com um consumo humano de apenas 1,3 m^3/s, que representa um pequeno percentual se considerada a disponibilidade efetiva de cerca de 17 m^3/s, a jusante da Barragem Armando Ribeiro Gonçalves.

Envolvidos também com essas questões há cerca de uma década, participamos de um encontro internacional sobre transposição de bacias hidrográficas promovido pela Sociedade Brasileira para o Progresso da Ciência (SBPC), no Recife, em agosto passado e divulgamos seus resultados. Nele, foram reunidos os principais expoentes da hidrologia nacional, que analisaram as questões da transposição do Rio São Francisco nos seus múltiplos aspectos, tendo-se chegado à conclusões extremamente interessantes:

- é público e notório que no momento o Nordeste possui potencial hídrico suficiente para o atendimento das necessidades básicas de sua população;
- a magnitude dos investimentos e a natureza complexa dos projetos da transposição sinalizaram para a necessidade de estudos integrados e abrangentes que visem ao desenvolvimento regional. Nesse sentido, houve consenso entre os técnicos sobre a idéia de se começar a executar os projetos estruturais, partindo-se das bacias receptoras de jusante (estados receptores) para a bacia exportadora de montante (Bacia do São Francisco), através do uso integrado do potencial hídrico existente em cada um dos estados envolvidos no projeto, da otimização das disponibilidades de água e da confirmação de demandas, de modo a assegurar que *a transposição constitua uma alternativa complementar e não implique no abandono ou mesmo na subutilização de fontes locais de água*, garantindo intervenções capilares de ponta que propiciem a obtenção de efeitos benéficos nas bacias. Ficou claro, portanto, que é preciso, em primeiro lugar, se formar a infra-estrutura hidrológica necessária nas regiões receptoras, para, no futuro e dependendo das necessidades, se estabelecer um processo coerente de recebimento das águas do São Francisco para a continuidade do desenvolvimento regional.

Isso posto, entendemos que se deva tratar essas questões com mais prudência sem abrir mão do rigor que a ciência exige para tais casos. Portanto, cabe aos nossos dirigentes encontrar caminhos que levem ao convívio harmonioso entre as instituições envolvidas com as questões sanfranciscanas, as quais têm-se dedicado à promoção do bem-estar de toda coletividade.

Recife, 06 de setembro de 2004.

43 TRANSPOSIÇÃO DO SÃO FRANCISCO E A REELEIÇÃO DO PRESIDENTE LULA

O projeto do governo não só colide com sérios problemas técnicos, como também contraria a vontade da população que vive às margens do São Francisco. O presidente Lula precisa ter um pouco mais de sensibilidade no trato de temas polêmicos e importantes como esses se estiver pensando em reeleição.

O Nordeste brasileiro destaca-se como importante parque irrigável do país, tendo no Rio São Francisco a sua principal fonte hídrica. O potencial irrigável de sua bacia é de cerca de 1.000.000 de hectares, dos quais 340.000 ha já estão efetivamente irrigados, achando-se o mesmo em constante processo de ampliação. Na Bacia do São Francisco existem demandas para os mais diversos usos, não apenas na calha do rio, mas ao longo do curso de seus tributários. Entretanto, essas demandas não são conhecidas com a devida clareza, não apenas no que diz respeito aos volumes captados, mas também à sua finalidade.

No Plano de Recursos Hídricos da Bacia Hidrográfica do São Francisco consta que, de um total alocável de 360 m^3/s, 335 m^3/s já se encontram efetivamente alocados. Dessa forma, restaria o saldo de apenas 25 m^3/s para os múltiplos usos de suas águas, seja na bacia ou mesmo para uso externo a ela (um volume diminuto, se comparado ao elevado custo do projeto, avaliado em cerca de US$ 6,5 bilhões).

Na esfera energética, o São Francisco é responsável pela geração de mais de 95% da energia elétrica do Nordeste, sendo o seu potencial instalado, hoje estimado em 10.000 MW, quase que integralmente explorado pela Chesf. Com a atual perspectiva de crescimento do PIB Nacional em cerca de 4% ao ano (possível e não improvável), isso poderá traduzir-se num crescimento da demanda anual de energia em cerca de 6%. Com essa situação é de se esperar que nos próximos 12 anos seja necessário dobrar a oferta anual de energia elétrica para o Nordeste, hoje estimada em cerca de 50 milhões de MWh. Portanto, em 2016 o Nordeste necessitará de 100 milhões de MWh para dar continuidade ao seu desenvolvimento. Desta feita, torna-se patente a existência de um real conflito no uso das águas do rio, principalmente entre o demandado pela irrigação e aquele utilizado na geração de energia em todo o Nordeste. É nesse cenário de conflito e de penúria hídrica que se pretende retirar do rio o volume necessário para abastecer cerca de 8 milhões de pessoas no Nordeste.

A par desse indesejável risco hidrológico, a proposta existente no projeto de transposição do São Francisco menciona que o sistema apenas estará em seu pleno funcionamento no momento em que estejam preenchidos 94 % da capacidade da Represa de Sobradinho (principal reservatório regularizador das vazões do rio), o que significa, numa avaliação ao longo dos últimos anos, que apenas será possível a utilização de todo o sistema de sete em sete anos (Sobradinho verteu em 97 e voltou a verter em 2004), o que reforça a desproporção entre o custo e o benefício da obra.

Vale, porém, ressaltar que a vazão do projeto da transposição é de até 127 m^3/s, conforme mencionam os responsáveis pelo projeto, e não de 25 m^3/s, pois essa sobra existirá apenas em uma única modalidade de operação do sistema. Se permitida a transposição com os 127 m^3/s, será necessário o cancelamento das outorgas já asseguradas ao longo de toda a bacia do rio.

Outra questão merecedora de atenção diz respeito ao elevado custo da água para as atividades agrícolas nas bacias receptoras das águas do São Francisco, tendo em vista a previsão de R$ 0,11 por m^3 ofertado, constante nos estudos de impactos ambientais do projeto, quando comparado aos valores praticados na região de Petrolina, pela Codevasf, da ordem de R$ 0,023 por m^3, já computado o custo do bombeamento da água posta nas propriedades. Deve-se observar ainda que o valor estimado da água na transposição (R$ 0,11) não contempla o custo do bombeamento desde a fonte exportadora até as propriedades existentes nas bacias receptoras, o que elevará ainda mais esse valor, tornando-o proibitivo para fins de irrigação.

Todas essas questões já foram entendidas e muito bem assimiladas pela população sanfransicana, que se tem mostrado favorável à revitalização do rio e contrária à transposição de suas águas. Tanto é verdade que, no período de 14 a 23 de outubro passado, dando prosseguimento ao processo de decisão participativa sobre as prioridades de usos das águas do Rio São Francisco, as Câmaras Consultivas Regionais do Comitê da Bacia do Rio São Francisco promoveram cinco consultas públicas nos municípios integrantes da bacia (Propriá, Bom Jesus da Lapa, Belo Horizonte, Petrolina e Pirapora), com a participação de cerca de 4.000 pessoas, consultas essas que resultaram na mais clara, unânime e expressiva vontade popular de se dizer "não à transposição". Vale ressaltar que tais eventos espelharam a vontade de um contingente populacional da bacia estimado em cerca de 14 milhões de pessoas.

Mesmo assim, o governo federal vem insistindo na realização do projeto de transposição a todo custo. Isso ficou bem claro na reunião ordinária do Comitê da Bacia do São Francisco, ocorrida em julho passado na cidade de Juazeiro (BA), na qual foi discutido o Plano Decenal de Recursos Hídricos da bacia. Nessa reunião, todos os pontos de pauta foram discutidos e aprovados, ficando pendente apenas aquele referente ao uso externo das águas do Velho Chico (transposição). Sobre esse assunto, temendo contrariedades nas pretensões do governo, foi encaminhado pedido de vistas pelo secretário de Recursos Hídricos do Ministério de Meio Ambiente – MMA, para uma melhor avaliação do assunto e posterior decisão em reunião extraordinária do Comitê. Essa reunião extraordinária ocorreu em Salvador nos dias 26 e 27 de outubro passado e, para surpresa de todos, o parecer ao pedido de vistas foi apresentado pelo secretário do MMA desqualificando as deliberações do Comitê quanto ao uso das águas do São Francisco, por não considerar legítimas suas atribuições no tratamento dessas questões. Propôs ainda que esses assuntos fossem tratados e decididos em instância superior à do Comitê, dessa feita no Conselho Nacional de Recursos Hídricos, fórum presidido pela ministra do Meio Ambiente, onde o governo tem ampla maioria.

O resultado da reunião de Salvador não podia ter sido outro: colocada em votação, por 42 votos contra 4 e uma abstenção, foi rejeitada a transposição na forma pretendida pelo governo; as atribuições do Comitê foram consideradas legítimas e as águas do Velho Chico só poderão ser usadas, fora da bacia, para abastecimento humano e animal, assim mesmo em situações de escassez comprovada. O governo irá tentar reverter esse quadro no final de novembro, na reunião do Conselho Nacional de Recursos Hídricos.

Essas questões, em si, são graves e de interesse nacional. Parece-nos muito estranho o fato de o projeto da transposição do São Francisco estar sendo discutido, elaborado e encaminhado à revelia da sociedade brasileira e, de modo especial, da população afetada. Já existe um claro conflito nos usos das águas do São Francisco, o qual parece pouco relevante na ótica de alguns assessores do governo que vêm buscando, através de privilégios concedidos às empreiteiras, a sua perpetuação no poder.

O presidente Lula precisa ter um pouco mais de sensibilidade no trato de temas polêmicos e importantes como esse, onde costumam entrar em cena os anseios de boa parte da população brasileira. Lembramos que os transgênicos já foram aprovados de forma não muito clara para a sociedade, trazendo sérios constrangimentos para a ministra do Meio Ambiente. A continuar agindo dessa forma, contrariando mais uma vez as aspirações do povo brasileiro, o governo estará se desgastando cada vez mais e poderá ter dificuldades no pleito da reeleição em 2006: o governo do presidente Lula fracassa já no primeiro turno.

Recife, 05 de novembro de 2004.

44 OS APAGÕES DA ERA LULA

A realização da transposição do São Francisco, rio que tem o nome de um santo que é a cara do meio ambiente e patrono da ecologia, vem se transformando na desintegração de tudo que já foi construído em sua bacia.

Em 2001, ao apagar das luzes do governo Fernando Henrique Cardoso, o povo brasileiro assustou-se com a crise energética que se instalou no país. Pegado de surpresa, o então presidente teve necessidade de criar uma infra-estrutura de peso, com responsabilidade ministerial, para o enfrentamento da situação. O país teve a economia atingida num dos seus pontos vitais. Houve vários agentes causadores dos chamados *desligamentos programados* (termo utilizado na época pelas autoridades, que fugiam do popular termo apagão como o diabo foge da cruz), que resultaram na mais séria crise energética de nossa história.

As descargas elétricas (raios) foram consideradas as maiores vilãs dos desligamentos naquele período, seguidas de outras motivações igualmente curiosas, como a ineficiência de São Pedro (era muito comum culpar-se a providência vinda dos céus), o qual teimava em não mandar as chuvas providenciais para o preenchimento dos reservatórios das hidrelétricas nacionais. Naquele cenário de preocupações energéticas, o governo federal investia todas as suas fichas no projeto de transposição do Rio São Francisco, com vistas ao abastecimento de oito milhões de pessoas no Semi-árido nordestino.

Identificadas, posteriormente, as reais causas dos apagões, como sendo a associação da falta de investimentos com descompassos na caída das chuvas, o ex-presidente achou por bem arquivar, de vez, o projeto transpositório das águas do Rio São Francisco, por julgar impossível fazê-lo naquela situação de penúria hídrica (a Represa de Sobradinho chegou ao mínimo de 5% de seu volume útil), deixando a possibilidade de novas investidas para o seu sucessor.

Ao assumir a Presidência da República em janeiro de 2003, a primeira providência do presidente Lula nas questões energéticas nacionais foi a de comunicar ao povo brasileiro, juntamente com a ministra de Minas e Energia, Dilma Rousseff, que os apagões eram páginas viradas na história do país.

Ocorre que passados exatos dois anos de governo os apagões retornaram e com força elétrica: foram seis no mês de janeiro, no intervalo de 25 dias, três dos quais apagaram literalmente o Rio de Janeiro, o Espírito Santo e boa parte do Sul de Minas. O último deles ocorreu no Nordeste, apagando expressiva área da região, e teria sido causado, segundo informações oficiais, por problemas numa subestação em Campina Grande. Curiosas foram as explicações fornecidas pelas autoridades para justificarem as causas dos desligamentos ocorridos, agora sob a batuta de Lula. Segundo foi informado, ocorreram *desligamentos acidentais* que, no nosso modo de entender, não passaram de outra tentativa de se esquivar da palavra apagão, embora os agentes causais tenham sido muito parecidos aos do governo anterior (lembram do raio treloso?). Na atual versão de justificativas, as questões celestiais foram deixadas de lado, embora tenha surgido outro personagem causador de novas trapalhadas. Referimo-nos a um técnico que, inadvertidamente, desligou um disjuntor que não deveria ser acionado.

Ora, estão subestimando a inteligência do povo brasileiro. Não passa pela cabeça de ninguém que, ao se desligar um simples botãozinho, aparentemente inofensivo, este venha a interromper a energia de dois estados inteiros e parte de um terceiro, assim, de forma abrupta, sem antes haver um alerta, por menor que fosse. No quesito "justificar o injustificável", as autoridades brasileiras são imbatíveis. Caso isso venha a ser verdadeiro, precisamos instituir, neste país, o *Troféu Interruptor*, como prêmio de reconhecimento às personalidades do setor elétrico, capazes de feitos espetaculares como esses aqui relatados.

A esse respeito, quando em 2004 ocorreu o vendaval em Santa Catarina, que destelhou mais de seiscentas residências, as autoridades passaram semanas a fio tentando explicar o fenômeno. Discorreram sobre as pressões existentes no "olho" do redemoinho que havia sido formado em grandes proporções (redemoinho – é como chamamos o fenômeno aqui no Nordeste, aliás, quando ele ocorre é prenúncio de seca) e sobre os movimentos de rotação do cone formado, se haviam sido para a esquerda (levógiro) ou para direita (destrógiro). Baseados na precisão dessas informações poder-se-ia determinar se o fenômeno ocorrido havia sido um furacão, um tornado, ou uma simplesmente uma tempestade tropical.

Ora, o povo catarinense está muito pouco interessado em saber se os telhados de suas casas voaram para a direita ou para a esquerda, ou se o redemoinho tinha essa ou aquela pressão no seu interior. O povo quer saber se as providências para minimizar o sofrimento das famílias atingidas foram tomadas com a rapidez devida e se há possibilidade de se prever o fenômeno, para que se tenha tempo suficiente de tomar as medidas necessárias à proteção de toda a comunidade e evitar o desastre que ocorreu naquelas proporções.

No caso do setor elétrico o raciocínio é o mesmo. A população está muito pouco interessada em saber se a falta de luz foi causada por um *apagão*, um *desligamento programado* ou um *desligamento acidental*. O fato é que faltou luz. O povo, diante da realidade da falta de luz em suas casas, quer saber se os impostos que estão sendo pagos a duras penas por cada um dos usuários estão sendo utilizados de forma coerente no setor elétrico e quem irá arcar com os prejuízos com a falta de luz ocorrida. O cálculo dos prejuízos causados pela falta de luz naqueles estados, nos quarenta minutos estimados em cada desligamento, dará uma idéia precisa da magnitude dessa questão.

O que na realidade precisamos entender melhor é o *porquê* de toda essa instabilidade vivida pelo setor elétrico nos últimos anos. A falta de investimentos é apontada pelos especialistas como sendo a principal causa dos desligamentos havidos (no atual nível de crescimento do país, são necessários, para manter o sistema elétrico brasileiro equilibrado, cerca de US$ 5 bilhões por ano). A isso soma-se o equívoco das autoridades em insistirem no investimento, quase que exclusivo, na produção de energia hidrelétrica (a matriz energética nacional é calcada, quase que exclusivamente, em hidreletricidade), como fica bem claro diante dos atuais investimentos havidos na construção de novas linhas de transmissão de energia para o Nordeste, bem como na ampliação do potencial gerador em algumas hidrelétricas. Em um país continente como o nosso, basta haver um descompasso na caída das chuvas para que seja criada uma situação de calamidade, a exemplo da que ocorreu em 2001. A hidrelétrica de Tucuruí, por exemplo, acaba de receber mais quatro turbinas geradoras de energia e, no ato de sua inauguração pelo presidente Lula, em dezembro passado, não havia água no reservatório da usina em volumes suficientes para gerar energia com aquelas novas unidades inauguradas. A explicação dada pelas autoridades foi a de que o período chuvoso da região estava apenas no seu começo, havendo, portanto, necessidade de se esperar mais um tempo, a fim de que o rio pudesse correr com mais água e acumular os volumes necessários para possibilitar a geração. Lembramos que em 2001, quando o Nordeste passava pela mais séria crise energética de sua história, a hidrelétrica de Tucuruí também racionava sua energia em 20%. Esse fato preocupa e sugere gerenciamentos mais cuidadosos desses volumes, sob pena de, no futuro, a hidrelétrica de Tucuruí não dispor da água necessária para gerar energia, embora esteja equipada para tal.

Outro fato preocupante é a questão da geração de energia do Nordeste. O Rio São Francisco é responsável por mais de 95% da energia que é gerada na região. Possui um potencial gerador estimado em cerca de 10 mil MW, que por sua vez gera anualmente cerca de 50 milhões de MWh. Com essas características e com o crescimento atual da demanda elétrica estimada em 6% ao ano, prevê-se para o setor elétrico a necessidade de dobrar, nos próximos 12 anos, a geração de energia no Nordeste para satisfazer a demanda da região, ou seja, em 2017 teremos que produzir, necessariamente, cerca de 100 milhões de MWh. É nesse cenário de incertezas, com o potencial gerador do rio praticamente esgotado e com riscos hidrológicos evidentes para se transportar energia de outros centros geradores, que se pretende transpor as águas do Rio São Francisco para o abastecimento de 8 milhões de pessoas. Seguramente, isso não será possível sem antes se pôr em risco os investimentos já realizados no setor.

Em julho de 2003, elaboramos um artigo intitulado "Na iminência do primeiro equívoco", no qual alertávamos as autoridades para a possibilidade de, na permanência da falta de investimentos no setor elétrico, os racionamentos voltarem a ocorrer no governo Lula. E parece que as nossas previsões, infelizmente, estão se concretizando. É bem provável que os seis desligamentos ocorridos em janeiro de 2005 sejam os primeiros de uma série e o prenúncio de novos racionamentos.

Cremos que já é chegada a hora de iniciarmos uma discussão sobre a ampliação da matriz energética nacional, através do aporte de novas fontes e formas de energia. O Nordeste brasileiro é detentor de um enorme potencial para o aproveitamento da luz solar, dos ventos e da biomassa, que poderá satisfazer as necessidades energéticas do seu povo por um bom período de tempo. Contudo, o que preocupa é que, passados dois anos, o governo do presidente Lula ainda não apresentou nenhum plano decenal para o setor elétrico, nem projeções da matriz energética, como bem atesta Sergio Valdir Bajay, professor do Departamento de Energia da Universidade Estadual de Campinas (Unicamp) e pesquisador do

Núcleo Interdisciplinar de Planejamento Energético da Unicamp, em seu artigo "Formulação de políticas públicas, planejamento e regulação de mercados de energia: as visões das administrações FHC e Lula e os desafios pendentes".

Finalmente, preocupa-nos o péssimo relacionamento existente, hoje, entre o governo federal e o comitê da Bacia do Rio São Francisco nos tratamentos das questões sanfranciscanas. O governo, nesses aspectos, vem desconsiderando sistematicamente as prerrogativas legais do comitê, o que tem resultado em situações das mais desagradáveis na condução do projeto de transposição do rio. Lembramos a grande confusão criada quando da realização das audiências públicas nos estados exportadores das águas do São Francisco: as audiências foram impedidas devido à falta de segurança para os participantes, situação essa não condizente com as expectativas da população, esperançosa que sempre se mostrou quanto às ações de um governo supostamente aberto ao diálogo.

A realização de um projeto dessas proporções no São Francisco, rio que tem o nome de um santo, santo que é a cara do meio ambiente e patrono da ecologia, vem se transformando, em verdade, na desintegração de tudo que já foi construído em sua bacia.

Recife, 21 de fevereiro de 2005.

ABASTECIMENTO NO NORDESTE: morrendo de sede no deserto com água no joelho

45

A solução para a seca no Nordeste está no desenvolvimento de novas formas para gerir a água que já existe na região: seus 70 mil açudes acumulam um potencial de 37 bilhões de m³, o maior volume represado em regiões semi-áridas do mundo.

Um dos principais objetivos da transposição do Rio São Francisco é o de possibilitar a segurança hídrica da região Nordeste, através do que está sendo chamado de sinergia dos seus principais reservatórios. A idéia das autoridades é abastecer esses reservatórios com as águas do Velho Chico e dar-lhes possibilidade de manter os volumes necessários ao pronto atendimento das demandas hídricas da região.

Sem deixarmos de reconhecer as boas intenções do atual governo ao querer transferir as águas do Rio São Francisco, a todo custo, para uma região de suposta escassez, entendemos que esse processo é desnecessário, ambientalmente danoso e demasiadamente caro, diante das possibilidades existentes de acesso ao precioso líquido em cada um dos estados nordestinos. Além do mais, qual seria a solução mais viável para o Nordeste em termos técnicos e econômicos: utilizar as águas já existentes na região, através de uma política adequada de gerenciamento desses recursos ou retirá-las das margens do Rio São Francisco, a 500 km de distância, para o abastecimento de boa parte de sua população? Na nossa ótica, a primeira alternativa é a mais sensata.

De acordo com a Empresa Brasileira de Pesquisa Agropecuária – Embrapa, do total de precipitação pluviométrica caído anualmente no Nordeste, estimado em cerca de 700 bilhões de m³, 642 bilhões são consumidos pelo fenômeno da evapotranspiração e cerca de 36 bilhões são despejados no mar, em virtude do intenso escoamento superficial existente. O que resta desses quantitativos volumétricos são cerca de 22 bilhões de m³, os quais efetivamente são manejados pelos que habitam a região.

A esse respeito, o geólogo nordestino Aldo Rebouças afirma em seus trabalhos que bastaria o aproveitamento de 1/3 dos volumes escoados e manejados para o efetivo abastecimento de toda população nordestina (hoje estimada em 47 milhões de pessoas), com uma taxa de 200 litros por pessoa/dia e para a irrigação de cerca de 2 milhões de hectares, com uma taxa de 7.000 m³ por hectare/ano. Na lógica de Rebouças, a água no Nordeste existe, faltando apenas o seu indispensável gerenciamento para o atendimento das necessidades do povo.

A existência desses volumes é confirmada através do potencial acumulado nos açudes nordestinos. Estima-se em cerca de 70 mil o número de açudes no Nordeste, os quais acumulam um potencial de cerca de 37 bilhões de m³, considerado o maior volume represado em regiões semi-áridas do mundo.

O doutor em recursos hídricos da Universidade Federal do Rio Grande do Norte, João Abner, avaliando as disponibilidades hídricas dos estados que receberiam as águas do Rio São Francisco (Ceará, Rio Grande do Norte e Paraíba), chegou à conclusão de que no Ceará, por exemplo, existe uma oferta hídrica potencial de 215 m³/s em suas bacias hidrográficas e uma demanda atual de 54 m³/s. No Rio Grande do Norte existe uma oferta potencial de 70 m³/s e uma demanda de 33 m³/s e, por sua vez, no Estado da Paraíba, um dos estados mais problemáticos da região em termos de garantias hídricas, existe uma oferta potencial de 32 m³/s e uma demanda atual de 21 m³/s. Essas informações confirmam que não há escassez hídrica nos estados receptores, não se justificando, portanto, o ingresso das águas do Rio São Francisco naqueles estados para fins de abastecimento.

No tocante aos usos das águas das principais represas nordestinas, o Ceará tem se destacado, na região, como um dos estados mais ricos em termos de reservas acumuladas em superfície, sendo pioneiro no trabalho de interligação de suas bacias hidrográficas, trabalho esse que reputamos da maior importância, e que deveria ser seguido pelos demais estados do Nordeste. A idéia, no Ceará, é abastecer regiões com problemas de falta d'água através do auxílio de outras bacias existentes no estado que estejam em melhores condições de fornecimento. Além do mais, o estado, detentor de cerca da metade dos volumes acumulados nas represas nordestinas, com cerca de 18 bilhões de m³, espalhados em 8.000 açudes, vem manejando suas águas de forma coerente e abastecendo as populações de acordo com as suas necessidades. O estado possui a maior represa do Nordeste (Castanhão), com cerca de 6,7 bilhões de m³, a qual, sozinha, resolveria todos os problemas de abastecimento da Grande Fortaleza e do Baixo Jaguaribe, isso por gerações.

O Rio Grande do Norte possui a segunda maior represa do Nordeste (Armando Ribeiro Gonçalves), com cerca de 2,4 bilhões de m^3. Essa represa tem condições de abastecer toda a população norte-rio-grandense nos próximos vinte anos.

A Paraíba possui as Represas Coremas/Mãe-d'água, as quais, juntas, acumulam um volume estimado em cerca de 1,3 bilhões de m^3. Essas represas resolveriam os problemas de abastecimento das populações de todo o sertão paraibano por um bom período de tempo. De acordo com José Patrocínio, consultor e professor aposentado da Universidade Federal de Campina Grande, o Estado da Paraíba possui o reservatório de Boqueirão, com capacidade máxima de acumulação de cerca de 438 milhões de m^3, que abastece a cidade de Campina Grande e outras 8 pequenas cidades vizinhas. A região metropolitana de Campina Grande passou por sérios problemas de abastecimento, após o período de seca havido entre os anos de 1997 e 1999, agravados, ainda, pela falta de gestão do reservatório e da Bacia do Alto Paraíba, com a implantação de sistemas de irrigação mal conduzidos (consumiam 1.000 l/s, no mínimo), além de uma descarga de fundo descontrolada de cerca de 200 l/s. Esses problemas no abastecimento de Campina Grande justificaram, na época, o projeto de transposição das águas do Rio São Francisco para o interior do reservatório de Boqueirão, através do eixo leste do projeto, proporcionando-lhe a sinergia hídrica necessária à garantia da água para o abastecimento da região. Resolvidos os problemas dos gastos d'água desnecessários, através de um gerenciamento coerente em toda a sua bacia, a represa se encontra, atualmente, com mais de 80% de seu volume preenchidos e tem uma capacidade de regularização, com 100% de garantia, de 1.781 l/s. A população atual atendida pelo reservatório é de 470.000 habitantes, aproximadamente, dos quais 367.874 só em Campina Grande. Segundo a Cagepa, concessionária do serviço de abastecimento e esgotamento sanitário da Paraíba, a vazão bruta retirada do reservatório para abastecimento humano, à taxa de 200 litros por habitante por dia, oscila, hoje, em torno de 1.000 l/s. A projeção da demanda para o ano de 2023 (população total de cerca de 530.000 habitantes) atingiria 1.512 l/s. Portanto, Campina Grande e os demais municípios vizinhos atendidos pela Represa de Boqueirão têm água suficiente para beber pelo menos nos próximos 18 anos, não se justificando, portanto, a realização do projeto de transposição do Rio São Francisco para aquela região.

Finalmente, circulou na internet a informação de que as autoridades estão pretendendo estender as transferências das águas do São Francisco até o Estado do Piauí. Fala-se em resolver os problemas de abastecimento da região de São Raimundo Nonato e beneficiar onze municípios vizinhos. Essa informação é absurda se levarmos em consideração a grande riqueza hídrica existente nesse estado. O Piauí tem o Parnaíba, o segundo maior rio em importância no Nordeste (o primeiro é o Velho Chico); há 2 bilhões de metros cúbicos de água acumulada em represas que não estão tendo a mínima utilidade; possui a maior reserva de água de subsolo da região, estimada em cerca 70% de toda a água existente no sedimentário nordestino e existe, no município de Cristino Castro, no Vale do Rio Gurguéia, uma infinidade de poços jorrantes, não se sabendo ao certo o destino que é dado a essa água. Somadas, essas fontes dão ao Piauí o privilégio de ser o estado hidrologicamente mais rico do Nordeste.

É evidente, após esse pequeno relato, que o Nordeste tem muita água, faltando apenas o indispensável gerenciamento para que se possa ter acesso a ela. Diante dessa constatação, parece-nos existir, na região, a contraditória impressão de se estar morrendo de sede no deserto com água no joelho.

Recife, 07 de março de 2005.

ENTREVISTA: João Suassuna fala sobre a transposição do São Francisco

46

Através de uma entrevista por e-mail ao Centro de Mídia Independente - CMI, João Suassuna, engenheiro agrônomo e técnico em recursos hídricos da fundação Joaquim Nabuco no Recife (PE), esclareceu alguns pontos quanto ao projeto de transposição do Rio São Francisco, rio que ele estuda há dez anos.

CMI – Quais os aspectos positivos e negativos do projeto?

João Suassuna – Estamos envolvidos com as questões do Rio São Francisco há dez anos. Nesse período, temos denunciado a degradação exacerbada existente na bacia hidrográfica do rio, motivada pela ação antrópica, principalmente no que diz respeito aos desmatamentos havidos e aos lançamentos de esgotos sanitários e industriais na sua bacia. Temos denunciado, também, as limitações hídricas e os riscos hidrológicos existentes, o que têm causado conflitos, principalmente nas áreas energéticas e de irrigação. Por tudo isso, temos nos posicionado contrários ao projeto de transposição, por entendermos que o rio já não dispõe mais dos volumes necessários ao atendimento das demandas do projeto. Portanto, não vislumbramos nenhum ponto que possa ser positivo, ao contrário, cremos que, da forma como o projeto é apresentado à sociedade, demonstra, claramente, equívocos que poderão por em risco o desenvolvimento de toda região.

CMI – Há uma grande oposição de diversos grupos da sociedade quanto ao projeto. Na sua opinião, por que o governo parece ignorar as manifestações e prosseguir com o projeto?

JS – Seguramente, existe um *lobby* formado pelos grandes empresários da região que querem, a todo custo, que o projeto seja realizado. Além do mais, existe, seguramente, interesses políticos para perpetuação no poder. Candidaturas a governos de estados e a cargos políticos mais importantes, também estão em jogo. Quem irá se beneficiar com o projeto de transposição é o grande empresário, aquele que irriga para exportar os seus produtos, o carcinicultor (criador de camarões), o cultivador de flores, que atualmente tem mercado em expansão. Esse tipo de agronegócio costuma utilizar volumes expressivos de água, numa região onde a sua escassez é comprovada.

CMI – A obra trará algum ganho social para as populações realmente necessitadas?

JS – A população difusa do Nordeste, aquela que reside nos pés de serra, grotões, sítios e fazendas, a qual é assistida sistematicamente por frotas de carros-pipa, esta não verá uma gota sequer das águas do Rio São Francisco. Nesse sentido, existem fortes indícios de que a realização do projeto possa perpetuar a chamada Indústria da Seca na região.

CMI – Há quem diga que o projeto só beneficiará empresários e latifundiários. O que leva a crer que isso ocorrerá?

JS – Isso irá ocorrer, principalmente no eixo norte do projeto. As águas desse eixo irão beneficiar, além da Paraíba e o Rio Grande do Norte, o Ceará, estado que possui metade da água represada de toda a região. O Nordeste possui um volume estimado de 37 bilhões de m^3 em seus açudes, a metade desse volume está no Ceará. Isso credencia o Nordeste a possuir o maior volume de água represado em regiões semi-áridas do mundo.

O Ceará possui a maior represa do Nordeste (a Represa Castanhão) com cerca de 6, 7 bilhões de m^3, a qual encontra-se cheia no momento. Essa represa resolve os problemas de abastecimento da Grande Fortaleza e do Baixo Jaguaribe, por gerações. O estado possui um projeto de interligação de suas bacias para solucionar os problemas de abastecimento de sua população que reputamos da maior importância e que deveria ser seguido pelos demais estados da região. Fazer chegar as água do São Francisco no interior dessa represa é "chover no molhado". No nosso modo de entender, só existe uma explicação para a chegada das águas do São Francisco nessa represa: como a irrigação, o cultivo de camarão e de flores demandam volumes expressivos de água, logicamente é de se supor o grande interesse de se promover garantias hídricas em toda região, para o atendimento ao empresariado.

CMI – Qual a participação de empresas estrangeiras e o interesse delas no projeto?

JS – As empresas estrangeira, principalmente os consórcios internacionais, tiveram papel de destaque na elaboração dos estudos iniciais do projeto. A Engecorps/Harza, de capital estrangeiro, nas ações inerentes à viabilidade técnico-econômica do projeto, bem como a do consórcio internacional Jaakko Pöyry-Tahal nos estudos de impactos ambientais. Estes estudos já demandaram cerca de R$ 70 milhões do projeto. Cremos que, em assuntos relevantes como esses, que necessitam de um conhecimento profundo das questões ambientais da área de implantação do projeto, não se possa abrir concessões para atuações de empresas estrangeiras, em razão de se estar pondo em risco a nossa soberania, principalmente com relação à atuação técnica nacional. Essa preocupação procede, principalmente em um país plural como é o Brasil, detentor de uma biodiversidade extremamente variável (existem vários Brasís no território nacional) e possuidor de grupos técnicos de excelência, atuantes nas diversas áreas do conhecimento, espalhados em Universidades, Centros de Pesquisas, Companhias de Desenvolvimento e em Órgãos de Gestão Ambiental, capazes de proporcionar o apoio necessário à elaboração e realização de trabalhos dessa natureza. Diante desse quadro, é inadmissível que, no nosso país, não se possa contar com equipes técnicas, oriundas dessas instituições, que sejam capazes de assumir e de dar conta de trabalhos como esses. Claro que nós temos e podemos fazê-lo. Talvez o que esteja faltando aos nossos dirigentes é um pouco mais de seriedade para com o tratamento das questões nacionais. É fundamental que nossos dirigentes voltem a se emocionar ao toque do hino nacional brasileiro. A leitura que fazemos acerca dessas questões é a de que esses estudos foram "encomendados" pelo governo para tornar viável a transposição, sem restrições. O lamentável de tudo isso é que as contas a serem pagas às empresas estrangeiras, pela realização de tais estudos, serão demasiadamente caras para a nação, pois serão efetuadas em dólar (evasão de divisas) e, como se isso não bastasse, às expensas do contribuinte brasileiro. Se, na fase de elaboração dos estudos, já estamos encontrando situações como essas, imaginem na fase de execução do projeto... Se a implantação, operação e manutenção das ações não forem bem conduzidas, em poucos anos poderemos ter estações de bombeamento, canais, túneis e aquedutos, verdadeiras obras fantasmas, sem a menor utilidade. Aliás, nesses maus exemplos o Brasil é um país por demais pródigo.

CMI – Qual será o impacto na produção de energia? Em caso da necessidade de ampliar a produção; isso seria possível com a transposição concluída?

JS – Esse é o ponto mais importante sobre o qual nos embasamos para demonstrar a ineficiência do projeto. O nordestino não pode apresentar-se desmemoriado com relação a mais séria crise energética de sua história ocorrida na região, em 2001.

Existe um potencial gerador na Bacia do São Francisco estimado em cerca de 10 mil MW, com poucas chances de ser ampliado. Esse potencial gera anualmente cerca de 50 milhões de MWh. Se considerarmos o atual crescimento do PIB do país entre 4 e 5%, isso significa que a demanda de energia elétrica está na faixa de 6 a 7% (esse crescimento se dá 2% acima do crescimento do PIB). Nesse aspecto, em 12 anos teremos que dobrar a produção de energia para satisfazer a demanda da região e assegurar o nosso desenvolvimento. Ao invés de 50 milhões, teremos que gerar, em 2017, cerca de 100 milhões de MWh. A pergunta que não quer calar é a seguinte: onde será gerada essa energia, tendo em vista a impossibilidade de se ampliar o nosso potencial gerador no São Francisco? Lembramos que para cada m^3/s de água retirado do rio, anualmente deixam de ser gerados 22 milhões de kW. Essa energia que deixa de ser gerada em cada m^3/s é suficiente para eletrificar uma cidade de 35 mil habitantes.

CMI – Das comunidades que vivem próximas ao rio, 80% não possuem saneamento básico e despejam todo seu esgoto nas água do São Francisco. Caso essa grande obra se realize, ela levará água em bom estado para sua utilização?

JS – O governo federal deveria envidar todos os seus esforços na revitalização do rio. Ao invés disso, vem dando prioridade ao projeto de transposição. Esse fato fica bem claro no montante de recursos alocado nos projetos.

A revitalização deveria merecer prioridade nesse caso. São 14 milhões de pessoas na bacia do rio, drenando seus esgotos na calha do rio. A Grande Belo Horizonte, por exemplo, despeja seus esgotos, urbanos e industriais, nos Rios das Velhas e Paraopeba, dois importantes afluentes do São Francisco. O resultado disso é a péssima qualidade de água que, por vezes, fica imprópria para o banho, devido à grande incidência de coliformes fecais. A solução para esse tipo de problema passa, necessariamente, pela realização de projetos de esgotamento sanitário. Caso o projeto venha a ser realizado, sem se levar em consideração essas questões, seguramente iremos ter, no futuro, um grande problema de saúde pública a ser enfrentado.

CMI – Quais as alternativas existentes à transposição?

JS – É importante que sejam utilizadas as águas que já existem em cada um dos estados do Nordeste. É importante, e muito mais barata, a utilização das águas das represas. Não tem o menor sentido deixar-se de utilizar as águas de uma determinada represa, pronta para se utilizada através de um sistema de adução, para se trazer as águas do Rio São Francisco, distando cerca de 500 km de distância do local onde será utilizada. No nosso modo de entender, além de um crime ambiental, é de uma inadequação econômica sem limite.

Outra alternativa é a construção de cisternas rurais. Uma cisterna de 15 mil litros tem capacidade de abastecer uma família de 5 pessoas durante os 8 meses sem chuvas na região. Com uma vantagem: quando bem manejadas, as águas das cisternas não se contaminam. A alternativa das cisternas resolve os problemas de abastecimento da população difusa do Semi-árido.

Recife, 05 de março de 2005.

47 ÁGUAS DO NORDESTE: o descaso das obras públicas

O Brasil é um país por demais pródigo na realização de algumas de suas obras públicas. Os "elefantes brancos", assim chamados devido à falta de planejamento na sua condução, vêm se acumulando em todo território nacional, clamando por iniciativas de conclusão.

Já é sabido pelo povo brasileiro que o Brasil é um país por demais pródigo na realização de algumas de suas obras públicas. Os "elefantes brancos", assim chamados devido à falta de planejamento na sua condução, vêm se acumulando em todo território nacional, clamando por iniciativas de conclusão, por representarem, além de enormes prejuízos ao erário público, desrespeito ao cidadão brasileiro, especialmente o nordestino, que necessita de obras estruturadoras na região para promoção do seu desenvolvimento.

Recentemente, maus exemplos como esses vieram a público, desta feita nas regiões semi-áridas da Paraíba e do Ceará, como bem o atesta a matéria editada no *Diário de Pernambuco* do dia 26 de novembro de 2004, intitulada "Interesse Político no Combate à Seca" e em notícias veiculadas na internet sobre o abastecimento de Fortaleza (CE) através do Canal do Trabalhador.

A notícia do Diário demonstra a importância de se fazer bom uso das águas existentes na Paraíba, aduzindo-as da Represa de Coremas para a irrigação do município de Souza, através do projeto denominado *Várzea de Souza*, e revela, ao mesmo tempo, o descaso havido nesse mesmo projeto com o uso do dinheiro público, numa obra marcada por disputas pelo poder político local, decorrentes da rivalidade existente entre o ex-governador da Paraíba, José Maranhão, e o senador Ronaldo Cunha Lima, pai do atual governador.

A iniciativa da realização desse projeto partiu do ex-governador José Maranhão, que o considerava a *menina-dos-olhos* do seu governo, por entender a importância de serem utilizadas prioritariamente as fontes hídricas já disponíveis no estado, através de uma política coerente de uso de suas águas interiores. Maranhão investiu cerca de R$ 105 milhões no projeto *Várzea de Souza*, metade dos quais na construção de 37 quilômetros de um canal (Canal da Redenção), objetivando a adução de parte das águas daquela represa até o município de Souza, para a irrigação de cerca de 5 mil hectares. Além do mais, com vistas a auxiliar na infra-estrutura do projeto, foram investidos mais R$ 55 milhões na construção de barragens auxiliares e na aquisição de bombas e tubos. Com essas ações, o governo de José Maranhão deixou pronta a irrigação de 1.320 hectares em uma primeira fase, faltando apenas a continuidade dos investimentos e a necessária vontade política por parte do seu sucessor no governo, para a conclusão das obras.

Lamentavelmente, passados cerca de dois anos, o atual governador da Paraíba não deu a menor prioridade às ações do projeto Várzea de Souza, o que resultou, segundo a matéria do jornal, na não realização da licitação dos lotes a serem irrigados, em avarias no canal construído e em vandalismos na rede de alta tensão do projeto. Por enquanto, a água que é conduzida no canal serve apenas para abastecer o pequeno povoado de Aparecida e para algumas poucas captações, muitas delas irregulares. Em suma, hoje o projeto encontra-se entregue à dura sorte.

O outro projeto citado é o Canal do Trabalhador, obra construída às pressas pelo então governador do Ceará, Ciro Gomes, no início da década de 90, para a solução dos graves problemas de abastecimento da população metropolitana de Fortaleza. Com 110 km de extensão e capacidade para transportar 5 m^3/s de água aduzidos do Rio Jaguaribe, equivalentes a 70% do consumo da população de Fortaleza, o canal encontra-se atualmente praticamente inoperante e sem cumprir os objetivos para os quais foi construído: o de irrigar 40 mil ha em suas margens e o de auxiliar no abastecimento da Grande Fortaleza. Segundo as informações na internet o projeto teve vida curta, pois só operou durante sete meses evitando o colapso no abastecimento da capital cearense. Com as fortes chuvas ocorridas em 2004, os açudes cearenses voltaram a encher e o canal passou a não ter mais a importância demonstrada na época de sua construção. Hoje a manutenção do canal se restringe à água bombeada do Açude de Pacajus e despejada por um tubo plástico no seu leito, para uso na irrigação de uma fazenda particular e a uma área da Embrapa, evitando-se assim que venha a secar e sofrer danos estruturais com as altas temperaturas existentes no local. Essa subutilização do canal decorreu dos bons resultados alcançados pelo programa de interligação de bacias existente no estado, trabalho esse que deveria ser seguido pelos demais estados da região semi-árida. A idéia, no

Ceará, é a de solucionar possíveis desabastecimentos que venham a ocorrer no estado, através do seu pronto suprimento com águas oriundas de outras bacias da região, as quais estejam em condições de fornecimento.

A situação dos projetos acima referidos é a cara do nosso país. Diante dessas constatações de falta de planejamento e da existência de "pendengas políticas", preocupa-nos o fato de não terem prosperado projetos que objetivavam o uso coerente das águas existentes em estados considerados receptores das águas do projeto de transposição do Rio São Francisco. A falta de uma política adequada de gerenciamento hídrico, aliada à falta de vontade política, certamente prejudicou o andamento das ações desses projetos nas referidas regiões. Essas questões nos fazem refletir sobre a possibilidade desses problemas voltarem a ocorrer, desta feita com o uso das águas do Velho Chico. Quem irá garantir ao povo brasileiro que um canal que leve água do Rio São Francisco para o Semi-árido nordestino não irá ter a mesma sorte (ou azar) dos canais da Paraíba e do Ceará? Embates políticos e falta de um adequado planejamento e gerenciamento das águas existentes na região são componentes de uma receita que tem prejudicado o desenvolvimento do Nordeste. A continuarem existindo esses lamentáveis exemplos de falta de respeito para com a coisa pública, para com o meio ambiente e para com a vida do cidadão nordestino, a milionária obra da transposição do Rio São Francisco em nada irá contribuir para a solução dos problemas hídricos do Nordeste, representando um benefício apenas para os autores do projeto e para as empreiteiras encarregadas da sua construção.

Recife, 11 de abril de 2005.

TRANSPOSIÇÃO: Pernambuco se define ao apagar das luzes

48

Estados doadores e receptores da água do São Francisco firmaram posição desde o início da divulgação das ações do projeto pelo governo federal e continuam debatendo essas questões interna e externamente. Pernambuco ficou numa posição de passividade, apenas aguardando as notícias sobre o andamento do projeto para se posicionar e nada mais.

Foi editada no *Diário de Pernambuco* do dia 12 de maio corrente, um dia após a publicação, no Diário Oficial da União, da licitação dos lotes previstos no projeto de Transposição do Rio São Francisco, matéria intitulada "Transposição pode ficar 15% mais cara", na qual o secretário de Ciência, Tecnologia e Meio Ambiente de Pernambuco, Cláudio Marinho, reivindica maiores volumes do Rio São Francisco em benefício do seu estado. Segundo a matéria, a idéia é dobrar a vazão original de 10 m^3/s, aduzida do eixo norte do projeto para o Açude Entremontes, pertencente ao estado, o que permitiria, naquela represa, uma tomada d'água em volumes suficientes para o abastecimento da região de Ouricuri, alterando o traçado original do Canal do Sertão, que previa o transporte de água da Barragem de Sobradinho até aquela localidade sertaneja. Já no eixo leste do projeto de transposição, em cujo traçado original está prevista uma tomada d'água de 8 m^3/s, beneficiando a Bacia do Rio Ipojuca na altura do município de Arcoverde, o governo pretende a extensão do Ramal do Agreste até o município de Gravatá, onerando em cerca de 15% o custo total do empreendimento.

Diante desses novos fatos – não bastasse o encarecimento da obra –, dois pontos precisam ser esclarecidos pelas autoridades pernambucanas, para uma melhor compreensão da população acerca da participação de Pernambuco no projeto. O primeiro diz respeito aos novos volumes que seriam aduzidos do eixo norte, para o abastecimento da região de Ouricuri, os quais iriam superpor-se ao abastecimento que já vem sendo realizado pela Adutora do Oeste naquela região, cujas águas são bombeadas do Velho Chico na altura do município de Orocó. Aliás, essas novas ações pretendidas pelo estado vêm confirmar as críticas que têm sido feitas por técnicos ambientalistas (aí nos incluímos), segundo os quais a maior parte dos volumes retirados pela transposição do Rio São Francisco seria utilizada no agronegócio, principalmente na irrigação de frutas, e não no abastecimento das populações necessitadas conforme apregoado pelas autoridades governamentais. O segundo diz respeito à qualidade das águas do eixo leste que iriam chegar até a cidade de Gravatá, município pertencente à Bacia do Rio Ipojuca, cujo caudal encontra-se atualmente em situação deplorável de abandono, com suas águas extremamente poluídas pelos lançamentos de esgotos *in natura* (domésticos e industriais), advindos das cidades ribeirinhas, dentre elas Caruaru, a segunda maior cidade pernambucana, com cerca de 400 mil habitantes. Sem haver, primeiramente, a revitalização da Bacia do Ipojuca, o ato de transpor as águas do São Francisco para o seu leito significará, na nossa ótica, desperdício de tempo e de dinheiro público, pois o que se irá conseguir com isso é apenas a diluição da água contaminada pelos dejetos humanos que atualmente corre a céu aberto em toda a bacia hidrográfica daquele rio.

Essa atitude do governo do estado, de certa forma, não nos surpreendeu. Muito pelo contrário. Cremos que acertamos mais uma vez nas nossas previsões, pois ao longo de uma década de trabalho, em sua grande parte no tratamento das questões sanfranciscanas, temo-nos deparado com fatos no mínimo curiosos. Os estados exportadores das águas do Rio São Francisco localizados abaixo de Pernambuco (Alagoas, Sergipe, Bahia e Minas Gerais) sempre se manifestaram contrários ao projeto de transposição, pelo fato de não terem nenhuma participação efetiva no mesmo, sendo apenas meros exportadores de suas águas. Já aqueles localizados acima de Pernambuco (Paraíba, Rio Grande do Norte e Ceará) sempre se manifestaram favoráveis, por serem estados receptores, portanto, os reais beneficiários de suas águas. Por incrível que isso possa parecer, Pernambuco, que é um estado ao mesmo tempo exportador e receptor das águas do Rio São Francisco, possuidor dos dois pontos de captação das águas do projeto e, ainda, por se encontrar no divisor dessa disputa, sempre se mostrou passivo ao processo transpositório. Um estado que sempre permaneceu "em cima do muro". Só agora com a oficialização do projeto, pretende entrar no processo reivindicatório para ter acesso ao seu quinhão.

Na nossa ótica, a edição da matéria do *Diário* do dia 12 de maio oficializou a participação de Pernambuco no projeto. O estado, agora, mostra-se favorável às suas ações e quer nele tomar partido. Isso é óbvio. Apenas gostaríamos de lembrar que o Rio São Francisco já não dispõe dos volumes alocáveis, necessários à satisfação das demandas exigidas pelo projeto. Atualmente, o rio possui um volume alocável de apenas 25 m^3/s, os quais serão fornecidos a um projeto que irá demandar uma média de 65 m^3/s. Além do mais, a transposição irá operar, em sua plenitude, em apenas 40% dos anos e, portanto, estará sempre à mercê das águas da Represa de Sobradinho, quando esta estiver com 94% de sua capacidade preenchida, o que, segundo a opinião de hidrólogos filiados à Sociedade Brasileira para o Progresso da Ciência (SBPC), é um fato de difícil ocorrência. Portanto, não seria possível o fornecimento dos volumes excedentes reivindicados por Pernambuco, sem se pôr em risco todos os investimentos já realizados ao longo da Bacia Hidrográfica do Rio São Francisco. Para se ter idéia dessa problemática, só no setor elétrico foram aplicados, na região, cerca de US$ 13 bilhões e o pólo de irrigação, com cerca de 340 mil ha irrigados, vem crescendo a uma taxa de 4% ao ano, exigindo volumes hídricos proporcionais à sua ampliação. Essas características têm resultado em situações conflituosas em ambos os setores (elétrico e irrigacionista), cujo principal agente causador é o uso das águas de um rio que já vem dando sinais de exaustão, tendo como prova principal o racionamento de energia ocorrido em 2001.

O que na realidade faltou ao governo de Pernambuco foi o indispensável aprofundamento das discussões técnicas sobre o projeto. Estados doadores e receptores firmaram posição desde o início da divulgação das ações do projeto pelo governo federal e continuam debatendo essas questões interna e externamente. Pernambuco ficou numa posição de passividade, apenas aguardando as notícias sobre o andamento do projeto para se posicionar e nada mais. Na nossa ótica, a atitude tomada pelo governo de Pernambuco, um dia após a oficialização das licitações dos lotes do projeto, deixou o estado em situação desconfortável perante a sociedade científica nordestina. Esse novo momento nos fez relembrar uma nota que editamos na página da Fundação Joaquim Nabuco, em abril de 2000, intitulada "Transposição: a gerência da torneira", na qual apontávamos as ingerências políticas como principais responsáveis, em uma situação de seca no Nordeste, pela ineficiência no abastecimento das populações, cujos resultados seriam traduzidos em enérgicas ações reivindicatórias, comparadas a verdadeiras reações em cadeia de uma explosão atômica, na busca da água para o atendimento das suas necessidades.

Pelo visto, as previsões contidas na nota do ano 2000, infelizmente estão se concretizando em nosso estado natal. Através de seu gesto, Pernambuco deu início a uma reação em cadeia particular no tratamento dos seus recursos hídricos. De toda sorte, esperamos que essa reação em cadeia seja tratada com os cuidados devidos pelas autoridades pernambucanas e que ela seja realizada, prioritariamente, no abastecimento de sua população carente.

Recife, 18 de maio de 2005.

TRANSPOSIÇÃO: projeto tecnicamente ruim, socialmente preocupante e politicamente desastroso

49

As autoridades governamentais não reconheceram o mérito do conteúdo existente no documento elaborado pelo Comitê da Bacia Hidrográfica do Rio São Francisco, quanto ao uso das águas fora dos limites da bacia do rio.

Quando o Comitê da Bacia Hidrográfica do Rio São Francisco elaborou o Plano Decenal do uso de suas águas além dos limites da sua bacia, já sabia das limitações volumétricas existentes no rio. Tanto isso é verdade que não proibiu, pura e simplesmente, o uso de suas águas: apenas o restringiu para o abastecimento humano e dessedentação animal, isso em caso de escassez comprovada. Entretanto, essas deliberações do Comitê vieram de encontro às expectativas do governo federal, que vem trabalhando no sentido de usar as águas do Rio São Francisco para o agronegócio, num claro desrespeito às possibilidades técnicas e às restrições do Comitê na execução da obra.

Essas questões ficaram muito claras nas discussões havidas para aprovação do mencionado Plano. Simplesmente as autoridades governamentais não reconheceram o mérito do conteúdo existente no documento elaborado pelo Comitê, principalmente quanto ao uso das águas fora dos limites da bacia do rio, levando essa questão à esfera do Conselho Nacional de Recursos Hídricos (instância superior à do Comitê da bacia) para análise e aprovação, com a inclusão do uso mais abrangente da água (inclusive para o agronegócio). Isso foi conseguido com muita facilidade, pois no âmbito do Conselho o governo federal tem ampla maioria dos votos.

Esse desgaste inicial entre o Comitê e o governo federal não veio em boa hora. Realmente, o projeto irá ser executado em um rio comprovadamente limitado em termos volumétricos, tendo como principal prova disso a crise energética havida no ano de 2001, ocasião na qual a Represa de Sobradinho – que regulariza a vazão do São Francisco –, chegou a acumular apenas 5% do seu volume útil. Nesse sentido, é bom lembrar que o Rio São Francisco é responsável por mais de 95% da energia que é gerada no Nordeste. Essas questões vieram a ser comprovadas posteriormente através de uma reunião promovida no Recife, em agosto de 2004, pela Sociedade Brasileira para o Progresso da Ciência – SBPC, na qual foram reunidos 40 dos principais expoentes da hidrologia nacional, para discutirem a transferência de águas entre grandes bacias hidrográficas, com enfoque especial no projeto de transposição do Rio São Francisco.

Nessa reunião, os volumes do rio foram exaustivamente analisados, tendo os técnicos chegado à conclusão de que o rio tem um volume alocável de apenas 360 m^3/s, dos quais 335 m^3/s já foram outorgados, ou seja, já estão com o direito de uso assegurado. O que resta nesse balanço volumétrico são apenas 25 m^3/s para serem utilizados em um projeto cuja demanda média será de 65 m^3/s, podendo a vazão máxima atingir cerca de 127 m^3/s, ou seja, o rio já não dispõe, hoje, dos volumes necessários ao atendimento das demandas do projeto. O diferencial volumétrico para satisfazer tais demandas somente será obtido na Represa de Sobradinho quando esta estiver com 94% de sua capacidade preenchida, ou seja, quando estiver praticamente cheia. De acordo com os hidrólogos da SBPC, essa aproximação volumétrica só será possível em 40% dos anos, pois a tendência da Represa de Sobradinho, desde a época de sua construção, é de encher 4 vezes a cada 10 anos. Portanto, na nossa ótica, o projeto tem um orçamento demasiadamente elevado (estão previstos cerca de R$ 4,5 bilhões, numa primeira fase) para ser utilizado em atividades cujo funcionamento pleno só será possível em apenas 40% dos anos. Para se ter uma idéia dessa problemática, a Represa de Sobradinho verteu em 1997 e voltou a verter em 2004. Nesses sete anos, a bacia do rio passou por secas sucessivas, culminando, em 2001, com a mais séria crise energética da nossa história.

Essas questões têm preocupado as populações ribeirinhas, principalmente as comunidades indígenas que habitam áreas próximas às tomadas das águas do projeto, cujo receio é o de o rio chegar às vias da exaustão e prejudicar a agricultura ali praticada. Essas comunidades de certa forma têm seus motivos de preocupação. A depender dos volumes que venham a ser retirados e de sua aplicação, pode-se ter, no Rio São Francisco, os problemas já existentes nos Rios Colorado, nos Estados Unidos, e Amarelo, na China, cujos caudais já não chegam mais à foz, por problema advindos do uso indiscriminado de suas águas ao longo de suas bacias. O Rio Colorado, por exemplo, recuou 100 km de sua foz, dando lugar à formação de um deserto pelo processo de salinização a que a área de sua primitiva embocadura foi submetida.

No caso do Rio São Francisco, essas questões irão depender da forma segundo a qual serão empreendidas as retiradas dos volumes, principalmente em épocas de estiagens. Quem irá coordenar e de que maneira será feita a abertura e o fechamento das torneiras? As comunidades ribeirinhas têm toda razão de ficarem preocupadas com as incertezas nos gerenciamentos volumétricos das águas e certamente ninguém quer para o Velho Chico a mesma sorte (ou azar) dos Rios Colorado e Amarelo.

Finalmente, é preocupante a inquietação que o projeto está causando ao povo nordestino. As desavenças existentes entre os estados exportadores das águas do Rio São Francisco e os estados receptores são enormes. E isso não é bom. Para pôr mais lenha nessa fogueira, o posicionamento oficial do Governo de Minas Gerais – o segundo maior colégio eleitoral do País –, contrário ao projeto da transposição, certamente irá abalar as determinações do atual governo em realizar a obra conforme vinha pretendendo. O projeto irá necessitar de novas rodadas de negociações por parte dos nossos dirigentes, sob pena de o governo sair arranhado em suas pretensões de criar uma obra grandiosa até o fim de seu mandato. É viver para crer. A cada dia que passa nos convencemos de que a vontade política não pode estar acima das possibilidades técnicas quando se trata de realizar as ações exigidas para o nosso desenvolvimento.

Recife, 10 de junho de 2005.

50 QUESTÕES TÉCNICAS DA TRANSPOSIÇÃO: o presidente Lula não sabia

São muitas as dificuldades técnicas para a realização do bilionário projeto de transposição do Rio São Francisco, a começar pela construção de canais na caatinga. Lula não podia saber disso enquanto o projeto era feito, mas agora sabe.

Engrossando as fileiras de retirantes da seca, o presidente Lula, ainda muito jovem, dirigiu-se a São Paulo, onde se estabeleceu no ramo da metalurgia, que o obrigou a afastar-se definitivamente de seu torrão natal. Evidentemente, por abraçar esse novo desafio em sua vida, o presidente distanciou-se das questões ambientais do Nordeste seco, a ponto de não vislumbrar ou mesmo não ter idéia formada sobre as conseqüências delas advindas, quando das tomadas de decisões em projetos envolvendo assuntos relacionados ao ambiente natural da sua região. Isso ficou muito claro nas decisões tomadas no projeto de Integração da Bacia do Rio São Francisco com as bacias do Nordeste Setentrional, mais conhecido hoje como Transposição do Rio São Francisco.

Vários são os pontos sobre os quais recaem esses nossos argumentos, a começar pela construção dos 700 km de canais a serem abertos em plena caatinga nordestina, localizados em geologia cristalina, portanto, nos piores solos da região. Nesse tipo de geologia, os solos são rasos e pedregosos, nos quais a rocha que os originam está praticamente à superfície, chegando a aflorar em alguns pontos. Isso significa que a construção de canais em tal situação (os canais terão 25 m de largura, 5 m de profundidade e 700 km de extensão) volta e meia encontrará rochas em seu traçado o que demandará, em muitos casos, o uso de explosivos para a desobstrução de seu caminho, dificultando e atrasando o cronograma de execução da obra. Partindo-se da premissa de que, nessas condições, é possível a execução de 100 m de canais por dia – difícil de ser alcançado devido às dificuldades já relatadas –, seriam necessários cerca de 7.000 dias para concluir os 700 km de canais, correspondendo a mais de 17 anos para execução das obras. Portanto, não procede a informação das autoridades responsáveis pelo projeto de que as águas do São Francisco já estarão disponíveis à população dos estados receptores no Natal do ano de 2006.

Outra questão a ser comentada diz respeito ao número de pessoas que serão atendidas pelo projeto. Segundo as autoridades serão abastecidas 12 milhões de pessoas no Semi-árido nordestino. Ora, os estados receptores das águas do Rio São Francisco (Ceará, Rio Grande do Norte e Paraíba) possuem uma população de 13,5 milhões de habitantes. Excluídos desse total o contingente populacional já atendido pelo abastecimento d'água nas grandes capitais e nos principais centros urbanos desses três estados, o número de pessoas cai para 9,5 milhões. A pergunta que não quer calar é a seguinte: onde estão esses 12 milhões de habitantes que serão atendidos pelo projeto?

Nesse sentido, preocupa-nos, também, a informação de que sua excelência pretende desapropriar 2,5 km de terras em ambos os lados dos canais, ao longo de seus 700 km, beneficiando uma área de 350 mil ha de terras, para o desenvolvimento da agricultura familiar regional. Sem tirar o mérito e a importância de se apoiar a agricultura nordestina, cabe-nos um alerta ao senhor presidente: com a inexistência de estudos de aptidão de solos nesses locais, fica difícil a obtenção de êxito no empreendimento. Esses solos, de péssima qualidade (geologia cristalina), não se prestam para o uso em atividades irrigacionistas. Pretender dar apoio a agricultura familiar nessas condições edáficas, com o uso irrestrito das águas do Velho Chico, irá resultar em riscos previsíveis, com conseqüências incalculáveis.

Outro assunto que merece ser citado diz respeito ao exagerado índice evaporimétrico existente na região por onde irão passar os canais (estima-se na região semi-árida um potencial evaporimétrico da ordem de 2.000 mm ao ano), o que resultará numa evaporação exacerbada das águas que irão ser transpostas. As dimensões dos canais já citadas anteriormente e a constante movimentação da água no seu interior irão facilitar sobremaneira as perdas da água por evaporação. Além do mais, existem as perdas ditas casuais, que são aquelas motivadas pelo furto da água. Isso será uma realidade, principalmente em comunidades próximas aos canais, as quais, em anos secos, buscarão o abastecimento de qualquer forma, facilitadas que serão pela ausência ou incapacidade da ação de órgãos fiscalizadores na região. Certamente, os volumes de água calculados para o abastecimento dos estados receptores do projeto terão que ser revistos, diante das perdas que serão inevitáveis e não previstas, pelo menos com a exatidão exigida em um projeto dessa magnitude.

Outro aspecto importante a ser mencionado é a insuficiência volumétrica do Rio São Francisco para o atendimento das necessidades do projeto.

Segundo avaliação técnica realizada no Recife pela Sociedade Brasileira para o Progresso da Ciência – SBPC, o Rio São Francisco já não possui vazões suficientes para esse atendimento. O rio é detentor de uma vazão alocável de apenas 360 m^3/s, dos quais 335 m^3/s já foram outorgados (desse volume estão sendo efetivamente utilizados 91 m^3/s), ou seja, já há direito ao uso desses volumes. Portanto, o que resta no rio é um saldo de apenas 25 m^3/s para ser utilizado em um projeto cuja demanda média é de 65 m^3/s, podendo chegar a uma demanda máxima de 127 m^3/s. As autoridades insistem em afirmar que a vazão de 25 m^3/s é irrisória (cerca de 1%) se comparada ao volume regularizado do rio em sua foz, de cerca de 1.850 m^3/s. Sobre essa questão, lembramos que os cálculos têm que ser feitos levando-se em consideração os volumes alocáveis do rio (os 360 m^3/s permitidos para fins consuntivos) e não a sua vazão regularizada na foz (os 1.850 m^3/s). Levando-se em consideração os volumes alocáveis e seus usos efetivos (360 – 91 = 269 m^3/s), os 65 m^3/s médios do projeto representam cerca de 25% e a vazão máxima, os 127 m^3/s, 47% dos volumes alocáveis, respectivamente.

Outro ponto importante a ser considerado diz respeito ao custo da água do Rio São Francisco posta nos estados receptores do projeto. Segundo informações existentes no EIA-RIMA (o relatório e o estudo de impactos ambientais do projeto), o m^3 de água posto naqueles estados custará cerca de R$ 0,11. Esse valor é proibitivo para uso no agronegócio, principalmente em atividades irrigacionistas, se considerarmos o custo cobrado pela Companhia de Desenvolvimento do Vale do São Francisco – Codevasf, aos seus colonos, de R$ 0,023 o m^3. Tudo leva a crer que para tornar viável o projeto, as autoridades irão valer-se dos subsídios cruzados, ou seja, as tarifas de águas dos grandes centros urbanos que não irão receber as águas do Rio São Francisco deverão ser acrescidas para possibilitar o agronegócio. Nesse sentido, já foi divulgada na imprensa de Pernambuco a possibilidade de um aumento na tarifa da água da cidade do Recife – que não irá receber as águas do Rio São Francisco – de cerca de 30% para a viabilização do projeto. Isso vai se tornar uma realidade.

Finalmente, é oportuno comentar a participação do Estado de Pernambuco no projeto de transposição. Em maio de 2005, conforme publicado pelo *Diário de Pernambuco* na edição do dia 12, o governo do estado encaminhou proposta ao Ministério da Integração para a sua participação no projeto, por entender que o estado não poderia servir apenas de passagem da água do Velho Chico, para beneficiar a Paraíba, o Rio Grande do Norte e o Ceará. Numa forma de tirar o melhor proveito possível das duas passagens da água no território pernambucano, sugeriu que o eixo norte do projeto fosse substituído pelo Canal do Sertão, alternativa que beneficiaria os melhores solos do estado (as autoridades pernambucanas estimam um benefício em uma área de cerca de 150 mil ha) e que o eixo leste fosse acrescido de um ramal (ramal do Agreste) na altura do município de Arcoverde, para possibilitar a chegada da água ao município de Gravatá, na Bacia do Rio Ipojuca.

Naquela ocasião, a resposta do Ministério da Integração diante do pleito pernambucano não foi muito animadora (apesar de ter prometido analisar as mudanças solicitadas, sempre deu como pouco provável a sua incorporação no atual projeto), tendo em vista o encarecimento em até 15% (R$ 675 milhões) do custo total da obra orçada em R$ 4,5 bilhões.

Ocorre que, diante da atual crise política e, portanto, com o quadro de incertezas existente no país, o Ministério da Integração enviou carta ao governo de Pernambuco aceitando não só as propostas iniciais do estado, mas confirmando, também, aquelas já em andamento pelo governo federal, ou seja, o Estado de Pernambuco irá ter um terceiro eixo oeste (antigo Canal do Sertão) e as águas no eixo leste, no chamado ramal do Agreste, chegarão até o município de Pesqueira, encarecendo o projeto dessa feita em cerca de R$1 bilhão. Esses assuntos foram tratados na edição do *Diário de Pernambuco* do dia 30 de julho do corrente ano.

Ora, pelo fato de o governo federal ter, de uma hora para outra, atendido ao pleito de Pernambuco, entendemos esse fato como mera cena política. Segundo a nossa ótica, o governo está tentando capitalizar o apoio político do governador Jarbas Vasconcelos com um projeto que está fadado ao fracasso. Lembramos que inicialmente havia relutância do Ministério da Integração em apoiar as reivindicações de Pernambuco e agora, diante do quadro político vigente, o mesmo ministério decide beneficiar o projeto a todo custo, inclusive com um orçamento maior.

Considerávamos, antes, que o principal empecilho era o custo, pois a substituição do eixo norte pelo Canal do Sertão e a extensão do ramal do Agreste até Gravatá, como proposto inicialmente, iria onerar a obra em torno de 15% em um projeto orçado em R$ 4,5 bilhões. Agora, falam em um custo de cerca de R$ 1 bilhão. O governo federal não tem dinheiro para isso. Para piorar a situação, lembramos que a obra está embargada em suas atividades (não se pode retirar sequer uma pá de areia das margens do rio) pelo Superior Tribunal de Justiça – STJ, que manteve a liminar concedida pela Justiça Federal da Bahia, proibindo o início das obras por causa de pendências ambientais. O Tribunal de Contas da União – TCU – também detectou possíveis irregularidades na licitação em curso.

Não acreditamos que o presidente Lula estivesse sabendo desses detalhes da execução do projeto, principalmente diante dos condicionantes técnicos envolvendo o ambiente nordestino. Caso o projeto venha a ter sucesso futuro na sua condução, com a cassação das liminares impostas pelo STJ, esperamos que os recursos a serem liberados para Pernambuco não venham a faltar em outros setores importantes para o desenvolvimento do país, nem onerar ainda mais sua população já tão sacrificada.

Recife, 03 de agosto de 2005.

TRANSPOSIÇÃO: deflagrada a espoleta do desmantelo

51

A possibilidade de faltar energia no Nordeste em três anos, apontada pelo ONS, bem traduz o que estamos denunciando há cerca de uma década, ao analisarmos os usos múltiplos das águas do Rio São Francisco e o seu projeto de transposição.

O Nordeste brasileiro começará a enfrentar o risco da falta de energia elétrica já a partir de 2009. Essa assertiva foi prognosticada pela Operadora Nacional do Sistema Elétrico – ONS, em matéria publicada no *Diário de Pernambuco*, na edição do dia 03/09 corrente, na qual se afirmava que 9% dos dois mil cenários utilizados nas simulações feitas por aquela operadora apontam para um déficit de 1% da carga local, o que significa dizer que, naquele ano, a demanda de energia elétrica estará 87 MW médios acima da oferta da região. A matéria esclarece ainda que o nível considerado seguro pela ONS é o de um percentual abaixo de 5% nas simulações realizadas.

Essa possibilidade de faltar energia no Nordeste daqui a pouco mais de três anos, apontada pela ONS, bem traduz o que estamos denunciando há cerca de uma década, ao analisarmos os usos múltiplos das águas do Rio São Francisco e o seu projeto de transposição. No nosso trabalho, estamos insistentemente alertando as autoridades brasileiras para as limitações e os riscos existentes no rio, principalmente aqueles com implicações diretas na geração de energia, preocupações estas que acabaram por vir à tona, desta feita através de um dos órgãos oficiais responsáveis pelo setor.

Além do mais, esse quadro preocupante da hidrologia do rio, que culminou, inclusive, com a necessidade de se racionar energia no ano de 2001, será agravado pelo recente pacto de sustentabilidade firmado entre o governo federal e os governadores dos estados que irão receber as águas da transposição (PE, PB, RN e CE), tendo Pernambuco – estado em situação diferenciada dos demais por ser, ao mesmo tempo, exportador e receptor das águas do São Francisco – reivindicado um maior quinhão, por entender que não deveria exercer apenas a função de aqueduto ou de "passagem" das águas do São Francisco em seu território para o abastecimento dos estados receptores. Apesar de sempre ter se mostrado avesso às discussões necessárias a um projeto dessa magnitude, o Estado de Pernambuco, encaminhou no mês de maio passado, após a oficialização do projeto pelo governo federal, uma proposta ao Ministério da Integração, reivindicando volumes para o abastecimento de sua população, bem como para o desenvolvimento do agronegócio, proposta esta que irá resultar no comprometimento de mais 19 m^3/s do rio, volume que deverá ser somado àquele de 26 m^3/s anteriormente estabelecido no projeto. Portanto, as outorgas já estabelecidas serão insuficientes para satisfazer as novas necessidades do projeto, situação essa que irá obrigar os dirigentes a novas rodadas de negociações, para a determinação das outorgas definitivas. Acerca dessas questões, escrevemos um artigo em abril de 2000 intitulado "A gerência da torneira", no qual denunciávamos os riscos da exploração descontrolada das águas do Rio São Francisco, por motivo de ingerências políticas. Infelizmente, essas previsões estão se tornando realidade no nosso estado natal.

A proposta pernambucana fundamentou-se na substituição do eixo norte pelo *Canal do Sertão*, o qual irá demandar do Rio São Francisco um volume de cerca de 13 m^3/s, prevendo-se, para tanto, a adução das águas na altura da Represa de Sobradinho para o benefício de todo o extremo-oeste pernambucano, onde estão localizados os melhores solos do estado. Nessa negociação estão previstas retiradas volumétricas suficientes para a irrigação de uma área de cerca de 150 mil ha de solos férteis. O governo está propondo também a adução extra de 5 m^3/s para o abastecimento do Açude de Entremontes, localizado no alto sertão do estado, para o qual, na proposta original do projeto, estava prevista uma adução da ordem de 10 m^3/s. No eixo leste, o governo propôs a criação do *Ramal do Agreste* com uma vazão de 1 m^3/s, para o abastecimento dos municípios que fazem parte da Bacia do Rio Ipojuca, com origem no município de Arcoverde e destino final no município de Gravatá, portanto, fora dos limites da Bacia Hidrográfica do Velho Chico. A nova proposta do governo Pernambucano equivale a um adicional de 19 m^3/s à proposta original do projeto de 26 m^3/s, o que irá significar a necessidade de reformulação das outorgas, no total de 45 m^3/s.

O fato curioso é que no mês de maio passado, alegando aumento nos custos do projeto em cerca de 15% (R$ 675 milhões), conforme amplamente publicado na mídia pernambucana, o Ministério da Integração relutou na aceitação dessa proposta. Posteriormente, com o agravamento da crise política em todo país e com a ameaça real do governo de Pernambuco em não assinar o pacto de sustentabilidade necessário à concessão das outorgas pela Agência Nacional das Águas (ANA), o Ministério da Integração não só se dobrou às exigências do governo pernambucano, como confirmou a construção dos dois eixos anteriormente previstos no projeto (os eixos norte e leste). Desse modo, a proposta atual da transposição do Rio São Francisco consta de um eixo oeste (Canal do Sertão), um eixo norte, com os adicionais volumétricos para o Açude Entremontes e um eixo leste, no qual será construído o Ramal do Agreste. O grave de tudo isso é que as recentes modificações impostas ao projeto pelo Estado de Pernambuco irão onerar agora o seu orçamento inicial em cerca de R$ 1 bilhão.

Com a participação de Pernambuco e a nova estrutura físico-financeira imposta ao projeto, é possível prognosticar o agravamento da situação hidrológica do rio, inclusive com possibilidade de colapso nos fornecimentos volumétricos futuros. Essa situação de debilidade hídrica no São Francisco é fácil de entender, tendo em vista a baixa vazão alocável existente no rio, de cerca de 25 m^3/s, para o atendimento de um projeto que irá requerer uma vazão média de 65 m^3/s e uma vazão máxima de 127 m^3/s. Esses dados foram confirmados por técnicos da Sociedade Brasileira para o Progresso da Ciência (SBPC) reunidos na cidade do Recife, em agosto de 2004, para tratar de questões atinentes à transferência de águas entre grandes bacias hidrográficas. O diferencial volumétrico necessário para se alcançar a vazão média de 65 m^3/s requerida pelo projeto será obtido através da Represa de Sobradinho, quando esta dispuser de 94% do seu volume útil preenchido, ou seja, quando estiver praticamente cheia. De acordo com os hidrólogos da SBPC, essa aproximação volumétrica só será possível em 40% dos anos, pois a tendência da Represa de Sobradinho, desde a época de sua construção, é de encher 4 vezes a cada 10 anos. Portanto, é um projeto demasiadamente caro (são cerca de R$ 4,5 bilhões e mais o adicional de R$ 1 bilhão se considerada a proposta de Pernambuco) para funcionar, em sua plenitude, apenas em 40% dos anos.

No cenário acima descrito, a inclusão da proposta do governo de Pernambuco usando as águas de um rio que já não dispõe dos volumes mínimos necessários para o atendimento das demandas previstas no projeto original, somada ainda à ameaça real de faltar energia em 2009, é no mínimo um ato inconseqüente. Caso o governo federal venha a implementá-la da forma pretendida, causará o caos, pois estará deflagrando a espoleta do desmantelo, com enormes possibilidades de o Nordeste voltar a conviver com o fantasma dos feriadões, dos racionamentos e dos apagões. É viver para crer.

Finalmente, preocupa-nos o desgaste político vivido pelo governo federal com a atual crise existente no país e atestado pelas pesquisas de opinião pública, o qual poderá resultar na possibilidade de o presidente Lula não vir a ser reconduzido ao comando da nação em 2007. Havendo essa possibilidade concreta, existirá um tempo extremamente exíguo (cerca de 1 ano e meio) para a instalação da infra-estrutura do projeto necessária ao abastecimento dos estados receptores com águas do Rio São Francisco. Nesse sentido, o Estado de Pernambuco será o maior beneficiário do projeto, pois qualquer que seja a atividade realizada nesse período – construção de canais, aquedutos, represas, adutoras, etc. –, tudo estará, necessariamente, nos limites do território pernambucano.

Apesar da nossa indignação pelo tratamento inadequado dispensado pelas autoridades ao Velho Chico e diante de todas as evidências de que o projeto está sendo imposto goela abaixo da população nordestina, não deixamos de reconhecer, embora não a aprovemos, a matreirice política do governador de Pernambuco na condução das negociações junto ao governo federal.

Recife, 15 de setembro de 2005.

A ÁGUA DO NORDESTE E O PROJETO DE TRANSPOSIÇÃO DO RIO SÃO FRANCISCO

52

É sabido pelo povo brasileiro que o Brasil é um país pródigo na realização de várias de suas obras públicas. Os "elefantes brancos", assim chamados devido à falta de planejamento, vêm se acumulando em todo território nacional, clamando por iniciativas de conclusão por representarem, além de enormes prejuízos ao erário público, desrespeito ao cidadão brasileiro, especialmente o nordestino, que necessita de obras estruturadoras na região para promoção do seu desenvolvimento.

Recentemente, maus exemplos como esses vieram a público, desta feita nas regiões semi-áridas da Paraíba e do Ceará, como bem o atesta a matéria editada no *Diário de Pernambuco* do dia 26 de novembro de 2004, intitulada "Interesse Político no Combate à Seca" e em notícias veiculadas na internet sobre o abastecimento de Fortaleza (CE) através do Canal do Trabalhador.

A notícia do Diário demonstra a importância de se fazer bom uso das águas existentes na Paraíba, aduzindo-as da Represa de Coremas para a irrigação do município de Souza, através do projeto denominado Várzea de Souza, e revela, ao mesmo tempo, o descaso havido nesse mesmo projeto com o uso do dinheiro público, numa obra marcada por disputas pelo poder político local, decorrentes da rivalidade existente entre o ex-governador da Paraíba, José Maranhão, e o senador Ronaldo Cunha Lima, pai do atual governador.

A iniciativa da realização desse projeto partiu do ex-governador José Maranhão, que o considerava a menina-dos-olhos do seu governo, por entender a importância de serem utilizadas prioritariamente as fontes hídricas já disponíveis no estado, através de uma política coerente de uso de suas águas interiores. Maranhão investiu cerca de R$ 105 milhões no projeto Várzea de Souza, metade dos quais na construção de 37 quilômetros de um canal (Canal da Redenção), objetivando a adução de parte das águas daquela represa até o município de Souza, para a irrigação de cerca de 5 mil hectares. Além do mais, com vistas a auxiliar na infra-estrutura do projeto, foram investidos mais R$ 55 milhões na construção de barragens auxiliares e na aquisição de bombas e tubos. Com essas ações, o governo de José Maranhão deixou pronta a irrigação de 1.320 hectares em uma primeira fase, faltando apenas a continuidade dos investimentos e a necessária vontade política por parte do seu sucessor no governo, para a conclusão das obras.

Lamentavelmente, passados cerca de dois anos, o atual governador da Paraíba não deu a menor prioridade às ações do projeto Várzea de Souza, o que resultou, segundo a matéria do jornal, na não realização da licitação dos lotes a serem irrigados, em avarias no canal construído e em vandalismos na rede de alta tensão do projeto. Por enquanto, a água que é conduzida no canal serve apenas para abastecer o pequeno povoado de Aparecida e para algumas poucas captações, a maioria irregular. Em suma, hoje o projeto encontra-se entregue à dura sorte.

O outro projeto citado é o Canal do Trabalhador, obra construída às pressas pelo então governador do Ceará, Ciro Gomes, no início da década de 90, para a solução dos graves problemas de abastecimento da população metropolitana de Fortaleza. Com 110 km de extensão e capacidade para transportar 5 m^3/s de água aduzidos do Rio Jaguaribe, equivalentes a 70% do consumo da população de Fortaleza, o canal encontra-se atualmente praticamente inoperante e sem cumprir os objetivos para os quais foi construído: o de irrigar 40 mil ha em suas margens e o de auxiliar no abastecimento da Grande Fortaleza.

Segundo as informações na internet, o projeto teve vida curta, pois só operou durante sete meses, evitando o colapso no abastecimento da capital cearense. Com as fortes chuvas ocorridas em 2004, os açudes cearenses voltaram a encher e o canal passou a não ter mais a importância demonstrada na época de sua construção. Hoje a manutenção do canal se restringe à água bombeada do Açude de Pacajus e despejada por um tubo plástico no seu leito, para uso na irrigação de uma fazenda particular e a uma área da Embrapa, evitando-se assim que venha a secar e sofrer danos estruturais com as altas temperaturas existentes no local. Essa subutilização do canal decorreu dos bons resultados alcançados pelo programa de interligação de bacias existente no estado, trabalho esse que deveria ser seguido pelos demais estados da região semi-árida. A idéia, no Ceará, é a de solucionar possíveis desabastecimentos que venham a ocorrer no estado, através do seu pronto suprimento com águas oriundas de outras bacias da região, as quais estejam em condições de fornecimento.

A situação dos projetos acima referidos é a cara do nosso país. Diante dessas constatações de falta de planejamento e da existência de "pendengas políticas", preocupa-nos o fato de não terem prosperado projetos que objetivavam o uso coerente das águas existentes em estados considerados receptores das águas do projeto de transposição do Rio São Francisco. A falta de uma política adequada de gerenciamento hídrico, aliada à falta de vontade política, certamente prejudicou o andamento das ações desses projetos nas referidas regiões. Essas questões nos fazem refletir sobre a possibilidade desses problemas voltarem a ocorrer, desta feita com o uso das águas do Velho Chico. Quem irá garantir ao povo brasileiro que um canal que leve água do Rio São Francisco para o Semi-árido nordestino não irá ter a mesma sorte (ou azar) dos canais da Paraíba e do Ceará? Embates políticos e falta de um adequado planejamento e gerenciamento das águas existentes na região são componentes de uma receita que tem prejudicado o desenvolvimento do Nordeste. A continuar existindo esses lamentáveis exemplos de falta de respeito para com a coisa pública, para com o meio ambiente e para com a vida do cidadão nordestino, a milionária obra da transposição do Rio São Francisco em nada irá contribuir para a solução dos problemas hídricos do Nordeste, representando um benefício apenas para os autores do projeto e para as empreiteiras encarregadas da sua construção.

É interessante detalhar algo do projeto, a fim de erigirmos uma crítica consistente. Um dos principais objetivos da transposição do Rio São Francisco é possibilitar a segurança hídrica da região Nordeste, o que está sendo chamado de sinergia dos seus principais reservatórios. A idéia das autoridades é abastecer esses reservatórios com as águas do Velho Chico e dar-lhes possibilidade de manter os volumes necessários ao pronto atendimento das demandas hídricas da região.

Entendemos que esse processo é desnecessário, ambientalmente danoso e demasiadamente caro, diante das possibilidades existentes de acesso ao precioso líquido em cada um dos estados nordestinos. Além do mais, qual seria a solução mais viável para o problema de abastecimento de água no Nordeste, em termos técnicos e econômicos? Utilizar as águas já existentes na região, através de uma política adequada de gerenciamento desses recursos ou retirá-las das margens do Rio São Francisco, a 500 km de distância, para o abastecimento de boa parte de sua população? Na nossa ótica, a primeira alternativa é a mais sensata.

De acordo com a Empresa Brasileira de Pesquisa Agropecuária – Embrapa, do total de precipitação pluviométrica anual no Nordeste semiárido, estimado em cerca de 700 bilhões de m^3, 642 bilhões são consumidos pelo fenômeno da evapotranspiração e cerca de 36 bilhões são despejados no mar, em virtude do intenso escoamento superficial existente. O que resta desses quantitativos volumétricos são cerca de 22 bilhões de m³, os quais efetivamente são manejados pelos que habitam a região.

A esse respeito, o geólogo nordestino Aldo Rebouças afirma em seus trabalhos que bastaria o aproveitamento de 1/3 dos volumes escoados e manejados para o efetivo abastecimento de toda população nordestina (hoje estimada em 47 milhões de pessoas), com uma taxa de 200 litros por pessoa/dia e para a irrigação de cerca de 2 milhões de hectares, com uma taxa de 7.000 m³ por hectare/ano. Na lógica de Rebouças, a água no Nordeste existe, faltando apenas o seu indispensável gerenciamento para o atendimento das necessidades do povo.

A existência desses volumes é confirmada através do potencial acumulado nos açudes nordestinos. Estima-se em cerca de 70 mil o número de açudes no Nordeste, os quais acumulam um potencial de cerca de 37 bilhões de m³, considerado o maior volume represado em regiões semiáridas do mundo.

O doutor em recursos hídricos da Universidade Federal do Rio Grande do Norte, João Abner, avaliando as disponibilidades hídricas dos estados que receberiam as águas do Rio São Francisco (Ceará, Rio Grande do Norte e Paraíba), chegou à conclusão de que no Ceará, por exemplo, existe uma oferta hídrica potencial de 215 m³/s em suas bacias hidrográficas e uma demanda atual de 54 m³/s. No Rio Grande do Norte existe uma oferta potencial de 70 m³/s e uma demanda de 33 m³/s e, por sua vez, no Estado da Paraíba, um dos estados mais problemáticos da região em termos de garantias hídricas, existe uma oferta potencial de 32 m³/s e uma demanda atual de 21 m³/s. Essas informações confirmam que não há escassez hídrica nos estados receptores, não se justificando, portanto, o ingresso das águas do Rio São Francisco naqueles estados para fins de abastecimento.

No tocante ao uso das águas das principais represas nordestinas, o Ceará tem se destacado, na região, como um dos estados mais ricos em termos de reservas acumuladas em superfície, sendo pioneiro no trabalho de interligação de suas bacias hidrográficas, trabalho esse que reputamos da maior importância, e que deveria ser seguido pelos demais estados do Nordeste. A idéia, no Ceará, é abastecer regiões com problemas de falta d'água através do auxílio de outras bacias existentes no estado que estejam em melhores condições de fornecimento. Além do mais, o estado, detentor de cerca da metade dos volumes acumulados nas represas nordestinas, com cerca de 18 bilhões de m³ espalhados em 8 mil açudes, vem manejando suas águas de forma coerente e abastecendo as populações de acordo com as suas necessidades. O estado possui a maior represa do Nordeste (Castanhão), com cerca de 6,7 bilhões de m³, a qual, sozinha, resolveria todos os problemas de abastecimento da Grande Fortaleza e do Baixo Jaguaribe pelo período de gerações.

O Rio Grande do Norte possui a segunda maior represa do Nordeste (Armando Ribeiro Gonçalves), com cerca de 2,4 bilhões de m³. Essa represa tem condições de abastecer toda a população norte-rio-grandense nos próximos vinte anos.

A Paraíba possui as Represas Coremas e Mãe-d'água, as quais, juntas, acumulam um volume estimado em cerca de 1,3 bilhão de m³. Essas represas resolveriam os problemas de abastecimento das populações de todo o sertão paraibano por um bom período de tempo. De acordo com José Patrocínio, consultor e professor aposentado da Universidade Federal de Campina Grande, o Estado da Paraíba possui o reservatório de Boqueirão, com capacidade máxima de acumulação de cerca de 438 milhões de m³, que abastece a cidade de Campina Grande e outras 8 pequenas cidades vizinhas. A região metropolitana de Campina Grande passou por sérios problemas de abastecimento, após o período de seca havido entre os anos de 1997 e 1999, agravados, ainda, pela falta de gestão do reservatório e da Bacia do Alto Paraíba, com a implantação de sistemas de irrigação mal conduzidos (consumiam 1.000 l/s, no mínimo), além de uma descarga de fundo descontrolada de cerca de 200 l/s. Esses problemas no abastecimento de Campina Grande justificaram, na época, o projeto de transposição das águas do Rio São Francisco para o interior do reservatório de Boqueirão, através do eixo leste do projeto, proporcionando-lhe a sinergia hídrica necessária à garantia da água para o abastecimento da região. Resolvidos os problemas dos gastos d'água desnecessários, através de um gerenciamento coerente em toda a sua bacia, a represa se encontra, atualmente, com mais de 80% de seu volume preenchidos e tem uma capacidade de regularização, com 100% de garantia, de 1.781 l/s. A população atual atendida pelo reservatório é de 470.000 habitantes, aproximadamente, dos quais 367.874 só em Campina Grande. Segundo a Cagepa, concessionária do serviço de abastecimento e esgotamento sanitário da Paraíba, a vazão bruta retirada do reservatório para abastecimento humano, à taxa de 200 litros por habitante por dia, oscila, hoje, em torno de 1.000 l/s. A projeção da demanda para o ano de 2023 (população total de cerca de 530.000 habitantes) atingiria 1.512 l/s. Portanto, Campina Grande e os demais municípios vizinhos atendidos pela Represa de Boqueirão têm água suficiente para beber pelo menos nos próximos 18 anos, não se justificando, portanto, a realização do projeto de transposição do Rio São Francisco para aquela região.

Finalmente, circulou na internet a informação de que as autoridades estão pretendendo estender as transferências das águas do São Francisco até o Estado do Piauí. Fala-se em resolver os problemas de abastecimento da região de São Raimundo Nonato e beneficiar onze municípios vizinhos. Essa informação é absurda, se levarmos em consideração a grande riqueza hídrica existente nesse estado. O Piauí tem o Parnaíba, o segundo maior rio em importância no Nordeste (o primeiro é o Velho Chico); há 2 bilhões de metros cúbicos de água acumulada em represas que não estão tendo a mínima utilidade; possui a maior reserva de água de subsolo da região, estimada em cerca 70% de toda a água existente no sedimentário nordestino e existe, no município de Cristino Castro, no Vale do Rio Gurguéia, uma infinidade de poços jorrantes, não se sabendo ao certo o destino que é dado a essa água. Somadas, essas fontes dão ao Piauí o privilégio de ser o estado hidrologicamente mais rico do Nordeste.

É evidente, após esse pequeno relato, que o Nordeste tem muita água, faltando apenas o indispensável gerenciamento para que se possa ter acesso a ela. Diante dessa constatação, parece-nos existir, na região, a contraditória impressão de se estar morrendo de sede no deserto com água no joelho.

A má gestão é evidenciada também quando vemos com mais atenção aspectos financeiros relativos aos planos de transposição. O caso de Pernambuco é um exemplo. Foi editada no *Diário de Pernambuco* do dia 12 de maio passado, um dia após a publicação, no Diário Oficial da União, da licitação dos lotes previstos no projeto de Transposição do Rio São Francisco, matéria intitulada "Transposição pode ficar 15% mais cara", na qual o Secretário de Ciência, Tecnologia e Meio Ambiente de Pernambuco, Cláudio Marinho, reivindicava maiores volumes do Rio São Francisco em benefício do seu estado. Segundo a matéria, a idéia era dobrar a vazão original de 10 m³/s, aduzida do eixo norte do projeto para o Açude Entremontes, pertencente ao estado, o que permitiria, naquela represa, uma tomada d'água em volumes suficientes para o abastecimento da região de Ouricuri, alterando o traçado original do Canal do Sertão, que previa o transporte de água da Barragem de Sobradinho até aquela localidade sertaneja. Já no eixo leste do projeto de transposição, em cujo traçado original está prevista uma tomada d'água de 8 m^3/s, beneficiando a Bacia do Rio Ipojuca na altura do município de Arcoverde, o governo pretende a extensão do Ramal do Agreste até o município de Gravatá, onerando em cerca de 15% o custo total do empreendimento.

Diante desses novos fatos – não bastasse o encarecimento da obra –, dois pontos precisam ser esclarecidos pelas autoridades pernambucanas, para uma melhor compreensão da população acerca da participação de Pernambuco no projeto. O primeiro diz respeito aos novos volumes que seriam aduzidos do eixo norte, para o abastecimento da região de Ouricuri, os quais iriam superpor-se ao abastecimento que já vem sendo realizado pela Adutora do Oeste naquela região, cujas águas são bombeadas do Velho Chico na altura do município de Orocó. Aliás, essas novas ações pretendidas pelo estado vêm confirmar as críticas que têm sido feitas por técnicos ambientalistas (aí nos incluímos), segundo os quais a maior parte dos volumes retirados pela transposição do Rio São Francisco seria utilizada no agronegócio, principalmente na irrigação de frutas, e não no abastecimento das populações necessitadas conforme apregoado pelas autoridades governamentais. O segundo diz respeito à qualidade das águas do eixo leste que iriam chegar até a cidade de Gravatá, município pertencente à Bacia do Rio Ipojuca, cujo caudal encontra-se atualmente em situação deplorável de abandono, com suas águas extremamente poluídas pelo lançamento de esgoto *in natura* (doméstico e industrial), advindo das cidades ribeirinhas, dentre elas Caruaru, a segunda maior cidade pernambucana com cerca de 400 mil habitantes. Sem haver, primeiramente, a revitalização da Bacia do Ipojuca, o ato de transpor as águas do São Francisco para o seu leito significará, na nossa ótica, desperdício de tempo e de dinheiro público, pois o que se irá conseguir com isso é apenas a diluição da água contaminada pelos dejetos humanos que atualmente corre a céu aberto em toda a bacia hidrográfica daquele rio.

Essa atitude do governo do estado, de certa forma, não nos surpreendeu. Muito pelo contrário. Cremos que acertamos mais uma vez nas nossas previsões, pois ao longo de uma década de trabalho, em sua grande parte no tratamento das questões sanfranciscanas, temo-nos deparado com fatos no mínimo curiosos. Os estados exportadores das águas do Rio São Francisco localizados abaixo de Pernambuco (Alagoas, Sergipe, Bahia e Minas Gerais) sempre se manifestaram contrários ao projeto de transposição, pelo fato de não terem nenhuma participação efetiva no mesmo, sendo apenas meros exportadores de suas águas. Já aqueles localizados acima de Pernambuco (Paraíba, Rio Grande do Norte e Ceará) sempre se manifestaram favoráveis, por serem estados receptores, portanto, os reais beneficiários de suas águas. Por incrível que isso possa parecer, Pernambuco, que é um estado ao mesmo tempo exportador e receptor das águas do Rio São Francisco, possuidor dos dois pontos de captação das águas do projeto e, ainda, por se encontrar no divisor dessa disputa, sempre se mostrou passivo ao processo transpositório. Um estado que sempre permaneceu "em cima do muro". Só agora com a oficialização do projeto, pretende entrar no processo reivindicatório para ter acesso ao seu quinhão.

Na nossa visão, a edição da matéria do Diário do dia 12 de maio oficializou a participação de Pernambuco no projeto. O estado, agora, mostra-se favorável às suas ações e quer nele tomar partido. Isso é obvio. Apenas gostaríamos de lembrar que o Rio São Francisco já não dispõe dos volumes alocáveis, necessários à satisfação das demandas exigidas pelo projeto. Atualmente, o rio possui um volume alocável de apenas 25 m^3/s, os quais serão fornecidos a um projeto que irá demandar uma média de 65 m^3/s. Além do mais, a transposição irá operar, em sua plenitude, em apenas 40% dos anos e, portanto, estará sempre à mercê das águas da Represa de Sobradinho, quando esta estiver com 94% de sua capacidade preenchida, o que, segundo a opinião de hidrólogos filiados à Sociedade Brasileira para o Progresso da Ciência (SBPC), é um fato de difícil ocorrência. Portanto, não seria possível o fornecimento dos volumes excedentes reivindicados por Pernambuco, sem se pôr em risco todos os investimentos já realizados ao longo da Bacia Hidrográfica do Rio São Francisco. Para se ter idéia dessa problemática, só no setor elétrico foram aplicados, na região, cerca de US$ 13 bilhões e o pólo de irrigação, com cerca de 340 mil ha irrigados, vem crescendo a uma taxa de 4% ao ano, exigindo volumes hídricos proporcionais à sua ampliação. Essas características têm resultado em situações conflituosas em ambos os setores (elétrico e irrigacionista), cujo principal agente causador é o uso das águas de um rio que já vem dando sinais de exaustão, tendo como prova principal o racionamento de energia ocorrido em 2001.

O que na realidade faltou ao governo de Pernambuco foi o indispensável aprofundamento das discussões técnicas sobre o projeto. Estados doadores e receptores firmaram posição desde o início da divulgação das ações do projeto pelo governo federal e continuam debatendo essas questões interna e externamente. Pernambuco ficou numa posição de passividade, apenas aguardando as notícias sobre o andamento do projeto para se posicionar e nada mais. Na nossa ótica, a atitude tomada pelo governo de Pernambuco, um dia após a oficialização das licitações dos lotes do projeto, deixou o estado em situação desconfortável perante a sociedade científica nordestina. Esse novo momento nos fez relembrar uma nota que editamos na página da Fundação Joaquim Nabuco, em abril de 2000, intitulada "Transposição: a gerência da torneira", na qual apontávamos as ingerências políticas como principais responsáveis, em uma situação de seca no Nordeste, pela ineficiência no abastecimento das populações, cujos resultados seriam traduzidos em enérgicas ações reivindicatórias, comparadas a verdadeiras reações em cadeia de uma explosão atômica, na busca da água para o atendimento das suas necessidades.

De há muito já se sabe das limitações volumétricas do Rio São Francisco. O Plano Decenal elaborado pelo Comitê da Bacia Hidrográfica restringiu o uso para o abastecimento humano e dessedentação animal, em caso de escassez comprovada. Entretanto, essas deliberações do Comitê vieram de encontro às expectativas do governo federal, que vem trabalhando no sentido de usar as águas do Rio São Francisco para o agronegócio, num claro desrespeito às possibilidades técnicas e às restrições do Comitê na execução da obra.

Essas questões ficaram muito claras nas discussões havidas para aprovação do mencionado Plano. As autoridades governamentais não reconheceram o mérito do conteúdo existente no documento elaborado pelo Comitê, principalmente quanto ao uso das águas fora dos limites da bacia do rio, levando essa questão à esfera do Conselho Nacional de Recursos Hídricos (instância superior à do Comitê da bacia) para análise e aprovação, com a inclusão do uso mais abrangente da água (inclusive para o agronegócio). Isso foi conseguido com muita facilidade, pois no âmbito do Conselho o governo federal tem ampla maioria dos votos.

Esse desgaste inicial entre o Comitê e o governo federal não veio em boa hora. Realmente, o projeto vai ser executado em um rio comprovadamente limitado em termos volumétricos, tendo como principal prova disso a crise energética havida no ano de 2001, ocasião na qual a Represa de Sobradinho – que regulariza a vazão do São Francisco –, chegou a acumular apenas 5% do seu volume útil. Nesse sentido, é bom lembrar que o Rio São Francisco é responsável por mais de 95% da energia que é gerada no Nordeste. Essas questões vieram a ser comprovadas posteriormente através de uma reunião promovida no Recife, em agosto de 2004, pela Sociedade Brasileira para o Progresso da Ciência – SBPC, na qual foram reunidos 40 dos principais expoentes da hidrologia nacional, para discutirem a transferência de águas entre grandes bacias hidrográficas, com enfoque especial no projeto de transposição do Rio São Francisco.

Nessa reunião, os volumes do rio foram exaustivamente analisados, tendo os técnicos chegado à conclusão de que o rio tem um volume alocável de apenas 360 m^3/s, dos quais 335 m^3/s já foram outorgados, ou seja, já estão com o direito de uso assegurado. O que resta nesse balanço volumétrico são apenas 25 m^3/s para serem utilizados em um projeto cuja demanda média será de 65 m^3/s, podendo a vazão máxima atingir cerca de 127 m^3/s, ou seja, o rio já não dispõe, hoje, dos volumes necessários ao atendimento das demandas do projeto. O diferencial volumétrico para satisfazer tais demandas somente será obtido na Represa de Sobradinho quando esta estiver com 94% de sua capacidade preenchida, ou seja, quando estiver praticamente cheia. De acordo com os hidrólogos da SBPC, essa aproximação volumétrica só será possível em 40% dos anos, pois a tendência da Represa de Sobradinho, desde a época de sua construção, é de encher 4 vezes a cada 10 anos. Portanto, na nossa ótica, o projeto tem um orçamento demasiadamente elevado (estão previstos cerca de R$ 4,5 bilhões, numa primeira fase) para ser utilizado em atividades cujo funcionamento pleno só será possível em apenas 40% dos anos. Para se ter uma idéia dessa problemática, a Represa de Sobradinho verteu em 1997 e voltou a verter em 2004. Nesses sete anos, a bacia do rio passou por secas sucessivas, culminando, em 2001, com a mais séria crise energética da nossa história.

Essas questões têm preocupado as populações ribeirinhas, principalmente as comunidades indígenas que habitam áreas próximas às tomadas das águas do projeto, cujo receio é o de o rio chegar às vias da exaustão e prejudicar a agricultura ali praticada. Essas comunidades de certa forma têm seus motivos de preocupação. A depender dos volumes que venham a ser retirados e de sua aplicação, pode-se ter, no Rio São Francisco, os problemas já existentes nos rios Colorado, nos Estados Unidos, e Amarelo, na China, cujos caudais já não chegam mais à foz, por problema advindos do uso indiscriminado de suas águas ao longo de suas bacias. O Rio Colorado, por exemplo, recuou 100 km de sua foz, dando lugar à formação de um deserto pelo processo de salinização a que a área de sua primitiva embocadura foi submetida.

No caso do Rio São Francisco, essas questões irão depender da forma segundo a qual serão empreendidas as retiradas dos volumes, principalmente em épocas de estiagens. Quem irá coordenar e de que maneira será feita a abertura e o fechamento das torneiras? As comunidades ribeirinhas têm toda razão de ficarem preocupadas com as incertezas nos gerenciamentos volumétricos das águas e certamente ninguém quer para o Velho Chico a mesma sorte (ou azar) dos Rios Colorado e Amarelo.

Também é preocupante a inquietação que o projeto está causando ao povo nordestino. Como já dissemos, as desavenças existentes entre os estados exportadores das águas do Rio São Francisco e os estados receptores são enormes. Para pôr mais lenha nessa fogueira, o posicionamento oficial do Governo de Minas Gerais, contrário ao projeto da transposição, certamente irá abalar as determinações do atual governo em realizar a obra conforme vinha pretendendo. O projeto vai necessitar novas rodadas de negociações por parte dos nossos dirigentes, sob pena de o governo sair arranhado em suas pretensões de criar uma obra grandiosa até o fim de seu mandato.

Algumas questões técnicas relativas a este projeto devem ser trazidas a público. A construção dos 700 quilômetros de canais a serem abertos em plena caatinga nordestina, localizados em geologia cristalina, portanto, nos piores solos da região, nos convence do total desconhecimento técnico da região e das implicações desastrosas (sobre o ecossistema, sobre as fontes de água e sobre o erário público) do projeto de transposição das águas do São Francisco. Nesse tipo de geologia, os solos são rasos e pedregosos, nos quais a rocha que os originam está praticamente à superfície, chegando a aflorar em alguns pontos. Isso significa que a construção de canais em tal situação (os canais terão 25 m de largura, 5 m de profundidade e 700 km de extensão) volta e meia encontrará rochas em seu traçado o que demandará, em muitos casos, o uso de explosivos para a desobstrução de seu caminho, dificultando e atrasando o cronograma de execução da obra. Partindo-se da premissa de que, nessas condições, é possível a execução de 100 metros de canal por dia – difícil de ser alcançado devido às dificuldades já relatadas –, seriam necessários cerca de 7 mil dias para concluir os 700 km de canais, correspondendo a mais de 17 anos para execução das obras. Portanto, não procede a informação das autoridades responsáveis pelo projeto de que as águas do São Francisco já estarão disponíveis à população dos estados receptores no Natal do ano de 2006.

Outra questão a ser comentada diz respeito ao número de pessoas que serão atendidas pelo projeto. Segundo as autoridades, serão abastecidas 12 milhões de pessoas no Semi-árido nordestino. Ora, os estados receptores das águas do Rio São Francisco (Ceará, Rio Grande do Norte e Paraíba) possuem uma população de 13,5 milhões de habitantes. Excluídos desse total o contingente populacional já atendido pelo abastecimento d'água nas grandes capitais e nos principais centros urbanos desses três estados, o número de pessoas cai para 9,5 milhões. A pergunta que não quer calar é a seguinte: onde estão esses 12 milhões de habitantes que serão atendidos pelo projeto?

Nesse sentido, preocupa-nos, também, a informação de o governo federal pretende desapropriar 2,5 km de terras em ambos os lados dos canais, ao longo de seus 700 km, beneficiando uma área de 350 mil ha de terras, para o desenvolvimento da agricultura familiar regional. Sem tirar o mérito e a importância de se apoiar a agricultura nordestina, cabe-nos um alerta ao senhor presidente: com a inexistência de estudos de aptidão de solos nesses locais, fica difícil a obtenção de êxito no empreendimento. Esses solos, de péssima qualidade (geologia cristalina), não se prestam para o uso em atividades irrigacionistas. Pretender dar apoio à agricultura familiar nessas condições edáficas, com o uso irrestrito das águas do Velho Chico, irá resultar em riscos previsíveis, com conseqüências incalculáveis.

Outro assunto que merece ser citado diz respeito ao exagerado índice evaporimétrico existente na região por onde irão passar os canais (estima-se na região semi-árida um potencial evaporimétrico da ordem de 2.000 mm ao ano), o que resultará numa evaporação exacerbada das águas que irão ser transpostas. As dimensões dos canais já citadas anteriormente e a constante movimentação da água no seu interior irão facilitar sobremaneira as perdas da água por evaporação. Além do mais, existem as perdas ditas casuais, que são aquelas motivadas pelo furto da água. Isso será uma realidade, principalmente em comunidades próximas aos canais, as quais, em anos secos, buscarão o abastecimento de qualquer forma, facilitadas que serão pela ausência ou incapacidade da ação de órgãos fiscalizadores na região. Certamente, os volumes de água calculados para o abastecimento dos estados receptores do projeto terão que ser revistos, diante das perdas que serão inevitáveis e não previstas, pelo menos com a exatidão exigida em um projeto dessa magnitude.

Mais um ponto importante a ser considerado diz respeito ao custo da água do Rio São Francisco posta nos estados receptores do projeto. Segundo informações existentes no EIA-RIMA (o relatório e o estudo de impactos ambientais do projeto), o metro cúbico de água posto naqueles estados custará cerca de R$ 0,11. Esse valor é proibitivo para uso no agronegócio, principalmente em atividades irrigacionistas, se considerarmos o custo cobrado pela Companhia de Desenvolvimento do Vale do São Francisco – Codevasf, aos seus colonos, de R$ 0,023 por metro cúbico. Tudo leva a crer que para tornar viável o projeto, as autoridades vão valer-se dos subsídios cruzados, ou seja, as tarifas de águas dos grandes centros urbanos que não receberão águas do Rio São Francisco deverão ser aumentadas para viabilizar o agronegócio. Nesse sentido, já foi divulgada na imprensa de Pernambuco a possibilidade de um aumento na tarifa da água da cidade do Recife – que não receberá água do Rio São Francisco – de cerca de 30% para a viabilização do projeto.

Finalmente, é oportuno comentar mais uma vez a participação do estado de Pernambuco no projeto de transposição quando em maio de 2005, o governo do estado encaminhou proposta ao Ministério da Integração para a sua participação no projeto, por entender que o estado não poderia servir apenas de passagem da água do Velho Chico, para beneficiar a Paraíba, o Rio Grande do Norte e o Ceará. Numa forma de tirar o melhor proveito possível das duas passagens da água no território pernambucano, sugeriu que o eixo norte do projeto fosse substituído pelo Canal do Sertão, alternativa que beneficiaria os melhores solos do estado (as autoridades pernambucanas estimam um benefício em uma área de cerca de 150 mil ha) e que o eixo leste fosse acrescido de um ramal (ramal do Agreste) na altura do município de Arcoverde, para possibilitar a chegada da água ao município de Gravatá, na Bacia do Rio Ipojuca.

Naquela ocasião, a resposta do Ministério da Integração diante do pleito pernambucano não foi muito animadora (apesar de ter prometido analisar as mudanças solicitadas, sempre deu como pouco provável a sua incorporação no atual projeto), tendo em vista o encarecimento em até 15% (R$ 675 milhões) do custo total da obra orçada em R$ 4,5 bilhões.

Ocorre que, diante da atual crise política e, portanto, com o quadro de incertezas existente no país, o Ministério da Integração enviou carta ao governo de Pernambuco aceitando não só as propostas iniciais do estado, mas confirmando, também, aquelas já em andamento pelo governo Federal, ou seja, o Estado de Pernambuco terá um terceiro eixo oeste (antigo Canal do Sertão) e as águas no eixo leste, no chamado ramal do Agreste, chegarão até o município de Pesqueira, encarecendo o projeto dessa feita em cerca de R$ 1 bilhão. Esses assuntos foram tratados na edição do *Diário de Pernambuco* do dia 30 de julho do corrente ano.

Ora, pelo fato de o governo federal ter, de uma hora para outra, atendido ao pleito de Pernambuco, entendemos esse fato como mera cena política. O governo está tentando capitalizar o apoio político do governador

Jarbas Vasconcelos com um projeto que está fadado ao fracasso. Lembramos que inicialmente havia relutância do Ministério da Integração em apoiar as reivindicações de Pernambuco e agora, diante do quadro político vigente, o mesmo ministério decide beneficiar o projeto a todo custo, inclusive com um orçamento maior.

Considerávamos, antes, que o principal empecilho era o custo, pois a substituição do eixo norte pelo Canal do Sertão e a extensão do ramal do Agreste até Gravatá, como proposto inicialmente, iria onerar a obra em torno de 15% em um projeto orçado em R$ 4,5 bilhões. Agora, falam em um custo de cerca de R$ 1 bilhão. O governo federal não tem dinheiro para isso. Para piorar o quadro, lembramos que a obra está embargada em suas atividades (não se pode retirar sequer uma pá de areia das margens do rio) pelo Superior Tribunal de Justiça – STJ, que manteve a liminar concedida pela Justiça Federal da Bahia, proibindo o início das obras por causa de pendências ambientais. O Tribunal de Contas da União – TCU também detectou possíveis irregularidades na licitação em curso.

Para complicar ainda mais a situação, o Nordeste brasileiro começará a enfrentar o risco da falta de energia elétrica já a partir de 2009. Essa assertiva foi prognosticada pela Operadora Nacional do Sistema Elétrico – ONS, em matéria publicada no *Diário de Pernambuco*, na edição do dia 03/09 corrente, na qual se afirmava que 9% dos dois mil cenários utilizados nas simulações feitas por aquela operadora apontam para um déficit de 1% da carga local, o que significa dizer que, naquele ano, a demanda de energia elétrica estará 87 MW médios acima da oferta da região. A matéria esclarece ainda que o nível considerado seguro pela ONS é o de um percentual abaixo de 5% nas simulações realizadas. Portanto, com a participação de Pernambuco e a nova estrutura físico-financeira imposta ao projeto, é possível prognosticar o agravamento da situação hidrológica do rio, inclusive com possibilidade de colapso nos fornecimentos volumétricos futuros.

No cenário acima descrito, a inclusão da proposta do governo de Pernambuco usando as águas de um rio que já não dispõe dos volumes mínimos necessários para o atendimento das demandas previstas no projeto original, somada ainda à ameaça real de faltar energia em 2009, é no mínimo um ato inconseqüente. Caso o governo federal venha a implementá-la da forma pretendida, causará o caos, pois estará deflagrando a espoleta do desmantelo, com enormes possibilidades de o Nordeste voltar a conviver com o fantasma dos feriadões, dos racionamentos e dos apagões. É viver para crer.

Por fim, preocupa-nos o desgaste político vivido pelo governo federal com a atual crise existente no país e atestado pelas pesquisas de opinião pública, o qual poderá resultar na possibilidade de o presidente Lula não vir a ser reconduzido ao comando da nação em 2007. Havendo essa possibilidade concreta, existirá um tempo extremamente exíguo (cerca de 1 ano) para a instalação da infra-estrutura do projeto necessária ao abastecimento dos estados receptores com águas do Rio São Francisco. Nesse sentido, o Estado de Pernambuco será o maior beneficiário do projeto, pois qualquer que seja a atividade realizada nesse período – construção de canais, aquedutos, represas, adutoras, etc. –, tudo estará, necessariamente, nos limites do território pernambucano.

Apesar da nossa indignação pelo tratamento inadequado dispensado pelas autoridades ao Velho Chico e diante de todas as evidências de que o projeto está sendo imposto goela abaixo da população nordestina, não deixamos de reconhecer, embora não a aprovemos, a matreirice política do governador de Pernambuco na condução das negociações junto ao governo federal.

Os condicionantes técnicos envolvendo o ambiente nordestino por si devem falar mais alto e esperamos que este projeto não se realize pelo bem do desenvolvimento sustentável do país.

Recife, 09 de novembro de 2005.

53 TRANSPOSIÇÃO DO RIO SÃO FRANCISCO: a mágica da multiplicação dos volumes

Não bastassem todos os problemas de escassez hídrica do Rio São Francisco, surpreendeu a notícia de que a escola de samba Mangueira, do Rio, recebeu R$ 500 mil da Secretaria de Cultura do Estado do Ceará para elaborar o enredo "Das águas do Velho Chico nasce um rio de esperança". A transposição virou carnaval.

O projeto de transposição do Rio São Francisco vem sendo discutido desde meados do século XIX. Durante todo esse período ele não tem prosperado devido a problemas políticos, financeiros e técnicos, sendo esses últimos, no nosso ponto de vista, os mais significativos deles. O fato é que, devido aos múltiplos usos aos quais está sendo submetido e a uma pobreza hídrica de grande monta que as autoridades teimam em não aceitar, o rio já está dando sinais claros de incapacidade na geração de energia (o São Francisco é responsável por cerca de 95% da energia que é gerada no Nordeste). A prova disso foi o racionamento ocorrido na região em 2001 e as previsões da Operadora Nacional do Sistema Elétrico Nacional (ONS) de que voltaremos a ter problemas de geração já a partir de 2009. Contra fatos, não há argumentos.

Sobre essas questões, o documento mais importante escrito sobre o Rio São Francisco nesses dois séculos de discussões foi, sem a menor sombra de dúvidas, o relatório que a Sociedade Brasileira para o Progresso da Ciência (SBPC) elaborou, resultante de uma reunião ocorrida no Recife em agosto de 2004 com os principais expoentes da hidrologia nacional. Nesse relatório, dentre outras questões, os volumes do São Francisco foram estudados em profundidade, demonstrando que o rio passa atualmente por dificuldades para atender a um projeto de tamanha magnitude. Consta no relatório que o Velho Chico tem uma vazão alocável (aquela permitida para usos consuntivos) de cerca de 360 m^3/s, dos quais 335 m^3/s já foram outorgados (desses efetivamente só estão sendo utilizados 91 m^3/s), ou seja, já há o direito adquirido de uso desse volume, restando, portanto, um saldo de apenas 25 m^3/s para o atendimento a um projeto que irá demandar uma vazão média de 65 m^3/s e uma vazão máxima de 127 m^3/s.

Sobre essas questões volumétricas contidas no documento da SBPC, tivemos a oportunidade de nos referir a elas no debate ocorrido com o ministro da Integração Nacional, Ciro Gomes, no Programa Roda Viva da TV Educativa, em São Paulo, no qual o senhor ministro tentou diminuir a sua importância, dizendo tratar-se da "reunião de um grupo de técnicos lá de Recife, não sendo, portanto, a SBPC nacional...". Com relação às outorgas, afirmou sua excelência: "quem mais as requereu foi o Ministério da Integração e, portanto, iria rever todas aquelas já concedidas em benefício do projeto de transposição". A esse respeito, sem querer desmerecer a autoridade e as boas intenções do ministro no exercício de suas funções, achamos que essas questões não são tão simples de serem tratadas. Em primeiro lugar, em se tratando de SBPC, não existe "o grupo de técnicos lá de Recife" conforme explicitado pelo ministro. A SBPC é uma instituição única e suas ações têm abrangência nacional, portanto, não procede essa tentativa de diminuir a importância do evento e do conteúdo de seu relatório. Em segundo lugar, podemos até acreditar na existência de pessoas que façam mau uso dos volumes outorgados do Rio São Francisco em benefício próprio. Mas acreditamos também, na existência de muita gente de bem que simplesmente tem escalonado, em parcelas, o uso dos volumes outorgados, de acordo com o planejado em seus projetos. Outorgas para uso em projetos com área de 200 ha, por exemplo, foram planejadas para serem executados em 04 parcelas de 50 ha cada uma. Uma vez implantada a primeira parcela de 50 ha, o que as autoridades estão pretendendo é renegociar os volumes outorgados das demais parcelas que ainda não foram utilizados, embora já tenham direito ao uso. Na prática isso não irá funcionar. As autoridades irão ter enormes dificuldades nesse tipo de negociação. Ora, existem exemplos de pessoas, na Bacia do Rio São Francisco, que usam a água para suas necessidades sem nunca terem solicitado outorga. Imaginem as dificuldades que irão ter as autoridades ao tentarem convencer um cidadão que detêm o documento oficial de outorga, emitido pela Agência Nacional das Águas (ANA), a abrir mão desse direito... Seguramente, ele não irá aceitar as propostas oriundas dessas negociações, principalmente ao saber que esses volumes, agora, estarão sendo redirecionados para outros fins, inclusive para o projeto de transposição. Caso isso venha a ser tentado, costumamos dizer aqui no Nordeste que estarão "metendo a mão em caixa com marimbondos".

Com a recente outorga concedida pela ANA, de 26,4 m^3/s ao projeto de transposição, o rio passou a não contar mais com o saldo volumétrico para outros fins e caso o projeto venha a ser implementado, a área irrigável potencialmente existente não poderá ser expandida por deficiência volumétrica no rio.

Diante dessa constatação, preocupa-nos o fato da existência de projetos no Semi-árido nordestino que demandam volumes expressivos de água e que, no nosso modo de entender, não poderiam ter sido aprovados nessa região (referimo-nos, por exemplo, às indústrias têxteis e fazendas de criação de camarões "carcinicultura", sabidamente vorazes consumidores de água). Tais ações têm ocorrido com relativa freqüência nas regiões secas dos estados receptores das águas do Velho Chico (Paraíba, Rio Grande do Norte e Ceará) e foram lucidamente criticadas por Soraya Vanini, do Instituto Terramar, de Fortaleza (CE), por causarem, usualmente, danos irreversíveis ao ambiente natural daquelas regiões.

No Rio Grande do Norte, segundo informações de João Abner, doutor em recursos hídricos e professor da UFRN, existem cerca de 10 mil ha com projetos de carcinicultura, os quais chegam a demandar cerca de 8 m^3/s. Mesmo com essa demanda expressiva, o estado só irá receber do projeto de transposição um volume equivalente a 1,8 m^3/s. No Ceará, estado que irá receber cerca de 8 m^3/s do projeto de transposição, o fato não é diferente. Segundo informações existentes nos anais do XIII Simpósio Brasileiro de Aqüicultura ocorrido em Fortaleza, no trabalho "Avaliação da demanda hídrica da carcinicultura em águas interiores", de Maria Cléa Brito de Figueiredo e colaboradores, há a afirmação de que, entre as barragens Castanhão e Itaiçaba daquele estado, existe um consumo de água, na cultura de camarões, de cerca de 58.874 m^3/ha. A fim de mostrar que essa atividade consome água em demasia, é feita, no trabalho, uma comparação com o consumo de água na cultura de arroz no estado (o arroz é uma das culturas que mais consomem água), a qual chega a atingir um volume de 33.000 m^3/ha.

Com relação às indústrias têxteis, existem exemplos, em Campina Grande, na Paraíba, de algumas que, se ainda não fecharam suas portas por falta de água, estão com enormes dificuldades de se manterem competitivas no mercado regional.

Todos esses exemplos aqui citados são a cara do nosso país. No Brasil é costume, em primeiro lugar, criarem-se os problemas para, em seguida, ir-se atrás das benesses. É exatamente o que está ocorrendo com o projeto da transposição. Primeiro é importante que as demandas hídricas sejam criadas em uma região de difícil acesso ao precioso líquido para, depois, ir-se atrás das águas do Velho Chico, a 500 km de distância do local do consumo e a um custo exorbitante.

É inimaginável que se possam aprovar, em regiões problemáticas em termos de acesso a água, projetos demandantes de volumes tão expressivos. Os Estudos e os Relatórios de Impactos Ambientais (EIA/RIMA) existem exatamente para coibir esse tipo de situação. No Nordeste seco, só Deus sabe as circunstâncias como eles são aprovados. O grave é que, aliadas aos grandes irrigantes, essas instituições são as que mais têm pressionado as autoridades para implementação, a todo custo, do projeto da transposição. Se já houve na história da humanidade o milagre da multiplicação dos pães, no caso do projeto da transposição do Rio São Francisco, as autoridades terão que, necessariamente, valer-se da mágica da multiplicação de suas águas para o atendimento das demandas futuras.

De fato, o que na realidade existe no Nordeste semi-árido é uma grande desinformação com relação as questões do seu ambiente natural, e o que é pior, estão deliberando as questões em cima dessa desinformação. Isso só nos faz lembrar uma conversa rápida que tivemos recentemente, em Brasília, com Lynaldo Cavalcanti, ex-presidente do CNPq, em que este afirmava que, para o seu desenvolvimento, o Nordeste carecia não de uma transposição de águas do Rio São Francisco, mas de uma transposição de conhecimentos.

Finalmente, não bastassem todos esses problemas de escassez hídrica do Rio São Francisco, fomos pegos de surpresa com a notícia divulgada pelo jornal *O Globo*, em sua edição do dia 22 de janeiro, de que a escola de samba Mangueira, do Rio de Janeiro, recebeu da Secretaria de Cultura do Estado do Ceará cerca de R$ 500.000,00 (quinhentos mil reais) para elaborar o samba enredo daquela agremiação carnavalesca, enfocando o tema "Das águas do Velho Chico nasce um rio de esperança". Isso é um verdadeiro absurdo que revela a forma desvairada encontrada pelas autoridades para aplicação de recursos públicos em ações de entretenimento na Marquês de Sapucaí. Não obstante tratar-se de um projeto embargado judicialmente por causa dos impactos causados ao ambiente natural por onde corre o rio, as questões aqui mencionadas passaram a se tornar folclore no nosso país. No Brasil de hoje, o mês de fevereiro, as escolas de samba, a Marquês de Sapucaí e, agora, a transposição do Rio São Francisco, tudo passou a ser sinônimo de carnaval.

Recife, 06 de fevereiro de 2006.

54 CANECO DE OURO

O projeto de transposição do Rio São Francisco, que apresenta uma proporção custo/benefício descabida, irá beneficiar apenas o grande capital – responsável pelo sucesso eleitoral da maioria dos políticos no Parlamento.

Na gestão do presidente Fernando Henrique Cardoso, as questões do Velho Chico foram tratadas de modo singular. Até prova em contrário, o total desconhecimento do ambiente natural por onde corre o rio foi uma constante em seu governo, a ponto de sua excelência ter dado início a um programa que chamou de *Compromisso pela vida do Rio São Francisco*. Junto com uma comitiva de políticos, foi à nascente do rio, tomou um pouco de sua água e transmitiu mensagem de apoio à transposição dizendo que "o Rio São Francisco é generoso e não há de secar porque os estados nordestinos pegam um pouquinho de água aqui e ali".

Essa frase de FHC ficou marcada na história do Brasil como exemplo de total dissonância de seu governo com a realidade hídrica do Nordeste e com as expectativas de seu povo ao acesso a água. Na seqüência de tudo isso, alguns meses após o seu pronunciamento e motivado por períodos secos na Bacia do São Francisco, o rio correu com menor volume de água, a ponto de as autoridades serem obrigadas a proceder ao indispensável racionamento de energia, iniciando-se, naquele momento, a mais séria crise energética da história nordestina.

O governo Lula está nos parecendo semelhante ao de FHC nas questões sanfranciscanas. Inicialmente, em campanha, sua excelência começou a agir de forma sensata, alertando o povo nordestino sobre a necessidade de se debater com mais profundidade o projeto de transposição, por entender que o mesmo apresentava-se polêmico e, portanto, merecedor de maiores discussões junto a sociedade, para se chegar a um denominador comum. Aliás, as discussões constituíam as principais bandeiras de luta na campanha presidencial de Lula. Quem não lembra da discussão acalorada havida entre Lula e o candidato Anthony Garotinho, quando o assunto da transposição veio à baila? Garotinho defendia a execução do projeto a todo custo, enquanto Lula sustentava a necessidade de debatê-lo com mais prudência. Diante disso, ficamos animados com aquela posição do então candidato Lula sobre a forma de tratamento dispensada, tanto ao projeto da transposição, como à hidrologia do Nordeste como um todo.

O que aconteceu depois de Lula eleito? Segundo expressão do próprio presidente, ele iria fazer a transposição a todo custo, "nem que fosse com uma lata d'água na cabeça", alegando não poder negar um "caneco d'água" a quem tem sede.

Ora, o foco da questão do abastecimento do Nordeste não pode restringir-se, única e exclusivamente, ao acesso às águas do Rio São Francisco, para a solução dos problemas da sua população, como bem o atesta a Sociedade Brasileira para o Progresso da Ciência (SBPC). Diante do potencial hídrico existente na região, os técnicos da SBPC recomendaram, em reunião no Recife, em agosto de 2004, que se procedesse à construção de uma infra-estrutura hidráulica capaz de atender às necessidades da população, partindo-se das bacias dos estados que seriam receptores das águas do Rio São Francisco (Ceará, Rio Grande do Norte e Paraíba), para as bacias dos estados exportadores (Alagoas, Sergipe, Bahia e Minas Gerais), isto é, de jusante para montante, priorizando-se o acesso às águas das represas, dos poços, cisternas rurais, barragens subterrâneas, etc., fontes estas detentoras de volumes capazes de suprir, até com certa folga, as necessidades diárias da população nordestina, bastando, para tanto, proceder-se ao indispensável gerenciamento desses recursos.

Sobre esse assunto, tivemos acesso, recentemente, a um relatório elaborado em 1995, pela Funcate (http://www.funcate.org.br/) – órgão credenciado pelo MEC e MCT como instituição de apoio às organizações governamentais de pesquisa e desenvolvimento –, sobre as questões hídricas do Nordeste, no qual é afirmado, categoricamente, que não há déficit na região que venha a impedir ou mesmo comprometer o abastecimento humano e que, diante do potencial hídrico existente, a transposição do Rio São Francisco constitui-se numa obra desnecessária.

Não podia ser diferente. Em conversa recente que mantivemos, sobre as questões hídricas nordestinas, com Apolo Heringer Lisboa, coordenador do Projeto Manuelzão – projeto que visa a revitalização do Rio das Velhas (MG) –, chegamos a conclusão de que, diante do expressivo volume d'água existente nos estados da região, com potencial estimado de cerca de 37 bilhões de m^3, o que se pretende bombear do Rio São Francisco, através do projeto de transposição (cerca de 400 milhões de m^3/ano), representa apenas cerca de 1% daquele potencial instalado.

Esta afirmação se torna mais preocupante ainda se compararmos os volumes pretendidos pelo projeto de transposição (os 400 milhões de m^3/ano) ao potencial volumétrico existente na rede dos principais açudes do Nordeste Setentrional (cerca de 11,48 bilhões de m^3). Nesse caso, os volumes a serem transpostos pelo projeto correspondem a apenas 3,5% desse potencial volumétrico.

Para efeito dos cálculos nessas análises, levou-se em consideração o volume outorgado ao projeto pela Agência Nacional de Águas (ANA) de 26,4 m^3/s; os bombeamentos contínuos durante 9 meses ao ano (essa redução do tempo de bombeamento baseou-se nos problemas que sempre ocorrem, advindos de manutenção, defeitos nos equipamentos, falta de energia e outros imprevistos) e as perdas volumétricas de água, da ordem de 35%, ao longo do trajeto dos canais, devido, principalmente, à evaporação e as infiltrações inevitáveis. Além do mais, considerou-se pertencentes à malha de barramentos, os Açudes Chapéu (PE), Entremontes (PE), Castanhão (CE) Engenheiro Ávidos (PB), Pau-dos-Ferros (RN), Santa Cruz (RN), Armando Ribeiro Gonçalves (RN), Poço da Cruz (PE) e Boqueirão (PB), com o potencial volumétrico de 11,48 bilhões de m^3, já mencionados e para os quais está previsto o abastecimento com as águas do Rio São Francisco.

São esses percentuais irrisórios de 1% e 3,5%, dos volumes já existentes na região, que se pretendem transferir do rio São Francisco, a um custo de R$ 4,5 bilhões de reais, para o abastecimento de 12 milhões de pessoas no Semi-árido nordestino. Além de uma proporção custo/benefício descabida, em que as águas serão transportadas em "caneco de ouro", não existe a mínima garantia de que esses volumes cheguem às populações difusas da região semi-árida, aquelas realmente mais necessitadas. Seguramente, essas populações – que estão representadas, na sua grande maioria, por produtores de baixa renda; que vêm sendo socorridas por frotas de caminhões-pipa e por programas assistencialistas do governo e que são as que realmente precisam do acesso ao precioso líquido para sobreviverem – essas não verão a cor das águas do Rio São Francisco. O verdadeiro beneficiário de suas águas será o empresariado do grande capital (o irrigante, o criador de camarões, o cultivador de flores tropicais e os empreiteiros), aquele que representa a fonte maior de votos no Nordeste e que, não raro, é o verdadeiro responsável pelo sucesso eleitoral da maioria dos políticos ora em cena no Parlamento. É essa a verdadeira realidade nordestina, perante a qual a região está sucumbindo e, na nossa ótica, é onde se engendra a verdadeira indústria da seca.

Recife, 12 de maio de 2006.

A PROPÓSITO DO *LOBBY* DA TRANSPOSIÇÃO DO RIO SÃO FRANCISCO

55

Das assessorias técnicas, passando pelo pessoal do corpo a corpo no Congresso Nacional até os que militam nos meios de comunicação, o lobby pela transposição atua em prol de um projeto que não beneficiará a população carente do Nordeste.

Quem primeiro denunciou a existência de um *lobby* envolvendo as questões do projeto de transposição do Rio São Francisco foi João Abner Guimarães Jr., doutor em recursos hídricos da Universidade Federal do Rio Grande do Norte. Segundo ele, a falta de isenção do governo federal em relação à transposição do São Francisco revelou a existência de uma decisão política tomada nessa direção, a qual facilitou a atuação de um poderoso esquema infiltrado na máquina do Estado defendendo a manutenção da velha política de grandes obras hidráulicas para o Nordeste, a verdadeira "indústria da seca" na região. Para Abner, a proposta absurda de se transporem as águas do Velho Chico, conforme idealizada pelo governo federal, transformou o projeto, anteriormente já considerado inviável, num dos maiores "elefantes brancos" da história do Brasil, principalmente quando se constata que os estados receptores possuem reservas hídricas mais do que suficientes para abastecer as demandas de consumo de suas populações.

Posteriormente às análises de João Abner, o jornalista da USP Marco Antônio T. Coelho, ao escrever o livro *Os Descaminhos do São Francisco*, além de confirmar a existência do *lobby*, nominou seus personagens, detalhando suas formas de atuação. Segundo consta na obra de Coelho, o *lobby* se desdobra em três frentes, com pessoal qualificado para o exercício de funções bem definidas. Segundo ele, em primeiro lugar, se estabelece uma assessoria técnica para redigir estudos, pareceres e discursos, e também participar de reuniões e encontros técnicos sobre o tema. Tais assessores já vêm atuando há muitos anos, com o apoio do Ministério da Integração Nacional que contrata empresas de consultoria para realizar ou intermediar estudos, como é o caso da Fundação de Ciência, Aplicações e Tecnologia Espaciais, a Funcate. Entre as empresas que elaboram pareceres, quase sempre estão a VBA Consultores e os consórcios internacionais Engecorps-Harza e Jaako Pöyry-Tahal.

Em segundo lugar, o *lobby* conta com pessoas dedicadas ao "corpo a corpo" nos bastidores da administração federal e no Congresso Nacional. Nesse aspecto, desempenharam funções relevantes alguns políticos que se comprometeram com a realização do projeto, como foi o caso de Aluízio Alves (ex-ministro recentemente falecido), Fernando Bezerra, senador pelo Rio Grande do Norte e Marcondes Gadelha, deputado federal pela Paraíba.

Em terceiro lugar, nas fileiras do *lobby* existem pessoas que militam nos meios de comunicação, colocando artigos na imprensa, sugerindo pautas e aliciando jornalistas para trabalharem em favor do projeto da transposição.

Ações concretas do *lobby* foram postas em prática desde a época de Mário Andreazza, em 1983, quando este disputava a sua indicação como candidato à Presidência da República. Andreazza defendia um projeto que sugeria desviar 15% da vazão do São Francisco para o Jaguaribe. Com a derrota de Andreazza, por Paulo Maluf, na convenção da Arena, o projeto não prosperou. Dez anos depois, em 1993, no governo de Itamar Franco, Aluízio Alves, então ministro da Integração Nacional reabriu a discussão propondo a construção de um canal em Cabrobó (PE), para retirar do Rio São Francisco 150 m^3/s, com o propósito de beneficiar áreas do Ceará e Rio Grande do Norte. Essa versão do projeto foi aniquilada por um parecer do Tribunal de Contas da União mostrando que o mesmo não fazia parte do planejamento da administração federal e era ignorado pelo Ministério da Agricultura.

Nova ofensiva do *lobby* se deu no primeiro mandato de Fernando Henrique Cardoso, com os paraibanos Fernando Catão e Cícero Lucena, quando ocuparam sucessivamente a Secretaria Especial de Políticas Regionais. Eles redesenharam o projeto de Aluízio Alves e nele incluíram mais um eixo transpositório – o eixo leste – para beneficiar áreas da Paraíba. Contudo, como estava prevista a sua realização num prazo de 25 a 30 anos e seu custo seria de 20 bilhões de reais, esse plano mirabolante foi engavetado.

Outro capítulo desse seriado, segundo consta na obra de Coelho, aconteceu em 2000, portanto, no início do segundo mandato de FHC, através de proposta defendida pelo ex-ministro da Integração Nacional, Fernando Bezerra, e apresentada formalmente pelo titular da pasta, o senador

Ney Suassuna. Em 2002, mesmo tratando-se de um projeto de menores dimensões, pois se previa a retirada de 99 m^3/s do rio, o ministro do Meio Ambiente, José Carlos Carvalho, convenceu o presidente FHC a mandar arquivar o projeto por considerá-lo um equívoco monumental.

Na era Lula, Coelho menciona a controvertida proposta do governo federal, que veio a se chocar de frente com o pensamento dos especialistas do Partido dos Trabalhadores – que entendiam, de princípio, "ser inviável o apoio ao projeto do governo federal de transposição das águas do Rio São Francisco para o Semi-árido do Nordeste Setentrional" – e dos ambientalistas, que sempre se mostraram contrários a transposição das águas do Velho Chico.

Sob a responsabilidade do então ministro Ciro Gomes e diante da existência de novos fatos marcantes da vida nacional, a condução do projeto se deu em um quadro político diferente daquele que prevalecia no governo FHC. Referimo-nos à ampliação da consciência nacional a respeito das questões ambientais; a aprovação e aplicação de alguns textos legais que instituíram a Política Nacional de Recursos Hídricos; o desenvolvimento de inúmeras atividades empresariais que utilizam o agronegócio com fins desenvolvimentistas; a multiplicação de iniciativas sociais em defesa da vida do Rio São Francisco e a organização do Comitê da sua bacia hidrográfica.

Em razão desse aparato de fatores, o *lobby* viu-se diante de uma situação que o obrigou a fazer algumas mudanças em sua política de atuação, com o propósito de tentar diminuir as pressões impostas ao projeto defendido por Ciro Gomes, e sua principal concessão recaiu na tese da revitalização da Bacia do São Francisco. Esse adendo, segundo Coelho, foi introduzido no corpo do projeto como mero penduricalho, associado a uma enorme desproporção orçamentária quando comparado ao projeto inicial. Enquanto para o projeto de transposição destinou-se cerca de um bilhão de reais, para o projeto da revitalização apenas 100 milhões. Portanto, dez vezes menos.

O fato concreto é que, desde a era Andreazza, o governo tenta corrigir os erros e abusos evidentes no projeto, afirmando estar levando em conta "críticas pertinentes", quando, na realidade, a concepção e os fundamentos do projeto nunca foram alterados: continuou-se a sua defesa com o traçado original dos canais (eixo norte e agora o eixo leste), permaneceu o uso múltiplo das águas do rio, em sua maior parte para o agronegócio; não se levou em consideração a realidade hídrica do Nordeste – principalmente o potencial instalado nas principais represas da região – e o custo faraônico da obra.

Por fim, é notória nesse relato, a prevalência da vontade política sobre as possibilidades técnicas de se realizarem as ações desenvolvimentistas da região (fato com o qual não concordamos). Cremos que ainda há tempo de se conduzir uma política de abastecimento do povo nordestino que leve em conta, principalmente, a capacidade técnica e a realidade hídrica existentes.

Recife, 02 de junho de 2006.

TRANSPOSIÇÃO DO RIO SÃO FRANCISCO: um projeto desnecessário

56

Projeto apresentado pelo governo federal desconsidera potencial hídrico da região, que poderia ser melhor distribuído, e ignora volume de água do Velho Chico utilizado na geração de energia elétrica.

Em maio do corrente ano, publicamos um texto na internet intitulado Caneco de Ouro, no qual fizemos alusão às potencialidades hídricas existentes no Semi-árido brasileiro para o abastecimento de sua população, mostrando, claramente, que o projeto de transposição do Rio São Francisco, da forma pela qual foi apresentado à sociedade pelo governo federal, era desnecessário. Mostramos que a água no Semi-árido existe, e até de forma abundante, faltando, apenas, uma política adequada de distribuição desse recurso natural para satisfação das necessidades da população.

No texto, comparamos o expressivo potencial volumétrico existente nos estados que seriam beneficiados pela transposição (estimado em cerca de 37 bilhões de m^3) ao volume pretendido pelo projeto, de cerca de 400 milhões de m^3/ano, chegando à conclusão de que esse volume representa, apenas, cerca de 1% do referido potencial. Ainda no texto, comparamos os 400 milhões de m^3/ano ao potencial volumétrico, de cerca de 11,48 bilhões de m^3, da rede dos principais açudes do Nordeste Setentrional que será abastecida pelo projeto de transposição, chegando à conclusão de que esse volume corresponde a cerca de 3,5% desse potencial. O texto mostrou ainda que o projeto evidencia um custo/benefício desprezível, se considerado o número reduzido de pessoas a ser beneficiado, além de ser um projeto desnecessário, por desconsiderar a existência de volumes d'água localmente expressivos para o atendimento das necessidades de toda população. O que seria mais viável tratando técnica e economicamente a questão: estabelecer uma política coerente de uso das águas que já existem, ou transpor as águas do Rio São Francisco de cerca de 500 km do local do consumo? Na nossa ótica, a primeira alternativa é mais sensata.

Em meio a nossos estudos, mantivemos contato com Roberto Malvezzi, o Gogó (Coordenador Nacional da Comissão Pastoral da Terra – CPT), que se mostrou interessado em obter informações sobre o regime de enchimento da Represa de Sobradinho (responsável pela regularização da vazão média do Velho Chico), com vistas a subsidiá-lo em debate de que iria participar com o ex-ministro da Integração, Ciro Gomes, sobre as questões do projeto de transposição.

Diante das informações que lhe foram prestadas, Gogó procedeu a uma observação por demais pertinente sobre os volumes do Rio São Francisco que já estão sendo repassados ao Nordeste Setentrional. Referimo-nos àqueles volumes turbinados pelas usinas geradoras no complexo da Chesf e transferidos aos seus usuários em forma de energia elétrica. Segundo suas ponderações, a Chesf é usuária de uma vazão outorgada, no São Francisco, da ordem de 1.500 m^3/s, suficiente para gerar e atender grande parte da demanda de energia elétrica nordestina. Cerca de 1/3 dos 1.500 m^3/s, ou 500 m^3/s, são utilizados na geração e no atendimento da demanda energética da sua região Setentrional. Esses 500 m^3/s, segundo Gogó, equivalem, respeitando o contingente populacional da região semi-árida, ao fornecimento médio de 750 m^3/pessoa/ano, volume nada inexpressivo, se comparado ao discurso de que a região está desabastecida e, portanto, necessitada das águas do Rio São Francisco para a promoção do seu desenvolvimento. Com esses números, Gogó mostrou que, apesar de o rio estar dando sinais de debilidade hídrica para o atendimento aos diversos usos ao qual é submetido, já estão sendo transferidos, para o atendimento das necessidades da população que habita a parte setentrional do Nordeste, volumes significativos, embora traduzidos em geração de eletricidade. Gogó ressalta, por outro lado, que o único raciocínio das autoridades encarregadas do projeto se materializa no aproveitamento das águas do Rio São Francisco que, segundo elas, estão se "perdendo" para o mar. Seria a hora de se fazer uma análise correta da realidade e tomar as medidas necessárias de acordo com o bom senso, incluindo aí o uso das águas que já existem na região. Porém, essa atitude é difícil de ser compreendida e concretizada pela elite dirigente do país, que vê a lâmpada e o interruptor, mas não consegue estabelecer a conexão entres ambos.

Na nossa ótica, a visão de "perda" de água para o mar é por demais simplista e revela total desconhecimento quando do tratamento da coisa pública, principalmente quando o palco das discussões é o ambiente natural nordestino. As águas dos rios não se "perdem", pura e simplesmente, para o mar. Elas têm a função específica de possibilitar a existência da vida nos seus estuários, e de promover a manutenção do equilíbrio ecológico tão necessário ao meio ambiente.

Recife, 28 de junho de 2006.

O SANTO JEJUM DO BISPO 57

Greve de fome de Dom Luiz, bispo de Barra (BA), garantiu que alternativas propostas pela sociedade civil possam ser discutidas com o governo. E que projeto de transposição do São Francisco não seja implantado às pressas.

No Brasil é muito comum a realização de mega-projetos sem a participação da opinião pública. Esse fato ficou bem evidenciado quando da divulgação, pelo governo federal, do projeto de integração da Bacia do Rio São Francisco com as bacias do Nordeste Setentrional, mais conhecido como de transposição do rio São Francisco. Muitas vezes, as ações de desenvolvimento são comunicadas pelas autoridades quando já estão implantadas e postas em funcionamento.

No caso específico da transposição, contam-se nos dedos as instituições e os grupos de pesquisadores que vêm trabalhando no sentido de alertar as autoridades sobre as arbitrariedades que estão sendo cometidas e as deficiências e falhas do projeto, com o propósito de mostrar que, da forma como foi apresentado à sociedade, o mesmo não é necessário, tendo em vista a existência de caminhos alternativos de convívio com a seca e possibilidades concretas de se proceder ao abastecimento das populações, mediante o uso das águas que já existem na região.

Entre os grupos que resistem à imposição das ações do governo no tocante ao projeto, destacamos aqui o Fórum Permanente de Defesa do Rio São Francisco da Bahia, cujos integrantes são representados, na sua grande maioria, por organizações não-governamentais ligadas à defesa do meio ambiente. Participa desse grupo o Ministério Público Estadual da Bahia, principal responsável pelo embargo judicial ao projeto, ora verificado na esfera federal.

Relacionamos, ainda, entre esses grupos, o Comitê da Bacia Hidrográfica do Rio São Francisco, presidido por José Carlos Carvalho, cujas ações vêm sendo conduzidas no sentido da priorização do uso das águas da transposição para consumo humano e dessedentação animal, em caso de escassez comprovada, e a Comissão Pastoral da Terra, coordenada nacionalmente por Roberto Malvezzi, o Gogó, que vem se esmerando no sentido de socializar as informações sobre as alternativas de convívio do homem nordestino com as secas seculares que ocorrem na região, principalmente na parte semi-árida da Bacia Hidrográfica do Rio São Francisco.

Referimo-nos, também, a pesquisadores e técnicos – aqui nos incluímos – que, muitas vezes, e de forma isolada, têm dado importante contribuição para o esclarecimento da opinião pública acerca do projeto, dando merecido destaque a João Abner Guimarães Jr., doutor em recursos hídricos e professor da Universidade Federal do Rio Grande do Norte, cujas ações têm reforçado o embasamento das teses em defesa da vida do Velho Chico e ajudado na solução do abastecimento das populações residentes no Nordeste Setentrional.

Diante da posição assumida pelas autoridades ligadas ao projeto, que normalmente utilizam a máquina governamental para obterem sucesso em suas ações, comparadas a verdadeiro rolo compressor, a atuação dos grupos acima referidos tem sido constantemente sufocada.

Percebendo esse desequilíbrio de ações onde, de um lado, está a imposição das autoridades na realização do projeto e, de outro, a tênue resistência das instituições ambientalistas, com visível inclinação do fiel da balança para o lado do governo, o bispo de Barra (BA), Dom Luiz Flávio Cappio, entrou em cena com um santo jejum, exigindo das autoridades a suspensão imediata do projeto e o estabelecimento de "Um Plano de Desenvolvimento Sustentável para o Semi-árido", em novas bases de negociações, com vistas ao enfrentamento das secas que normalmente ocorrem na região.

Através de seu ato extremado, o religioso conseguiu interferir nas proposições do governo, mostrando a necessidade e a importância de se proceder ao diálogo, cujas conseqüências foram traduzidas na interrupção imediata das ações do projeto de transposição, na abertura de uma agenda para discussão de alternativas de convívio do nordestino com as secas e na priorização das ações de revitalização da Bacia do Rio São Francisco. Seria um ato insensato do governo entrar em rota de colisão com a igreja diante do atual cenário da política nacional e o resultado de tudo isso foi a mudança significativa do jogo político, mudança para melhor, diga-se de passagem. Ponto para o governo Lula.

Não imaginávamos, em hipótese alguma, que em curto espaço de tempo iríamos percorrer diversas regiões do país debatendo o projeto, levando nossas idéias à esfera governamental e principalmente interagindo com diversos ministérios. Nesse sentido, fomos convidados a participar de um evento em Brasília – ao pé do poder –, com o objetivo de debater a sustentabilidade da região semi-árida, a transposição e a revitalização do Rio São Francisco. Escalado para fazer uma complementação na conferência de Otamar de Carvalho, conhecido técnico ligado às causas nordestinas, limitamo-nos, pelo tempo que nos foi concedido, a tecer breves comentários sobre o bioma da caatinga, principalmente no que diz respeito ao trabalho de manejo sustentável com fins energéticos; sobre a pecuária de grandes ruminantes e de dupla função (carne e laticínios), oriunda dos desertos da Índia e do Paquistão; sobre o melhoramento genético de pequenos ruminantes, através do resgate das raças nordestinas com as homólogas européias, com exemplos nos trabalhos realizados por Manelito Dantas Vilar, na fazenda Carnaúba, em Taperoá (PB), que, segundo a ótica de Ariano Suassuna, são analogias e referências ao povo brasileiro, na sua síntese entre brancos europeus, negros africanos e índios brasileiros; sobre a questão das forragens fornecidas aos animais, notadamente através da cultura da palma com seus recentes ganhos em produtividade; sobre as questões hídricas, mediante o aproveitamento das águas existentes na região e sobre a política creditícia diferenciada para o Nordeste, com previsão da quitação dos empréstimos com o que é produzido na propriedade.

Nada disso teria sido possível se Dom Luiz não tivesse realizado o seu jejum. O Nordeste brasileiro tem uma dívida de honra para com esse religioso, que não mediu esforços para encontrar o caminho mais adequado para a solução dos nossos problemas. Ficamos na torcida para que o caminho do entendimento ora encontrado seja calcado no bom-senso, e que se perpetue ao longo do tempo, principalmente quando o objetivo das discussões seja o nosso desenvolvimento.

Recife, 12 de julho de 2006.

58 A GERAÇÃO DE ENERGIA NO BRASIL: já vimos esse filme antes

Urge a necessidade de se criarem novas fontes de energia elétrica. Falta de chuvas no Sul e previsão de seca no Nordeste indicam que já se passou do momento de não depender apenas de São Pedro para gerar eletricidade.

Em junho de 2001, editamos um artigo na internet intitulado "Racionamento: o preço da irresponsabilidade", com citações a vários outros textos de nossa autoria sobre esse tema, o qual consideramos o prenúncio do apagão ocorrido naquele ano. Nele, entre outros assuntos, comentamos as questões da interligação do sistema elétrico nacional, na qual uma usina hidrelétrica localizada no Nordeste, por exemplo, pode transferir energia para a região Sudeste e vice-versa. Além do mais, comentamos a informação do Ministério de Minas e Energia, o qual, em nota, afirmava que, naquele ano, "a situação do abastecimento energético do Nordeste também melhorou em razão da ocorrência das chuvas no Centro-Oeste, Sul e Sudeste. Com a melhoria da capacidade de geração dessas regiões, o Nordeste suspendeu o envio de energia para o abastecimento de estados do Sudeste, poupando água para aumentar o nível dos reservatórios das usinas da Chesf". Na nossa ótica, essa energia, enviada até setembro de 2000 pelo sistema Chesf à região Sudeste, fez muita falta ao Nordeste, contribuindo sobremaneira para a instalação da mais séria crise energética vivenciada na nossa história.

Para nós fica muito clara nesse relato a desconsideração, pelas autoridades, da existência de fenômenos naturais que têm importância significativa na tomada de decisões, principalmente quando o assunto se refere aos múltiplos usos das águas de um rio ou às transferências de energia entre diversas regiões do país. Referimo-nos aos fenômenos El Niño e as secas que costumeiramente ocorrem no Nordeste e, em especial, na Bacia do Rio São Francisco, fenômenos esses que têm agravado significativamente a situação energética da região, principalmente no tocante ao desempenho de sua matriz energética, a qual é calcada, prioritariamente, na geração hidrelétrica. Nesse sentido, basta haver um descompasso na caída das chuvas em algumas regiões do país, como aquele ocorrido em 2001, para o sistema entrar em colapso. Portanto, urge a necessidade de se envidar esforços no sentido de se reavaliar a estrutura dessa matriz, em âmbito nacional, ampliando-a, através do estabelecimento de políticas capazes de promover a geração de energia com outras fontes energéticas, evitando-se, com isso, esperar a ajuda de São Pedro com a caída das chuvas providenciais, conforme costumeiramente vem ocorrendo, na promoção do nosso desenvolvimento.

Recentemente, através do noticiário televisivo, fomos informados de que a região Sul do país passa por período de seca, com fracas ocorrências pluviométricas que resultaram em baixos níveis de acumulação nos reservatórios de suas hidrelétricas – comentam-se níveis de acumulação de cerca de 35%, apenas –, inclusive havendo necessidade de se proceder à remessa, para aquela região, de energia oriunda de outros centros geradores do país.

Com o sistema elétrico nacional interligado e com os volumes dos reservatórios das hidrelétricas nordestinas apresentando cerca de 84% de acumulação, o Nordeste brasileiro poderá vir a dar, novamente, sua parcela de contribuição à região Sul do país, enviando significativo volume de energia gerado pelo sistema Chesf.

A nossa preocupação maior, no entanto, prende-se ao fato de haver uma previsão, pelos meteorologistas nordestinos, do início de um novo ciclo seco na região, com seu término compreendido entre 2009 e 2010. Portanto, já estamos nele inseridos. A vontade política de se querer transferir energia ou mesmo usar as águas do Rio São Francisco para outros fins – o Rio São Francisco é responsável por mais de 95% da energia gerada na região –, remete-nos à necessidade de considerar as conseqüências causadas pela ação desses fenômenos, quando do tratamento dessas questões, sob pena de voltarmos ao quadro preocupante que se abateu sobre o país no ano de 2001. É viver para crer. Mas o fato é que, infelizmente, o nosso desenvolvimento ainda está a mercê da ação dos fenômenos naturais que ocorrem com relativa freqüência no Brasil.

Imaginem os senhores leitores se, além da existência desse ciclo seco, tivermos a ocorrência concomitante do fenômeno El Niño, com as conhecidas mazelas trazidas ao nosso clima, juntamente com o que foi levantado nos estudos realizados pela Operadora Nacional do Sistema Elétrico (ONS), os quais demonstram que a oferta de energia no Nordeste, em 2009, estará abaixo da sua demanda, ou seja, irá faltar energia novamente na região daqui a três anos. Seria a instalação do caos.

Diante dos fatos aqui relatados, somos tentados a dizer que já vimos esse filme antes. É possível que esse relato seja prenúncio de algumas cenas do próximo espetáculo, com um agravante: em 2001, o ex-presidente Fernando Henrique Cardoso, diante de um quadro desolador de falta de energia elétrica no país, comunicou à nação que fora pego de surpresa. O presidente Lula não poderá portar-se da mesma forma que seu antecessor, tendo em vista já ter comunicado à nação que os apagões eram páginas viradas na história do nosso país.

Só nos resta ficar na torcida para que as autoridades decidam essas questões com a clareza, a prudência e a rapidez que o caso requer, levando em consideração o tratamento adequado das condicionantes aqui mencionadas. Somente assim não seremos tentados a nos valer novamente dos céus para a promoção do nosso desenvolvimento. São Pedro poderá estar ocupado no tratamento de outras questões mais urgentes.

Recife, 21 de julho de 2006.

AS QUESTÕES DO RIO SÃO FRANCISCO EM NOVAS BASES DE NEGOCIAÇÕES

59

Temos hoje possibilidade de abrir uma agenda para tratar da convivência digna do homem com o semi-árido nordestino. Uma ótima oportunidade de o presidente Lula passar para a história do país como o presidente que voltou seu olhar para essa região.

No primeiro mandato do presidente Lula, a transposição do Rio São Francisco passou por três momentos singulares: o embargo da obra, causado por ação civil pública impetrada pelo Ministério Público da Bahia; a greve de fome do bispo de Barra (BA), Dom Luiz Flávio Cappio, que veio a promover novas rodadas negociações junto ao governo federal em Brasília, e o silêncio quase que total sobre o projeto, demonstrado pelos candidatos à Presidência da República na campanha de 2006.

O embargo judicial foi estabelecido em conseqüência dos danos ambientais que seriam causados pelo projeto ao longo de toda a bacia do rio, e sua liminar, que perdura até a presente data, encontra-se no Supremo, no aguardo de parecer do ministro Sepúlveda Pertence.

O ato extremado do bispo de Barra, o qual já tivemos a oportunidade de classificar neste meio de comunicação, como o santo jejum do bispo, resultou numa aproximação entre os movimentos sociais e o governo federal, para discussão das questões do São Francisco, agora sob nova ótica: a de dizer não à transposição, de dizer sim à revitalização de sua bacia e, a mais significativa delas, a de se abrir uma agenda para tratar de assuntos relacionados à convivência digna do homem com o Semi-árido nordestino. Essa última questão, aliás, nunca foi prioridade dos governos e, muito menos, na primeira gestão do presidente Lula.

Atualmente, essas discussões estão interrompidas temporariamente, em virtude da realização das eleições.

Diante dos três assuntos pautados nas discussões com o governo federal, merece destaque aquele relacionado com a revitalização da Bacia do Rio São Francisco.

Inicialmente, gostaríamos de dizer que não acreditamos no projeto de revitalização da forma que está sendo apresentado à sociedade pelo Ministério do Meio Ambiente. Na nossa visão faltam-lhe os avais da ciência e da técnica e, por que não dizer, do sentimento e da capacidade para realizá-lo, tão necessários em projetos dessas dimensões. Portanto, cremos que não existe clareza nas ações técnicas e, muito menos, na gestão ambiental quando o assunto é o Velho Chico.

Recentemente, fomos conhecer de perto o projeto Manuelzão, em Minas Gerais, que visa, entre outras ações, a revitalização da Bacia do Rio das Velhas, importante afluente do Rio São Francisco. Ficamos surpresos e até impressionados com o que vimos, principalmente com a forma magistral de como as ações do projeto estão sendo implementadas, as quais são geridas através de visão macro e sistêmica, dando-se prioridade a mobilização social, através da atuação do comitê e subcomitês de toda a Bacia Hidrográfica do Velhas, bem como da participação de empresas, centro de pesquisas e universidades. No projeto atua-se localmente, mas com uma visão global, considerando o planeta como um todo.

Esta visão inovadora de Apolo Lisboa, coordenador do projeto Manuelzão, convenceu o governo do Estado de Minas, de que seria possível a realização das metas previstas para o ano 2010: navegar, nadar e pescar nas águas do Rio das Velhas. Tanto é assim que, em 2004, o governador Aécio Neves, conforme nota editada na imprensa local, assumiu compromisso com a meta de nadar com Apolo Lisboa em suas águas.

Essa atitude do governo de Minas está arraigada em todo um simbolismo e sentimento de crença nas ações que estão sendo implementadas no projeto, e de nossa parte sugerimos que para a revitalização do Rio São Francisco, no segundo mandato do presidente Lula, as autoridades comecem por adotar, como padrão, o modelo do Manuelzão, evitando as conotações político-partidárias que o projeto possa vir a ter.

No tocante ao silêncio demonstrado pelos candidatos à Presidência da República quanto ao projeto, entendemos que esse foi feito de forma deliberada, tendo em vista a não pertinência de se tratar um projeto com um orçamento muito elevado, em um período eleitoral (está prevista a aplicação de cerca de 4,5 bilhões de reais em uma primeira fase). Caso isso fosse feito, corria-se o risco de dar ao projeto uma conotação eleitoreira.

Se por um lado esse silêncio foi obedecido pelos candidatos à presidência, o mesmo não se pode dizer daqueles que pleiteavam a câmara federal. Nesse caso, a campanha correu solta com o incentivo à transposição, principalmente no Estado do Ceará, onde o candidato Ciro Gomes desfraldou a bandeira do projeto, resultando, guardadas as devidas proporções, no deputado mais votado no Brasil. Sem menosprezar ou desmerecer as qualidades políticas do deputado Ciro Gomes, em uma avaliação mais acurada se chegará à conclusão de que essa avalanche de votos por ele recebida deveu-se ao seu envolvimento com as questões do Rio São Francisco. Essa, no nosso modo de entender é uma forma de transmitir ao povo uma ilusão. Precisamos evitar que fatos como esses se tornem rotina no Nordeste. Não queremos isso. A região não merece.

Finalmente, ficamos na torcida para que, na volta das negociações em Brasília, o governo leve em consideração os avanços já alcançados, uma vez que acreditamos que seja uma ótima oportunidade de o presidente Lula passar para a história do país, como o presidente que voltou seu olhar para o Semi-árido nordestino e que colocou a região no local em que sempre mereceu estar.

Recife, 08 de novembro de 2006.

60 O MEIO AMBIENTE DO PAÍS PEDE SOCORRO

Das enchentes em São Paulo às agressões ao Rio São Francisco, o impacto da ação humana vem colocando em risco o potencial ambiental brasileiro.

O povo brasileiro não costuma tratar adequadamente o seu ambiente natural. O resultado disso é que o caos, costumeiramente, prevalece. Essas assertivas são divulgadas constantemente na mídia de um modo geral e, por se tornarem rotineiras, têm assustado todo o país. Dentre uma infinidade de acontecimentos lamentáveis na área ambiental podemos citar alguns como merecedores de destaque.

As recentes *enchentes* ocorridas na cidade de São Paulo, por exemplo, decorrentes em sua maior parte da obstrução das galerias pluviais pelo lixo jogado nas ruas pela população, têm resultado em recorrentes transtornos naquele município, transformando a nossa maior metrópole em um gigantesco lago. Querer se livrar do lixo de forma inadequada jogando-o simplesmente na rua é conseqüência direta da falta de preparo da população nas questões referentes à preservação de seu ambiente natural, razão pela qual a sociedade paulistana não consegue encontrar outra saída, senão aquela de ficar sempre se lamentando. O problema do lixo nas vias públicas, bem como de outras ações predatórias ao ambiente têm dado ao brasileiro a triste fama de ser um dos povos que mais menosprezam o seu patrimônio natural.

O caso dos *desmatamentos* ocorridos no bioma da caatinga, no oeste pernambucano (Bacia do Brígida, afluente do Rio São Francisco), com o propósito de calcinar a gipsita para transformação daquele mineral em gesso, é outro acontecimento que tem tirado o sono dos ambientalistas. Realizados sem os cuidados devidos, principalmente desconsiderando a legislação ambiental vigente, essas ações vieram por exterminar, de vez, a frágil vegetação daquela região do sertão pernambucano, colocando os municípios de Araripina, Trindade, Ipubi, Ouricuri e Bodocó como fortes candidatos à formação de novos núcleos de desertificação, como aquele já existente no município de Cabrobó, no mesmo estado.

O lançamento de *esgotos* nos rios sem o tratamento devido é outra questão séria e que também reflete o despreparo da população, assunto este que, infelizmente, não se restringe apenas à população residente nas bacias hidrográficas dos rios, mas também à classe política do país.

Residimos em Casa Forte, em bairro de classe média do Recife, que vive no momento visível expansão imobiliária. Contam-se dezenas de edificações construídas ou em fase de construção e que já estão trazendo problemas ao sistema de esgotamento sanitário do bairro. Estas questões são fáceis de entender, porquanto a cidade do Recife tem uma malha de esgotos sanitários construída em meados do século XVII, portanto, na época em que os holandeses dominavam a região. Antigos e obsoletos, os esgotos de Casa Forte não podem mais receber a carga adicional oriunda de tais edificações, o que tem resultado em mais comprometimento do Capibaribe, rio sabidamente bastante sacrificado pela poluição.

Sobre estas questões, a Bacia do Rio São Francisco também merece referência, tendo em vista o seu contingente populacional, de cerca de 14 milhões de pessoas, costumar despejar seus esgotos *in natura* (domésticos e industriais) em seu leito, o que tem resultado numa péssima qualidade das suas águas. A cidade ribeirinha de Petrolina, no oeste pernambucano, que possui um dos mais importantes pólos de irrigação do Nordeste, tem as águas do Velho Chico impróprias para o banho, devido a existência, nelas, de elevados índices de coliformes fecais. Igual problema ocorre na Bacia do Rio Moxotó (afluente do Rio São Francisco) no município de Ibimirim, também no Estado de Pernambuco, onde o Açude Poço da Cruz, o maior do estado, com capacidade de 500 milhões de metros cúbicos, está com suas águas imprestáveis para o consumo humano, por apresentarem forte odor de esgotos recebidos dos municípios a montante da represa. O curioso de tudo isso é que as águas do Rio São Francisco, previstas para serem bombeadas através do eixo leste do projeto de transposição, irão abastecer aquela represa, para, em seguida, irem em direção aos municípios de Gravatá e Campina Grande, localizados nos agrestes de Pernambuco e Paraíba, para o abastecimento de suas populações. O fato grave é que as ações do projeto irão fazer com que as águas do Rio São Francisco, que já apresentam certas restrições para o consumo humano, sejam misturadas as águas de uma represa, cuja qualidade é duvidosa para o consumo, devido à presença de forte carga poluidora. Diante desses fatos e caso se concretize o projeto, torna-se fácil imaginar os problemas de saúde pública que irão surgir naquelas regiões, principalmente com doenças veiculadas pela água.

A *energia elétrica* no Brasil é outra questão que merece destaque neste artigo. A potência elétrica instalada no país chegou a cerca de 87 mil MW em 2003, cujo valor necessita ser ampliado anualmente em cerca de 4 a 5 mil MW, para a satisfação do seu desenvolvimento. Ocorre que estamos longe de atingir tais volumes adicionais de energia. Segundo informações obtidas na internet e prestadas pelo Ibama, no intervalo de três anos – entre 2003 e 2006 – a instituição concedeu licenciamento ambiental para 21 hidrelétricas, perfazendo um total adicional, na potência elétrica instalada, de 5.437 MW, ou seja, valor quase três vezes menor do que aquele necessário para a satisfação do crescimento do país, de 15.000 MW em três anos. E mesmo assim, dos 5.437 MW, 2.476 MW são de empreendimentos que têm licença prévia e não saíram do papel, talvez por falta de financiamentos. A continuar com esse cenário, é provável a existência de problemas de geração elétrica no país ainda na gestão Lula.

Vale a pena um comentário adicional sobre as hidrelétricas previstas para serem construídas na bacia amazônica. Por tratar-se de uma região de planície, geralmente as represas ali construídas são rasas e de grande superfície inundada. Nesse sentido, o problema gerado é de supressão de vasta área com rica biodiversidade pelo lago formado pela represa. Será que um país que não costuma tratar seu ambiente natural de forma adequada tem condições de avaliar o custo/benefício da implantação desses empreendimentos naquela localidade? É um caso para se refletir.

Diante desses problemas, não é por outra razão que o governo federal vem se empenhando na construção de novas unidades geradoras no país (hidrelétricas e termelétricas) para satisfazer tanto a demanda reprimida na geração como para garantir o seu crescimento. Fala-se inclusive na construção de unidades termonucleares no Nordeste brasileiro, sendo, algumas delas, na bacia do rio São Francisco.

Não somos contrários as usinas nucleares para fins de geração de energia. Somos contrários, sim, a localização dessas usinas em regiões que costumam tratar mal o seu ambiente natural. A nossa preocupação maior recai no destino que será dado ao lixo atômico gerado nessas usinas. Achamos, por exemplo, que o caso do plutônio que compõe o lixo atômico é emblemático. Esse elemento radiativo (Pu-239 físsil) é resultante da reação nuclear do urânio no interior do reator, e tem período de meia vida estimado em cerca de 24 mil anos (meia-vida é o tempo necessário para que a atividade de um elemento radiativo seja reduzida à metade). Portanto, a pergunta que tem que ser feita é a seguinte: uma vez construídas essas usinas no Nordeste, que destino será dado ao lixo atômico ali gerado? Não bastassem todas as mazelas da forte degradação ambiental existente na Bacia do Rio São Francisco, ainda, por cima, poderemos vir a ter, no futuro, um rio com problemas semelhantes àqueles ocorridos com o césio 137 no Sul do país, em que a radiação desse elemento exposto no lixo resultou na morte de algumas pessoas.

Desta feita, adiantamos aos senhores leitores que, uma vez implantadas tais usinas na região Nordeste, iniciaremos, de imediato, campanha nacional para que o lixo atômico ali gerado não seja estocado na Bacia do Rio Taperoá, na Paraíba, região pela qual temos enorme carinho, por tratar-se do berço de toda nossa família.

Diante desse relato, ficamos preocupados e até indignados com as recentes declarações do presidente Lula, quando qualificou os ambientalistas, os povos indígenas, os quilombolas, o Ministério Público e o Tribunal de Contas da União como entraves ao desenvolvimento do País. Coerente com essa lógica e diante de demora no licenciamento ambiental para a implantação de grandes obras no país, o governo federal pretende enviar projeto de lei à Câmara Federal mudando os critérios de definição sobre a competência do órgão responsável para realizar o licenciamento ambiental. No nosso ponto de vista, isto sinaliza um retrocesso na legislação vigente e na garantia de direitos conquistados pela sociedade brasileira.

Cremos que, neste caso, o foco de análise do presidente mostrou-se, de certa forma, equivocado. Normalmente, as mudanças nas questões ambientais não costumam ocorrer de forma rápida. Não se pode esperar, por exemplo, que elas aconteçam no intervalo de um mandato presidencial. O presidente deveria se preocupar mais com a implementação de ações estruturadoras e de longo prazo, cujos efeitos costumam aparecer através de gerações. Nesse sentido, sua excelência deveria interferir diretamente na educação do povo brasileiro, fazendo constar no currículo escolar dos cursos de primeiro e segundo graus, matérias relacionadas às questões ambientais, de uma maneira diferente daquela existente na atualidade. A população jovem do país precisa ter acesso a tais mecanismos para saber refletir melhor sobre as conseqüências dos desmatamentos ilegais; dos lançamentos indevidos de esgotos no leito de um curso d'água; da utilização das águas de um rio de múltiplos usos, que apresente sinais de debilidade hídrica; da geração de energia cuja matriz energética é calcada, prioritariamente, em hidrelétricas; dos efeitos da radiação nos organismos vivos e de tantas outras questões que costumam ocorrer no nosso cotidiano. Cremos que é sempre através do diálogo que iremos dar seqüência a tudo aquilo que foi conquistado pela sociedade.

Recife, 14 de dezembro de 2006.

61 TRANSPOSIÇÃO DO RIO SÃO FRANCISCO: faltou chinelo

Projeto encampado pelo governo federal não prevê uso racional dos recursos hídricos já existentes na região. Populações mais necessitadas do Nordeste Setentrional correm o risco de não ver a água do Velho Chico.

Em 1995, portanto, há exatos 12 anos, escrevemos o primeiro artigo sobre o projeto de transposição do Rio São Francisco. Nele já denunciávamos as possibilidades de o Nordeste vir a ter problemas na geração de sua energia, pelo uso indiscriminado das águas de um rio já limitado ao atendimento das diversas demandas a que era submetido, fato que lamentavelmente veio acontecer no ano de 2001, período no qual a região passou pela mais séria crise energética de sua história. Num momento em que não se falava em racionamento de energia, já escrevíamos sobre as possibilidades de ocorrerem os apagões. E eles aconteceram.

A partir daquele artigo, outros se sucederam (com este já são 59), a ponto de criarmos uma página na internet para divulgá-los, juntamente com citações da academia sobre nossas ações, e trabalhos de reconhecidos naturalistas que têm a mesma visão que nós sobre essas questões, a exemplo, entre outros, de Aldo Rebouças e Aziz Ab'saber, ambos professores eméritos da USP, Washington Novaes, renomado jornalista ambientalista de São Paulo, João Abner, doutor em recursos hídricos da Universidade Federal do Rio Grande do Norte, Manoel Bomfim, ex-diretor regional do Dnocs e da Codevasf, secretário executivo do Ceeivasf e consultor da SRH/MMA, além de Apolo Heringer Lisboa, coordenador do projeto Manuelzão em Minas Gerais, que está revitalizando o Rio das Velhas, importante afluente do Velho Chico. O que temos em comum com esses cientistas é a percepção de que o problema da escassez hídrica no Nordeste está assentado fundamentalmente no uso inadequado que se faz da água armazenada na região e na maneira incipiente de sua distribuição, ou seja, um problema eminentemente de gestão e de acesso aos recursos preexistentes.

Com o advento da internet, todas essas informações estão sendo acessadas em tempo real, não só na Universidade de Tsukuba, no Japão, com a qual temos contatos, como também em outras instituições de igual importância, como a escola pública Félix Daltro, no município de Taperoá, na Paraíba.

Um fato evidente que temos observado nessa área, em todos estes anos de trabalho, é a forma inadequada como as autoridades vêm tratando projetos dessa magnitude, muitas vezes sem levar em consideração a participação da sociedade civil para as indispensáveis discussões que estas questões requerem. A imposição de projetos goela abaixo do povo nordestino vem se tornando uma constante, e tem motivado muitas vezes fortes reações da sociedade, como a ação civil pública impetrada pelo Ministério Público (MP) da Bahia, que através de liminar embargou as obras do projeto de transposição por um bom período de tempo, e a revolta extremada de Dom Luiz Flávio Cappio, bispo de Barra (BA), cuja greve de fome obrigou o governo federal a iniciar, em meados de 2006, um processo de negociação em Brasília, junto aos movimentos sociais, assunto inclusive relatado em nosso artigo intitulado "As questões do Rio São Francisco em novas bases de negociações", escrito em novembro de 2006. Era inimaginável estarmos ao pé do poder participando dessas negociações, interagindo com diversos ministérios do governo Lula, falando sobre boi, bode, capim, palma forrageira, crédito rural e tantos outros assuntos inerentes à realidade nordestina.

Com o projeto agora em novos rumos de negociações, confessamos a nossa animação, tendo em vista o tratamento adequado e transparente ali dispensado pelo governo à realidade do Nordeste, dando provas de estar voltando suas vistas para a solução dos problemas do Semi-árido, fato incomum até então neste país.

Mas, infelizmente, este processo de negociação sofreu solução de continuidade por dois motivos: as proximidades das eleições de outubro daquele ano e, mais recentemente, a cassação, pelo ministro do Supremo Tribunal Federal, Sepúlveda Pertence, da liminar do MP da Bahia que impedia a realização das obras do Rio São Francisco. Em um único julgamento, o referido ministro cassou não apenas essa liminar, mas todas as outras liminares que diziam respeito às questões ambientais do país. Com esse gesto, lamentavelmente, o governo se viu livre para iniciar o projeto da transposição a todo custo.

Com essa decisão, o ministro Pertence deu provas de que não conhece absolutamente nada da realidade nordestina. Não conhece, por exemplo, o potencial hídrico existente na região, não conhece a forma precária de como as águas existentes nas suas principais represas chegam as casas da população, não conhece como é processado o abastecimento das populações difusas no sertão, e provavelmente não conhece sequer o tempo de gestação de uma cabra, animal que é o símbolo do Nordeste e, portanto, um dos componentes mais importantes de toda a cadeia produtiva da região. E estava sob a responsabilidade do ilustre ministro os destinos de toda a Bacia do Rio São Francisco, bem como de todo o ambiente natural brasileiro. Não nos restam dúvidas de que sua decisão foi eminentemente política. Sua excelência estava querendo alçar vôos mais altos na política, e o alvo era o Ministério da Justiça, para o qual já foi convidado pelo chefe da nação.

Particularmente, não vemos a menor graça em termos perdido o nosso precioso tempo numa reunião de dois dias em Brasília, para tratar de assuntos ligados à convivência com o Semi-árido, tendo em vista não se terem dado os créditos devidos aos resultados nela alcançados. Simplesmente não se fala mais nessa reunião. E nossa decepção foi maior ao avaliarmos o montante de recursos financeiros que foram gastos para a sua realização, um verdadeiro desperdício. Será que alguém parou para pensar o quanto custa uma reunião, na capital federal, de aproximadamente 40 técnicos, cujas despesas de deslocamentos aéreos, alimentação e estadia em hotéis foram bancadas pelo governo federal? É realmente um fato lamentável num país que deseja acelerar seu desenvolvimento.

Dona Nira, a nossa saudosa mãe, tinha uma forma curiosa e eficiente de ajustar a conduta de seus filhos. Valia-se do chinelo, e a intensidade e amplitude das chineladas eram proporcionais ao tamanho de nossas trelas, e não raro utilizando-se ela de nossas orelhas como ponto de apoio. E foram santas as chineladas que recebemos de nossa mãe: a prova disso é que, numa família de 9 irmãos, todos estão bem encaminhados na vida, são homens e mulheres de bem, respeitam e são respeitados por toda sociedade.

Ao avaliarmos o andamento das questões do Rio do São Francisco, bem como o das alternativas de convivência com a seca da região Nordeste, chegamos à conclusão de que faltaram as chineladas providenciais, na intensidade e na amplitude compatíveis ao tamanho da trela realizada por nossas autoridades a que estão afetas essas questões.

Para nós que militamos nessas lutas há bastante tempo, fica fácil prever o que irá acontecer, caso sejam configurados esses novos cenários:

O Nordeste semi-árido continuará sem rumo de desenvolvimento, carecendo de ações estruturadoras e, na ocorrência de uma seca prolongada, continuará recebendo as ações assistencialistas do governo federal e nada mais.

A elaboração de uma política de uso das águas que já existem no Nordeste ficará ainda carente de definições, diante das prioridades que estão sendo dadas ao uso das águas do Rio São Francisco.

A questão da geração de energia ainda está indefinida. O Rio São Francisco é responsável por mais de 95% da energia que é gerada na região e seu potencial gerador já foi quase que totalmente explorado pela Chesf. Para a manutenção do crescimento nacional, é necessário um adicional anual de cerca de 5 mil MW na potência elétrica instalada do país. No nosso último artigo "O meio ambiente do país pede socorro", editado em dezembro de 2006, tivemos a oportunidade de abordar esse assunto, mostrando que estamos longe de alcançarmos essa meta. Entre 2003 e 2006, por exemplo, a potência elétrica adicional no país foi de apenas 5.437 MW, ou seja, valor quase três vezes menor do que aquele necessário para a satisfação do seu crescimento, de 15.000 MW em três anos. No Brasil, a demanda anual de energia costuma crescer 2% acima do crescimento do PIB. Caso seja confirmada a atual pretensão do governo em crescer 5% ao ano, a demanda de energia atingirá a faixa dos 7% ao ano e, neste ritmo, será necessário dobrar a quantidade de energia a ser gerada no Nordeste para a satisfação do seu crescimento. A pergunta que não quer calar é a seguinte: onde será gerada essa energia se o potencial gerador do Velho Chico já está praticamente esgotado?

Esta questão será agravada ainda com a possibilidade da volta dos períodos de estiagens nas principais bacias nacionais (em 2001 houve necessidade de se proceder aos racionamentos de energia em boa parte das regiões brasileiras, tendo em vista a baixa acumulação dos reservatórios das hidrelétricas) e com as indefinições na importação do gás da Bolívia para uso nas termelétricas. Diante de tudo isso, cremos que o presidente Lula se precipitou quando informou a nação brasileira que os apagões eram páginas viradas na história do nosso país.

A questão da irrigação é outro assunto que insistimos em citar nesse artigo. O potencial irrigacionista na Bacia do Rio São Francisco é de cerca de 1 milhão de ha, dos quais cerca de 340 mil já estão irrigados. E essa área tende a crescer cerca de 4% ao ano. Como justificar, com as águas do rio São Francisco, a irrigação de áreas do Nordeste Setentrional, portanto, a

500 km de distância das margens do rio, existindo projetos em sua bacia que estão parados por falta de recursos financeiros, a exemplo do Irecê e Salitre na Bahia, os quais somados totalizam 90 mil ha, do Pontal em Pernambuco, com 10 mil ha, e do projeto Jaíba, em Minas Gerais, com área total superior a 100 mil ha, cuja primeira fase, de 18.500 ha, está sendo implantada com muita dificuldade? Seria muito mais lógica a solução, em primeiro lugar, dos problemas financeiros existentes nos projetos pertencentes a bacia do rio, do que se partir para a implantação de novos projetos de irrigação em regiões fora dela.

Outro ponto importante que merece citação é o problema do abastecimento das populações do Nordeste Setentrional com as águas do Rio São Francisco. No nosso modo de entender, as populações difusas, aquelas consideradas as mais necessitadas em termos de abastecimento, as que residem nos pés de serra, nos grotões, nos sítios e pequenos lugarejos, aquelas que normalmente são atendidas pelo poder público, através de frotas de caminhões-pipa, essas não verão uma gota d'água sequer do Rio São Francisco. Com a implantação do projeto, achamos que as autoridades tentam transmitir ao povo uma ilusão. Na nossa ótica, as águas do Rio São Francisco terão outros destinos, seja na irrigação que será praticada visando a produção de frutas para exportação, seja na criação do camarão também para exportação, seja no uso industrial ou em outras atividades que venham sempre em benefício do grande capital. Na nossa avaliação essa prática irá perpetuar a indústria da seca no Semi-árido nordestino.

Finalmente, achamos que iremos ter problemas futuros de malversação de recursos públicos na condução do projeto. Apesar de ter-se iniciado com ações do glorioso exército brasileiro, o projeto chegará numa fase na qual as empreiteiras irão assumir outras etapas das obras, dando margem à ocorrência de fatos ilícitos. No país da impunidade, no qual ouve-se falar em valerioduto, mensalões, superfaturamento de obras, sanguessugas e até em negócios escusos com derivados de sangue humano, não será surpresa ouvirmos falar de chicoduto, superfaturamento de canais e túneis, havendo a possibilidade até de voltarem os famosos percentuais de 10%, corriqueiramente exigidos para a liberação das obras. Apenas esclarecemos aos leitores que se considerarmos 10% em relação ao orçamento do projeto de R$ 4,5 bilhões, isso significa cerca de R$ 450 milhões, valor este equivalente à construção de cerca de 375.000 cisternas rurais (o valor de uma cisterna de 16.000 litros corresponde atualmente a cerca de R$ 1.200,00), portanto, estamos diante de uma verdadeira bomba relógio armada que irá explodir por esses dias.

Ah! Íamos esquecendo! Para aqueles curiosos que estão, no presente momento, tentando entrar em programas de busca na internet, ou mesmo indo atrás de compêndios de zootecnia para saber o tempo de gestação de uma cabra, adiantamos que este é de aproximadamente 150 dias.

Recife, 07 de fevereiro de 2007.

62 PERNAMBUCO E AS ÁGUAS DO RIO SÃO FRANCISCO

Inúmeros trabalhos técnicos apontam a existência de volume de águas na região Nordeste mais do que suficiente para promover desenvolvimento e qualidade de vida à população. Falta, portanto, uma política coerente do uso das águas.

Em outubro de 1998 editamos um artigo no Portal da Fundação Joaquim Nabuco intitulado “Água no Semi-árido nordestino: contradição nas ações de uso”, no qual, entre outros assuntos, enfocamos os problemas da oferta hídrica em Pernambuco e a desarticulação existente entre as principais instituições (estadual e federal) responsáveis por estas questões no estado. Além do mais, mostramos o baixo potencial de oferta de água em seus reservatórios, resultado da inexistência de condições naturais, principalmente de boqueirões, fator topográfico indispensável na construção de grandes represas. O resultado de tudo isso é que, em termos da capacidade de acumulação de água em superfície, Pernambuco possui um potencial de apenas 3,4 bilhões de m^3, distribuídos em 132 represas de porte médio. Somados a este manancial, o estado dispõe do aqüífero Jatobá, que abastece os municípios de Arcoverde, Ibimirim e Sertânia, e de uma fronteira molhada com o Rio São Francisco, de aproximadamente 500 km, a qual já vem sendo explorada sistematicamente, com a adução de suas águas para Araripina (adutora do Oeste) e Salgueiro (adutora de Salgueiro), municípios estes pertencentes à bacia do rio. Nestas aduções, as tubulações utilizadas obedecem a um determinado dimensionamento (70 cm de diâmetro) capaz de satisfazer ao abastecimento das populações daqueles municípios do sertão pernambucano (a adutora de Araripina abastece os municípios de Ipubi, Ouricuri, Santa Cruz, Santa Filomena e Trindade, e a adutora de Salgueiro abastece os municípios de Parnamirim, Serrita, Terra Nova e Verdejante), com uma vazão de 0,5 m^3/s.

Em setembro de 2001 editamos outro artigo, intitulado “Transposição de águas do Rio São Francisco: planejar é preciso”, no qual fizemos um longo relato sobre as questões sanfranciscanas, ressaltando a necessidade de se proceder ao planejamento quando do tratamento de ações estruturadoras no Nordeste brasileiro. Nele evidenciamos a situação preocupante no fornecimento de água das populações da Paraíba e de Pernambuco, estados considerados campeoníssimos na baixa oferta hídrica da região, cabendo a este último uma oferta de 1.320 m^3, para cada um de seus habitantes, por ano (a ONU estabelece, como situação mínima para não se ter um quadro de escassez hídrica crônica, 1.000 m^3/pessoa/ano).

A rebuscada desses artigos teve como propósito mostrar que, apesar de o Nordeste vir apresentando, há décadas, problemas de abastecimento de suas populações, o principal problema da região, na nossa ótica, não é de escassez hídrica propriamente dita e sim de distribuição das águas que já existem na região. Inúmeros trabalhos técnicos desenvolvidos no Nordeste do Brasil apontam a existência de volumes de águas acumulados nesta região mais do que suficientes para promover o desenvolvimento e dar uma qualidade de vida digna ao seu povo. Portanto, no nosso entendimento, o que falta no Nordeste é uma política coerente de uso de suas águas, tendo em vista a existência de volumes suficientes ao atendimento de suas necessidades.

Alheio a tudo isso, o governo federal vem insistindo no discurso de que não há garantia hídrica no Nordeste, o que tem resultado em propostas de grandes projetos de engenharia, a exemplo do polêmico projeto de transposição do Rio São Francisco, os quais, ao contrário do que muita gente imagina, visam, prioritariamente, o uso das águas no agronegócio (irrigação, uso industrial, criação de camarões, entre outros). Isso é fácil de perceber, porquanto a Ceará Still, siderúrgica em construção no porto de Pecém, no Ceará, está sendo projetada para demandar volumes de água equivalentes ao consumo de uma cidade de 90.000 habitantes; as fazendas de carcinicultura (criação de camarões) do Rio Grande do Norte são outro exemplo de grande consumo, chegando a demandar vazões de cerca de 8 m^3/s e o dimensionamento dos canais previstos no projeto de transposição (medem 25 m de largura, 5 m de profundidade, 700 km de extensão e vazão de até 127 m^3/s) dão provas de que as águas do rio serão utilizadas com fins econômicos.

A nossa maior preocupação restringe-se às possibilidades de um colapso iminente do rio, caso venham a ser efetivadas essas novas demandas, por representarem volumes além daqueles que o rio tem condições de ofertar. Lembramos que o Velho Chico é um rio de múltiplos usos e que já está operando em regimes críticos. O nordestino não pode apresentar-se desmemoriado com relação ao que ocorreu no ano de 2001, período no qual a região passou pela mais séria crise energética vivenciada na sua história, em virtude de o rio ter corrido com pouca água.

Na nossa ótica, o potencial hídrico do Nordeste, principalmente aquele localizado em suas principais represas, possui a garantia necessária ao abastecimento de sua população, inclusive com o acesso mais barato, se comparado ao praticado nas faraônicas obras de engenharia propostas pelo governo federal.

Mas, mesmo com a garantia da água para o atendimento das necessidades das populações, reconhecemos, na região, a existência de bolsões que apresentam extrema dificuldade de abastecimento, motivada, na maioria das vezes, pela pobreza espacial de mananciais e, conseqüentemente, da dificuldade de acesso à água. Em tais casos, aportes hídricos externos, para a solução desses problemas, quando bem planejados, são bem-vindos.

No tratamento desses aportes, algumas questões têm que ser observadas: em primeiro lugar, não existe em nenhum local deste país a informação de que é proibido o uso das águas do Rio São Francisco, fora de sua bacia hidrográfica, para fins de abastecimento humano e animal. Ao contrário, nesses casos, a limitação do uso das águas do Rio São Francisco prende-se, única e exclusivamente, ao fim econômico. Se praticada, a atividade é considerada ilegal.

A Lei Federal 9433/97 (Lei da Águas) fixou os fundamentos da política nacional dos recursos hídricos, e em seu artigo 38 estabeleceu a competência do Comitê da Bacia Hidrográfica do Rio São Francisco, dando-lhe, entre outros poderes, o de aprovar e acompanhar o plano de recursos hídricos da bacia do rio. Nesse sentido, coube ao referido Comitê, a elaboração do plano decenal de suas águas, o qual autorizou o seu uso, em áreas fora da sua bacia (águas de transposição), apenas para o abastecimento humano e dessedentação animal, isso em caso de comprovada escassez.

Se existem bolsões no Nordeste com problemas extremos de abastecimento, e se existe a possibilidade de se resolverem esses problemas usando as águas do Rio São Francisco, valendo-se da força da legislação em vigor e com os cuidados devidos, por que não fazê-lo?

O pressuposto de que o Nordeste brasileiro possui muita água, de que seus mananciais têm garantias hídricas para o abastecimento das populações e que seu acesso é mais barato, foi confirmado pelo próprio governo, ao publicar, por intermédio da Agência Nacional de Águas – ANA, o Atlas Nordeste para abastecimento urbano de água. Nele, é possível se proceder à análise hídrica de demandas e de ofertas da região (superficiais e subterrâneas), bem como traçar alguns diagnósticos e prognósticos dos sistemas existentes, incluindo: análises de criticidade, propostas de soluções técnicas e as necessidades de investimentos para a realização das obras de infraestrutura, visando o abastecimento das populações.

Nesse trabalho da ANA, há citação de escassez hídrica nas regiões agrestes do Estados da Paraíba e de Pernambuco, conforme mencionamos neste texto (existência de bolsões), com possibilidade de ser solucionada com adução de águas do Rio São Francisco.

Roberto Malvezzi, o Gogó, procedendo análise comparativa dos benefícios a serem alcançados pelo projeto da Transposição do Rio São Francisco e pelo trabalho da ANA chegou a seguinte conclusão: com a metade dos recursos financeiros previstos no projeto de transposição, é possível beneficiar, pela proposta da ANA, em termos de abastecimento das populações, um número quase três vezes maior de pessoas (a transposição prevê o benefício de 12 milhões de pessoas, enquanto o Atlas prevê o benefício de 34 milhões). Ainda segundo Gogó, a ANA, de forma minuciosa, elaborou esse trabalho, indicando a forma alternativa para solucionar o problema hídrico de 1.112 municípios acima de 5 mil pessoas em toda a região, além de ter sido a primeira instituição governamental a declarar, explicitamente, as intenções do governo em utilizar as águas da transposição para o agronegócio.

Diante desses argumentos contraditórios (utilização da água do Rio São Francisco para fins de agronegócio *versus* utilização para fins de abastecimento), qual seria a alternativa mais meritória para a solução dos problemas de abastecimento das regiões agrestes dos Estados da Paraíba e de Pernambuco, conforme preconizado no Atlas da ANA?

Para responder a esse tipo de indagação, é importante que o leitor fique esclarecido sobre os equívocos conceituais que, corriqueiramente, são cometidos entre os termos *Recalque* e *Transposição de águas* em bacias hidrográficas.

Recalque nada mais é do que o transporte (adução) de água para locais distintos existentes na própria bacia de um rio. O melhor exemplo que podemos dar neste sentido, é o que está ocorrendo em Pernambuco, com o abastecimento de Araripina e Salgueiro com as águas do Rio São Francisco, por intermédio das adutoras do Oeste e de Salgueiro. Tais municípios fazem parte da Bacia Hidrográfica do Rio São Francisco e, portanto, as águas para ali destinadas poderão ser usadas também com fins econômicos.

Já a possibilidade de se proceder ao abastecimento do município de Gravatá (município pernambucano de reconhecida escassez hídrica, localizado na região agreste e pertencente a Bacia do Rio Ipojuca) com as águas do Rio São Francisco, é considerada uma transposição de águas, pelo simples fato deste transporte (adução) acontecer para um município localizado fora dos limites da Bacia do Rio São Francisco. Portanto, as águas ali destinadas, por força de lei, só poderem ser utilizadas no abastecimento humano e dessedentação animal.

Diante dessas explicações, entendemos que a solução da escassez hídrica das regiões agrestes da Paraíba e Pernambuco poderá ser determinada, por intermédio da adução de águas do Rio São Francisco (transposição), aproveitando, inclusive, a experiência de abastecimento que o Estado Pernambuco já detém com adutora dimensionada para satisfazer as necessidades de abastecimento humano e animal daquelas regiões.

Procedendo-se dessa forma, os megacanais previstos no projeto de transposição do governo federal perderão o sentido de existir, pois serão substituídos por adutoras mais simples e eficazes, infinitamente mais baratas e com maior alcance social.

Recife, 26 de março de 2007.

63 MEIO AMBIENTE: a conta que não foi feita

Na defesa do desenvolvimento a todo o custo, o governo federal já se engasgou com a espinha de um bagre do rio Madeira e se atolou na lama dos seus sedimentos. Enquanto isso, o país segue na rota da escuridão.

Existe hoje no país um fato curioso. Quando não se quer que um determinado assunto prospere ou quando os resultados de uma discussão não satisfazem as expectativas da sociedade brasileira, criam-se comissões. No nosso cotidiano, são vários os exemplos que mostram essa realidade e, não raro, têm envergonhado o povo brasileiro.

Quem não lembra das ações da Comissão Parlamentar de Inquérito (CPI) criada para investigar o mensalão e que acabaram não chegando aos resultados esperados pela nação? Simplesmente, a grande maioria dos envolvidos naquele caso foi inocentada e, o que é pior, continua legislando.

Na esfera do executivo isso não é diferente. Estamos diante da criação do Instituto Chico Mendes de Conservação da Biodiversidade, dentro do próprio Ibama, órgão este que atuará no licenciamento ambiental dos projetos de hidrelétricas na região amazônica. Idealizado pela ministra Marina Silva para satisfazer as exigências do governo federal, quanto ao licenciamento ambiental das obras contidas no Plano de Aceleração do Crescimento do país (PAC), esse instituto já está sendo alvo de severas críticas, por ser considerado desnecessário, tendo em vista a sua atuação ir de encontro às ações que são de responsabilidade do próprio corpo técnico do Ibama. Esta ambigüidade de ações resultou em uma greve de grandes proporções no órgão e a criação daquele Instituto está parecendo um ato cujos resultados tendem a ser inócuos. Se essa moda pega na esfera do executivo, é de se supor que para o tratamento de assuntos relacionados à desertificação do Nordeste, o Ibama seja orientado a criar o Instituto Vasconcelos Sobrinho (ecólogo pernambucano que primeiro denunciou a formação de desertos no Nordeste), cujo desempenho também será duvidoso. É viver para crer.

Na nossa ótica, o corpo técnico do Ibama tem toda a razão de estar desgostoso com a instituição, tendo em vista a existência de competência técnica interna para assumir e dar conta das questões ambientais do país, sem a necessidade de serem criados esses apêndices. Afirmamos isso por experiência própria, pois iniciamos a nossa carreira profissional no Ibama, isso em meados da década de 70 do século passado, quando o órgão ainda era denominado Instituto Brasileiro de Desenvolvimento Florestal (IBDF). Recordamo-nos do interesse e da preocupação da instituição em capacitar seus técnicos, levando sempre em consideração o binômio desenvolvimento versus custo ecológico. Tanto é assim, que nos foram possibilitados cursos de Pós-Graduação em Planejamento Florestal na Fundação Getúlio Vargas (FGV), no Rio de Janeiro, e em nossa monografia, exigida na conclusão do curso, tratamos dessas questões. Fizemos também mestrado em Botânica, na Universidade Federal Rural de Pernambuco, com tese voltada para questões ecológicas, especificamente na sucessão florestal de espécies nativas com fins econômicos. Portanto, ao longo de todos esses anos, sempre acreditamos na capacitação técnica do atual Ibama, instituição que merece todo o nosso respeito e pela qual temos a maior admiração.

Faz sentido colocarmos aqui essas questões, tendo em vista o atual dilema vivenciado pelo Ministério do Meio Ambiente na implementação do PAC, qual seja, o de proporcionar o desenvolvimento do país com o menor custo ecológico possível.

O fato preocupante é que o Ibama é um órgão de governo e, como tal, deve cumprir a lei e não a vontade do chefe da nação.

Militante nas questões ambientais há muitos anos, a ministra Marina vive momentos difíceis em sua pasta, principalmente ao defender a transposição do Rio São Francisco – projeto que consta do PAC –, por julgar suas ações ambientalmente seguras. Como conceder o licenciamento ambiental a um projeto polêmico, tecnicamente deficiente e ambientalmente impactante, sem que o mesmo seja precedido de uma ampla e profunda discussão junto à sociedade?

As hidrelétricas do Rio Madeira que irão alagar uma extensa área com rica biodiversidade na região amazônica são outro bom exemplo que precisa ser discutido com a participação da sociedade.

Nesse sentido, ao cursarmos a Pós-Graduação na FGV no final da década de 70, mantivemos conversas com o botânico Murça-Pires, do Instituto de Pesquisas Agropecuárias do Norte, em Belém (PA), sobre a existência de florestas naturais de bambu na Amazônia, coincidentemente localizadas bem próximas à região onde serão construídas as hidrelétricas no Rio Madeira. Espécie do gênero *Guadua*, de ocorrência rara no país, indicadora de solos férteis, chegou a ser reconhecida por imagens de satélite, por apresentar expressiva área de coloração diferenciada, quando comparada à coloração da floresta pluvial local. Pôr em risco essa raridade botânica ainda pouco estudada, sem haver uma avaliação técnica mais cuidadosa e sem a participação da sociedade é, no mínimo, um ato de agressão ao nosso patrimônio natural.

Nas questões da transposição do Rio São Francisco, a ministra já deu depoimentos favoráveis ao projeto, por entender que o mesmo não apresenta problemas técnicos, sendo, portanto, ambientalmente seguro. Ora, como acreditar na excelência técnica de um projeto demasiadamente caro, quando o rio a ser transposto já deu sinais de debilidade hídrica no ano de 2001, obrigando o governo federal a proceder ao racionamento de energia? Caso já existisse o projeto de transposição naquele ano, como ficaria a população que seria abastecida com as águas do Velho Chico, cujos volumes já eram insuficientes para garantir a geração e o pronto atendimento da demanda energética dos nordestinos? Nesse cenário, será que a ministra acredita piamente que esse rio tenha condições de abastecer 12 milhões de pessoas na região Setentrional nordestina, sem antes pôr em risco todos os investimentos havidos ao longo da sua bacia? Apenas para lembrarmos aos leitores: só no setor elétrico nordestino foram investidos cerca de US$ 13 bilhões. Energia é sinônimo de desenvolvimento e não podemos estar brincando com isso.

A prioridade de uso das águas do São Francisco para o abastecimento humano é outro assunto que merece reflexão. Entendemos que o maior opositor do projeto de transposição é o próprio governo federal, ao editar recentemente, pela Agência Nacional de Águas (ANA), o Atlas Nordeste de abastecimento urbano, trabalho este que mostra, claramente, que é possível abastecer, com as águas que já existem na região Nordeste, um número três vezes maior de pessoas, com a metade dos recursos previstos no projeto da transposição, ou seja, até o ano de 2010 serão gastos na transposição R$ 6,6 bilhões para o abastecimento de 12 milhões de pessoas, período no qual se prevê, no Atlas, um gasto de 3,3 bilhões para o benefício de cerca de 34 milhões de pessoas. Com essa informação, é de se supor que o problema de nossas autoridades passa, também, por deficiência matemática.

Exemplos como esses têm-se mostrado constantes no nosso cotidiano, o que tem tornado cada vez mais evidente a assertiva de que a vontade política está sempre acima das possibilidades técnicas de se realizar as ações de desenvolvimento no país. O governo Lula não pode abrir mão da importância de se discutir essas questões junto ao setor técnico, valendo-se inclusive da participação da sociedade como um todo, sob pena de estar pondo em risco a governabilidade do país.

É preciso entender, antes de tudo, que uma hidrelétrica construída na Bacia do Rio Madeira ou em qualquer outra bacia da região Norte, por estar localizada numa área de planície, estará sempre sujeita a fortes inundações, com claras interferências na biota local. A pergunta que fica no ar é a seguinte: como proceder ao tratamento dessas áreas, no país e no exterior (estima-se que uma área significativa da Bolívia seja inundada pela construção dessas hidrelétricas), mantendo-se a sustentabilidade ambiental local, com baixo custo ecológico e, principalmente, evitando a extinção de espécies de animais e plantas, e tratando adequadamente os sedimentos acumulados no interior das represas? Essas questões têm preocupado o governo federal, ao ponto de ter-se engasgado recentemente com a espinha de um bagre do Madeira e se atolado na lama dos seus sedimentos. Neste contexto o país segue na rota da escuridão, e já se comenta a possibilidade da construção de usinas termonucleares como alternativa para minimizar o problema elétrico que se avizinha.

Finalmente, entendemos que não pode haver desenvolvimento sem custo ecológico, por menor que seja. A participação técnica nestes casos se mostra importantíssima, pois cabe a ele, técnico, envidar esforços no sentido de minimizar tanto quanto possível esses problemas. Essa é a nossa função. Portanto, vamos à luta.

Recife, 21 de maio de 2007.

A PROPÓSITO DAS INDEFINIÇÕES DA GERAÇÃO DE ENERGIA HIDRÁULICA NO NORDESTE BRASILEIRO

64

Ainda há tempo de revertermos o quadro de abandono em que se encontra a região Semi-árida nordestina e, principalmente, a situação de colapso energético que se avizinha. Os movimentos sociais precisam participar ativamente desse processo e o descaso do governo federal em contar com essa discussão não faz parte da solução do problema.

A questão elétrica do Brasil pode ser assim resumida: a matriz energética nacional é calcada preferencialmente na geração hidráulica (aproximadamente 80% do que é gerado provêm de hidrelétricas); existe um potencial hidrelétrico a ser explorado de cerca de 260 GW; atualmente o país dispõe de uma potência elétrica instalada de cerca de 97 GW e seus principais sistemas de geração estão interligados. O governo federal traçou a sua meta de crescimento em cerca de 5% do PIB, percentual este que irá necessitar de uma injeção anual de cerca de 5 GW, na potência instalada no país.

Com relação à geração elétrica no Rio São Francisco, a sua bacia é dotada de um potencial hidrelétrico estimado em cerca de 26,3 GW, dos quais 10,3 GW estão sendo operados nas usinas hidrelétricas da Chesf.

O grande problema que vislumbramos nas questões da geração de energia do Nordeste é que o São Francisco (responsável por mais de 95% da energia gerada na região) é um rio de múltiplos e conflituosos usos, situação esta agravada pelas características climáticas e geológicas da região, onde, em parte do seu curso, o rio corre em geologia cristalina (a rocha que dá origem ao solo está praticamente à superfície, chegando a aflorar em alguns pontos), resultando disso a intermitência de seus afluentes. Essas características têm influenciado de forma marcante a vazão média do rio (2.800 m^3/s), o que tem resultado em problemas nos diversos usos a que é submetido. Além do mais, o rio tem um potencial de áreas irrigáveis importante (estimado em cerca de 1 milhão de ha em suas margens), do qual já foram explorados cerca de 340 mil ha (e essa área tende a crescer 4% ao ano), fato este agravado, ainda, pela ocorrência de períodos de secas na bacia, a exemplo do que ocorreu no qüinqüênio 1999-2003, período no qual a Represa de

Sobradinho, construída para regularizar a vazão do rio, acumulou, no ano de 2001, apenas 5% do seu volume útil. Naquele ano houve a necessidade de se racionar energia para o sistema elétrico não entrar em colapso.

Na nossa ótica, o rio já está operando no seu limite, e, portanto, não há a mínima possibilidade de ofertar volumes para outros fins. No entanto, existem discordâncias ao nosso posicionamento por parte de alguns técnicos da Chesf. Para eles, o exemplo da retirada volumétrica de até 127 m^3/s, previstos no projeto da transposição do Rio São Francisco, para o atendimento do agronegócio, não afetará em nada a geração de energia elétrica do Nordeste.

Esse posicionamento da Chesf foi recentemente questionado por Célio Bermann, ao escrever o capítulo "Impasses e controvérsias da hidreletricidade", no Dossiê de Energia da USP (vol. 21 nº 59 jan./abr. 2007), o qual tratou da complementação da motorização do sistema elétrico do complexo Chesf. No referido capítulo ele menciona o seguinte:

"A Usina de Xingó foi projetada para abrigar dez turbinas de 500 MW, de forma a possuir uma capacidade instalada total de 5.000 MW. Entretanto, atualmente apenas seis turbinas estão instaladas." Trata-se, portanto, de "2.000 MW que poderiam ser acrescentados se as outras quatro turbinas previstas fossem instaladas. A Usina de Itaparica também apresenta condições semelhantes." E, "Projetada inicialmente com dez turbinas de 250 MW, ela conta atualmente com apenas seis turbinas, perfazendo 1.500 MW. Outros 1.000 MW poderiam ser acrescentados se as turbinas fossem instaladas."

"Com respeito às duas usinas no Rio São Francisco," continua Bermann, "a Companhia Hidrelétrica do São Francisco (Chesf) alega que houve um superdimensionamento nos dois projetos *e que não existe água suficiente* [grifo nosso] para efetivar a complementação da motorização de ambas".

Ora, para nós que militamos nessas questões há mais de uma década, fica evidente que uma gota de água que se retire a montante das represas da Chesf, nas condições relatadas por Bermann, irá fazer a diferença. Como dissemos anteriormente, o rio possui múltiplos e conflituosos usos e, portanto, já houve prioridade, tanto para gerar energia, como para irrigar a sua bacia hidrográfica. Para nós ficam claras as conseqüências de serem retirados até 127 m^3/s de um rio cujos volumes já não são suficientes para complementar a motorização de duas das principais hidrelétricas nordestinas, conforme afirmado pelo Bermann.

Além do mais, o governo federal insiste em afirmar que a interligação do sistema elétrico é a solução para satisfazer as demandas energéticas e possibilitar o crescimento da nação. Ora, em 2001, quando racionávamos nossa energia no Nordeste, a usina de Tucuruí, localizada na região Norte, a qual enviava bons volumes de energia para a CHESF, também racionava sua energia em 20%. Nesse sentido torna-se temerário afirmar que a interligação do sistema elétrico é a solução para os nossos problemas de geração. Ao contrário do que se afirma, basta haver um descompasso na caída das chuvas no território nacional – como acontecido em 2001 – para que tenhamos problemas na nossa geração. Embora com o sistema elétrico interligado, existe uma grande possibilidade de não termos acumulação volumétrica suficiente em nossas principais hidrelétricas, que garanta a geração da nossa energia e, portanto, o desenvolvimento do país.

Em março de 2001, editamos o artigo "Em Rumo ao Desmantelo", no qual fizemos uma análise realística da precária situação em que se encontrava o setor elétrico nordestino, motivada, naquela época, por um período hidrológico desfavorável na região. Numa ocasião em que não se falava em racionamento de energia, já escrevíamos sobre os apagões. E eles aconteceram.

Fernando Henrique Cardoso passou para a nossa história como o presidente do "apagão". Inimaginável acreditar que sua excelência tenha dito ao povo brasileiro, em cadeia televisiva, que havia sido pego de surpresa quando o apagão caiu no seu colo ao final de seu mandato. Prova inequívoca da incompetência de seu ministério de Minas e Energia que, dentre outras funções, tinha o dever de manter o presidente informado da real situação energética do país.

O que preocupa é que o governo Lula se encontra longe de alcançar a meta necessária de adicionar, por ano, 5 GW na potência instalada do país. Ele sabe disso e não é por outra razão que está querendo, a todo custo, o licenciamento ambiental para a construção das hidrelétricas do Rio Madeira na região Norte, as quais, junto com a usina de Belo Monte, estão prometendo uma geração firme de cerca de 7 GW.

Em dezembro de 2006, publicamos o artigo intitulado "O Meio Ambiente do País Pede Socorro", no qual tratamos dessas questões, afirmando que o Ibama, no intervalo de três anos – entre 2003 e 2006 –, havia concedido licenciamento ambiental para a construção de 21 hidrelétricas, perfazendo um total adicional, na potência elétrica instalada do país, de 5,4 GW, ou seja, valor quase três vezes menor do que aquele necessário para a satisfação do seu crescimento, de 15 GW em três anos.

Com esses números fica fácil de perceber que o país continua seguindo na rota da escuridão. Com a mensagem transmitida ao povo brasileiro pelo presidente da República, segundo a qual os apagões eram páginas viradas na história do país, o não cumprimento da meta estabelecida vem se traduzindo em um alerta, o que deixa, de certa forma, o governo em situação delicada perante a sociedade brasileira. Nesse sentido, o governo passou a enxergar a construção das hidrelétricas na região Norte como de fundamental importância para a garantia do crescimento do país.

O que seria mais lógico: finalizar a motorização das usinas da Chesf (Itaparica e Xingó) que já têm o espaço físico pronto nas represas, para a instalação das oito turbinas projetadas e, com isso, gerar potência elétrica adicional equivalente ao que foi projetado no Madeira, ou construir as usinas nessa região, com os problemas ambientais que estão atualmente em curso? Esta pergunta, de certa forma, já foi respondida por Bermann, no Dossiê de Energia da USP: optou-se pela construção das unidades do Madeira pelo simples fato de o Rio São Francisco não dispor de água suficiente para gerar energia com as oito turbinas projetadas e não instaladas, nas usinas de Itaparica e Xingó.

Fica clara a existência de nítida diferença no tratamento das questões energéticas quando comparados os governos de Fernando Henrique Cardoso e o de Lula. Ao contrário do que ocorreu no governo FHC, o governo Lula deu provas de estar inteirado de tudo aquilo que vem ocorrendo no setor elétrico do país e, diga-se de passagem, está se empenhando, ao máximo, para a promoção do seu desenvolvimento.

Apenas achamos que a vontade política de iniciar a obras da transposição no próximo dia 25 de junho (o exército brasileiro já se encontra acampado em Cabrobó (PE) para iniciar a construção dos canais de aproximação), com toda a polêmica existente no projeto, poderá fazer com que Lula passe para a história como o presidente do "desmantelo hidrológico", conforme preconizado no nosso artigo escrito em 2001, em tons de profecia.

Finalmente, torcemos para que sejam restabelecidas as negociações entre o governo federal e a sociedade civil organizada com relação às questões sanfranciscanas. Cremos que ainda há tempo de contar com essas discussões, para revertermos o quadro de abandono em que se encontra a região semi-árida nordestina e, principalmente, a situação de colapso energético que se avizinha. Os movimentos sociais precisam começar a participar ativamente desse processo e o descaso do governo federal em contar com essa discussão não faz parte da solução do problema.

Recife, 11 de junho de 2007.

MEIO AMBIENTE: informação zero

65

Há cerca de uma década estamos envolvidos com as questões do Rio São Francisco, notadamente com o projeto de transposição de suas águas. Durante esse período, chegamos à conclusão de que existe uma enorme desinformação quanto ao tratamento das questões ambientais do Nordeste, principalmente da sua região semi-árida e, o que é pior, estão deliberando as ações de desenvolvimento na região com base nessa desinformação.

Na nossa ótica, o caso da transposição do Rio São Francisco é emblemático. Várias foram as denúncias que já fizemos sobre as agressões praticadas ao ambiente natural por onde corre o rio, sem que estas, no entanto, tenham sido levadas a sério pelas autoridades.

Na tentativa de sempre mantermos o leitor informado, passamos a relatar mais algumas informações, as quais foram recentemente socializadas nos meios de comunicação. Referimo-nos à incapacidade volumétrica do rio para atendimento aos diversos usos a que é submetido, principalmente aqueles referentes à geração de energia e à irrigação que se pretende realizar fora de sua bacia hidrográfica, em áreas do polígono das secas.

Com relação aos problemas existentes na geração de energia, além daqueles que já socializamos no artigo "As indefinições da geração de energia no Nordeste brasileiro", trazemos à baila outras inquietações do professor e hidrólogo José do Patrocínio Tomaz Albuquerque, da Universidade Federal de Campina Grande, ao fazer comentários na internet, sobre o projeto de transposição do Rio São Francisco, demonstrando que os diagnósticos até então realizados estão eivados de equívocos e impropriedades, referindo-se, principalmente, àqueles relacionados ao uso indiscriminado das vazões de base proveniente dos principais aqüíferos existentes na bacia do rio. Em seus comentários, Patrocínio exemplifica o uso das vazões do Urucuia, aqüífero responsável por mais da metade da vazão de base do Velho Chico, a qual registra atualmente, a jusante de Sobradinho, cerca de 1.200 m^3/s.

O que tem nos preocupado é que a vazão média regularizada do Rio São Francisco vem diminuindo paulatinamente a cada ano, o que julgamos ser uma decorrência dos usos exaustivos que estão sendo feitos nos aqüíferos existentes em sua bacia, conforme foi relatado pelo professor Patrocínio.

Projetada inicialmente para regularizar a vazão média do rio em cerca de 2.060 m³/s, a Represa de Sobradinho, no momento, regulariza uma vazão de cerca de 1.850 m³/s em sua foz. Essa diferença para menor é resultado, segundo a nossa ótica, dos usos múltiplos que já estão sendo praticados em sua bacia, tanto na irrigação como no abastecimento das populações.

Essa nossa afirmação é fácil de entender, porquanto na abrangência do aqüífero Urucuia existem extensas áreas irrigadas em território baiano, principalmente para as culturas da soja e do café, áreas essas que fazem parte da expansão da fronteira agrícola do nosso país. Patrocínio afirma essa diminuição volumétrica, alertando sobre as conseqüências que já estão ocorrendo na diminuição do fluxo basal para o escoamento fluvial que chega em Sobradinho, o que provavelmente está resultando em significativa redução da vazão daquela represa, com reflexos nefastos na geração de energia e no atendimento de outras demandas, inclusive do projeto de transposição.

Com relação aos problemas existentes na irrigação que se pretende realizar em áreas do polígono das secas, recentemente participamos de um evento na Fundação Gilberto Freyre, no Recife, no qual foram discutidas, pelo professor da Unicamp, Carlos Suzuki, as perspectivas de cooperação Brasil-Japão, nos assuntos relacionados a biocombustível e meio ambiente.

Em conferência proferida basicamente sobre as perspectivas da produção do etanol no país, o professor Suzuki também teceu comentários acerca do potencial existente para o plantio de cana de açúcar no Nordeste semi-árido. Relacionando cores ao potencial produtivo da referida cultura (azul para potencialidades altas, vermelha para potencialidades baixas e verde e amarelo para potencialidades intermediárias), o conferencista apresentou um mapa, no qual, para espanto nosso, havia, na região semi-árida nordestina, extensas áreas de coloração azul, indicando a existência de altas potencialidades na região seca nordestina para a produção daquela cultura.

Ora, quem lida com questões sucro-alcooleiras, bem sabe que a cana-de-açúcar é uma cultura muito eficiente em termos produtivos e muito exigente em água, necessitando, portanto, de um grande aporte hídrico para o seu desenvolvimento. Não é por outra razão que a cultura se desenvolveu, nos últimos 500 anos, na zona da mata nordestina, região que apresenta precipitação média de cerca de 1.600 mm/ano.

Durante os debates ocorridos no evento, mencionamos os exemplos de produção de cana-de-açúcar irrigada no Vale do Rio São Francisco (usina Mandacaru, no município de Juazeiro, BA), em região semi-árida, onde foram registradas, por aquela indústria, produtividades equivalentes àquelas obtidas na região açucareira de São Paulo, mas com a ressalva de que não poderíamos cometer o grave erro de extrapolar os resultados obtidos em Juazeiro para o Semi-árido como um todo. Seguramente, o Semi-árido não dispõe dos volumes hídricos necessários para assegurar o desenvolvimento da cultura de cana-de-açúcar em larga escala, conforme fora informado na conferência.

Sabedores de que o Nordeste semi-árido não dispõe dos volumes hídricos exigidos para o desenvolvimento desse tipo de cultivo, fizemos a suposição de que os mesmos estavam sendo considerados através de aportes oriundos do Rio São Francisco, via projeto de transposição. Salientamos, no entanto, que o projeto é polêmico e, portanto, nada está definido com relação à implantação do mesmo. Chegamos a considerar a possibilidade de essa suposição ser concretizada, o que acarretará o golpe de misericórdia em um rio, cujo regime já se encontra limitado e, portanto, sem a mínima possibilidade para outros fornecimentos volumétricos. Desse modo, caso concretizado o projeto, a instalação do caos na bacia do rio torna-se iminente.

Ao responder a nossas inquietações, Suzuki concordou quanto a impossibilidade de o Rio São Francisco atender a essas novas demandas, citando, inclusive, exemplos de rios na China que vieram a secar, quando submetidos a usos indiscriminados de suas águas sem o planejamento devido.

Com relação à coloração azul do mapa em extensas áreas do Semi-árido (potencial alto para o plantio de cana-de-açúcar), o conferencista fez questão de informar que não havia tido participação alguma naquele estudo e, portanto, não tinha nenhuma responsabilidade sobre o mesmo, ficando clara a falta de compromisso das instituições com relação às questões do nosso desenvolvimento.

Após a conferência do Carlos Suzuki, ficou evidente que a Unicamp não tinha conhecimento de causa para com as questões hidrológicas nordestinas. Faltou-lhe a informação essencial: o conhecimento de uma realidade que nos parece só ser conhecida dos nordestinos. Cremos que para esses assuntos a instituição se mostrou desinformada, o que nos fez recordar as observações do ilustre paraibano, Lynaldo Cavalcanti, ex-presidente do CNPq e atual secretário executivo da Associação Brasileira das Instituições de Pesquisa Tecnológica – Abipti, quando afirmou que o Nordeste não necessita da transposição das águas do Rio São Francisco. O que realmente a região necessita é da transposição do conhecimento, a verdadeira geração de nossa maior riqueza.

Recife, 27 de junho de 2007.

ENTREVISTA COM JOÃO SUASSUNA: As populações que residem nos pés de serra, nos grotões, não verão uma gota d'água

A região do semi-árido nordestino já tem capacidade suficiente de armazenar água para enfrentar os períodos de estiagem, mas faltam investimentos na distribuição dos recursos hídricos, por meio de adutoras, aponta o engenheiro-agrônomo *João Suassuna*, pesquisador da Fundação Joaquim Nabuco, em Recife, que há 12 anos se dedica a estudar o problema. Ele diz que, por não atacar esse ponto, a transposição será uma porta aberta para o desperdício de recursos públicos. A reportagem é do jornal *Valor*, 25-06-2007.

Para o pesquisador, o empreendimento deverá agravar o processo de salinização que já se nota na foz do rio. "Peixes típicos de água salgada estão sendo encontrados, hoje, em Penedo, a 40 quilômetros do litoral", afirma *Suassuna*. Ele sugere alternativas para resolver o problema da falta de água para consumo humano e prevê que a transposição atenderá principalmente a atividades econômicas – a fruticultura irrigada voltada à exportação, a criação de camarão e o abastecimento a indústrias. "As populações que residem nos pés de serra, nos grotões, não verão uma gota d'água do São Francisco e continuarão sendo atendidas por frotas de carro-pipa." E continua "A indústria da seca será perpetuada", critica.

Eis a entrevista.

O projeto de transposição do São Francisco é a melhor alternativa para resolver o problema da seca no semi-árido nordestino?

O projeto, da forma como está sendo apresentado, é absolutamente desnecessário. Temos cerca de 70 mil reservatórios no Nordeste, com capacidade para armazenar 37 bilhões de m^3. É o maior volume represado do mundo em regiões semi-áridas. Ou seja, já existe capacidade suficiente, mesmo no período de seca, ao contrário do que se costuma dizer. O que não temos é uma política de distribuição dos recursos hídricos, e a transposição não ataca esse problema. Basta o gerenciamento mais adequado que, com o uso de apenas um terço dos recursos disponíveis, será possível oferecer até 200 litros de água por dia para toda a população nordestina. O que precisamos é investir em uma rede adequada de adução das águas.

Há alternativas mais baratas e mais eficientes?

O Ceará tem um exemplo de sucesso, com a interligação das suas diversas bacias e o aumento do potencial de acumulação dos reservatórios, com a construção da Represa do Castanhão. Isso faz com que as regiões do estado que apresentam dificuldades de fornecimento às populações sejam supridas por outras, com melhores condições hídricas. O programa de 1 milhão de cisternas, coordenado pela Articulação do Semi-Árido (ASA), um fórum de 800 organizações não-governamentais, já construiu 200 mil cisternas com resultados muito positivos. Uma cisterna com 15 mil litros de capacidade permite, a uma família de cinco pessoas, atravessar um período de oito meses de seca com água suficiente para beber e cozinhar.

Se o problema é distribuição, então o investimento na transposição é um desperdício de recursos públicos?

Sem dúvida. O maior adversário do governo nesse projeto, por incrível que pareça, tornou-se o próprio governo. A transposição tem um custo estimado em R$ 6,6 bilhões e afirma que vai beneficiar 12,5 milhões de pessoas. Não estão sabendo fazer as contas. Em dezembro do ano passado, a Agência Nacional de Águas (ANA) lançou um atlas que aponta alternativas mais econômicas e mais abrangentes. Com cisternas, poços com dessalinizadores e adutoras, é possível beneficiar 30 milhões de pessoas, investindo pouco mais de R$ 3 bilhões.

Quais são os principais impactos negativos da transposição do São Francisco?

As águas do São Francisco têm usos múltiplos e conflitantes. O potencial de irrigação na bacia do rio é de 1 milhão de hectares, dos quais 340 mil já são efetivamente irrigados. Essa área cresce cerca de 4% ao ano. No setor elétrico, a Chesf já investiu US$ 13 bilhões ao longo do Rio São Francisco, que atualmente responde por 95% da energia gerada no Nordeste. Poucos lembram que, em 2001, a Represa de Sobradinho esteve com apenas 5% do seu volume. Retirar 26 m^3 por segundo da vazão do rio, em todo esse contexto, não é insignificante nem para os atuais empreendimentos de agricultura irrigada, nem para a segurança energética. Na foz do São Francisco, o rio está perdendo a batalha contra o mar e há um processo de salinização que só tende a se intensificar com a transposição. Peixes típicos de água salgada estão sendo encontrados, hoje, em Penedo (AL), a 40 km do litoral.

Existe pressão política para fazer a transposição?

Não só política, com candidatos que a vendem como redenção para os problemas da seca, como pressão e lobby das empreiteiras. Há um potencial enorme para desvio de recursos públicos. As águas da transposição terão outros destinos, que não o abastecimento humano. Seja na irrigação visando a produção de frutas para exportação, seja na criação de camarão também para exportação, seja no uso industrial como na siderúrgica que se quer construir em Pecém, no Ceará. A usina consumirá o equivalente a uma cidade de 90 mil habitantes e será beneficiária direta da transposição. As populações difusas, aquelas que residem nos pés de serra, nos grotões, não verão uma gota d'água do São Francisco e continuarão sendo atendidas por frotas de carro-pipa. A indústria da seca será perpetuada.

Recife, 25 de junho de 2007.

67 REFÉNS DO EQUÍVOCO

Os empresários do grande capital, principalmente, serão contemplados com as águas do rio, enquanto as populações difusas, geradoras de votos e as mais carentes em termos hídricos, aquelas que atualmente são abastecidas por frotas de caminhões pipa, continuarão desassistidas.

Que a transposição do Rio São Francisco é um projeto polêmico, isso todos nós já sabemos.

Mas não só polêmico: não temos a menor dúvida em afirmar a existência de falhas técnicas significativas no mesmo, as quais poderão resultar em graves conseqüências para o ambiente natural nordestino.

Mencionamos, entre outras, a possibilidade real e concreta de interferência nas populações indígenas; o aumento e aparecimento de novas doenças, visto ser a água um excelente veículo condutor; a perda de terras potencialmente agricultáveis; a desapropriações e todos os conflitos que delas decorrem; a especulação imobiliária nas várzeas potencialmente irrigáveis no entorno dos canais; o incentivo à indústria da seca, através da perpetuação do desabastecimento das populações difusas; a interferência no patrimônio cultural das populações atingidas; a perda e fragmentação de áreas com vegetação nativa (de *habitat* e ecossistemas); a modificação da composição e o risco de redução da biodiversidade das comunidades biológicas aquáticas nativas das bacias receptoras; o risco de introdução de espécies invasoras; maior número de ocorrência de acidentes com animais peçonhentos; a aceleração do processo erosivo e de carreamento de sedimentos; a modificação no regime fluvial do rio; as perdas na geração de energia elétrica; a eutrofização dos novos reservatórios e, sobretudo, ao prejuízo ao mais vital dos recursos da natureza: a água.

Os últimos acontecimentos alusivos ao início das obras da transposição em Cabrobó (PE) têm nos preocupado sobremaneira, a ponto de conclamarmos o bom senso das partes envolvidas, principalmente do lado das autoridades responsáveis pelo projeto. O diálogo, no nosso modo de entender, é a principal saída para a solução dos impasses ali existentes.

Na nossa militância decana sobre a realidade nordestina, temos revelado a existência de alternativas mais apropriadas e mais baratas para o abastecimento das populações nordestinas, quando comparadas àquela do projeto da transposição. Referimo-nos ao Atlas Nordeste de abastecimento urbano de água, editado pela Agência Nacional de Águas – ANA, em dezembro de 2006, bem como aos trabalhos de convivência com o Semiárido sob a responsabilidade da ASA - Brasil (Articulação do Semi-árido Brasileiro).

Para se ter uma idéia da importância delas, o Atlas Nordeste, que traça também um diagnóstico da situação hídrica da região, traz como pressuposto a perspectiva do abastecimento de um número três vezes maior de pessoas no Nordeste, quando comparado aos beneficiários do projeto da transposição, valendo-se, para tanto, da metade dos recursos previstos naquele projeto. Com a divulgação desse trabalho pela ANA, acreditamos que o governo federal passou à categoria de maior opositor do projeto de transposição das águas do rio São Francisco, não tendo sentido, portanto, a sua priorização no Plano de Aceleração do Crescimento do país – PAC.

Em relação aos trabalhos da ASA Brasil, voltados para a questão da água, essa instituição propõe a captação da chuva para consumo humano e para produção de alimentos, por meio de um leque de 40 tecnologias, a exemplo das cisternas, barreiros e mandalas. Portanto, o foco dos movimentos sociais é no sentido do abastecimento humano, compreendendo a água como um direito humano fundamental.

Costumeiramente, nos reportamos, em nossos trabalhos, ao uso das cisternas rurais como uma das melhores alternativas para o abastecimento das populações difusas da região semi-árida nordestina. Uma cisterna de 16 mil litros, por exemplo, tem capacidade para ofertar, a uma família de 5 pessoas, durante os 8 meses sem chuvas na região, água de boa qualidade para beber e cozinhar.

Entretanto, caso o governo federal venha iniciar o projeto da forma como está conduzindo as negociações, certamente estará cometendo um grande equívoco, o que, na realidade, será uma lástima. Aliás, já tivemos a oportunidade de comentar essas questões no artigo "Na iminência do primeiro equívoco", escrito em 2003 em tons de profecia.

Lamentamos, no entanto, a ótima oportunidade desperdiçada de se negociar essas questões do Nordeste semi-árido junto ao governo federal. Após o santo jejum do bispo de Barra (BA), Dom Luiz Flávio Cappio, o governo havia iniciado um processo de negociação junto aos movimentos sociais, fato interrompido pela proximidade do período eleitoral do ano passado e pela cassação da liminar que impedia o início das obras transpositórias. Imaginávamos, no entanto, que uma vez encerradas as disputas eleitorais, o governo voltasse à mesa de negociações. Ledo engano. O que se viu foi um governo livre de empecilhos e motivado à imposição do projeto goela abaixo do nordestino, pondo por terra todas as possibilidades de saídas dignas de seu convívio com as secas que freqüentemente assolam a região.

Outra questão que tem nos preocupado sobremaneira diz respeito à divisão do Nordeste causada, principalmente, pela disputa das águas do Velho Chico.

Consta no projeto apenas o benefício dos Estados do Ceará, Rio Grande do Norte, Paraíba e Pernambuco, o que praticamente ocasionou o desmembramento do Nordeste em duas partes: a região Setentrional (aquela que irá receber as águas do São Francisco) e a região Meridional (aquela que irá exportar as águas do rio). Esse fato não foi bem recebido pela população da sua parte meridional, tendo em vista ficar a região como mera exportadora de água, sem que seus habitantes tivessem participação efetiva no projeto. Isso gerou descontentamentos, o que julgamos indesejável, principalmente tendo em vista ser o São Francisco o rio da integração nacional, não devendo, portanto, servir de motivos para discórdias entre o povo nordestino. Na nossa ótica, o Nordeste deveria ser considerado de uma forma global, com seus estados participando tanto das discussões como das soluções de seus problemas.

Essa questão da divisão do Nordeste ficou evidenciada recentemente em reunião realizada no Recife, na qual participaram os governadores dos estados da região Setentrional, para discussão do apoio ao início das obras do projeto de transposição. No nosso ponto de vista a reunião foi importante porque evidenciou, de um lado, o poder de articulação dos atuais dirigentes daqueles estados, mas, de outro, deixou a desejar, pelo simples fato de não se ter dado enfoque às principais questões regionais, notadamente o abastecimento das populações difusas circunscritas no polígono das secas. Nesse sentido, a reunião poderia ter sido muito mais proveitosa, se realizada com a participação dos governantes de todos os estados nordestinos que sofrem a influência do fenômeno das secas, inclusive o do Estado de Minas Gerais, principal exportador das águas do Velho Chico, tendo como pauta principal a discussão das propostas existentes no Atlas Nordeste do abastecimento urbano de água e a sua importância para a solução definitiva dos problemas de abastecimento de todo o Nordeste.

Para se ter idéia da importância dessas propostas, existe no Atlas da ANA a indicação de solução para os problemas de escassez hídrica na região agreste do Estado de Pernambuco, através da adução (uso de tubulações) das águas do Rio São Francisco. Por que não implementar essa proposta, ao invés de se começar a construir o faraônico eixo norte, em Cabrobó, cujos benefícios passarão à margem do estado? No nosso modo de entender, a primeira alternativa seria a mais sensata.

O foco do eixo norte é puramente econômico. Isso todos nós sabemos. Visa tão somente o benefício do agronegócio nos Estados do Ceará, Paraíba e Rio Grande do Norte, numa prova de total desrespeito ao que foi deliberado pelo Comitê da Bacia do São Francisco, no Plano Decenal de uso de suas águas. Segundo consta neste plano, o uso das águas do Rio São Francisco, fora de sua bacia hidrográfica, é permitido apenas para abastecimento humano e animal, isso em caso de comprovada escassez.

Caso seja iniciado o projeto, entendemos que os governadores dos estados do Nordeste Setentrional ficarão reféns das conseqüências desse equívoco. Os empresários do grande capital, principalmente irrigantes, industriais e carcinicultores, serão contemplados com as águas do rio, enquanto as populações difusas, geradoras de votos e as mais carentes em termos hídricos, aquelas que atualmente são abastecidas por frotas de caminhões-pipa, ao perceberem que o projeto é revestido de pura ilusão, ficarão revoltadas, o que poderá resultar em desgastes políticos de conseqüências imprevisíveis.

Diante de tudo isso, cremos que ainda há tempo para se refletir sobre essas questões, envidar esforços para o retorno das negociações interrompidas e torcer para que o bom senso prevaleça na volta desse diálogo. É o que desejamos para o bem comum.

Recife, 06 de julho de 2007.

68 CARAVANA DO SÃO FRANCISCO: uma visão realística

Os problemas de abastecimento do Nordeste podem ser solucionados através de alternativas mais simples e baratas do que a transposição, alternativas que tragam resultados significativos na melhoria da qualidade de vida de toda população

No mês de agosto do corrente, sob a coordenação de Apolo Heringer Lisboa, gerente do Projeto Manuelzão de Minas Gerais, foi formada uma Caravana para discussão de temas relacionados à Transposição e Revitalização do Rio São Francisco, e desenvolvimento do Semi-árido brasileiro.

Durante 15 dias e visitando 11 estados brasileiros (Minas Gerais, Rio de Janeiro, Distrito Federal, São Paulo, Rio Grande do Norte, Ceará, Pernambuco, Paraíba, Bahia, Sergipe e Alagoas), a Caravana promoveu discussões entre técnicos especialistas em meio ambiente e recursos hídricos, representantes do Comitê de Bacia do Rio São Francisco, representantes do Ministério Público, dirigentes de movimentos sociais e de defesa do meio ambiente e representante das comunidades tradicionais da Bacia do São Francisco.

Em sua trajetória pelo país, a Caravana esteve diante de dois fatos marcantes: de um lado uma mentira histórica e, de outro, uma grata surpresa.

A mentira histórica consistiu na afirmação, pelas autoridades, de que seria possibilitado, através do projeto de transposição do Rio São Francisco, o abastecimento de 12 milhões de pessoas no Nordeste Setentrional. Esse número vem sendo questionado, inclusive, pelo Tribunal de Contas da União.

Não podia ser diferente: conforme estatísticas da Sudene (2003), os estados do Nordeste Setentrional (Ceará, Rio Grande do Norte, Paraíba e Pernambuco) possuem uma população estimada em cerca de 21,5 milhões de pessoas, sendo 10,3 milhões residentes em região semi-árida, com sérios problemas de abastecimento. Segundo o Comitê da Bacia Hidrográfica do São Francisco, o Projeto de Transposição atende a menos de 20% da área do Semi-árido e 44% de sua população continuarão sem acesso ao precioso líquido. Isto significa dizer que apenas 5,7 milhões de pessoas dos quatro estados é que serão beneficiadas, portanto, muito diferente daquele anunciado pelo projeto, de 12 milhões de pessoas.

Por outro lado, o referido projeto que visa, prioritariamente, a satisfação das necessidades hídricas da população do Semi-árido, terminou por não alcançar os seus objetivos, pelo simples fato de o mesmo concentrar terra e água; diminuir a oferta hídrica das populações – pois apenas transfere água de uma bacia para outra, deixando essa água ao ar livre, sujeita à evaporação – e levar água para as grandes represas já abastecidas com muita água – suscitando enormes dúvidas com relação à salinização dos solos e ao aumento de desperdícios. Estes aspectos, somados à ausência de uma política que garanta o abastecimento das populações difusas da região, têm resultado em benefícios diretos ao grande capital, principalmente em atividades econômicas do agronegócio (irrigação e carcinicultura) e da indústria.

Nesse sentido, o caso do eixo leste do projeto de transposição nos parece emblemático. Ele foi idealizado para solucionar antigos problemas de abastecimento da cidade de Campina Grande e municípios vizinhos, os quais são abastecidos pela Represa de Boqueirão, e para resolver os problemas de escassez hídrica dos municípios localizados na Bacia do Rio Ipojuca, na região agreste do Estado de Pernambuco. Na nossa ótica, esse eixo, da forma como foi apresentado à sociedade, está superdimensionado. A água, em volumes suficientes para o abastecimento das populações daqueles municípios, poderia ser transposta por adução, o que seria um processo muito mais barato. Além do mais, entendemos que o volume previsto para ser retirado do São Francisco através desse eixo (28 m^3/s), é exorbitante, o que nos faz acreditar na tese do uso dessa água para o grande capital.

Pernambuco possui um potencial de 3,4 bilhões de m^3, distribuídos em 132 represas de porte médio. Somados a este manancial, o estado dispõe do aqüífero Jatobá, que abastece os municípios de Arcoverde, Ibimirim e Sertânia e de uma fronteira molhada com o Rio São Francisco, de aproximadamente 500 km, a qual já vem sendo explorada sistematicamente, com a adução de suas águas para Araripina (adutora do Oeste) e Salgueiro (adutora de Salgueiro), municípios estes pertencentes a Bacia do Rio São Francisco. Nestas aduções, as tubulações utilizadas obedecem a um determinado dimensionamento (70 cm de diâmetro) capaz de satisfazer ao abastecimento das populações daqueles municípios do sertão pernambucano (a adutora de Araripina abastece os municípios de Ipubi, Ouricuri,

Santa Cruz, Santa Filomena e Trindade e a adutora de Salgueiro abastece os municípios de Parnamirim, Serrita, Terra Nova e Verdejante), com uma vazão de 0,5 m³/s.

A Paraíba possui as Represas Coremas/Mãe-d'água, as quais, juntas, acumulam um volume estimado em cerca de 1,3 bilhões de m³. Essas represas resolveriam os problemas de abastecimento das populações de todo o sertão paraibano por um período de 20 anos, no mínimo. De acordo com José Patrocínio, consultor e professor aposentado da Universidade Federal de Campina Grande, o Estado da Paraíba possui o reservatório de Boqueirão, com capacidade máxima de acumulação de cerca de 438 milhões de m³, que abastece a cidade de Campina Grande e outras 11 pequenas cidades vizinhas. A região metropolitana de Campina Grande passou por sérios problemas de abastecimento, após o período de seca havido entre os anos de 1997 e 1999, agravados, ainda, pela falta de gestão do reservatório e da Bacia do Alto Paraíba, com a implantação de sistemas de irrigação mal conduzidos, dimensionados a consumirem volumes excessivos (a atividade praticada na bacia consumia volumes estimados em 1.000 l/s), além de uma descarga de fundo descontrolada de cerca de 200 l/s. Resolvidos os problemas dos gastos d'água desnecessários, através de um gerenciamento coerente em toda a sua bacia, a represa se encontra, atualmente, com mais de 80% de seu volume preenchidos e tem uma capacidade de regularização, com 100% de garantia, de 1.781 l/s. A população atual atendida pelo reservatório é de 470.000 habitantes, aproximadamente, dos quais 367.874 só em Campina Grande. Segundo a Cagepa, concessionária do serviço de abastecimento e esgotamento sanitário da Paraíba, a vazão bruta retirada do reservatório para abastecimento humano, à taxa de 200 litros por habitante por dia, oscila, hoje, em torno de 1.000 l/s. A projeção da demanda para o ano de 2025 (população total de cerca de 530.000 habitantes) atingiria 1.512 l/s. Portanto, Campina Grande e os demais municípios vizinhos atendidos pela Represa de Boqueirão têm água suficiente para o atendimento das necessidades de suas populações pelo menos nos próximos 18 anos, não se justificando, portanto, a realização do projeto de transposição do Rio São Francisco para aquela região.

A grata surpresa oferecida ao povo do Semi-árido ficou por conta da edição, pela Agência Nacional de Águas – ANA, do Atlas Nordeste de abastecimento urbano de águas.

Trata-se de um minucioso diagnóstico hídrico de 1.112 municípios nordestinos com mais de cinco mil habitantes e 244 municípios abaixo desse quantitativo, com propostas de obras para solucionar os problemas de abastecimento humano até 2015. O seu alcance é grandioso: através de 530 obras, a um custo de 3,6 bilhões de reais (praticamente metade do custo inicial previsto no projeto da transposição do São Francisco), o Atlas prevê o abastecimento de cerca de 34 milhões de nordestinos (praticamente o triplo de pessoas previstas na transposição) em todos os estados, inclusive o norte de Minas Gerais. Quando somada essa população (34 milhões) com a população do meio rural do Semi-árido nordestino, assistida pela Articulação do Semi-árido Brasileiro (cerca de 10 milhões de pessoas) através do uso de tecnologias apropriadas, é de se supor que boa parcela de toda população nordestina, rural e urbana, hoje estimada em mais de 47 milhões de pessoas, venha a ter seus problemas de abastecimento resolvidos.

No diagnóstico realizado pelo Atlas, foram identificados problemas de escassez hídrica em algumas localidades das regiões agrestes dos Estados da Paraíba e Pernambuco, inclusive com propostas de solução através da adução das águas existentes na região.

É importante serem socializadas essas informações, tendo em vista a forma de tratamento dessas questões nos novos cenários que estão sendo postos. A utilização das águas do Rio São Francisco, fora de sua bacia hidrográfica, não é proibida, principalmente quando o uso das águas for destinado ao abastecimento humano e animal, isso em caso de comprovada escassez. O Atlas Nordeste propõe que o acesso à água, nas referidas regiões agrestes dos Estados de Pernambuco e da Paraíba, se dê por intermédio de adutoras, com o que estamos de pleno acordo.

Finalmente, o principal propósito da Caravana foi o de chamar atenção sobre essas inconsistências existentes no projeto de transposição do rio São Francisco e mostrar que os problemas de abastecimento do Nordeste podem e devem ser solucionados através de alternativas mais simples e mais baratas, alternativas essas que trazem resultados significativos na melhoria da qualidade de vida de toda população.

Recife, 07 de setembro de 2007.

69 CONVIVÊNCIA COM O SEMI-ÁRIDO

O Brasil ganharia, sem precisar de muito esforço, se aprendesse com a diversidade da natureza nordestina e pensasse a aridez como vantagem e não como prejuízo para o desenvolvimento econômico e social da região.

O Semi-árido brasileiro, também chamado de Sertão – cenário geográfico onde ocorrem as secas – abrange os seguintes Estados: Piauí, Ceará, Rio Grande do Norte, Paraíba, Pernambuco, Alagoas, Sergipe, Bahia e o Vale do Jequitinhonha, no norte de Minas Gerais. Estima-se nele uma população de cerca de 20 milhões de pessoas das quais, no exacerbar de uma seca, 10 milhões passam sede e fome. É uma região de elevadas temperaturas (média de 26 °C), onde o regime pluvial é bastante irregular. A média pluviométrica anual oscila entre 400 e 800 mm, com volume anual precipitado estimado em cerca de 700 bilhões de m^3. Os solos são geralmente rasos, pedregosos (escudo cristalino), com ocorrência de vegetação do tipo xerófila.

Essas condições ambientais intrínsecas ao solo e ao clima servem de base para a sua classificação em zonas: caatingas, seridó, carrasco e agreste. As estiagens prolongadas ocorrem ciclicamente, trazendo efeitos nocivos para a economia da região e acarretando custos sociais elevadíssimos.

A economia da região – ainda que mais industrializada hoje do que há anos atrás – está baseada no setor primário, um complexo de pecuária extensiva e agricultura de baixo rendimento.

Uma reflexão apropriada sobre essas questões precisa ser feita por quem queira compreender o potencial dos recursos naturais do Semi-árido e, principalmente, os elementos biológicos que nele vivem. O enfoque principal desses assuntos constitui fundamentalmente o programa de trabalho do Instituto Nacional do Semi-árido – INSA, em Campina Grande (PB).

Pouco se teria a inventar mas muito a aprender com a diversidade da sua natureza, pensando conceitualmente na semi-aridez como vantagem.

Plantas e animais adaptados

Atualmente, é indispensável no Semi-árido a ampliação de trabalhos que visem ao tratamento adequado dos elementos biológicos – plantas e animais – afinados com a natureza peculiar do clima e com a circunstância sócio-cultural da região.

A identificação de forrageiras adequadas e a produção básica de suas sementes é um processo paralelo peculiar. Para a revogação da pobreza no meio rural nordestino há de se começar levando em conta essas peculiaridades.

A prioridade natural do uso da terra e a harmonia necessária entre os animais e o ambiente apontam para a concepção de sistemas de produção específicos, permanentes, que devem começar pela escolha das espécies apropriadas, sejam de animais, sejam de vegetais.

A vegetação natural – a caatinga – é rica, mas carece de maiores estudos, visando à perenização do seu extrato herbáceo e à racionalização do seu uso.

É de fundamental importância o desenvolvimento de trabalhos visando à preservação de ruminantes de pequeno porte, através da multiplicação das diferentes raças de cabras e ovelhas nativas do Nordeste seco, portadores de funções produtivas múltiplas: para leite, pele e carnes. São as cabras vivazes, de pêlos curtos, e as prolíficas ovelhas deslanadas, de pele e carne superlativas.

Quanto aos bovinos, é importante a escolha de raças zebuínas, originárias dos pré-desertos da Ásia, produtoras de leite rico, de oportuna competência para digerir materiais fibrosos e dotadas de carcaça enxuta, com carnes sadias. Paralelamente ao Guzerá e ao Sindi, o gado "pé duro" do Piauí também deverá ser escolhido devido à sua adaptação ao Semi-árido desde o período colonial e ao seu enorme potencial produtivo, de baixo custo.

O trabalho deve ser voltado especificamente para o melhoramento funcional e seleção inovadora, através de controles zootécnicos desse importante acervo preservado, de admirável frugalidade e sintonia fisiológica com os caprichos da natureza regional, num ajuste de cinco séculos.

Esses animais, além da dimensão zootecnológica, fazem parte da história de vida dos nordestinos, tendo fornecido leite, couro, carne e trabalho aos nossos antepassados, inserindo-se em nosso patrimônio sócio-cultural.

A questão hídrica

Cerca de 70% da superfície do Semi-árido nordestino têm geologia cristalina. Nesse tipo de estrutura edáfica, os escoamentos superficiais são muito maiores do que a parte que se infiltra no solo. Essas características dos solos nordestinos resultaram em corridas desenfreadas para a construção de represas, visando ao armazenamento das águas para posterior aproveitamento. Estima-se atualmente, no Nordeste seco, um quantitativo de cerca de 70.000 represas de pequeno, médio e grande porte.

As represas da região acumulam um potencial de cerca de 37 bilhões de m^3. É o maior volume represado em regiões semi-áridas do mundo. Apesar disso não há uma política, na região, que garanta o abastecimento eficiente de suas populações, principalmente aquelas localizadas de forma difusa. A malha de adutoras que permite o acesso das águas às populações é incipiente. O resultado disso é a existência de um número expressivo de famílias vivendo, em sua maioria, no entorno das principais represas nordestinas, sem ter acesso ao precioso líquido. Além do mais, não existe vontade política para resolver esse tipo de situação, que perdura há séculos e aflige milhões de nordestinos.

Fala-se muito na água do subsolo para se resolver, de vez, os problemas hídricos da região semi-árida. Esta é uma alternativa importante, mas não é a solução para todo o problema. Dadas as características geológicas da região, há poucas possibilidades de acúmulos satisfatórios de água nesse meio. Elas ocorrem nas fraturas das rochas e nos aluviões próximos de rios e riachos. Em geral, essas águas são pouco volumosas (os poços secam aos constantes bombeamentos) e freqüentemente de má qualidade. As águas que têm contato com esse tipo de estrutura se mineralizam com muita facilidade, tornando-se salinizadas. A título de exemplo, estima-se que 35% dos 60.000 poços escavados no cristalino do Nordeste estejam secos, obstruídos ou com água inadequada ao consumo humano. O uso do dessalinizador em tais casos é antieconômico, pois 1 m^3 de água dessalinizada custa cerca de US$ 0,80 (oitenta centavos de dólar). Todavia, é importante a exploração racional das regiões nordestinas de geologia sedimentária, evitando, sempre que possível, os desperdícios d'água, a exemplo daqueles existentes no Estado do Piauí, que não aproveita de forma satisfatória as águas dos poços jorrantes escavados na região do Vale do Rio Gurguéia, no município de Cristino Castro. Os poços jorram 24 horas por dia e não existe um projeto de uso adequado que justifique o programa de perfuração ali realizado.

Alternativas para a solução do abastecimento difuso no Nordeste existem e podem ser implementadas a custos relativamente baixos. A Asa Brasil – por exemplo – é uma organização não-governamental que vem difundindo uma série de tecnologias de acumulação de água no Semi-árido, a exemplo das cisternas rurais, barragens subterrâneas, barreiros trincheiras e mandalas, visando a solução dos problemas dessa parcela da população considerada a mais carente em termos de recursos hídricos.

Outra alternativa para a solução dos problemas de abastecimento das populações do Semi-árido foi posta em prática, em dezembro de 2006, pelo próprio governo federal. Trata-se da edição do Atlas Nordeste de Abastecimento Urbano de Água. Esse trabalho estabelece um diagnóstico preciso da atual situação hídrica nordestina, com proposta de solução para o abastecimento através do uso de adutoras (tubulações), beneficiando cerca de 34 milhões de nordestinos.

Recife, 27 de novembro de 2007.

70 ENTREVISTA COM JOÃO SUASSUNA: A polêmica da transposição

Especialista em hidrologia do Semi-árido põe em dúvida reais benefícios do programa para o Rio São Francisco – Um dos mais antigos projetos brasileiros na área de recursos hídricos, a transposição do Rio São Francisco, idealizado para amenizar os problemas das secas na região Nordeste, ainda é alvo de acalorados debates, mesmo no momento em que começa a sair do papel. Enquanto o governo sustenta que a transposição será um verdadeiro instrumento de transformação da realidade do Semi-árido, muitos grupos da sociedade civil apostam que o projeto não beneficiará as populações locais, mas sim o agronegócio, empresários e latifundiários. Por Marcelo Copelli, *Tribuna de Imprensa*, 14/01/2008.

Um dos opositores da transposição, o pesquisador e engenheiro agrônomo da Fundação Joaquim Nabuco, de Pernambuco, João Suassuna, considerado atualmente um dos maiores especialistas do país em questões de hidrologia do Semi-árido e conhecimento sobre o Rio São Francisco, afirma que o resultado final, efetivado o projeto, irá surpreender muita gente.

"Quem achar que a transposição vai resolver o problema da população difusa nordestina, e estou falando em termos de 10 milhões de pessoas que vivem nos pés de serra, nos grotões, nos pequenos lugarejos, em sítios, e estão sendo assistidas por frotas de caminhões-pipa, se engana. Tais pessoas não vão ver a cor da água do São Francisco", sustenta Suassuna.

Tribuna da Imprensa – Como o senhor analisa a questão da transposição do Rio São Francisco?

João Suassuna – O São Francisco é um rio de múltiplos usos, responsável por mais de 95% da energia que é gerada no Nordeste. Na beira do rio, nós temos um potencial de cerca de um milhão de hectares, dos quais 340 mil já estão irrigados, e isso já leva uma boa fatia das águas dele.

Em 2001 nós tivemos que racionar nossa energia aqui no Nordeste, tendo que adotar os feriadões. Caso isso não fosse feito, o sistema de geração de energia iria "apagar". E é em um cenário de conflitos que o governo federal quer tirar a água para abastecer 12 milhões de pessoas no Nordeste.

Colocarão em risco todos os investimentos que já foram feitos ao longo da bacia. Costumo dizer que energia é sinônimo de desenvolvimento, e a gente não pode estar brincando com isso.

TI – Existe um grande movimento oposicionista por parte de diversos grupos da sociedade em relação ao projeto. Na sua opinião, por que o governo parece ignorar as manifestações?

JS – Coube ao Comitê da Bacia Hidrográfica do Rio São Francisco a elaboração do Plano Decenal do uso das águas para fora de sua bacia, ou seja, águas de transposição. No plano ficou estabelecido que as águas do Rio São Francisco poderiam ser utilizadas para o abastecimento humano e o abastecimento animal, isso em caso de comprovada escassez. Isso que foi deliberado fere frontalmente as expectativas do governo, pois ele quer pegar as águas do São Francisco e usar no agronegócio. Quando as águas começarem a abastecer as principais represas do Nordeste, elas vão ser consumidas pelo grande capital, ou seja, serão direcionadas para criação de camarão, irrigação de frutas, para as indústrias.

Para se ter uma idéia, só no Porto de Pécem, próximo à Fortaleza, está sendo construída uma siderúrgica, a Ceará Still, que sozinha consome um volume equivalente ao de um município de 90 mil habitantes. Caso as águas do São Francisco sejam utilizadas para tais fins, vão acabar de matar o rio, que já está limitado hidrologicamente. Existe o conflito de usos.

Quem achar que a transposição vai resolver o problema da população difusa nordestina, e estou falando em termos de 10 milhões de pessoas que vivem nos pés de serra, nos grotões, nos pequenos lugarejos, em sítios, e estão sendo assistidas por frotas de caminhões-pipa, se engana. Tais pessoas não vão ver a cor da água do São Francisco.

Caso implantem o projeto da forma como está sendo divulgado para a sociedade, no meu modo de entender, é a perpetuação da indústria da seca no Nordeste.

TI – Qual será o impacto da transposição do Rio São Francisco para as populações ribeirinhas?

JS – O fato de uma população estar na beira do rio não significa que está com seus problemas resolvidos. Vou dar um exemplo de um município de Alagoas, chamado Traipu, e que está na beira do São Francisco. Mais da metade da cidade não tem água encanada nas torneiras. Isso mostra que não é preciso apenas estar ali, junto da água, para haver desenvolvimento.

É necessário termos uma política para fazer com que a água chegue até as torneiras da população, e isso nós não temos aqui no Nordeste.

TI – E a abrangência da obra no contexto do Semi-árido?

JS – Vai ser pouca. Eu considero o governo federal o maior opositor da transposição do São Francisco. Digo isso porque ele (o governo) editou, por intermédio da Agência Nacional de Águas (ANA), o Atlas Nordeste de Abastecimento Urbano de Águas, no qual consta o preciso diagnóstico da real situação hídrica do Nordeste e faz um levantamento das regiões onde realmente existe a escassez. A proposta para solucionar o abastecimento de tais regiões seria através de adutoras, ou seja, o uso de tubulações. As águas viriam de represas, de poços e até do próprio São Francisco.

O projeto existe, e eu acredito ser a alternativa para se resolver de vez o problema, uma vez que é um trabalho que custa metade do que foi orçado para a transposição. Além disso, tem uma abrangência social muito maior. Com a transposição do São Francisco, até 2010, está previsto um orçamento de R$ 6,6 bilhões de reais e o abastecimento de 12 milhões de pessoas. O Atlas Nordeste, com um orçamento de R$ 3,6 bilhões beneficiaria 34 milhões de pessoas. O curioso é que o que está previsto no Plano de Aceleração do Crescimento (PAC) é o projeto da transposição, e não o Atlas. Eu costumo dizer que o problema de nossas autoridades, hoje, passam também por deficiência matemática.

TI – Então a transposição não irá trazer ganho social para as populações realmente necessitadas?

JS – Não haverá ganho. Será zero. Existe uma instituição aqui no Nordeste, chamada Asa Brasil, que congrega cerca de oitocentas instituições não-governamentais que trabalham no Nordeste seco, levando tecnologias apropriadas ao convívio com o semi-árido. E a Asa está difundindo tecnologias de captação de água para uso, como é o caso das cisternas rurais, das barragens subterrâneas, dos barreiros-trincheiras, das mandalas, entre outros. E para as populações difusas existem essas alternativas de uso das tecnologias difundidas pela Asa.

Uma cisterna rural de 16 mil litros, por exemplo, reserva água para uma família de cinco pessoas durante uns 8 meses sem chuvas na região, com água para beber e cozinhar. O problema, assim, fica resolvido.

Nós não temos uma política para fazer com que essas águas que estão nas represas do Nordeste, que são cerca de 70 mil, cheguem até as populações. Não tem o menor sentido, não dispondo de uma política para fazer as águas chegarem às populações, querer se fazer um projeto faraônico para tirar água do São Francisco e levar a 500 quilômetros de distância do local do consumo. Isso é uma maluquice a toda prova.

TI – Hoje, no Nordeste, não se cobra pela água bruta. Os custos da água para uso agrícola dizem respeito apenas ao bombeamento da fonte de suprimento até a área agrícola. Com a transposição, a situação irá mudar?

JS – Vai mudar porque a água chega na ponta do projeto muito cara. Consta no estudo do impacto ambiental e social das obras que a água vai chegar em uma média de R$ 0,11 o metro cúbico bombeado, lá na ponta do projeto. Agora, para vermos como isso é caro, a Codevasf (Companhia de Desenvolvimento dos Vales do São Francisco e do Parnaíba) entrega a água nas propriedades dos colonos a cerca de R$ 0,02 o metro cúbico bombeado. Ou seja, a água do São Francisco vai custar cinco vezes mais cara.

Para o governo federal tornar isso rentável, e isso vai acontecer, escreva o que estou lhe dizendo, vai fazer o que nós chamamos aqui de subsídio cruzado. Eu, que moro em Recife, e não vou ver a cor da água do São Francisco, vou ter a minha tarifa de água aumentada para possibilitar ao criador de camarões, lá no Ceará e no Rio Grande do Norte, trabalhar com as águas do rio.

TI – E o que leva a crer que, a exemplo do que os contrários ao projeto afirmam, o projeto só beneficiará empresários e latifundiários?

JS – Existe uma estatística que diz o seguinte: das águas de uma represa, ou de qualquer fonte hídrica, 70% dela é utilizada no agronegócio, 20% no uso industrial e apenas 10% com o abastecimento humano. A estatística existe não só no Brasil, mas no mundo todo. Quando a água do São Francisco abastecer as principais represas do Nordeste, elas irão ter os usos que mencionei.

TI – Quais são, na sua opinião, as propostas alternativas que permitiriam apontar uma saída para a seca do Nordeste?

JS – Eu participei de uma caravana onde foram visitadas 11 capitais brasileiras, nas quais foi levada a discussão das questões são franciscanas. Nós escrevemos uma carta para o presidente da República, encaminhada através do governador da Bahia, Jaques Wagner, e do governador de

Sergipe, Marcelo Déda, ambos do PT, e que possui uma proposta alternativa para se resolver o impasse que está havendo aí, inclusive com a realização das greves de fome por dom Luíz Cappio.

Como nós sabemos que essa água vai para o agronegócio, principalmente o eixo norte do projeto, a proposta é que não se construa este eixo (norte), e que o canal leste seja substituído por uma adutora que leve as águas do São Francisco para as regiões agrestes dos Estados da Paraíba e do Pernambuco, que o Atlas do Nordeste identificou como regiões que realmente têm problemas de escassez de água. E que esta adução seja num volume de 9 metros cúbicos/segundo e não os 28 metros cúbicos/segundo que estão sendo considerados nos canais do eixo leste. Isso resolveria tranqüilamente o problema de abastecimento dessas populações nos agrestes da Paraíba e de Pernambuco. Também propomos o apoio à Asa Brasil nas tecnologias de cisternas, de mandalas, barragens subterrâneas, etc.

Existe o programa de 1 milhão de cisternas em andamento, com mais de 200 mil já construídas, mas nós precisamos acelerar isso. É a nossa proposta, e é viável. Não deixaria de ser uma transposição do São Francisco, mas em volumes adequados à solução de um problema. Hoje, a nossa proposta ainda está em negociação com o governo federal.

TI – E os riscos ambientais da transposição?

JS – O estudo inicial de impactos ambientais, contratado pelo governo federal, feito por consórcios internacionais, levantou 44 vetores de risco, dos quais 11 apenas não deram risco. O resto deu. E o projeto, por incrível que pareça, foi considerado ambientalmente viável. É um absurdo. Foi divulgado, mas pouca gente sabe. Aplicou-se na brincadeirinha R$ 70 milhões. E isso foi feito na época do Fernando Henrique. Que delírio. O governo Lula simplesmente aproveitou um trabalho do seu antecessor e aceitou tudo numa boa.

Cerca de 80% das comunidades que vivem próximas ao Rio São Francisco são desprovidas de saneamento básico e despejam todo seu esgoto no próprio rio. Com a efetivação da transposição, essas pessoas teriam água em bom estado para utilização?

Com certeza não. Vão continuar sem assistência neste sentido. Não está previsto no projeto de transposição a unidade de tratamento do esgoto. Vão pegar a água como está no São Francisco e vão bombear para abastecer o Nordeste Setentrional. Quer dizer, vão levar uma água poluída para dentro dos açudes do Nordeste.

TI – E quais seriam as principais erros da transposição do São Francisco?

JS – O que a gente está precisando hoje é sentar com o governo federal. Negociar a gota d'água disponível. A coisa é muito séria e não se pode, em absoluto, colocar a vontade política acima das possibilidades técnicas. O rio está limitado hidrologicamente, mas há uma vontade do presidente Lula em levar água para o Nordeste Setentrional. E se o fizerem desta forma, volto a repetir, vão pôr em risco todos os investimentos que já foram feitos na Bacia do São Francisco.

TI – O governo federal divulga que a prioridade será o abastecimento humano e animal. O senhor acredita que os verdadeiros objetivos sejam outros?

JS – São outros, obviamente, relativos ao benefício do agronegócio. O grande problema foi que Ciro Gomes e Tarso Jereissati quando assumiram a política do Estado do Ceará, em princípio dos anos 80, estabeleceram um plano de desenvolvimento fantástico. Montaram o estado sobre siderúrgicas, estradas de ferro, indústria, irrigação, construíram um porto em Fortaleza, geograficamente bem localizado. E quando eles colocaram na mesa o plano de desenvolvimento e começaram a avaliar o que havia sido feito, observaram que o estado não tinha água suficiente para conduzir toda aquela estrutura. Aí a idéia foi buscar a água do São Francisco. A coisa foi pensada assim.

Tem que haver um planejamento. Essas vontades políticas não podem estar acima das possibilidades hidrológicas do rio em fornecer aqueles volumes que vão ser demandados. É evidente.

Hoje, Sobradinho, que é a represa que foi construída pela Chesf (Companhia Hidroelétrica do São Francisco) para regularizar a vazão do rio e não dar problema na geração de energia no Complexo de Paulo Afonso, está apenas com 13% do seu volume preenchido. Uma situação muito parecida com a que ocorreu em 2001. O governo federal, naquele momento, começou a torcer para que chovesse, só que não choveu o suficiente para elevar o nível dessa represa. Vamos estar na dependência novamente, este ano, de São Pedro. É rezar para que chova, porque senão vamos ter problemas sérios futuramente de energia.

TI – Qual será o impacto na produção de energia?

JS – Eu peguei um cálculo da própria Chesf que diz que para cada metro cúbico por segundo bombeado do rio, deixa-se de gerar no final de um ano, 22 mil megawatts, o equivalente ao abastecimento de energia de uma cidade de cerca de 35 mil habitantes.

TI – O senhor acredita que novas manifestações possam fazer o governo voltar atrás com o projeto da transposição?

JS – Já houve uma greve de fome do bispo diocesano de Barra (BA), Dom Luiz Flávio Cappio em 2005. O governo abriu uma negociação, pois estava em jogo, naquela ocasião, o segundo mandato do presidente. No ano passado, não teve mais isso não.

Eu acho que o governo, agora, não está querendo ceder às pressões. Tanto que o presidente disse, durante a segunda greve de fome do bispo, que ele estava em uma situação delicada, pois tinha que ver a situação da vida de um bispo, mas principalmente de 12 milhões de pessoas no Nordeste. Daí, conclui-se que ele (o governo) parece mesmo irredutível.

Recife, 14 de janeiro de 2008.

71 ALTERNATIVAS DE ABASTECIMENTO HÍDRICO DO NORDESTE SECO: a disputa é por dinheiro

Se atualmente no São Francisco não existem volumes sequer para gerar energia, como é que querem retirar água para o atendimento do agronegócio? É preciso sentar-se à mesa de negociações para se discutir o uso de qualquer gota d'água disponível.

O que já era previsível aconteceu: os problemas da geração de energia elétrica do país voltaram à baila, desta feita no governo Lula. Não foi por falta de aviso. Em fevereiro de 2005 editamos artigo na internet criticando a forma precipitada com a qual o presidente Lula tratou essa questão. Naquela ocasião, segundo a ótica do presidente, os apagões eram páginas viradas na história do nosso país.

As análises que temos feito na última década sobre a realidade nordestina, principalmente as de sua região semi-árida, têm tido elevados índices de acertos. Sobre as questões energéticas, por exemplo, temos vários textos publicados em tons de profecia. As coisas estão acontecendo exatamente como havíamos previsto.

Embora seja um tema complexo, o que está ocorrendo hoje no setor elétrico brasileiro é simples de entender, por ser a geração de energia realizada preferencialmente em hidrelétricas. Esse fato preocupa pela recorrência no descompasso das caídas das chuvas em todo território nacional. Em 2001, por exemplo, as autoridades apostaram nas chuvas que não caíram, o que resultou na mais séria crise energética vivenciada na nossa história. Em 2008 não foi diferente. As coisas estão acontecendo de forma muito semelhante àquelas ocorridas em 2001, embora com menor gravidade. Os volumes acumulados nos reservatórios das principais hidrelétricas nacionais baixaram a níveis críticos, o que obrigou as autoridades ao acionamento das baterias de termelétricas movidas a gás, para manter a geração de energia em patamares satisfatórios. Essa alternativa, na nossa ótica, é paliativa, tanto pelas indefinições ocorridas nas remessas do gás da Bolívia ao Brasil como por ter a Petrobrás informado que só tinha condições de fornecer às termelétricas cerca de 20% do gás sob sua tutela, com o conseqüente aumento tarifário do setor elétrico, penalizando o usuário da energia.

Entretanto, cremos que as discussões havidas a esse respeito estão fora de foco. Não cabe aqui discutir se irá ou não chover. As expectativas de 2001 não foram bem-sucedidas, mas neste ano de 2008, as chuvas, apesar de atrasadas, já estão ocorrendo com muita intensidade no Sudeste do país, o que irá ocasionar a subida dos níveis dos reservatórios daquela região. A discussão mais importante que tem que ser feita é se o Rio São Francisco, com a baixa vazão que vem mantendo até agora, terá condições de suprir as demandas volumétricas dos projetos da região Nordeste que estão sendo implementados em sua bacia hidrográfica, visando o uso consuntivo de suas águas. Em novembro de 2007, quando a Represa de Sobradinho chegou a apenas 15% de seu volume preenchido, 158 municípios do Estado da Paraíba estavam em estado de emergência motivado por uma seca que se anunciara e, conseqüentemente, pelo total desabastecimento das populações ali residentes. Na nossa percepção o rio já está no seu limite de uso, não tendo mais condições de suprir tais demandas.

Caso seja mantida a meta de crescimento do país de 5% ao ano, há necessidade de se injetar, à potência elétrica instalada do país, cerca de 5.000 MW/ano, volume de energia nada inexpressivo se considerados os 5.437 MW conseguidos nos três primeiros anos do governo Lula. E se não houver a preocupação com os aportes energéticos necessários ao nosso desenvolvimento, não irá demorar muito e teremos problemas de falta de energia elétrica no nosso país.

No Nordeste o caso é mais complicado ainda, tendo em vista ser o Rio São Francisco responsável por mais de 95% da geração de sua energia, situação esta agravada pelos múltiplos usos a que é submetido, pelas formas lotéricas das caídas das chuvas e pelas características geológicas de sua bacia hidrográfica (escudo cristalino), resultando tudo isso na intermitência de seus principais afluentes. Os descompassos pluviométricos ocorridos em suas nascentes no final do ano passado e início deste ano resultaram em reduções significativas de sua vazão com conseqüente redução volumétrica na Represa de Sobradinho, a qual em novembro de 2007, apresentava apenas 15% de seu volume preenchido (em igual período de 2006, a represa apresentava 60% de sua capacidade).

Ao denunciarmos essas questões com espírito desarmado, fomos invariavelmente classificados por nossas autoridades de "xiitas", maus nordestinos e de técnicos que costumam colocar "areia" nas coisas.

Na semana que antecedeu o final do segundo jejum de Dom Luiz Cappio, aconteceu de tudo na imprensa pernambucana. Fomos acusados inclusive de "termos feito a cabeça" de Dom Luiz nas questões sanfranciscanas e de outras bobagens semelhantes. Dom Luiz é um autodidata por excelência. Vive na região semi-árida nordestina há mais de 30 anos e peregrinou durante um ano inteiro da nascente do Velho Chico à sua foz, interagindo com o povo e levantando os problemas existentes em toda a bacia hidrográfica do rio. Portanto, conhece a realidade da região como ninguém. Apesar de ser paulista, Dom Luiz é mais nordestino do que muitos nordestinos ilustres que fizeram o caminho inverso.

Ainda no tocante aos múltiplos usos das águas do Rio São Francisco, existem projetos que estão sendo postos em prática, os quais irão agravar mais ainda o quadro de penúria hídrica ali existente. Referimo-nos ao projeto de transposição de suas águas e, mais recentemente, à ampliação de nossa fronteira agrícola com o plantio de cana-de-açúcar irrigada com as águas do Velho Chico para a produção de etanol. Na nossa avaliação o Rio São Francisco já não dispõe dos volumes necessários à satisfação das necessidades desses projetos. Ora, se atualmente no São Francisco não existem volumes sequer para gerar energia, como é que querem retirar água para o atendimento do agronegócio? Fala-se na irrigação de cerca de 90 mil ha de cana, área esta que demandará volumes significativos de um rio já debilitado. Para se ter uma idéia da gravidade dessa situação, para se produzir um litro de álcool combustível são necessários cerca de 2.500 litros de água (considerando, apenas, a fase industrial). Na nossa ótica, caso esses projetos sejam executados, essas questões entram na esfera da irresponsabilidade, em um momento em que é preciso sentar-se à mesa de negociações para se discutir o uso de qualquer gota d'água disponível, sob pena de entrarmos em um processo de exaustão de nossas riquezas naturais, de difícil solução.

O uso das águas do Rio São Francisco para o agronegócio já dividiu o Nordeste ao meio. Atualmente, fala-se em Nordeste Setentrional e Nordeste Meridional. Além de dividir os habitantes das duas regiões, o projeto dividiu também a igreja católica. Os religiosos desinformados do Nordeste Setentrional são favoráveis a essas iniciativas, enquanto aqueles do Nordeste Meridional, mais informados, são contrários. Ao participarmos da Caravana em defesa do São Francisco, a qual visitou 11 capitais brasileiras discutindo a realidade da região semi-árida, observamos claramente essa dicotomia de opiniões. Ao chegarmos na Paraíba, por exemplo, nos deparamos com a notícia de que o arcebispo emérito da capital paraibana, Dom Aldo Pagotto, havia sido entrevistado no *Bom-Dia Paraíba* (noticiário local da *Rede Globo*) e teria dito que o grupo em visita à Paraíba era "a caravana da morte", pois estava negando um caneco d'água a quem tem sede. Iludem-se aqueles que acreditam que a transposição irá resolver os problemas de abastecimento da população difusa nordestina. Ao contrário, a transposição servirá única e exclusivamente a interesses empresariais e, portanto, não irá atender às necessidades dos sertanejos. Trata-se da perpetuação da indústria da seca. A esse respeito, gostaríamos de esclarecer que ao participarmos da dita caravana não estávamos brincando nem tampouco fazendo turismo. A missão da caravana foi de paz e, sobretudo, de esclarecimento.

Caso semelhante ocorre no meio político regional. Políticos do Nordeste Setentrional, por exemplo, são favoráveis ao projeto transpositório, enquanto os do Nordeste Meridional são contrários. Sobre essas questões, caso curioso ocorre com aqueles que têm seus redutos eleitorais nas regiões por onde irão passar os canais do projeto. Existe um empenho enorme por parte deles para a implantação desses canais, o que na nossa opinião não passa de uma tentativa de garantir o voto do eleitorado iludido e desinformado. Lembramos que o ano de 2008 é eleitoral e, portanto, o estrago advindo dos votos desses eleitores (em número) será diretamente proporcional à vontade e ao empenho desses políticos na realização da obra.

Aliás, somos da opinião de que as questões ambientais do país, quando tratadas no meio político, costumam ser complicadas, desgastantes e com resultados diversos do previsto. Notem o caso da febre amarela ocorrido recentemente na região Centro-Oeste. Houve alguns casos isolados naquela região o que motivou o ministro da Saúde, José Gomes Temporão, a dar declarações na mídia televisiva com o propósito de acalmar a população, numa tentativa de convencimento de que não haveria epidemia e, portanto, a vacinação só seria aconselhável para aqueles casos em que as pessoas fossem viajar para regiões de ocorrência da doença. O que se viu no dia seguinte à fala do ministro, foi uma corrida desenfreada da população brasileira em busca da vacina, o que levou a extinção de seus estoques nos principais centros de saúde em todo território nacional.

A situação não foi diferente com o recém-empossado ministro de Minas e Energia, Edson Lobão. Na tentativa de acalmar a população brasileira sobre as possibilidades da volta dos racionamentos de energia, o ministro, diante de reservatórios praticamente vazios, afirmou que não haveria racionamento – pois as termelétricas estavam operando – mas apenas um ajuste nas tarifas de energia para compensar os gastos com a utilização do gás, sendo obrigado a desfazer, no dia seguinte, tudo aquilo que havia dito no dia anterior. O próprio presidente Lula informou à nação que o seu governo foi o que menos desmatou a região amazônica. No dia seguinte a essa declaração, a Organização das Nações Unidas divulgou um relatório considerando 2007 o ano em que mais se desmatou a região, o que motivou, durante uma semana inteira do mês de janeiro, uma discussão acalorada entre as autoridades governamentais as quais está afeto o meio ambiente. Para nós, o caso mais emblemático foi o da ministra do Meio Ambiente, Marina Silva, que concedeu a licença ambiental ao projeto de transposição, por entender que o mesmo era ambientalmente seguro. Como é "seguro" o projeto que está sendo implantado se a população brasileira testemunhou, através do *Jornal Nacional*, na edição do dia 29 de janeiro, um cidadão atravessando o rio de moto (de Porto Real do Colégio-AL, até Propriá-SE), num percurso trágico, em local muito próximo à sua foz, onde, conforme o ex-ministro Ciro Gomes havia afirmado à nação brasileira, o Rio São Francisco estaria "perdendo" muita água para o mar? A atitude da ministra pode ser justificável pelo fato de ser nativa de região superúmida do país e, portanto, não conhecer em profundidade a realidade do Nordeste seco. Mas, na nossa opinião, isso não a isenta de ter baixo compromisso com a região.

Doravante, é possível que os políticos, que costumam iludir seu eleitorado com propostas mirabolantes visando tão somente à obtenção de votos, passarão, mais cedo ou mais tarde, pelo constrangimento de verem suas candidaturas inviabilizadas pela insuficiência de votos nas urnas. Para os religiosos desinformados, que costumam iludir seus fiéis, cremos que no dia do juízo final será dada como certa uma passagem pelo purgatório, nem que seja de forma rápida.

Finalmente, entendemos que a melhor classificação que foi dada às alternativas de abastecimento do povo nordestino ficou por conta de João Bosco, secretário de Recursos Hídricos do governo do Estado de Pernambuco. Em evento sobre Água e Energia promovido no Recife, em novembro de 2007, pela Fundação Gilberto Freyre e pelo governo do estado, o secretário a elas se referiu, na tentativa de defesa do projeto de transposição, quando submetido aos nossos argumentos. Segundo o secretário, que estava falando para uma plenária de cerca de 200 pessoas, as disputas sobre as alternativas de abastecimento do povo do Semi-árido eram por recursos financeiros: a escolha era pelo projeto mais caro. Que era por dinheiro, isso todos nós já sabíamos. O fato curioso é que essa assertiva partiu de um secretário de estado, que estava ali numa situação difícil tentando defender um projeto que não irá resolver a situação de abastecimento das populações carentes nordestinas. Para nós este fato servirá de munição para próximas investidas, ajudando-nos a continuar mostrando, de forma transparente, a insustentabilidade técnica do projeto. Fica claro que, diante das alternativas atualmente existentes – como as do Atlas Nordeste de abastecimento urbano de água, orçado em R$ 3,6 bilhões, e o projeto de Transposição, que pode chegar a R$ 20 bilhões, em 25 anos – é lógico que a escolha das autoridades recairá no projeto que for mais caro, ou seja, o da transposição.

Diante de todo esse relato, entendemos que não se pode colocar a vontade política acima das possibilidades técnicas de se promover o desenvolvimento do nosso país, sob pena de continuarmos seguindo firmes na rota da escuridão. Antes, escrevíamos sobre os riscos que podiam surgir caso a obra fosse iniciada. Agora, diante das obras em andamento iremos começar a escrever sobre as suas conseqüências.

Recife, 12 de fevereiro de 2008.

REPRESA DE SOBRADINHO: um reservatório estratégico e desconhecido

Não fosse a obra, seria muito difícil equacionar os problemas de geração de energia elétrica no Nordeste. Fundamental também para o projeto de transposição, reservatório vem passando por situações volumétricas críticas.

O Rio São Francisco nasce na Serra da Canastra em Minas Gerais, estado responsável pela formação de cerca de 70% de suas águas. Corre em uma bacia hidrográfica com área aproximada de 640 mil km^2 e possui vazão média de cerca de 2,85 mil m^3/s. O rio tem cerca de 2,8 mil km de extensão – entre o seu nascedouro e a sua foz, no pontal do Peba (AL) – e sua bacia é subdividida em Alto São Francisco (da Serra da Canastra a Pirapora), Médio (de Pirapora a Remanso), Sub-médio (de Remanso a Paulo Afonso) e Baixo (de Paulo Afonso ao Oceano Atlântico). Ela é caracterizada por períodos de abundância de chuvas entremeados por períodos de secas sucessivas e se estima uma população residente de cerca de 14 milhões de pessoas.

O Alto São Francisco é o principal responsável pela formação das enchentes no rio. Este fato é explicado pelas características edáficas e pluviométricas dessa região (solos sedimentares e regularidade nas precipitações pluviométricas), características estas contrastadas com a vasta área de clima semi-árido no restante da bacia – principalmente em boa parte do Médio e em todo Sub-médio – na qual a geologia é cristalina e o clima é semi-árido, ou seja, chove pouco e as chuvas são mal distribuídas no tempo e no espaço.

O período chuvoso do Alto São Francisco ocorre entre os meses de novembro e abril, intervalo este que não costuma coincidir com o período das águas das outras regiões, principalmente as de clima semi-árido, onde estão localizadas as usinas da Companhia Hidro Elétrica do São Francisco (Chesf). Esse fato resultava, até há pouco tempo, em deficiências volumétricas significativas, quando da ocorrência de secas prolongadas com prejuízo para o setor elétrico.

Em decorrência disso, a Chesf foi obrigada a construir a Represa de Sobradinho, no Médio São Francisco, com capacidade de 34 bilhões de m^3, (equivalente a cerca de 14 vezes o volume da Baía da Guanabara, no Rio de Janeiro), com o objetivo de acumular as águas provenientes de sua região alta, para, em seguida, assegurar, em patamares satisfatórios, o funcionamento do sistema gerador de energia sob sua responsabilidade.

A idéia era fazer com que o volume acumulado nessa represa fosse sendo liberado aos poucos, de forma equilibrada, regularizando a vazão do Rio São Francisco e garantindo a geração de energia no Complexo de Paulo Afonso e em Xingó, hidrelétricas localizadas na parte sub-média da bacia.

Essa medida proporcionou uma vazão regularizada de cerca de 2.060 m^3/s no trecho entre Sobradinho e o delta, principalmente de maio a outubro, quando o rio costuma apresentar vazões reduzidas, conseqüência direta de um período com chuvas irregulares e de baixa contribuição volumétrica de seus tributários – atualmente a vazão regularizada na foz é de 1.850 m^3/s.

Não fosse a construção dessa represa, seria muito difícil o equacionamento dos problemas de geração de energia no Nordeste. Para se ter uma idéia, em outubro de 1955 – ano considerado seco – o São Francisco registrou a sua menor vazão de 595 m^3/s, em Juazeiro/Petrolina, tendo, por outro lado, registrado enchentes monumentais, como aquela ocorrida em 1979, na qual atingiu uma vazão de cerca de 18 mil m^3/s, causando o vertimento de Sobradinho, fato que assustou boa parte da população local.

Ao se analisar o regime hidrológico da Represa de Sobradinho desde a época de sua inauguração, principalmente no tocante à sua acumulação volumétrica (volumes máximos e mínimos anuais), pode-se constatar que, no período compreendido entre 1978 e 1986, os anos foram hidrologicamente satisfatórios em termos de precipitações, tendo havido acumulações significativas e, em vários deles, a represa veio a sangrar. Igual característica foi observada nos períodos subseqüentes de 1990 a 1994; de 1997 a 1998 e de 2004 a 2007.

Períodos críticos de secas também são recorrentes em Sobradinho. Eles ocorreram de forma marcante entre 1987 e 1989, entre 1995 e 1996 e entre 1999 e 2003. Nesses casos, a represa acumulou apenas metade de sua capacidade útil. Em 2001, atingiu apenas 5% dessa capacidade. Este foi considerado o ano mais seco da história do São Francisco, tendo resultado nos racionamentos e na pior crise energética vivenciada até então. Tudo indica que o ano de 2008, dadas as características climáticas que estão em curso (choveu abaixo da média na região), também será seco.

Ao se analisar globalmente o comportamento volumétrico de Sobradinho, considerando principalmente os períodos favoráveis e os desfavoráveis da pluviometria, chega-se à conclusão de que a represa enche em 40% dos casos, ou seja, em 10 anos ela atinge a cota de sangramento em apenas 4.

No momento atual, o que preocupa é que no mês de janeiro a Represa de Sobradinho estava com apenas 15% de sua capacidade útil, motivada pelo uso volumétrico na geração e distribuição de energia do sistema Chesf para outras regiões do país. A partir do mês de fevereiro, período no qual a represa deveria estar com a sua afluência volumétrica em estado crescente (volumes que chegam na represa), o que se observou foi um quadro inverso do esperado: a sua afluência mostrou-se em estado decrescente, o que poderia agravar ainda mais o quadro crítico apresentado.

No portal da Chesf, é possível observar esse fato com muita clareza. No dia 22 de fevereiro, por exemplo, a afluência da represa era de 3.170 m^3/s. No dia 27 havia caído para 2.160 m^3/s, numa diminuição de cerca de 200 m^3/s a cada dia. Este fato sugeriu uma falta de entendimento entre os responsáveis pela represa de Três Marias (Furnas) e os responsáveis por Sobradinho (Chesf). Por razões que desconhecemos, os volumes das intensas precipitações ocorridas no sul de Minas, naquele período, foram retidos em Três Marias. Dessa forma, a liberação desses volumes para Sobradinho, em quantidades adequadas ao atendimento dos múltiplos usos, não foi cumprida satisfatoriamente.

A situação criada acendeu uma luz de alerta na Chesf, que agiu com rapidez para minimizar as possibilidades de exaustão que poderiam existir em Sobradinho, caso nada fosse feito a respeito. A companhia conseguiu autorização da Agência Nacional das Águas (ANA) para liberar da represa, para todo o Sub-médio e o Baixo São Francisco, cerca 1,1 mil m^3/s. Esse volume defluente (que sai da represa) possibilitou a recuperação volumétrica de Sobradinho (hoje a represa apresenta cerca de 72% de seu volume preenchido), por tratar-se de um valor menor do que aquele registrado em sua afluência de cerca de 2,6 mil m^3/s. No entanto, a multiplicidade de usos das águas do São Francisco com esses baixos volumes defluentes tem ocasionado grandes transtornos para a população residente na bacia, principalmente àquela que sobrevive do rio.

No dia 26 de janeiro, por exemplo, um cidadão em Propriá (SE) havia conseguido atravessar o Rio São Francisco numa moto. A piscicultura é outra atividade que tem sido seriamente afetada. A retenção de sedimentos no interior das represas geradoras de energia tem interferido sobremaneira na turbidez de suas águas, confundindo a fisiologia dos peixes e abortando suas desovas. A redução da temperatura das águas é outro fator preocupante, principalmente nos locais mais profundos das represas, o que tem trazido sérios transtornos na reprodução e no desenvolvimento de algumas espécies. Também a falta de escadas ou de canais, que possibilitem a subida do peixe – do rio para o interior das represas – na época da piracema tem causado o desaparecimento do pescado no São Francisco. O caso do surubim é um exemplo disso.

A geração de energia elétrica pelo sistema Chesf e a sua transmissão para outras localidades do país (o sistema elétrico brasileiro é interligado) têm reduzido, com certa rapidez, o nível dos reservatórios das hidrelétricas. Esse problema tem interferido, de forma preocupante, principalmente na irrigação que é praticada próxima às represas.

Produtores de cebola em Sobradinho não estão conseguindo conduzir os sistemas de irrigação a contento, devido à rapidez com que o nível da represa decresce, afastando a área irrigada do ponto de captação da água, com resultados desastrosos nas colheitas. O primeiro sinal que demonstra a ocorrência desse problema é o aparecimento das ruínas das cidades que foram submersas. A velha Remanso, na Bahia, freqüentemente volta à tona, com o uso continuado das águas de Sobradinho na geração de energia.

O esvaziamento de Sobradinho, de forma abrupta, tem intrigado muitos técnicos e, em especial, a nós, que estamos envolvidos com essas questões há mais de uma década. É difícil imaginar que Sobradinho – reservatório estratégico para o governo na implantação do projeto da transposição e um dos maiores lagos artificiais do mundo – venha passando por situações volumétricas críticas tão expressivas. Em dezembro de 2007, a represa estava com cerca de 15% de sua capacidade, após ter vertido no mês de abril. Esse caso nos leva a crer na falta de controle no gerenciamento de suas águas.

Corroborando as nossas preocupações, em nota sobre as questões dos baixos volumes alcançados nos reservatórios do país, Henrique Cortez, coordenador da revista eletrônica Eco Debate, fez as seguintes considerações:

> O reservatório de Sobradinho tem cerca de 320 km de extensão, com uma superfície de espelho d'água de 4.214 km² e uma capacidade de armazenamento de 34,1 bilhões de metros

> cúbicos em sua cota nominal de 392,50 m, constituindo-se no maior lago artificial do mundo, garantindo assim, através de uma depleção de até 12 m, juntamente com o reservatório de Três Marias/Cemig, uma vazão regularizada de 2.060 m^3/s nos períodos de estiagem, permitindo a operação de todas as usinas da Chesf situadas ao longo do Rio São Francisco.
>
> O reservatório pode suportar até dois anos de estiagem até chegar a 10% de seu volume útil. Então como foi possível que fosse reduzido de 98,62%, em março/2007, para 16,52%, em dezembro/2007 – uma redução de 82,10% do volume útil em apenas nove meses? Nenhuma estiagem, por si só, explica tal redução, da ordem de 28 bilhões de metros cúbicos. Alguém mais, além de São Pedro, deve explicações para tal inacreditável redução.

Diante de todo esse episódio, o que causa estranheza é que nosso esforço em alertar as autoridades sobre a gravidade desses problemas não tem tido a atenção devida. No nosso entendimento, tem faltado sensibilidade aos nossos governantes diante dos graves problemas do Nordeste seco, principalmente os de suas questões hidrológicas.

Uma visita do presidente Lula à região de Porto da Folha (SE), no Submédio São Francisco, seria muito oportuna, com o propósito de conhecer de perto a situação de penúria hídrica em que se encontra o rio, verdadeiro filete de água serpenteando num leito assoreado.

A concretização dessa visita daria ao presidente uma ótima oportunidade para avaliar as conseqüências dos investimentos que se pretendem realizar numa obra de transposição que não resolverá os problemas de abastecimento das populações carentes nordestinas e, sobretudo, alertá-lo sobre os prejuízos que certamente serão causados nos projetos já implantados ao longo da bacia.

Do jeito que as questões estão sendo conduzidas, é de se supor que a inviabilidade do uso das águas do Rio São Francisco no projeto transpositório em curso venha a ser demonstrada, não pelos alertas insistentes dos técnicos a esse respeito, mas, e sobretudo, pela própria natureza nordestina, que não proverá os volumes necessários ao atendimento de suas necessidades.

Recife, 03 de março de 2008.

73 A VERDADEIRA SEGURANÇA HÍDRICA DO SEMI-ÁRIDO NORDESTINO

As características geológicas existentes no Semi-árido brasileiro fazem com que cerca de 70% de sua superfície sejam constituídos por um embasamento – em linguagem geológica denominado de *Escudo Cristalino* – onde a rocha que dá origem aos solos está praticamente à superfície, chegando a aflorar em alguns momentos. Tal característica imprime à região, em anos de abundância pluviométrica, escoamentos superficiais intensos, causadores de enchentes de enormes proporções, como as verificadas no início do ano em curso, as quais resultaram em enormes prejuízos para boa parte de sua população.

Apesar de ser considerada uma das regiões semi-áridas mais chuvosas do planeta – a Embrapa estima volumes precipitados em sua superfície da ordem de 700 bilhões de m^3/ano – as descargas anuais de seus rios, em direção ao oceano, registram baixas infiltrações em seus aqüíferos (cerca de 58 bilhões de m^3, apenas), quando comparadas aos volumes anualmente precipitados, desproporção essa causada não apenas pelas características geológicas existentes, mas, e principalmente, pela intensa evaporação reinante no ambiente (o potencial evaporimétrico da região é superior a 2.000 mm/anuais, numa região em que chove, em média, até 800 mm). Do ponto de vista do aproveitamento desse potencial escoado, o homem maneja cerca de 27 bilhões de m^3/ano, conforme citação feita por Isaias Vasconcelos de Andrade, técnico aposentado da Sudene, no seu livro *Semi-árido: manejo da água, abastecimento, agropecuária na pequena bacia hidrográfica*.

Aldo Rebouças, hidrogeólogo, professor da USP e exímio conhecedor das águas nordestinas, afirma, em seus trabalhos, que bastaria a extração de apenas 1/3 desse volume escoado (dos 58 bilhões de m^3/ano), para se ter água suficiente para o abastecimento de toda população nordestina atual, estimada em cerca de 47 milhões de pessoas, com uma taxa de 200/litros/habitante/dia, além de irrigar mais de 2 milhões de hectares, com uma taxa de 7.000 m^3/ha/ano. Na visão de Rebouças, a água no Semi-árido existe, faltando, apenas, o indispensável gerenciamento desse recurso para a satisfação das necessidades do seu povo.

O intenso escoamento superficial existente no Semi-árido motivou as autoridades à construção de represas, com vistas a acumular, da melhor forma possível, os volumes escoados, impedindo ou dificultando a sua trajetória até o oceano, para serem usados posteriormente. Diante da tarefa de maximizar o uso dessas águas, foram construídas, na região, no último século, cerca de 70.000 represas (de pequeno, médio e grande portes), as quais vêm acumulando um expressivo potencial volumétrico, estimado em cerca de 37 bilhões de m^3. É o maior potencial represado em regiões semi-áridas do mundo, conforme citação feita por Manoel Bomfim (ex-diretor regional do Dnocs e da Codevasf) em seu livro *A potencialidade do Semi-árido Brasileiro*. Segundo ele, há cerca de 14 a 15.000 represas plurianuais no Semi-árido nordestino, as quais acumulam mais de 90% das águas existentes na região e que suportam facilmente as grandes travessias estivais, mesmo com o uso continuado de suas águas. Para Bomfim essas represas não secam jamais.

É fundamental se conhecer de perto a existência e a importância dessas represas para o abastecimento das populações e, principalmente, o poder regularizador que elas proporcionam às vazões dos rios represados. José do Patrocínio Tomaz, conhecido hidrogeólogo paraibano e professor aposentado da Universidade Federal de Campina Grande, exemplifica, em seus trabalhos, o poder regularizador das represas de Orós e Banabuiú, ambas plurianuais e localizadas no Estado do Ceará. Segundo ele, essas represas têm 1,9 e 1,6 bilhões de m^3 de capacidade, respectivamente, e possuem poder regularizador de cerca de 11 e 10 m^3/s, com 100% de garantia de uso, qualquer que seja o evento hidrometeorológico existente na região. Caso essas represas venham a secar, prossegue Tomaz, as causas são de outra ordem, podendo ser através de uma operação incorreta, com retiradas superiores à capacidade de regularização, ou mesmo da falta ou má gestão das bacias controladas por essas represas.

Como se tratou aqui de questões ambíguas, portanto, sujeitas a confundir o imaginário das pessoas, como aquelas voltadas ao potencial volumétrico das represas e à disponibilidade de suas águas, se faz necessária uma observação com vistas ao esclarecimento de tais questões. Ao afirmarmos, por exemplo, que a represa Castanhão, no Ceará, é portadora de 6,7 bilhões de m^3, estamos nos referindo à sua capacidade volumétrica. Mas quando nos referimos ao poder regularizador dessa represa, impondo ao Rio Jaguaribe, uma vazão de cerca de 28,52 m^3/s, com 90% de garantia de uso (essa informação consta da atualização do Plano Estadual de Recursos

Hídricos do Ceará, de 2005), estamos nos referindo à sua disponibilidade hídrica. Notem que "m^3/s" é unidade de fluxo, a qual, aliada a um determinado percentual de garantia de uso, resulta em fator de disponibilidade volumétrica dessa represa.

Outra questão importante e merecedora de destaque é o potencial hídrico existente no subsolo do Semi-árido. Apesar de a grande maioria da geologia da região ser cristalina, onde não há possibilidades de reservas hídricas significativas de subsolo, não se podem desprezar as áreas de geologia sedimentária existentes na região. Cerca de 70% das águas nordestinas de subsolo estão localizadas nas Bacias Sedimentárias do Maranhão e do Piauí e os 30% restantes em nichos sedimentários específicos, espalhados por toda região. Segundo Bomfim, o potencial hídrico existente no subsolo do Nordeste é de cerca de 135 bilhões de m^3, dos quais estão sendo utilizados, efetivamente, para fins de atendimento das populações, por intermédio de 90.000 poços tubulares perfurados, entre 800 e 900 milhões de m^3. A realidade que preocupa é a de que a grande maioria desses poços nunca recebeu equipamentos de bombeamento através de programas de abastecimento d'água e que cerca de 40% deles encontram-se paralisados pelas razões as mais diversas, menos por falta d'água. A esse respeito, Bomfim esclarece que o Nordeste pode explorar cerca de 20% de suas reservas subterrâneas (27 bilhões de m^3/ano), sem queda de pressão, pois os poços são reabastecidos anualmente pelas águas das chuvas caídas e que são drenadas verticalmente para o seio da terra. A título de nota, um poço tubular perfurado no aqüífero de uma bacia sedimentar gera, freqüentemente, de 100.000 a 400.000 litros por hora, sendo possível, com esse volume, abastecer uma cidade de 50.000 habitantes.

Foi através da análise das disponibilidades hídricas das bacias do Nordeste Setentrional que João Abner, doutor em recursos hídricos e professor da Universidade Federal do Rio Grande do Norte, concluiu não haver escassez na referida região e, portanto, sua garantia hídrica é real. Abner afirmou, em seus estudos, que as Bacias do Estado do Ceará, por exemplo, possuem uma disponibilidade hídrica de 215 m^3/s, da qual a população do estado só utiliza 54 m^3/s. O Estado do Rio Grande do Norte possui uma disponibilidade de 70 m^3/s e só usa 33 m^3/s e a Paraíba, um dos estados mais complicados em termos de fornecimento de água para sua população, tem uma disponibilidade de 32 m^3/s e só está utilizando 21 m^3/s.

Diante de toda essa riqueza hídrica no Semi-árido é revoltante se observar a existência de populações inteiras passando sede na região, resultado do descaso de nossas autoridades na elaboração e na condução de políticas públicas visando o seu abastecimento. A insipiência de políticas que garantam o necessário acesso à água é uma constante. Diante da precariedade do abastecimento, torna-se muito freqüente observarem-se populações inteiras passando necessidade, mesmo residindo a poucos quilômetros das fontes hídricas ou mesmo no entorno das principais represas nordestinas. Esse fato não ocorre apenas no ambiente próximo aos reservatórios, mas, também, próximo aos principais rios nordestinos, a exemplo do São Francisco, que possui inúmeros municípios desabastecidos, apesar de se encontrarem às suas margens. Exemplo marcante nesse sentido é o da cidade alagoana de Traipu, a qual não tem água encanada na maioria de suas residências, sendo, inclusive, portadora de um dos mais baixos índices de desenvolvimento humano (IDHs) do país. Como é possível a existência de um município em tais condições de pobreza, localizado às margens do principal rio nordestino? Tal exemplo mostra com muita clareza que a proximidade da água não é o fator principal de promoção do desenvolvimento, se não houver por trás tudo, uma política capaz de viabilizar suas ações.

Aliás, essa é uma das principais críticas feitas, pelos movimentos sociais, ao projeto da transposição do Rio São Francisco. De um lado, a existência de municípios em suas margens inteiramente desabastecidos, contrastando com a proposta faraônica de transporte de suas águas para o abastecimento das principais represas nordestinas, sabidamente para uso no agronegócio. Esta é uma realidade por demais cruel, onde se pode verificar que a poucos quilômetros destas represas, populações inteiras passam sede e fome devido aos precários programas de distribuição de água existentes.

Finalmente, fica muito claro que o Semi-árido nordestino tem muita água, faltando apenas as indispensáveis políticas públicas que possibilitem o seu acesso. Neste sentido, cremos que é chegada a hora de sentarmos à mesa para discutirmos qualquer gota d'água disponível na região, sob pena de serem colocadas em risco todas as iniciativas de desenvolvimento que nela venham a ser postas em prática. Concretizadas essas discussões, o povo nordestino só terá a agradecer.

Recife, 02 de junho de 2008.

74 UM SIRI AVENTUREIRO INVADE O RIO SÃO FRANCISCO

O Velho Chico está perdendo a luta contra o mar. Partes do rio próximas à foz estão mais salinas e a prova disso são as visitas inesperadas de siris e a captura de peixes de hábitos marinhos em localidades ribeirinhas.

Em junho de 2000, tivemos a notícia que pescadores estavam capturando peixes de hábitos marinhos em municípios ribeirinhos do Rio São Francisco. Este fato ocorreu quando fomos convidados a proferir conferência sobre o projeto da Transposição, no *I Encontro dos Promotores de Justiça da Região Sul de Alagoas*, promovido pela Associação do Ministério Público de Alagoas (Ampal). A notícia veiculada naquele encontro pode ter sido considerada, pelos mais descrentes, como mera "conversa de pescador". Ocorre que retornando recentemente a Penedo, convidados pela mesma Ampal, para nova conferência sobre o projeto, fomos testemunhas de um fato inusitado: a aparição de um siri nas margens do Velho Chico.

Ora, como todos sabem, o siri é um crustáceo de hábitos marinhos e, portanto, a sua presença em locais distantes de regiões estuarinas (Penedo está localizada, aproximadamente, a 40 km da foz do São Francisco) dá-nos margem a outros tipos de constatação, principalmente no que concerne à degradação do ambiente natural do rio, motivada, dentre outras causas, por uma gestão desastrosa de sua bacia hidrográfica.

O certo é que o "siri aventureiro" não estava em Penedo admirando a sua arquitetura colonial, nem, tampouco, a riqueza de seus fatos históricos. A sua presença ali foi motivada por uma série de fatores que, combinados, proporcionaram índices elevados de salinidade à água do rio e, portanto, adequados à sua sobrevivência. Se isso não fosse verdadeiro, o siri não estaria lá. Mas quais seriam esses fatores?

O Rio São Francisco freqüentemente está registrando baixas vazões em sua foz (em fevereiro de 2008 foi de 1.100 m^3/s, inferior, portanto, à vazão mínima estipulada pelo Ibama, de 1.300 m^3/s), conseqüência direta dos mais variados usos a que suas águas são submetidas. Da geração e transmissão de energia para o Nordeste e para outras localidades do país, passando pelos projetos de irrigação, pelo abastecimento das populações até chegar à expressiva evaporação reinante no ambiente.

Diante de tudo isso, parece que as incursões das águas do mar pelo interior do rio estão sendo maiores do que as incursões naturais das águas do rio em direção oposta. Em outras palavras, o Rio São Francisco está perdendo a luta contra o mar, o ambiente que antes era rio está salinizando e a prova disso são a visita inesperada do siri a Penedo e a captura de peixes de hábitos marinhos em algumas localidades ribeirinhas do Velho Chico.

E as baixas vazões voltaram a ser recorrentes na foz do São Francisco. Essa assertiva foi devidamente socializada por nós em artigo publicado na internet neste ano.

O que preocupa, na ocorrência das baixas vazões do São Francisco, é a possibilidade do abastecimento de populações utilizando-se água de qualidade inferior (salobra), devido à existência de teores de sais acima do recomendado pela Organização Mundial de Saúde (OMS). Para se ter a grandeza do problema: 60% da população da cidade de Aracaju são abastecidos com águas do Rio São Francisco, coletadas através de uma adutora situada em Propriá (SE), em local muito próximo àquele em que foram registradas as pescarias de peixes de hábitos marinhos. É possível, portanto, que a população de Aracaju já esteja sendo abastecida com águas portadoras de elevados teores de sais.

As denúncias sobre essa questão não devem demorar a vir à tona. Constatamos esse fato em recente viagem de trabalho ao município de Propriá, com pernoite em Aracaju. O indício maior de nossa certeza, com relação à qualidade das águas sergipanas, foi a dificuldade que tivemos em produzir espuma com o sabonete do hotel. Nesses casos, os sais em proporções elevadas na água, "cortam" as ações do sabão, fato este muito comum com as águas oriundas do embasamento cristalino da região semi-árida nordestina, sabidamente portadoras de elevados teores salinos.

Exemplos inusitados como esses, em um momento no qual o projeto da Transposição do São Francisco mal saiu do papel, aliados ao descompromisso dos governadores nordestinos quanto à condução desse projeto, nos dão a certeza de que outros distúrbios na Bacia do Rio surgirão. Com possibilidades de desdobramentos mais impactantes, não só em relação ao ambiente natural sanfranciscano, mas, e sobretudo, à vida da população do Nordeste Setentrional. Só nos resta ficar na torcida para que existam saídas técnicas viáveis para a solução desses problemas.

Recife, 04 de agosto de 2008.

75 TRANSPOSIÇÃO DO RIO SÃO FRANCISCO: um erro imperdoável

Muitos têm nos perguntado por que somos contrários ao projeto da transposição do Rio São Francisco, existindo, no país, exemplos de transposições que deram certo, como aquela realizada no Rio Paraíba do Sul, para o abastecimento da cidade do Rio de Janeiro. A resposta a esse tipo de questionamento já foi dada por Alberto Daker, eminente professor catedrático de Hidráulica Agrícola (aposentado), da Universidade de Viçosa (MG), autor de uma obra de significativa importância nessa área, a qual é sugerida como roteiro de estudos por diversas universidades de ensino agrícola espalhadas pelo país. Segundo Daker, existem três condições básicas que justificam a transposição de águas de um rio: existirem uma bacia com muita água sobrando e terras e relevo que não sirvam para irrigação; outra bacia com terras irrigáveis, mas com carência de água, e uma relação custo-benefício viável para a realização da obra. Para o caso do abastecimento do Rio de Janeiro, essas alternativas se enquadraram perfeitamente na transposição ali realizada. Já para a transposição do São Francisco, as três não se enquadram, tendo em vista haver demanda por água nas terras cultiváveis próximas ao rio; existir água na região das bacias receptoras, faltando apenas o estabelecimento de uma política eficiente para a sua distribuição e posterior consumo das populações e, por último, faltar sustentação energética e financeira para a execução da obra. Como técnico usuário da obra de Daker, estamos montados nesse tripé há décadas, analisando o projeto da transposição, tendo isso resultado na realização de um expressivo acervo de artigos sobre o tema.

Por outro lado, no cenário político nacional, entendemos que as autoridades têm plena convicção do real significado dessas condições para o processo transpositório, tão bem explicitadas por Daker em sua obra, o que tem sido demonstrado por elas nas campanhas políticas regionais, com o propósito de se conhecer a realidade da região para elaboração das propostas de desenvolvimento. Porém, na nossa ótica, iniciado o projeto da transposição, o presidente Lula, apesar de nordestino e conhecedor desses condicionamentos, tem dado provas de ter se dobrado às vontades políticas de sua base aliada, notadamente à do Ceará, estado que possui a metade das águas de superfície do Nordeste (cerca de 18 bilhões de m^3, distribuídos em mais de duas centenas de açudes), conforme consta no Portal da Secretaria de Recursos Hídricos daquele estado. É a prova inequívoca da pressão política voltada para os interesses do agro e do hidronegócio.

Nordestino também é Hypérides Macedo, ex-secretário de recursos hídricos do Estado do Ceará, técnico de primeira linha e um dos responsáveis pelo trabalho bem-sucedido que vem sendo desenvolvido naquele estado, de interligação de suas bacias hidrográficas visando o abastecimento das populações rurais, por intermédio da adução de águas das represas cearenses (aliás, essas ações embasaram as conclusões técnicas da reunião promovida pela Sociedade Brasileira para o Progresso da Ciência-SBPC, no Recife, em 2004, a qual sugeriu a priorização do uso das águas interiores do Semiárido, para o abastecimento das populações). Já assistimos várias conferências de Macedo enfocando esse trabalho e sempre ficamos convencidos de que é possível abastecer as populações nordestinas, de forma mais simples e mais barata, utilizando-se o potencial hídrico local de cada estado. Ocorre que Macedo decidiu calar-se quando das discussões havidas sobre o projeto da transposição, preferindo ficar no anonimato. Pudera: caso se posicionasse a favor do projeto transpositório, poria em dúvida todo o esforço por ele realizado ao mostrar que é possível solucionar, de vez, os problemas hídricos do Semiárido nordestino contando com a adução de suas águas interiores. Uma vez realizada a transposição, as águas do Velho Chico iriam abastecer a maioria das represas utilizadas por ele na realização desse trabalho. Seria negar as suas próprias convicções. Macedo, calado, é atualmente secretário de Infraestrutura Hídrica do Ministério da Integração Nacional.

Mesmo diante de alternativas mais promissoras e de custos mais apropriados, a exemplo do Atlas Nordeste de Abastecimento Urbano, de responsabilidade da Agência Nacional de Águas (ANA), e das propostas de convivência com o Semiárido, coordenadas pela Articulação do Semiárido-ASA Brasil, as autoridades, mesmo assim, iniciaram o projeto da transposição, com a construção dos dois canais de aproximação (nos municípios de Cabrobó e Floresta, em Pernambuco), contando, para isso, com a participação do Exército brasileiro. Este trabalho vem sendo considerado, atualmente, o mais importante no Plano de Aceleração do Crescimento do país (PAC), na área de recursos hídricos.

Visando à divulgação do andamento desse projeto no Semiárido, a *Rede Globo* Nordeste realizou uma matéria, a qual foi levada ao ar no dia 13 de dezembro de 2008, através do programa Nordeste: viver e preservar. Nela, tivemos a oportunidade de fazer um breve comentário denunciando o agravamento do processo de desertificação ora em curso na região de Cabrobó (PE), por onde irão passar os canais do projeto, e a existência de alternativas de abastecimento hídrico mais viáveis e de custos mais acessíveis, quando comparados àqueles existentes na transposição do São Francisco. No Nordeste, os técnicos ambientalistas já identificaram, quatro núcleos de desertificação (em Irauçuba, no Ceará, na região do Seridó, no Rio Grande do Norte, em Gilbués, no Piauí, e em Cabrobó, em Pernambuco), o que vem comprovar o equívoco de graves proporções que está sendo cometido pelo Exército brasileiro na abertura dos canais de aproximação naquela região. Na nossa avaliação o que estão fazendo lá é, apenas e tão somente, o agravamento de um processo de desertificação que se encontra em curso. Na matéria, ficaram muito claros os abusos causados ao meio ambiente daquela localidade, com montanhas de lenha estocadas e apodrecendo com as intempéries, oriundas de um Bioma que já se encontra em estágio avançado de degradação. Outro aspecto relevante na matéria tratou da participação da Universidade Federal do Vale do São Francisco na sua tentativa de justificar a importância do projeto para o desenvolvimento da região. Segundo foi revelado por um de seus representantes, o conhecimento do Bioma da caatinga, principalmente da biodiversidade da fauna e da flora existentes, justificaria a presença da Universidade naquele local, como entidade responsável pela diminuição dos impactos causados pela obra naquele ambiente seco. Ora, da forma como o assunto foi tratado, parece-nos claramente que o carro está literalmente na frente dos bois. Na nossa ótica, em projetos dessa magnitude, a caatinga deveria ser conhecida em sua plenitude, antes mesmo do início do acionamento das motosserras, sob pena de não haver tempo hábil de se conhecer a biodiversidade do Bioma em questão. O fato é que a caatinga nordestina está virando cinza antes mesmo das tentativas de se conhecê-la. Diante das agressões realizadas, entendemos que está se cometendo um erro imperdoável, de proporções incomensuráveis, e que precisa ser interrompido a todo custo, em benefício da vida no Semiárido. Alternativas existem e podem ser postas em prática, a fim de se minimizarem os estragos já causados pelo projeto na região. A adução de água (uso de tubulações no seu transporte) é uma delas, a qual poderá ser feita com os tubos partindo dos reservatórios que estão sendo construídos no terminal de cada um dos canais de aproximação. Essa operação deverá visar única e exclusivamente o abastecimento humano e dessedentação animal, conforme recomendado no Plano Decenal de uso das águas do São Francisco. Uma vez concretizadas, essas sugestões têm o aval de toda comunidade científica nacional e também satisfazem os reclamos dos movimentos sociais que se têm empenhado na promoção do desenvolvimento de um Nordeste mais justo e solidário.

Recife, 09 de fevereiro de 2009.

76 A PROPÓSITO DA QUESTÃO VOLUMÉTRICA DO RIO SÃO FRANCISCO

No rotineiro processo de atualização de nossa página na internet, incluímos, recentemente, uma notícia sobre um estudo que poderá atestar que o Rio São Francisco vem diminuindo de volume. A notícia teve origem em uma pesquisa feita por cientistas americanos, cujos resultados serão publicados no próximo dia 15 de maio no *Journal of Climate*, da Sociedade Meteorológica Americana, no Colorado, a qual afirma que o fluxo de águas na Bacia do Rio São Francisco, que nasce em Minas Gerais e deságua no Nordeste do Brasil, caiu 35% no último meio século.

Imediatamente após nossa divulgação, recebemos contestações sobre a veracidade das informações desse trabalho, contestações estas oriundas da Companhia Hidrelétrica do São Francisco – Chesf e da Agência Nacional de Águas – ANA, através de dois estudos realizados por técnicos de ambas instituições.

A Chesf analisou estatisticamente os volumes do Rio São Francisco em dois momentos distintos: o primeiro, compreendido entre os anos de 1931 e 1961, antes, portanto, da entrada em operação da usina de Três Marias e entre 1962 e 2007, após a sua entrada. E, no segundo momento, analisou o período compreendido entre 1931 e 1978, antes da entrada em operação da usina de Sobradinho e entre 1979 e 2007, após a sua entrada em operação.

Efetuadas as análises estatísticas entre os dois momentos, a Chesf obteve os seguintes resultados:

Primeiro momento:

Período de 1931 a 1961

31 anos, média = 2818 m3/s, desvio padrão = 788 m^3/s

Período de 1962 a 2007 (entrada de Três Marias)

46 anos, média = 2600 m3/s, desvio padrão = 778 m^3/s

Segundo momento:

Período de 1931 a 1978

48 anos, média = 2706 m3/s, desvio padrão = 701 m^3/s
Período de 1979 a 2007 (entrada de Sobradinho)
29 anos, média = 2660 m3/s, desvio padrão = 933 m^3/s

A conclusão a que chegou a instituição, com 95% de confiança, foi a de que não existem, em princípio, modificações significativas nas vazões analisadas, não sendo possível afirmar que o Rio São Francisco esteja "secando" ou "enchendo".

A ANA, por sua vez, investigou a hipótese de estacionariedade das séries de vazões naturais das usinas hidrelétricas de Três Marias e Sobradinho para o período 1931-2001, enfocando a aplicação de testes estatísticos paramétricos – t de Student e F de Snedecor – bem como não-paramétricos – Mann-Kendall, Coeficiente de Spearman, Wilcoxon ou Mann-Whitney, Pettitt e Wald-Wolfowitz – levando em conta as particularidades das séries e as restrições dos testes, em cada caso. Analisou também a existência de correlação serial entre os dados, dada a influência que pode ter no resultado de testes paramétricos e não-paramétricos, chegando a resultados semelhantes aos encontrados pela Chesf:

- "o de não haver evidências estatísticas para rejeição da hipótese de estacionariedade da série de vazões médias anuais naturais de Três Marias, com um nível de confiança de 95%" e
- "não haver evidências estatísticas para rejeição da hipótese de estacionariedade da série de vazões médias anuais naturais de Sobradinho, com um nível de confiança de 95%".

Editamos ambos os estudos na nossa página na internet e diante dos resultados alcançados por ambas instituições, cabe-nos algumas reflexões:

Primeiramente, afirmamos que são os primeiros trabalhos oficiais a atestarem, categoricamente, que o Rio São Francisco está em processo de diminuição volumétrica. Essa assertiva prende-se ao fato de ter sido registrado, no trabalho da Chesf e corroborado pela ANA, uma redução volumétrica no rio de cerca de 158 m^3/s, em um período de 76 anos (2.818 m^3/s – 2.660 m^3/s).

Enfatizamos que não discordamos, em absoluto, dos artifícios matemáticos utilizados nas respectivas análises. Muito pelo contrário. Inclusive, pelo viés de engenheiro, podemos até atestar a veracidade matemática desses resultados. Mas na visão de agrônomo cremos que faltou, em meio às fórmulas matemáticas, qui-quadrados e outros artifícios utilizados na análise em ambos os trabalhos, a sensibilidade dos analistas em trabalhar com as questões humanas nos processos envolvidos, principalmente no tocante à irrigação que está sendo praticada na bacia do rio, os abastecimentos, os desmatamentos ocorridos e tantas outras ações que costumam resultar, costumeiramente, na diminuição volumétrica das fontes hídricas aqui consideradas.

Em nossa avaliação, a diminuição volumétrica do Rio São Francisco, agora oficializada, ainda que estatisticamente insignificante, deveria ser tratada com mais cuidado. O volume de 158 m³/s, informado como reduzido no rio, seria capaz, por exemplo, de suprir o abastecimento, em mais de 11 vezes, de uma cidade do porte de Recife, que tem uma população de cerca de 3 milhões de pessoas em sua região metropolitana (Recife demanda cerca de 14 m³/s no seu abastecimento). Portanto, esse volume para nós é muito significativo.

Quando começamos nossa saga em defesa do Velho Chico, tivemos a Chesf como nossa parceira no suprimento de informações sobre o Rio São Francisco.

A primeira informação que nos chamou atenção, na vasta documentação que recebemos da Chesf, foi o registro da menor vazão ocorrida no São Francisco, de 595 m³/s, isso no ano de 1955. Ora, a considerar que 60% da Bacia do Velho Chico estão contidos em região semiárida, refletimos sobre a possibilidade de esse fenômeno vir a ser recorrente. E foi o que aconteceu em 2001, período no qual a Represa de Sobradinho acumulou apenas 5% de seu volume útil, obrigando as autoridades a proceder aos racionamentos de energia necessários. Aliás, não apenas aqui no Nordeste, mas em todo o resto do país.

Outra questão sobre esse assunto diz respeito à construção da Represa de Sobradinho, que segundo explicações existentes nos documentos da Chesf se destinava a regularizar a vazão do rio, a fim de não haver problemas futuros na geração de energia no complexo de hidrelétricas pertencentes àquela companhia, além de funcionar como redutor dos piques de cheias normais do rio. Na realidade, Sobradinho cumpriu com os objetivos para os quais foi construída, regularizando a região do Baixo São Francisco numa vazão média de 2.060 m³/s. Só que, atualmente, a vazão média regularizada do rio, em sua foz, é de cerca de 1.850 m³/s, ou seja, houve uma diminuição de cerca de 210 m³/s. Esse fato tem trazido sérias conseqüências, principalmente para a vida do ribeirinho que depende do rio para sobreviver.

Desconhecemos trabalhos estatísticos que analisem e reconheçam oficialmente essa redução, mas, envolvidos que estamos com essas questões há cerca de 14 anos, temos nossas suspeitas: José do Patrocínio Tomaz, hidrogeólogo e eminente professor aposentado da Universidade de Campina Grande tratou, em um de seu trabalhos, das vazões de base do Rio São Francisco. Segundo ele, as reservas renováveis à jusante de Sobradinho, oriundas dos principais aquíferos de sua bacia, calculadas por técnicos da ANA, é da ordem de 1.324,5 m^3/s e que o aquífero Urucuia (o mais importante da Bacia do São Francisco), sozinho, é responsável por 51% desse total, ou seja, 676,5 m^3/s. Ao final de seu trabalho ele faz um alerta sobre a exploração indiscriminada que já vem diminuindo a contribuição do fluxo basal ao escoamento fluvial que chega em Sobradinho e, no futuro próximo, caso não se tomem medidas eficazes capazes de inibi-la, corre-se o risco de uma redução significativa da vazão de regularização de Sobradinho, com reflexos nefastos na geração de energia e no atendimento de outras demandas, inclusive no projeto de transposição.

Ora, diante do fato de já haver uma diminuição volumétrica do rio em sua foz, refletimos sobre a possibilidade de ela ser resultante da irrigação indiscriminada que vem sendo praticada no Oeste baiano e no Noroeste de Minas, principalmente com as culturas do café e da soja, prática esta localizada exatamente sobre o aquífero Urucuia. Na nossa avaliação é possível que a irrigação ali praticada já esteja interferindo nos resultados volumétricos constatados na foz do rio.

Finalmente, diante dos novos registros oficiais apresentados pela Chesf e pela ANA, de diminuição volumétrica no Velho Chico, entendemos que seja aconselhável o aguardo da publicação do trabalho no *Journal of Climate*, no dia 15/05, com vistas a possibilitar novos posicionamentos sobre esse assunto, que reputamos da maior importância para o futuro do Rio São Francisco.

Recife, 29 de abril de 2009.

77 O PÁSSARO CARÃO VOLTOU A CANTAR NO SEMIÁRIDO NORDESTINO!

Fazemos parte de um movimento social em defesa do Rio São Francisco e contra a transposição, projeto este que, infelizmente, já se encontra em fase de implantação pelo governo federal e cujos impactos no bioma da Caatinga são danosos e bastante conhecidos por todos que habitam a região.

Muitos ambientalistas que têm acompanhado o nosso trabalho o têm comparado à saga dos seguidores de Antônio Conselheiro na defesa do Arraial de Canudos – ocorrida no sertão baiano, no final do século XIX, entre o Exército da República e um movimento popular de fundo sócio-religioso – confronto cujos resultados ficaram marcados na história pela insistência e devoção do povo sertanejo na defesa de uma causa, a qual julgavam justa.

Guardadas as devidas proporções com o que ocorreu em Canudos, o nosso trabalho tem sido marcado na realidade pela defesa incessante da vida do Velho Chico, embora entendamos ser uma luta desigual, tendo em vista a interrupção do diálogo, pelas autoridades, acerca das questões técnicas inerentes ao projeto, dando a entender que a disputa, doravante, é por recursos financeiros, conforme bem definido pelo secretário de recursos hídricos de Pernambuco, em evento realizado no Recife, em novembro de 2007. Não é para menos, pois há uma estimativa de investimentos na região, nos próximos 25 anos, via esse projeto, da ordem de R$ 20 bilhões. Esse é um volume de recursos expressivo, o suficiente para eleger um presidente da República e ainda por cima fazer o seu sucessor. Atualmente, o projeto está sendo implantado a todo custo, embora com a nossa discordância, pois entendemos que o mesmo é desnecessário, tendo em vista a existência de água na região semiárida em volumes suficientes ao atendimento das necessidades de toda sua população, faltando-lhe, apenas e tão somente, a efetivação de uma política específica para nortear o uso desse recurso de forma a mais racional possível.

As autoridades insistem em afirmar que o percentual volumétrico a ser retirado do rio é muito pequeno (cerca de 1,4%) se comparado com a sua vazão média (cerca de 2.800 m³/s). Entretanto, entendemos que elas estão equivocadas ao tratarem essa questão sob esse prisma, tendo em vista não levarem em consideração o volume alocável existente no rio (cerca de 360 m³/s) e a parte que já foi outorgada (cerca de 335 m³/s), resultando desse balanço um volume de apenas 25 m³/s, conforme comentado por nós em artigo da Carta Maior, em 2004. Além do mais, se levarmos em consideração o volume médio de 65 m³/s e o volume máximo de até 127 m³/s demandados pelo projeto, estes significam 25% e 47% do volume alocável do rio, respectivamente, portanto, percentuais bem mais expressivos do que aquele de 1,4% informado pelas autoridades.

Divergências à parte, se as autoridades entendem que 1,4 % é um percentual pequeno a ser retirado do rio para ser levado até o Nordeste Setentrional, entendemos que esse volume transposto também é insignificante para ser somado ao potencial hídrico existente no Nordeste (cerca de 1% para serem somados a um potencial de cerca de 37 bilhões de m³). Chegamos a essa conclusão em artigo publicado no *Repórter Brasil* em 2006, após análise realizada conjuntamente com Apolo Lisboa, coordenador do projeto Manuelzão (MG).

Em se tratando da existência de água na região, em fevereiro de 2004, por exemplo, editamos um artigo na internet intitulado "As armadilhas do clima", no qual, entre outros assuntos, fizemos alusão às crenças populares de que o cantar do pássaro Carão – ave de hábitos aquáticos do sertão nordestino – é indicativo de invernadas rigorosas na região, sendo a intensidade de seu canto proporcional ao volume de água caído durante as chuvas. Ocorre que no ano de 2009, o Carão voltou a dar seus piados, e um novo cataclismo abateu-se sobre o Nordeste, trazendo consequências desastrosas iguais àquelas ocorridas em 2004, com o rompimento de barragens, destruição de lavouras e estradas e, como se isso não bastasse, com a morte de muitos nordestinos. A presença da ave voltou a ser indesejada na região.

Chuvas torrenciais no Semiárido nordestino, no período de suas águas, sempre fizeram parte do nosso discurso e, inclusive, são dadas como certas em períodos subsequentes. O que não se sabe ao certo é a intensidade e distribuição – no espaço e no tempo – de sua ocorrência. Sempre afirmamos em nossos estudos que a região, mesmo com características climáticas de semiaridez, apresenta-se como uma das mais habitadas e chuvosas do planeta. E o resultado disso é essa situação que a população brasileira está acompanhando pelos noticiários televisivos e que tem assustado a todos. O Semiárido voltou a submergir.

Para exemplificar a gravidade desse quadro, a maior represa nordestina – o Castanhão – com 6,7 bilhões de m^3 de capacidade, voltou a ter suas comportas abertas, para que fossem drenados os volumes acumulados em excesso, pelas fortes chuvas caídas em todo o Estado do Ceará. Essa represa sozinha tem capacidade para abastecer, e com certa folga, toda a população cearense, estimada em cerca de 7,4 milhões de pessoas, nos próximos 15 anos. A exemplo do Castanhão, outras represas de grande porte, como a de Boa Esperança, no Rio Parnaíba (PI), e várias outras espalhadas pelo Nordeste vieram a ter suas comportas igualmente abertas, para se evitar os acúmulos volumétricos preocupantes nos períodos invernosos mais severos, os quais poderiam ser causadores de rompimentos, conforme se verificou na represa do açude Algodões I, no Estado do Piauí, onde as chuvas nas cabeceiras do rio que foi por ela represado ocorreram em intensidade inimaginável, conforme relatos de especialistas no assunto. São as forças da natureza cuja ação não se tem como evitar. A abertura de todas as comportas de uma represa dessas dimensões, ou mesmo o seu rompimento, habitualmente trazem conseqüências desastrosas a jusante, com alagamentos de cidades e lavouras, prejuízos na economia regional e, em muitos casos, mortes de pessoas.

Diante de tudo isso, o que nos tem preocupado sobremaneira é a incapacidade das autoridades, que não dispõem, ainda, de um plano alternativo emergencial capaz de reter esses volumes escoados em excesso, os quais são destinados, invariavelmente, ao mar. Em se tratando do estrago que as águas fazem nesse percurso até alcançar o mar é de difícil prognóstico, ficando este, na nossa percepção, na dependência direta dos mistérios e das forças da natureza, com possibilidades de serem agravados, evidentemente, pela intensidade do canto do Carão.

Ainda sobre a questão da ausência de políticas de gerenciamento hídrico em si, podemos relatar um fato que ocorreu em 2007, ano no qual foram registradas chuvas acima da média em toda a Bacia do Rio São Francisco, o que veio a resultar no vertimento da represa de Sobradinho no mês de abril daquele ano. Com o sistema elétrico brasileiro interligado, e havendo carências de chuvas nas bacias das principais hidrelétricas do Sul do país naquele período, a Chesf passou a gerar energia no Complexo de Paulo Afonso, em quantidades suficientes para atender as demandas nordestinas e enviar o excedente de energia para suprir as deficiências da região Sul do país. O que resultou dessa operação foi uma rápida diminuição volumétrica da Represa de Sobradinho, oito meses após o seu vertimento (sangria), chegando a atingir cerca de 15% de seu volume útil, ou seja, as autoridades conseguiram exaurir uma represa do porte de Sobradinho (ela tem uma capacidade de 34 bilhões de m^3, equivalente a cerca de 13 Baías da Guanabara), no processo de geração de energia, em apenas 240 dias de operação. Com esse nível crítico em Sobradinho, as conseqüências no dia a dia daqueles que dependem do Rio São Francisco para sobreviver são imediatas e preocupantes. Normalmente o pescado desaparece e o pescador passa necessidades. O mais grave de tudo isso é que o fato voltou a se repetir em 2008, prova inequívoca da falta de controle no gerenciamento desses recursos. Sobre a recuperação volumétrica de Sobradinho, tivemos oportunidade de relatar essa questão em artigo editado em maio de 2008, mostrando a preocupação da Chesf em liberar, da represa, volumes menores (defluentes) do que aqueles que chegavam nesta (volumes afluentes).

No Nordeste, a falta de gestão no setor hídrico, não ocorre, apenas, com as águas dos rios, mas, também, com as águas das represas. Esse fato denunciamos em outro artigo no portal Ecodebate, em fevereiro de 2009, no qual enaltecemos o trabalho de Hypérides Macedo, ex-secretário de recursos hídricos do Estado do Ceará, técnico que conseguiu estabelecer um programa de interligação de bacias cearenses e, com isso, resolver, em definitivo, os problemas de abastecimento das populações da zona rural do estado. Recentemente, com o inverno rigoroso que se abateu sobre o Ceará, nos preocupou sobremaneira depoimento de Macedo sobre os volumes atuais no Castanhão, segundo o qual "o Ceará está em risco por conta da grande quantidade de água acumulada", ressaltando que, "caso houvesse a previsão de que os volumes de chuvas seriam tão violentos em 2009, as comportas do açude deveriam ter sido abertas com mais antecedência." Segundo ele, "adotou-se uma gestão conservadora". Através de seu relato é fácil concluir que as autoridades cearenses – o Ceará é o estado nordestino portador do maior volume de água em superfície – não estão sabendo gerenciar o potencial hídrico existente no estado. Anteriormente, comentava-se que o Semiárido não tinha segurança hídrica suficiente para o atendimento das necessidades de sua população. Agora a população corre o risco de morrer afogada.

Ora, diante desse quadro de excessos hídricos, ficamos a questionar a necessidade de se implantar um projeto de transposição numa região que, freqüentemente, apresenta esse tipo de ocorrência em seu ambiente natural. Na nossa ótica, é o fazer por fazer, é a obra pela obra. Caso o projeto já estivesse operando, qual seria o destino da água? Se nossas autoridades sequer estão sabendo gerir as águas que existem na região, muito menos saberão gerenciar o projeto da Transposição.

Foi exatamente levando em conta a existência dessas questões no Semiárido nordestino que iniciamos nossa luta em defesa do Rio São Francisco e contra a transposição. Na nossa ótica, não há o menor sentido em não se fazer uso das águas que já existem na região para a solução dos problemas de abastecimento de sua população e ir buscá-las no Velho Chico, distando cerca de 500 km do local do consumo. Isso é insustentável!

Finalmente, temo-nos preocupado sobremaneira com o quadro de denúncias ora vivenciado na área ambiental do nosso país, sobre a repetição de erros de nossas autoridades em nome de um pretenso desenvolvimento. Essas questões têm que ser enfrentadas pelo ministro Carlos Minc com rapidez e determinação. Sua excelência precisa dirigir-se à população para explicar as pretensões de seu ministério diante da possível realização de um projeto caríssimo que irá levar águas para locais no Nordeste onde elas já são abundantes e, além do mais, não resolver os problemas de abastecimento de sua população mais carente. Enquanto isso não acontece, concluímos o texto com uma frase de Leonardo Boff citada na assembleia geral da ONU: "se a crise econômica é preocupante, a crise da não sustentabilidade da Terra se manifesta, cada dia mais, ameaçadora".

Recife, 10 de junho de 2009.

ÁGUAS DO SÃO FRANCISCO NA PARAÍBA EM 2010: pura ilusão

No início do mês de agosto, em visita à Paraíba, nos deparamos com a notícia que circulava na imprensa local, de que as águas do Rio São Francisco iriam chegar ao estado, via transposição, já em 2010.

Esforçamo-nos no entanto por entender melhor aquela estultice proveniente da Secretaria de Infraestrutura paraibana, pois temos acompanhado de perto as obras do projeto da transposição e sabemos que o seu cronograma de execução está com certo atraso (apenas com cerca de 14% em andamento), sendo improvável o cumprimento, pelas autoridades da Paraíba, do prazo que havia sido estabelecido para as águas do rio chegarem àquela região já no ano que vem.

A notícia, do jeito que foi divulgada, deu-nos a entender que a população paraibana está sendo iludida e, o que é mais grave, com probabilidade de voltar a cair nas armadilhas e espertezas políticas, já que 2010 será um ano eleitoral. Ficou muito claro para todos nós, que os políticos deram os seus primeiros passos visando à campanha presidencial.

Nesse sentido, ficou evidente a má fé das autoridades, ao não informar o povo paraibano das dificuldades de se realizar um projeto dessa magnitude em uma região com características ambientais tão diversas.

Para se ter uma idéia dessa problemática, as águas do São Francisco, para chegarem, via eixo leste, na Represa de Boqueirão e abastecerem Campina Grande, por exemplo, terão que vencer um divisor de águas, próximo ao município de Arcoverde, em Pernambuco, de cerca de 304 metros. Os pernambucanos bem sabem da existência da Serra do Mimoso, com sua topografia acidentada, localizada entre os municípios de Pesqueira e Arcoverde, sendo naquelas imediações o local em que as águas do Velho Chico serão elevadas para atingirem o território paraibano. Aquelas formações rochosas do Mimoso, que nada mais são do que os contrafortes da Borborema, fazem a divisa entre os dois estados. Portanto, para as águas vencerem aquele divisor, será necessário proceder-se a potentes bombeamentos, com uso de sistemas elevatórios extremamente sofisticados, obra que, embora prevista no projeto, sequer foi iniciada no local.

Outra questão diz respeito à dificuldade de se construir, naquela região, um canal nas dimensões previstas no projeto (25 m de largura, 5 m de profundidade e 622 km de extensão, quando somados os dois eixos), dadas as peculiaridades do seu subsolo, denominada de escudo cristalino. Nesse tipo geológico, as rochas que dão origem aos solos estão praticamente à superfície, chegando a aflorar em alguns lugares. A dureza da rocha que constitui o escudo cristalino pernambucano e a necessidade do uso de explosivos para se proceder à abertura dos canais são, para nós, os obstáculos que têm dificultado o bom andamento das obras, sendo, portanto, os principais causadores dos atrasos verificados.

O eixo leste terá aproximadamente 220 km de extensão. Já o eixo norte, cerca de 402 km. Caso as autoridades consigam construir no eixo leste, que irá destinar as águas para a Paraíba, uma média de cerca de 100 metros do canal por dia (média verificada em obras dessa envergadura em todo mundo), teremos um tempo estimado em cerca de 2.200 dias, o equivalente a aproximadamente 6 anos, para execução da obra. Diante dessa constatação, como é que as autoridades paraibanas dão como certa a chegada das águas do São Francisco no estado, já no ano vindouro?

Além do mais, as autoridades não estão interessadas em discutir as questões técnicas do projeto. A prova disso se deu recentemente com o convite que recebemos da *TV Brasil* – órgão governamental pertencente ao antigo sistema Radiobrás – para participação em um debate técnico, ao vivo, sobre o projeto da Transposição, na capital federal. Pegos de surpresa, dias após o recebimento do convite e de maneira pouco compreensível, fomos informados pela referida emissora de que a pauta dos debates havia sido modificada, sob a alegação de que as obras já haviam sido iniciadas e iria transcorrer sob outros aspectos, notadamente aqueles referentes às gestões dos eixos, à dimensão da obra, onde as águas iriam chegar e para quem e como esses recursos seriam aproveitados. Evidentemente, foi uma forma educada encontrada pela emissora para nos "desconvidar" do debate. Obviamente, tais justificativas vieram desagradar não apenas a nós, que havíamos aquiescido ao convite, mas, também, a maioria dos movimentos sociais envolvidos com as questões sanfranciscanas, os quais apostavam na força dos debates para a elucidação de aspectos técnicos pendentes, que fatalmente iriam ser evidenciados no programa da *TV Brasil*. Portanto, se houve alguém que "amarelou" perante o debate, esse alguém não fomos nós.

Diante de tudo isso, o que lamentamos é a total ausência do diálogo com as autoridades, fato que tornará difícil a apuração, tanto de denúncias de aspectos técnicos que porventura mereçam ser considerados como da malversação dos recursos públicos que surjam na implantação do projeto. As autoridades, nesse aspecto, costumam invariavelmente agir de forma unilateral, sem receio de que possa haver comprometimento futuro em suas prestações de contas. Não é bem assim. É preciso que as autoridades fiquem cientes, dos frequentes processos de auditorias internas realizados pelo Tribunal de Contas da União (TCU). Para se ter uma idéia dessa sistemática, recentemente o TCU suspendeu a contratação de empresas para a realização e acompanhamento dos projetos ambientais referentes à transposição. Segundo o Tribunal, o edital para contratar a empresa tinha uma norma que permitia a variação de preços fora do limite legal. Os preços que constavam no orçamento em questão não eram compatíveis com os praticados no mercado. Isso terá que ser muito bem apurado e explicado à sociedade, sendo mais um complicador de atraso para a execução das obras.

Finalmente, gostaríamos de deixar claro que o nosso trabalho anteriormente vinha sendo pautado, prioritariamente, na análise dos riscos que porventura pudessem ocorrer com a implantação do projeto. Atualmente, com as obras em fase de implantação, nos limitaremos a divulgar as conseqüências que elas certamente trarão ao ambiente natural do Semiárido.

Recife 26 de agosto de 2009.

79 ENTREVISTA: "O Nordeste tem muita água", afirma João Suassuna

O engenheiro agrônomo João Suassuna é um dos especialistas mais respeitados do Brasil quando o assunto é a hidrologia do Semi-árido, principalmente em relação ao Nordeste Seco do país, região que o também líder-parceiro da Avina estuda há mais de uma década. Nesta entrevista ao portal EcoDesenvolvimento.org, ele relata parte de sua trajetória como pesquisador da Fundação Joaquim Nabuco, defende a criação de cisternas e critica veementemente o projeto de transposição do Rio São Francisco.

EcoD – Como é que se deu a trajetória profissional do senhor até aqui?

João Suassuna – Eu terminei meu curso acadêmico em 1974. Depois trabalhei durante sete anos no Ibama. Já no início dos anos 1980, o Conselho Nacional de Desenvolvimento Científico e Tecnológico (CNPq) implantou em Brasília uma coordenação de energia (setor que do final dos anos 1970 até os 80 era prioridade nesse país...), e eu fui convidado a trabalhar nessa área com pesquisas sobre a biomassa, carvão e lenha vegetal, por exemplo. Então trabalhei em Brasília cerca de 10 anos, depois fui transferido para a Agência Nordeste do CNPq, em Recife, para trabalhar num programa de difusão de tecnologia em nível de produtores de baixa renda.

EcoD – É aí que começa o teu interesse pela água no Nordeste?

João Suassuna – Exatamente. Este trabalho junto aos pequenos produtores ampliou minha visão sobre as questões hídricas do Nordeste como por exemplo levar a água para uma região onde aparentemente não tem. Foi aí que a minha trajetória evoluiu. Mas antes disso vale destacar que a Agência Nordeste do CNPq acabou extinta na gestão do então presidente Fernando Collor de Mello. Então, nos deram a opção de sair de Brasília e migrar para uma instituição federal vinculada ao Ministério da Educação (MEC), foi então que cheguei a Fundação Joaquim Nabuco (Fundaj).

EcoD – Que conta com pesquisas importantes sobre o desenvolvimento sustentável.

João Suassuna – Isso. O forte da Joaquim Nabuco é a área social. Lá, eu comecei a desenvolver um trabalho voltado para o convívio com o Semi-Árido e, numa dessas vertentes, tratamos das questões hídricas do Nordeste Seco, e mais especificamente da transposição do Rio São Francisco.

EcoD – E o senhor critica bastante esse projeto. Por qual razão?

João Suassuna – Porque o Nordeste tem muita água. Para você ter ideia, o Nordeste acumulou, em suas represas, algo em torno de 37 bilhões de metros cúbicos d'água – é o maior volume de água represada em regiões semi-áridas do mundo. O que nós não temos ao certo, é uma política específica que faça com que esta água que já existe seja distribuída para as torneiras das populações. E é nesse cenário que o governo federal quer trazer a água do São Francisco para abastecer as principais represas do Nordeste e fazer com que haja o que eles chamam de "sinergia hídrica".

EcoD – Qual é o significado dessa expressão?

João Suassuna – O impedimento de que as represas sequem. Mas o que precisa estar claro é que o Nordeste tem grandes represas que jamais secarão, mesmo com o uso contínuo dessa água. Então se a água do São Francisco abastecer as principais represas da região, ela acabará sendo usada de maneira errada.

EcoD – Por quê?

João Suassuna – Porque essa água não vai resolver os problemas de quem mais precisa: a população difusa do Nordeste. E olhe que estou falando de algo em torno de 10 milhões de pessoas, que no exacerbar de uma seca passam sede e fome.

EcoD – Nesse caso, qual alternativa o senhor propõe?

João Suassuna – Para problemas difusos, você precisa de soluções também difusas. Ao cair nas grandes represas, a água do São Francisco vai favorecer ao grande capital. Lá em Fortaleza, o governo do Ceará está construindo uma siderúrgica que sozinha vai consumir um volume de água capaz de suprir a necessidade de um município de 90 mil habitantes. Então se a água do São Francisco cai na Barragem do Castanhão, que é a maior represa do Nordeste, e que já há um canal que a liga até o Porto de Pecém, lógico que esta água irá abastecer esta siderúrgica. É aí que entra o que nós consideramos como a "indústria da seca". Estão prometendo abastecer 12 milhões de pessoas no Nordeste com a água do São Francisco, e não vai acontecer isso. Essa água será utilizada para o agronegócio, e é aí que temos investido o nosso trabalho. Nós temos 74 artigos publicados na internet denunciando essa realidade.

EcoD – A construção de cisternas é uma boa alternativa?

João Suassuna – Sem dúvida. Não é um canal de transposição que vai resolver os problemas socioeconômicos dos que mais precisam, no caso, a população difusa. Ora, se hoje, nas margens do São Francisco você já tem problemas de desabastecimento, não é um canal que vai solucionar tal impasse, porque nesse projeto não há a previsão de uma distribuição razoável dessa água para resolver o problema. Simplesmente não há.

Por intermédio da Agência Nacional das Águas (ANA), o governo federal editou o Atlas Nordeste de Abastecimento Humano de Água, que busca o abastecimento para 34 milhões de pessoas. Esta sim é uma grande ideia que está sendo implantada. Abrange um número muito maior de municípios e, pasme: custa a metade do que está previsto na transposição do Rio São Francisco. Esse projeto atende o problema de desabastecimento para os municípios até 5 mil habitantes. De que forma? Com a água que já existe na região, através da adução das águas já existentes nas represas, nos poços, enfim.

EcoD – E o que vem a ser a adução?

João Suassuna – Significa a utilização de tubulações para recalcar essa água, abduzi-la para as populações. Isso resolve o problema de 34 milhões de pessoas da área urbana. Para a área rural, referente às comunidades difusas, que moram nos pequenos lugarejos, grotões, pés de serra, existem alternativas como as que vem sendo trabalhadas pela ASA Brasil – que desenvolve um programa de 1 milhão de cisternas na região seca do Nordeste. Esse programa já tem cerca de 300 mil cisternas implantadas. Uma cisterna de 16 mil litros resolve o problema de uma família de 5 pessoas durante os oito meses sem chuva na região. O Nordeste seco concentra suas chuvas quatro meses e nos oito meses restantes não chove, então, a cisterna rural abastece essas pessoas com água para beber e cozinhar durante oito meses. Nós temos que incentivar esse tipo de iniciativa, e não um projeto que vai trazer a água do São Francisco, que fica a 500 km do local de consumo, com preços exorbitantes.

EcoD – O senhor também é um defensor das fontes renováveis de energia. Já pesquisava a biomassa vegetal há 30 anos, não é mesmo?

João Suassuna – Verdade. É como eu disse, na época em que a energia era prioridade nesse país. Continuo defendendo essas alternativas aos combustíveis fósseis. O biodiesel também, já que ele também pode ser produzido a partir de oleaginosas como a mamona, a própria soja e o álcool combustível. Fui contra a proposta de implantação da cana de açúcar irrigada no Nordeste Seco para a produção de etanol. Caso acontecesse, seria um desastre. Ainda bem que houve o zoneamento da cana, o que isentou aquela região dessa proposta.

EcoD – Aquele anunciado pelo ministro do Meio Ambiente, Carlos Minc, recentemente?

João Suassuna – Exato, em parceria com a Embrapa. Tive conhecimento que projetos nesse sentido seriam implantados no Oeste de Pernambuco, por exemplo, algo em torno de 80 mil hectares de cana de açúcar, com a água do São Francisco. Se hoje já não tem água do São Francisco para abastecer esse povo. Como é que eles querem tirar mais água para irrigar? E a gente sabe que a irrigação é que leva 70% do volume das águas extraídas dos rios. Seria um crime.

EcoD – João, o portal EcoDesenvolvimento.org agradece a tua entrevista.

João Suassuna – Eu é que agradeço.

Recife, 29 de outubro de 2009.

80 O ANO DE 2010 E O FUTURO DO RIO SÃO FRANCISCO

Com o projeto da transposição em operação, o que realmente as autoridades irão conseguir é armar uma bomba relógio na Bacia do São Francisco, a qual irá pipocar por esses dias.

Temos escrito muito sobre o projeto da transposição do Rio São Francisco. Nos últimos 15 anos, entre entrevistas e artigos, foram cerca de 80 textos publicados, os quais se encontram circulando na internet.

Durante todo esse tempo, temo-nos posicionado contrários à execução da obra, por entendermos existir um indesejável risco hidrológico no rio, o que irá dificultar a realização de projetos como esse. Entendemos, também, que o Nordeste possui muita água acumulada em suas represas, em volumes suficientes para o atendimento das necessidades das populações, não se justificando a realização de um projeto que irá retirar volumes do São Francisco, a cerca de 500 km do local do consumo. Além do mais, existem estudos que atestam que o Velho Chico está diminuindo de volume, o que irá exigir uma atenção redobrada quanto à utilização de suas águas, situação esta agravada ainda pelos usos conflituosos já praticados no caudal e pelas adversidades encontradas no ambiente natural da região, principalmente aquelas relativas ao clima (semiárido) e à geologia (escudo cristalino) de sua bacia.

Antes mesmo do início da operação do projeto, as condicionantes acima mencionadas já estão fazendo com que o rio apresente severas limitações quanto aos fornecimentos volumétricos ao qual é submetido, o que tem prejudicado sobremaneira a implantação de importantes projetos de irrigação ao longo da sua bacia, a exemplo, entre outros, do Jaíba (MG), Baixio de Irecê (BA), Pontal (PE), Salitre (BA) e, sobretudo, a conclusão da motorização, pela Chesf, das usinas hidrelétricas de Itaparica e Xingó. Sobre essa questão, segundo citações em estudos realizados pela Universidade de São Paulo, caso haja a conclusão dessa motorização, o rio não terá volumes suficientes para gerar energia com as novas máquinas instaladas. Portanto, entendemos que, uma vez em operação, o projeto da transposição causará, no rio, uma situação insustentável, impossibilitando-o, inclusive, de fornecer os volumes que serão exigidos pelo projeto. Em nossa ótica, com a transposição em operação, o que realmente as autoridades irão conseguir é armar uma bomba relógio na Bacia do São Francisco, a qual irá pipocar por esses dias.

Além do mais, dentre outros problemas, ainda devem ser considerados os seguintes:

- os de geração de energia elétrica ocorridos em 2001, período no qual o rio apresentou baixos volumes, havendo necessidade, inclusive, de se proceder ao racionamento de energia;
- a gestão volumétrica praticada a jusante de Sobradinho (cerca de 1.100 m^3/s), para a sua recuperação após ter possibilitado a geração de energia para satisfação das demandas do Nordeste e o envio de excedentes para o Centro-Sul do país, contrariando, inclusive, as determinações do Ibama, que havia estabelecido uma vazão mínima, em sua foz, de 1.300 m^3/s;
- a questão da péssima qualidade das águas do rio, a exemplo do que vem ocorrendo na cidade de Januária, em Minas Gerais, localizada às margens do São Francisco, cuja população vem sendo abastecida através de poços tubulares, em virtude de a água do rio, naquela localidade, apresentar-se imprópria para o consumo humano;
- o problema da diminuição das suas vazões de base, consequência direta do uso indiscriminado de sistemas de irrigação de alto consumo hídrico (pivô central), principalmente com as culturas da soja e do café, nas regiões norte de Minas Gerais e oeste da Bahia, sobre o aquífero Urucuia, uma das principais fontes mantenedoras das vazões do Rio São Francisco. O resultado disso ficou evidenciado na diminuição dos lançamentos volumétricos de Sobradinho para as regiões do Sub-médio e do Baixo São Francisco (a Represa de Sobradinho foi construída pela Chesf para regularizar a vazão média dessas regiões em cerca de 2.060 m^3/s), atingindo valores médios, em sua foz, da ordem de 1.850 m^3/s.

Ainda sobre a problemática ambiental do projeto, vale a pena destacar a questão da dificuldade de se encontrar áreas potencialmente aptas para irrigação ao longo dos canais (há pretensões das autoridades em irrigar cerca de 350 mil ha). Sob esse aspecto, há estudos que atestam a existência de baixos percentuais de ocorrência de tais áreas no Nordeste. Alvargonzalez, por exemplo, em seu livro *O Desenvolvimento do Nordeste Árido*, 1984, acha que essas áreas não devem ultrapassar 2.500.000 ha (já incluído aí o potencial irrigável do Rio São Francisco). Ora, essa é uma área muito pequena em termos proporcionais (25.000 km²), representando percentuais inferiores a 2%, se considerada a área do Nordeste, sob jurisdição da extinta Sudene, de cerca de 1.600.000 km². Esse baixo percentual é devido, principalmente, às características dos solos da região (escudo cristalino), bem como à quantidade e qualidade de suas águas. Definições urgentes, de propostas para o desenvolvimento dos 98% restantes da área, são importantes e oportunas.

Por outro lado, nas regiões por onde estão sendo construídos os canais do projeto, já foi identificada, pelos ambientalistas, a formação de núcleos de desertificação (Cabrobó é um deles). Portanto, as ações do Exército Brasileiro na construção dos canais naquela localidade estão, pura e simplesmente, agravando um problema que já se encontra em curso. Além do mais, vale ressaltar as consequências resultantes da delimitação das áreas criadas pela construção dos canais da transposição na vida silvestre da região Setentrional nordestina. Cortando o Estado de Pernambuco de norte a sul, em dois pontos distintos (eixos leste e norte), e sendo cada canal projetado para ter 25 m de largura, as dificuldades ou mesmo o impedimento do trânsito dos animais naquelas áreas (excetuando-se as aves) são ditos como certos. Os espelhos d'água formados pelos canais irão funcionar como verdadeiras armadilhas para os animais na tentativa de ultrapassá-los. A consequência disso é que a maioria das espécies ficará confinada em três áreas distintas na região: a primeira, situada à margem direita do eixo leste até o litoral; a segunda, entre a margem esquerda do eixo leste, e a margem direita do eixo norte, e a terceira, entre a margem esquerda do eixo norte até os limites dos Estados do Piauí e da Bahia. Portanto, a vida dos animais silvestres no Setentrional nordestino terá dois momentos distintos: o antes e o após a construção dos canais da transposição.

Realmente, custa-nos entender as razões alegadas pelas autoridades do setor elétrico, ao afirmarem que o Rio São Francisco vem operando dentro de uma "faixa de segurança", faixa essa que irá possibilitar, inclusive, a execução da obra transpositória sem maiores transtornos ambientais. Talvez o melhor indicador para se avaliar essas questões, seja a insatisfação dos habitantes da região, principalmente dos barranqueiros, indígenas e quilombolas, ao constatarem a situação de um rio correndo com pouca água, e serpenteando em um leito completamente assoreado.

Diante de tudo isso, chegamos à conclusão de que o presidente Lula foi muito mal assessorado nas questões ambientais em seu governo, ao priorizar a transposição do Rio São Francisco para o agronegócio e uso industrial, ao invés de utilizar suas águas para fins de abastecimento humano e animal. A existência de alternativas economicamente mais viáveis e de maior abrangência social, a exemplo do Atlas Nordeste de abastecimento urbano, nos dá essa certeza. Sob esse aspecto, não temos a menor dúvida em afirmar que o projeto da transposição ora implantado foi o maior equívoco cometido em seu governo e que ele ficará com a dívida do abastecimento hídrico perante o povo nordestino.

E quais as perspectivas do projeto da transposição para o ano de 2010, em cujo mês de outubro haverá eleições presidenciais?

Dos prováveis candidatos à presidência, entendemos que três deles (Dilma Rousseff, Ciro Gomes e Marina Silva), se eleitos forem, darão continuidade ao projeto da forma como foi concebido, por razões óbvias: os três participaram ativamente da sua implantação no governo Lula, tendo, inclusive, a ex-ministra de Meio Ambiente, Marina Silva, afirmado que o mesmo era ambientalmente seguro. Como "ambientalmente seguro", se o projeto está sendo executado em um rio cujo saldo de sua vazão alocável (utilizada para fins consuntivos) é de apenas 25 m^3/s, volume esse bem inferior à demanda média do projeto, que é de 65 m^3/s e que pode atingir vazões de até 127 m^3/s?

Já o governador José Serra para nós é uma incógnita. Com o baixo percentual de votos obtido no Nordeste no último pleito presidencial, o mesmo passou ao povo nordestino a imagem de um político com baixo compromisso para com a região. Mas, se chegar a ser eleito, é o único que poderá resgatar sua imagem perante a população e reverter o processo equivocado de uso das águas da transposição, fazendo com que elas sejam utilizadas, realmente, para fins de abastecimento do povo. Essa nossa constatação prende-se ao fato de José Serra ser correligionário de Fernando Henrique Cardoso, ex-presidente da República que foi convencido pelo seu então ministro de Meio Ambiente, José Carlos Carvalho, a arquivar o projeto da transposição em seu governo. Diante de um apagão de grande monta, FHC não teve dúvidas em arquivá-lo, por julgar não existir, no Rio São Francisco, volumes suficientes para, concomitantemente, atender as necessidades hídricas do povo nordestino, irrigar e gerar energia elétrica.

No entanto, se eleito, José Serra terá que redirecionar algumas ações desenvolvimentistas para a região, notadamente aquelas voltadas para a convivência com o Semiárido.

Sobre esse assunto, em setembro de 2008, participamos de uma Caravana em defesa do Rio São Francisco e do Semiárido, a qual discutiu o projeto da transposição em 11 capitais brasileiras e algumas cidades do sertão nordestino. Mereceu destaque, nessa iniciativa do Projeto Manuelzão, a elaboração de uma carta, da qual fomos signatários e que foi entregue ao presidente da República, reivindicando uma proposta alternativa para a realização do projeto em bases adequadas às possibilidades do rio e necessidades do povo nordestino. A proposta contou com 7 itens, conforme relacionados a seguir:

1. adução de 9 m^3/s para os Estados de Pernambuco e Paraíba redimensionando o projeto do eixo leste (atualmente de 28 m^3/s), através de termo de ajustamento de conduta entre o empreendedor e o Ministério Público Federal com interveniência dos estados da bacia, do Estado da Paraíba e do Comitê de Bacia do Rio São Francisco;
2. suspensão do eixo norte da transposição;
3. adoção das obras previstas no Atlas do Nordeste de Abastecimento de Água que ainda não estão contempladas no PAC, com ênfase para o oeste do estado do Ceará e Sertão central/Inhamuns;
4. incremento do apoio da União à introdução de tecnologias que garantam o abastecimento de água e produção da população que reside no meio rural do Semiárido brasileiro;
5. apoio à revitalização das Bacias Hidrográficas dos Rios Jaguaribe, no Ceará, e Piranhas-Açu, no Rio Grande do Norte;
6. apoio técnico-político ao Comitê de Bacia do São Francisco para elaboração do Pacto de Gestão das Águas do São Francisco, com inclusão imediata do atendimento às demandas para abastecimento humano do Estado da Paraíba e consideração dos pleitos dos Estados do Ceará e Rio Grande do Norte para abastecimento humano e dessedentação de animais e;
7. coordenação, pela União, da elaboração de um Plano de Desenvolvimento para todo o Semiárido brasileiro, sustentável e socialmente inclusivo.

A aquiescência a essa proposta da Caravana possibilitaria ao governador José Serra uma ótima oportunidade de modificar a sua imagem perante o povo do Semiárido e dar novos rumos ao projeto da transposição.

De resto, faltaria apenas encontrar alternativas tecnicamente viáveis para o uso das terras marginais aos canais, os quais já estarão em fase bem adiantada de construção até o final de 2010. Sob esse aspecto, a nossa proposta é a de que sejam interrompidos os trabalhos de construção destes, no estágio em que se encontrarem, e que se dê sequência ao projeto por mecanismos de adução de águas (uso de tubulações). Essa sugestão, além de possibilitar o uso da água de forma mais coerente para o abastecimento humano e animal nas regiões agrestes dos Estados da Paraíba e de Pernambuco, minimizaria os problemas da intensa evaporação a que serão submetidas as águas correndo, a céu aberto, no interior dos canais já construídos, pois a água entubada não evapora. Para efetivação do uso agrícola das áreas próximas a estes, proporíamos uma articulação com a Embrapa-Solos para a realização de estudos de aptidão desses solos. Mesmo com a certeza da existência de baixos percentuais com possibilidades de serem irrigados, o mapeamento de áreas com manchas de aluviões sobre o embasamento cristalino, capazes de produzirem sob regime de irrigação, seria uma saída honrosa para se justificar a construção dos canais nas dimensões propostas pelo projeto, intencionalmente concebidos para a passagem de expressivos volumes de água para o atendimento do agronegócio e de usos industriais.

Recife, 19 de fevereiro de 2010.

Porto de Idéias EDITORA

www.portodeideias.com.br

Este livro foi composto em Aldine 401,
impresso em papel *Offset* 75 g/m², na Gráfica Cherma.
São Paulo, 2010.